LOS TRASTORNOS DEL ESPECTRO DE AUTISMO

De la A *a la* Z

TODA LA INFORMACIÓN QUE QUIERE SABER

Barbara T. Doyle, M.S. Emily Doyle Iland, B.A.

LOS TRASTORNOS DEL ESPECTRO DE AUTISMO
De La A a La Z

Barbara T. Doyle, M.S. y Emily Doyle Iland, B.A.

Distribuído por Emily Iland, Inc.
26893 Bouquet Canyon Road
Suite C-333
Saugus CA 91350
Teléfono 661-297-4205
FAX 661-297-4033
E-mail: eiinc@socal.rr.com
www.asdatoz.com

Barbara T. Doyle
Teléfono 217-793-9347
E-mail: btdoyle00@msn.com

Los Hechos de Catálogo y Publicación Disponibles de La Biblioteca del Congreso

ISBN 0-9768222-0-2

DEDICACIÓN

A Tom, cuya presencia en nuestras vidas nos ha enriquecido mucho, inspirándonos a ayudarle y ayudar a todos los «Toms» que podemos; a nuestros esposos, Edward Kenney y Stephen Iland, por su apoyo y fomento; a Danny y Lisa Iland, quienes nos inspiraron de acordarnos de las necesidades de todos los familiares, y a nuestros padres, Patrick y Catherine Doyle, quienes han demostrado su generosidad y cariño durante toda la vida.

AVISO

La información en este libro se intenta para ayudar a los padres y los profesionales de trabajar juntos para conseguir buen resultados para las personas con Trastornos del Espectro de Autismo (TEA). Las autoras no hacen ninguna reclamación o promesa que una idea o práctica particular contenida en este libro sea apropriada para una persona específica. La responsibilidad por el diagnóstico, los tratamientos, los planes de acción y los medicamentos cae a los profesionales médicos, de la salud y de la educación, quienes se deben consultar con las familias para evaluar y diseñar el tratamiento o plan individuo de cada persona. Las autoras reclamamos cualquier daño directo, indirecto, consequencial, especial o ejemplar o cualquier otro daño que resultara de la información contenida en este libro.

CONTENIDO

CAPÍTULO 4

CAPÍTULO 5

CAPÍTULO 6

CAPÍTULO 7

CAPÍTULO 8

CAPÍTULO 9

CAPÍTULO 10

INTRODUCC IÓN

Sobre las Autoras

Bárbara Thompson Doyle, M.S., es una Especialista Professional de Educación Especial con 32 años de experiencia en servir a personas con Trastornos del Desarrollo. Es bien conocida como un consultante independiente por sus métodos positivos y prácticos dirigidos a las necesidades de niños y adultos con los Trastornos del Espectro de Autismo. Una maestra, lector, e instructor entusiasmada, Ms. Doyle viaja extensivamente para compartir sus estrategias humanas, hólisiticas y efectivos con otros. Ha ganado varios premios por sus ideas ingeniosas y por su ayuda a la comunidad con necesidades especiales. Ms. Doyle es «Tía Bárbara» a Tom Iland, quien tiene TEA.

Emily Doyle Iland, B.A., es la hermana de Bárbara y la mamá de Tom, Lisa y Danny. Ella ha aprendido activamente comprender los Trastornos del Espectro de Autismo, cómo ayudar a su familia y cómo apoyar a su hijo y otros con TEA en ambientes educacionales y sociales. Es abogada educacional para personas con TEA y familias y comparte sus experiencias y conocimiento para ayudar e inspirar a otros. Emily está desarrollando varios proyectos relacionados al tema y es la representante de California de un programa modelo de la Universidad de Minnesota de la inclusión social, *Yes I Can*. Estudiaba español por ocho años incluso un año maravilloso en la Universidad Complutense de Madrid. Le gusta mucho viajar y hacer presentaciones educativas para las familias y el personal en inglés y español.

Véase a nuestro sitio de web www.asdatoz.com

Lo Qué Inspiró a Emily Traducir Este Libro

Unos meses después de recibir el diagnóstico oficial para mi hijo, yo estaba lista de enfrentarme al tema y aprender todo lo que pude. Asisté a una conferencia en UCLA con el lector australiano Dr. Tony Attwood, especialista del Síndrome de Asperger. Eso hace diez años, y el Dr. Attwood no era tan famoso como ahora. Éramos un grupo pequeño de padres, tal vez 40 en total. Nos emocianaban mucho al escuchar el Dr. Attwood explicarnos las características de TEA para empezar a comprender nuestros hijos. También fue gran alivio descubrir que alguien sabía cómo ayudar y me pareció que todo el grupo se animó.

Durante el descanso, salimos todos los padres, casi corriendo hacia el salón donde vendieron libros sobre autismo. Entusiasmados, todos acercaron a la mesa a la vez y en poco tiempo comprabamos muchos libros que nos podían guiar. Había un señor allí y él preguntó al vendedor, «¿Tiene usted algún libro sobre autismo en español?» El vendedor dijo que «No había.»

De repente el señor se pusó a llorar y preguntó, «¿Cómo es que mi mujer pueda entender a nuestro hijo si no hay libros en español? Ella no habla inglés.» En ese momento yo sentí su dolor muy personalmente. Recuerdo precisamente lo que pensé, «Señor, ahora no sé más que tú, pero algún día, cuando yo pueda, yo voy a hacer algo para ayudar a las personas que hablan español y necesitan saber cómo ayudar a sus queridos niños.»

Fue cuatro años más tarde que Bárbara y yo decidimos escribir un libro y combinar nuestras perspectivas como madre y profesional. No olvidé mi promesa, y desde empezar el libro en inglés tuve mi plan de traducirlo en español. Bárbara estaba completamente de acuerdo. Ahora me hace mucha ilusión que el sueño se ha realizado, y espero que la información contenida aquí será de apoyo y inspirará la esperanza de los padres y los profesionales que trabajan juntos para mejorar las vidas de personas con TEA por todas partes del mundo.

Agradecimientos

Ha sido un trabajo enorme traducir nuestro libro de inglés a español, pero cada hora fui inspirada de conseguir por saber que sería de ayuda para muchas personas. Yo traducí más que 430 páginas, pero porque el español no es mi lengua maternal, me dí cuenta de que necesitaría la ayuda de personas de habla hispana para espresar las ideas lo mejor posible y corregir mis errores. Me era importante que las personas que me ayudarían también entenderían los Trastornos del Espectro de Autismo, por guardar el sentido de las ideas y no «perderlo en la traducción.»

Muchas personas me han ayudado, y sin ellos ¡no hubiera sido posible de terminar nunca! Me animé mucho cuando personas ofrecieron revisar y corregir partes del texto. Fue demasiado de pedir a una persona de revisarlo todo, asi que varias personas han sido muy generosas por revisar uno o dos capítulos. Es increíble decirles que ¡yo ni conozco personalmente a todas las personas que me han ayudado! Por nuestro red del autismo y el internet, personas que se enteraron de la necesidad ofrecieron ayudarme porque querían que el libro salga en español. Espero tener el placer de conocerlas mejor, pero seguramente las conozco por la bondad de sus corazones.

Los redactores vienen de todas partes del mundo y son representantes de varias tradiciones lingüisticas. Seguramente haya maneras diferentes de espresar algo, pero esperamos que se entienda todo.

Joanne Peters revisó los Capítulos 1 y 2. Joanne vive en California; su madre es de Ecuador y su padre es de origen italiano. No hay persona más paciente o dedicada que esta mamá de dos hijos encantadores con autismo. Joanne fue ayudado por su Tío, Guillermo Olmedo, quien vive en Ecuador. Los dos pasaron las páginas por el internet y se ocuparon mucho de ser precisos en la traducción.

Iña Martinez redactó los Capítulos 3 y 10. Originalmente de España, Iña es multilingüe y habla español, inglés y vasco. Tiene mucha experiencia con su proprio companía de servicios de educación y lenguaje y conocimiento personal de TEA por su familia. Hace traducciones en vivo en conferencias y entrenamietos de autismo. Ha trabajado cuidadosamente por todos los detalles, sobre todo en el Capítulo 10, el más técnico.

Ana Bustos-Ponce revisó la primera mitad de Capítulo 4. Ana viene de Cuidad México y vive en Fresno, California. Hace todo posibile para conseguir lo que necesita su hija de 8 años con autismo.

Edith Vargas revisó la segunda mitad de Capítulo 4 y todo el Capítulo 6. De origen Boliviano, Edith es una persona con mucha energia que siempre da el 100% incluso en hacer la revisión del texto. Piensa que Dios le ha dado un desafío muy especial por un própositio muy especial que se está realizando ahora en su propria búsqueda de información para identificar y ayudar a su hijo.

Alexandra Palluck corregió Capítulo 5. Alex es la esposa de nuestro primo Andrew. Viene de Venezuela y vive en Las Vegas. Siendo la primera persona de ofrecer su ayuda, me animó mucho por revisar más de cien páginas.

Mayra Erazo tradujó los Capítulos 7 y 8. Originalmente de El Salvador, trabaja en la Agencia de Servicios Comunitarios de Jay Nolan cerca de Los Angeles. Mayra ofreció traducir dos capítulos porque quiere que la comunidad hispana tenga la información que necesita. Es la primera vez que Mayra ha hecho una traducción. Trabajó mucho en su tiempo libre y se esforzó mucho de mantener el sentido original del texto.

Eugenia Manning revisó el Capítulo 7. Nos conociamos antes, pero yo no sabía que ella era traductora profesional. Me ayudó hacia el final cuando yo pensé que nunca iba a terminar. Ella se describe así: «Eugenia Manning es la madre y admiradora de un atleta de 16 años, poseedor de un corazón hermoso, cariñoso, con grandes talentos y buen sentido de humor, quien además tiene TEA. Para Eugenia ha sido un honor el poder participar con su pequeno grano de arena en esta publicación que es sin lugar a dudas, una herramiento elemental.»

Lilia Contreras revisó el Capítulo 8. De Zacatecas, México Lilia ha hecho mucho para conseguir los servicios que necesita su hija. Le importa mucho que los padres tengan la información que necesitan para saber cómo ayudar a sus hijos y a toda la familia.

Señorina de la Torre corregió la primera parte de Capítulo 9. La mamá de un joven con TEA, Señorina ofreció sus talentos como traductora profesional. Gastó muchas horas del tiempo libre en refinir el texto.

Maria Fulkerson corregió la segunda parte de Capítulo 9. Originalmente de Puerto Rico, es la maestra de español de Danny Iland. Aunque no tiene familiares con TEA, trabajó cuidadosamente con Emily a escoger las mejores palabras y frases.

Rita y Horacio Secchi corregieron el Prólogo. Vienen de Argentina y viven en California. Son los abuelos de unos nietos muy especiales.

A pesar de nuestros esfuerzos puede haber errores a los cuales pedimos disculpa.

Introducción de Emily

Estimados Padres y Professionales,

Nunca olvidaré la sacudida de recibir las noticias que mi hijo Tom tuvo autismo. Aunque yo tenía el beneficio de que mi hermana fuese la persona que surgerió la idea, no lo accepté. El mayor obstáculo en la comprensión fue el hecho de que Tom nos quiso mucho y tenía conexión con nosotros. Yo había visto la reciprocidad de emociones. Creí que debido al hecho de que él fue cariñoso que él no pudo tener autismo.

Yo tenía la misconcepción común que las personas con Trastornos del Espectro de Autismo no relatan a otros ni son capaces del amor. Estaba confundida porque creí que Tom tenía que tener todas las características posibiles de «la lista» para calificar. Esas misconcepciones (que desde luego no sabía de ser incorrectas) fueron obstáculos a reconocer, comprender y progresar.

Necesitaba mucho tiempo para creer que fuese la verdad y aceptarla. Cuando empecé a aprender más sobre autismo, muchas cosas del pasado empezaron tener sentido. Me dí cuenta de que nuestra familia había hecho muchos cambios para adaptar a las diferencias de Tom, sin reconocer que se podía explicar las diferencias por los problemas comunicativos, sociales, sensoriales, y los comportamientos resultantes.

Fue dificilísimo obtener ayuda del distrito escolar. Me sentí sobrecargada e intimidada por el proceso de educación especial. Pareció que tenía que convencer a los profesionales del equipo educativo que Tom necesitó ayuda a pesar de sus fuerzas académicas y otras capacidades. Ellos fueron muy escépticos. Yo pensé que el personal del distrito escolar tendría mucha experiencia en ayudar a los estudiantes como Tom. En lugar, descubrí que yo tendría el papel de líder. Tenía que averiguar lo que Tom necesitó y educar a otros de cómo hacerlo. No tenía las respuestas pero fui determinada de encontrarlas.

¡Tenia que aprender rapidamente! Cuando empecé buscar información me sorprendió que la información fue tan compleja y a veces los expertos tenían opiniones contradictorias. Muchas veces la información que encontré fue difícil de leer o entender. Fui desanimada a descubrir que podía encontrar ideas sobre qué hacer, pero no sobre cómo hacerlas. Fue una bendición que podía depender de mi hermana Bárbara quien ocasionó de ser el consultante oficial del estado de Illinois de autismo. Su aviso fue crucial.

Encontré un abogado educacional para ayudarnos planear los metas basados en las necesidades de Tom y para ir conmigo a los reuniones del Programa Indiviudualizado de Educación (IEP) (Individualized Education Program). Me hice socia del grupo local de apoyo, la Sociedad de Autismo de Los Angeles, la Sociedad de Autismo de América, y ¡Cura al Autismo Ahora! Asisté conferencias y lecturas, usaba el internet, y leí, leí, leí.

Me encontré con otros padres y aprendí de sus experiencias. Progresé desde saber poco hasta ser capaz de ayudar a otros en poco tiempo. Los profesionales educacionales y personal del equipo distrital del IEP progresaron a la vez por mejorar su entendimiento de TEA y las necesidades de Tom. Lo que podíamos hacer como un equipo para contribuir al progreso de Tom seguía a desarrollar.

Al principio, le daba pena a Tom cuando mi marido y yo le explicamos que tenía TEA. Se preocupó que estaba «roto» y no se podía arreglar. Al mismo tiempo, sintió alivio saber que sus problemas y dificultades tenían un nombre. Se acostumbró hasta poder explicar a sí mismo o a nosotros «Es una cosa de Aspergers.» Al comprender el trastorno y cómo le afectó le ayudó a analizar sus experiencias y aceptarse como una persona única y estupenda. Ahora se identifica con personas famosos del presente y del pasado quienes tienen trastornos similares y que se han creado vidas exitosas.

Tom ha hecho progreso tremendo y estamos orgullosos de él. No soy la única persona que cree que el éxito que ha tenido tiene que ver con los esfuerzos que hicimos para apoyarle y los programas que podíamos conseguir. Fue un gran esfuerzo que merece la pena. Sentimos optimismo por su vida futura como estudiante universitario y adulto.

Frecuentemente me encuentro con padres quienes contienden con la posibilidad de o acaban de recibir un diagnóstico de autismo, Síndrome de Asperger o Trastorno Generalizado del Desarrollo por su hijo. Son ansiosos de tener los avisos de otros padres que tienen experiencia con todas las complejidades involucradas. Mi hermana Bárbara y yo nos damos cuenta que juntas tenemos una perspectiva única y podemos ofrecer guianza práctica para los padres y los profesionales de cómo ayudar a un niño o adulto con TEA.

En este libro hemos intentado explicar los temas principales en lenguaje que se puede entender facilmente. Sugerimos recursos y estratégias útiles de nuestras experiencias y esperamos que le servirá bien en su propia búsqueda de información. Queremos que los lectores sientan confianzas de encontrar información objectiva en éstas páginas y recursos para aún mas información de los temas de interés.

Debido a la gran cantidad de información hemos dividido nuestro trabajo en dos volumenes. Éste primero contiene la información más esencial para saber sobre los TEA. Hemos escogido los temas para responder a los cientos de preguntas que yo y otros hemos tenido, y el diálogo continuo entre Bárbara y las familias y personal con quien ha trabajado durante más que 30 años. Enfocamos en el proceso de identifar, evaluar y diagnosticar, cómo compartir información, cómo apoyar a familias y cómo promover la collaboración entre padres y profesionales. El volumen que sigue tratará de estrategias específicos para cada día.

Puede haber una «sed enorme» cuando los padres y los profesionales están listos y determinados de averiguar lo que tienen que hacer para ayudar a un querido, cliente o estudiante con TEA. Leer este libro puede sentir como «beber de la manguera del bombero,» abrumador o sobrecargante. Sugiero que tome sorbitos pequeñitos para absorbar lo que necesita cuando lo necesita. Siempre se puede volver a «tomar» más y aprovecharse, especialmente cuando progresa por los pasos del proceso.

Sinceramente,

Emily Doyle Iland

Introducción de Bárbara

Estimados Profesionales y Padres,

Después de más que 30 años de trabajo con niños y adultos con necesdidades especiales, me encuentro con una necesidad casi urgente de compartir información e ideas que se aplican ambos a familias y empleados profesionales. Durante mi carrera una generación entera de personas con discapacidades nacieron, se diagnosticaron, recibieron tratamientos, completaron su educación, se hicieron adultos y ahora intentan tener vidas exitosas. He hecho algunas cosas y he visto a otros hacer algunas cosas que han resultado muy bien para las personas con discapacidades, sus familias y los empleados. También he cometido errores y he visto que otros se han equivocado con resultados no satisfactorios.

Cienes de familias me han permitido de ayudarles en el proceso de negociar el laberinto del diagnóstico, tratamientos y el sistema educacional. Tras los años se ha hecho claro que hay unas habilidades esenciales que el personal y las familias necesitan aprender para alcanzar progreso y éxito para las personas a quienes apoyan. En este libro mi hermana y yo compartimos lo que hemos aprendido y esperamos que usted puede usarlo con su proprio creatividad, ingeniosidad y amor.

Los niños y adultos con TEA pueden y deben mejorar constantemente en sus habilidades, comunicación y socialización. Si no lo hacen, necesitamos cambiar nuestros esfuerzos, analizar el programa y aprender más. Autismo y los trastornos relacionados no son progresivos aun si haya regresión cuando se notan los síntomas. Es decir que la persona no debe empeorear, y de hecho debe mejorar continuadamente. La persona con TEA puede experimentar periodos tranquilos de aprender y crecer por turnos con ciclos difíciles tras tiempo. El progreso puede ser desigual alternando con periodos que parecen regresivos o parados. Una regresión temporaria o un disturbio puede ocurir a veces, como durante la adolescencia, la enfermedad o paseando algún daño. Algunas personas con TEA pueden desarollar trastornos de ataques que pueden tener un efecto negativo en sus habilidades y capacidades hasta que se traten y controllan. A pesar de esto, las familias y los profesionales pueden esperar y trabajar hacia el progreso y el mejora.

Los padres y profesionales tienen que tomar responsibilidad si el mejora no se continua. No podemos esperar que la persona con TEA un día se despierta para aprovecharse de métodos que no han sido efectivos en el pasado. Para ayudar a alguien con TEA a cambiar, nosotros tenemos que cambiar primero.

La vida de la persona con TEA puede no ser la vida que usted imaginó antes de saber que tenía necesidades especiales. Sin embargo, el niño o el adulto en su cuido puede tener una vida buena con trabajo, intereses, diversión y personas con quien compartirlo. Este libro se puede usar para crear una visión para el futuro y diseñar un plan de la vida para alcanzar a los metas y sueños. Algunas personas se preguntan si los individuos con TEA pueden ser exitosos. Nuestra reacción inmediata es decir, «¡Como no!» El Centro Frostig, una organización sin motivo de lucro en Pasadena, CA que se dedica a las discapacidades de aprendizaje explica la idea de éxito en la vida así:

> *«El éxito no es fácil de definir. Significa algo diferente a personas diferentes. Puede significar algo diferente en tiempos distintos de la vida de una persona. Sin embargo, aún son diferentes las vistas del éxito, parece haber ciertas cosas que la mayoría de personas incluyen cuando piensan del éxito. Esas incluyen amigos, relaciones positivos entre la familia, ser querido, estar contento con sí mismo, tener un trabajo satisfactorio, tener salud físico y mental, el confórt financiero, un sentido espiritual, y un sentido general del propósito de la vida. Desde luego, individuos diferentes pueden poner más o menos énfasis en los varios componentes del éxito.»* [1]

El éxito es individuo y no parece igual para todos. El éxito puede ser visto como alcanzar la potencia, ser tan independiente como posible, y tener la oportunidad de escoger las preferencias. El éxito puede ser una vida productiva que satisfaga. Cuando pensamos de nuestro familiar, cliente o estudiante con TEA, queremos envisionar y planear para aprendizaje, mejoranza y progreso que afectarán a la calidad de la vida. Aún cuando haya limitaciones en aprender o funcionar, los equipos pueden enfocar en la calidad de la vida y el éxito como estar seguro, poder participar y estar contento.

Aquí hay un principio básico para tener mas éxito: Los padres y los profesionales tienen que participar juntos en oportunidades de entrenamiento y enseñanza. Lo más tiempo pasado juntos aprendiendo, escuchando, hablando y pensando, lo mejor saldrá para las personas con TEA. Es verdad que a veces no está cómodo de escuchar y hablar de cosas difíciles juntos, pero el resultado puede ser el mejora del entendimiento y la comunicación. Cuando nos conocemos y nos entendemos podemos crear los programas y servicios más exitosos.

Ofrecemos sugerencias y guianza para mejorar la comunicación entre padres y profesionales para ser más cómodos y efectivos. Es verdad que han habido muchas experiencias negativas entre los empleados y las familias. Sin embargo, la única manera de crear equipos efectivos es por hacer el entrenamiento junto y aprender cómo enseñar, aprender y comunicar, ambos con la persona con TEA y con los otros. Nos dirigimos a esta necesidad en el libro.

Mis experiencias con miles de personas muy especiales durante los 30 años pasados me han enseñado a valuar las diferencias y personalidades individuales y apreciar maneras diferentes de comunicar y aprender. Ha sido un privilegio de desarrollar unas habiliades que me permitan tener aceso a los regalos únicos de tantos individuos. Las oportunidades de trabajar con muchas personas especiales y las personas que les aman y apoyan han mejorado mi vida profundamente.

Mi deseo para usted es que su contacto con individuos con TEA también puede mejorar su vida profundamente cuando ellos nos enseñan el valor de su unicidad, coraje, dedicación, trabajo, lealtad, amistad y amor.

Sinceramente,

Barbara Thompson Doyle

Propósito de Este Libro

Este libro se intenta a ayudar a los padres y profesionales quienes quieren saber más de los Trastornos del Espectro de Autismo (TEA). Contiene información esencial, los conceptos e ideas que necesitan saber, desde el punto de sospechar que haya algún problema, por el proceso diagnóstico hasta comprender las necesidades únicas de la persona con TEA y diseñar apoyos efectivos para el individuo. Se ofrecen ideas prácticas para cada parte del proceso.

Los padres suelen sentirse sobrecargados por la idea de autismo y nos preguntan, «¿Dónde empezamos?» El personal de las escuelas y los empleados de servicios para adultos preguntan, «¿Qué cosas esenciales debemos de enseñar a nuestros empleados y a las familias?» Este libro y el volumen que seguirá son diseñados a responder a esas preguntas. Esperamos que las escuelas y los proveedores de servicios para adultos pueden usar la información contenida en estas páginas para diseñar entrenamientos para los padres y los empleados y también para diseñar métodos de evaluar los esfuerzos del personal y la eficacia de los programas.

Varios capítulos reunen información sobre temas y creencias corrientes de autismo por varios fuentes respetables de un estilo fácil de leer. Se explican algunos términos cientificos y educacionales sin ser demasiado técnicos para ayudar a los lectores hacerse más informados y tal vez un poco más cómodos con ellos. Sin sobresimplificar, el meta es ofrecer discusiones leíbles sobre la naturaleza de TEA, el proceso diagnóstico, las causas posibles, y consideraciones de la educación, las terapias y los tratamientos.

Algunas secciones contienen descripciones breves de los teorias y el trabajo de algunos de los cientistas sobresalientes del mundo. Hay muchas opiniones conflictivas sobre los TEA, y por el próposito informacional presentamos varias ideas. Animamos a los lectores de seguir los temas complejos que les interesan. La bibliografía contiene los muchos recursos usados para preparar este libro. Hay muchos libros buenos que pueden ayudar a familias y al personal escolar o de servicios adultos. También sugerimos sitios del internet que se interesan.

Aparte de los recursos que mencionamos que son disponibles en inglés, hemos buscado activamente y añadido fuentes y recursos en español. Aunque mucha información tiene que ver con los Estados Unidos donde vivimos, esperamos que los lectores podrán enterarse de los servicios, sistemas, leyes y recursos semejantes dóndequiera que vivan.

Terminología

Términos Usados en Este Libro

Nosotros	Los autores
Individuo	Una persona de cualquier edad con un Trastorno del Espectro de Autismo
Niño pequeño	Un niño desde nacimiento a 3 años
Niño prekinder	Un niño de 3 a 5 años
Estudiante	Una persona de 5 a 21 años
Adulto	Una persona mayor de los 18 años
Padre	Un padre, guardian legal, tutor o una persona que tiene el papel de padre
Familias	Padres, padres adoptivos, hermanos, abuelos, padrastros, madrastros, suegros, parentescos, tios, primos y amigos de la familia
Empleados/ profesionales/ personal	Las personas a quienes se pagan para trabajar con un individuo en ambientes educacionales o en servicios comunitarios o adultos.
SA	Síndrome de Asperger o Autismo de Gran Desempeño
HFA	Autismo de Gran Desempeño, una persona que tiene autismo y muchas competencias
TEA	Los Trastornos del Espectro de Autismo incluso los diagnósticos siguientes: el Autismo, el Síndrome de Asperger, el Trastorno Generalizado del Desarrollo (TGD) Trastorno Generalizado de Desarrollo No Especificado y el Autismo Atípico

Por la igualidad genera usamos los pronombres él y ella alternativamente. Tambien usamos el lenguaje de «Primera la Persona».

Consideraciones en escoger términos españoles.

Como sabemos, hay variaciones en las palabras y términos usados en partes diferentes del mundo dónde se habla español, y aún dentro del mismo país. Hemos intentado escoger palabras que se entienden facilmente por todos.

A Quién Este Libro Se Intenta Ayudar

La meta o propósito para cualquier persona con TEA debe de ser una vida contenta con trabajo, dinero, amigos, un buen ambiente donde vivir, recreos y la capacidad de contribuir a la sociedad. Este libro se diseña para ayudar a familias y empleados alcanzar este meta para cada persona con TEA al nivel máximo posible ahora y en el futuro.

Los adultos que piensan que tal vez ellos mismos tengan un trastorno del espectro pueden considerar útil la información contenida en éstas paginas. Puede ser de ayuda a los maestros, personal y familiares que apoyan a personas de cualquier edad que:

- Tienen un trastorno del espectro de autismo.
- Tienen las características y comportamientos semejantes a los de TEA aunque no tengan un diagnóstico oficial.
- Tienen las características y comportamientos semejantes a los de TEA, pero que tengan uno o más diagnósticos diferentes, como el Trastorno de la Atención, Trastorno por Déficit de Atención con Hiperactividad, el Trastorno Obsesivo-Compulsivo, el Síndrome de Tourette, el Síndrome de Rett, el Trastorno Auto-Regulatorio, el Trastorno Degenerativo de la Niñez, el Síndrome de X-Fragil, el Trastorno de Aprendizaje No-Verbal, el Trastorno Semántico-Pragmático o el Hiperlexia.
- No tienen ningún diagnóstico al momento pero que tienen algunas o todas las características de TEA (Véase la descripción de TEA en Capítulo 1)

¿Quién Debe Leer Este Libro?

Los adultos que piensan que ellos mismos puedan tener un trastorno del espectro de autismo, y los padres, amigos, familiares, maestros, empleados y profesionales que apoyan a los ninos y adultos con diferencias en éstas areas:

- La interacción social es diferente de otros de su edad y cultura.
- El lenguaje verbal y no-verbal, o de la comprensión de comunicación y lenguaje.
- Reacciones inusuales a la información sensorial.
- Comportamientos inusuales en responder al mundo alrededor de él o ella.
- Una desigualidad de aprendizaje tras áreas diversas de habilidades y diferencias en lo que se puede hacer en ambientes diferentes.
- Intereses y actividades inusuales.
- Comportamientos estraños o misterios, o comportamientos que son difíciles de entender y son problemáticos para las personas que conocen a él o ella.

En el pasado, autismo y los trastornos relacionados tocaron a las vidas de pocas personas. Debido al alzo en el nivel corriente de incidencia, los TEA ahora afectan a las vidas de muchas personas. Por estar más consciente, más personas quieren informarles para saber si ellos mismos, un familiar o una persona en su cuidado tenga un trastorno del espectro. Aún cuando el diagnóstico no es cierto o es indeterminado, se puede usar las ideas en este libro para ayudar a niños y adultos con problemas de aprendizaje que afectan las habilidades sociales, la comunicación y el comportamiento.

Cuando lee cada capítulo tal vez reconocerá a personas con autismo or trastornos relacionados a quien ha conocido durante toda la vida. Tiene razón, las personas con TEA siempre han estado aquí con nosotros.

CAPÍTULO 1

«Saber es poder.
No tenga miedo
de saber. Tema no saber»
Bárbara

COMPRENDER LOS TRASTORNOS DEL ESPECTRO DE AUTISMO

Quizás, recientemente, usted haya recibido un diagnóstico del autismo de su niño y necesita saber más sobre este asunto. Tal vez usted sospecha que su niño, un miembro de la familia, o aun usted mismo puede tener un Trastorno del Espectro de Autismo y, por esto, quiere más información. ¿Ocurre que a un niño en su clase o a un adulto a quien cuida le han hecho un diagnóstico que no describe exactamente las características y el comportamiento que usted está observando? ¿Como describimos y le damos un sentido a las características que observamos?

Este capítulo se tratará de:

- Que significa el término «Trastorno del Espectro de Autismo» (TEA).
- Las características de los TEA.
- Las dificultades en reconocer los TEA.
- Las implicaciones de los TEA.

Hablando de Personas

Es difícil abrir un libro y saltar directamente a ideas, hechos, y términos complicados. Pero hay una razón crucial para enfocar la atención en el asunto de los términos diagnósticos y comprender el significado de lo que se halla detrás de un diagnóstico. Los lectores de éste libro necesitan poder definir las características importantes de los TEA, conseguir un diagnóstico que asegure la elegibilidad para los servicios y luego, ¡encaminarse al trabajo de enseñar al individuo cómo volverse mas exitoso en la vida!

Para enfrentarnos y contribuir al proceso del diagnóstico, debemos poder entender, reconocer, y describir las características que vemos. Esto incluye aprender y usar los conceptos y los términos que es el lenguaje especializado del desarrollo humano y del diagnóstico. Las palabras y las abreviaciones pueden desanimar al principio, ¡pero de pronto pueden ser parte de su vocabulario diario!

El Proceso Diagnóstico

El proceso de lograr un diagnóstico de TEA es similar al de ir a un médico cuando usted está enfermo. Cuando usted no se siente bien, cuenta al médico cuales son los síntomas que usted experimenta, donde le duele, y por cuanto tiempo duran los síntomas. Al escuchar cuidadosamente y preguntar para averiguar todos los hechos necesarios, el doctor intenta reconocer e identificar cualquier forma de enfermedad conocida.

Los profesionales médicos consultan los libros que describen los síntomas de diversas enfermedades, y éstas referencias médicas ayudan a los doctores a reconocer patrones y síntomas que indican una enfermedad. Los estándares que guían a los profesionales para identificar las características de las enfermedades y los trastornos se designan como «criterios diagnósticos.» Establecer criterios diagnósticos o sistemas clasificatorios para identificar o encontrar un nombre para un trastorno contribuye a la exactitud y la consistencia entre doctores.

Ayuda también:

- A que cada persona con determinados síntomas particulares obtenga el diagnóstico correcto.
- A que las personas con los mismos síntomas obtengan el mismo diagnóstico.
- A que los doctores puedan garantizar que se cumplan todos los criterios necesarios.
- A que ningún síntoma significativo quede inexplicado.

El diagnóstico de los TEA, sin embargo, no se hace describiendo síntomas físicos. El diagnóstico considera el desarrollo, la manera de aprender, el comportamiento y la forma de la comunicación de la persona. Los criterios diagnósticos que se aplican a los TEA se hallan en el Manual Diagnóstico y Estadístico de los Trastornos Mentales, comúnmente llamado el DSM-IV, o el DSM-IV-R, revisado. Es publicado por la Asociación Psiquiatrica Americana.

El DSM-IV incluye descripciones y criterios para todas las enfermedades mentales y psiquiatricas. Pero los TEA no son ni una enfermedad mental ni psiquiatrica. Es un trastorno médico o del desarrollo que involucra los aspectos físicos o químicos del cerebro. Los trastornos del autismo son incluidos en el DSM-IV porque se refieren al cerebro y se identifican por el comportamiento.

Algunos profesionales consultan la Clasificación Internacional de Trastornos. Este manual fue desarrollado por la Organización Mundial de la Salud, y es conocido como el ICD-10. El ICD-10 sirve al mismo propósito como el DSM-IV, excepto que varía en algunas áreas. Una vez que un doctor entiende claramente los hechos de un caso, el DSM-IV o el ICD-10 proveen a los profesionales de la salud mental, los neurólogos y otros profesionales médicos con directivas y normas para reconocer los síntomas y los patrones de un trastorno y así, lograr un diagnóstico preciso por usar los sistemas clasificatorios.

Los criterios usados en el DSM-IV y el ICD-10 son decididos por equipos de expertos. Las normas reflejan un nivel de comprensión especializado y las creencias compartidas por personas experimentadas en una área particular. Los criterios son revisados cuando la ciencia nueva cambia la comprensión de un trastorno o cuando los criterios existentes no parecen servir bien o ser satisfactorios. Unas diferencias entre los criterios usados en el DSM-IV y el ICD-10 pueden reflejar las variaciones en la cultura científica en diferentes partes del mundo.

Trastorno Generalizado del Desarrollo (TGD)

Hay una categoría de diagnóstico en el DSM-IV y el ICD-10 que sirve como un «paraguas» de los trastornos del desarrollo. Se llama «Trastorno Generalizado del Desarrollo» o TGD (Pervasive Developmental Disorder-PDD en inglés), que quiere decir trastornos pervasivos o generalizados del desarrollo. Comprender lo que significa el TGD ayuda a entender los elementos comunes de los desordenes clasificados bajo eso. Las siguientes declaraciones, las cuales son ciertas para el TGD, también son ciertas para el autismo, el Síndrome de Asperger y otros trastornos semejantes:

- «Pervasivo» quiere decir que es un trastorno que afecta varias áreas del desarrollo.
- «Desarrollo» quiere decir que tiene un efecto significativo en muchos aspectos de la vida de una persona.
- «Desarrollo» quiere decir que es algo que ocurrió desde la infancia y no como el resultado de un accidente o una lesión.
- «Developmental» o «General» quiere decir que se cree que la condición estará presente durante toda la vida y que no se la puede curar (aunque se la puede tratar).
- «Developmental» quiere decir que no es una enfermedad ni mental ni psiquiatrica. No es un disturbio emocional ni un trastorno de comportamiento aunque las emociones y el comportamiento son afectados. Un trastorno del desarrollo tampoco es contagioso.
- «Developmental» quiere decir que, como parte del proceso del diagnóstico, se tasan y discuten hechos de los primeros años de la vida del individuo, no importa cuantos años tiene ahora.

- «Trastorno» significa que algunas áreas del aprendizaje y del desarrollo son los afectados (pero no completamente sin función) y que el aprendizaje puede occurir (¡Y Occure!).
- «Trastorno» se aplica solo a las funciones afectadas por el trastorno; otras áreas del aprendizaje y otras habilidades pueden hallarse en buen estado, o aun ser excepcionales.

Los términos TEA y TGD son usados de forma intercambiable porque tienen características en común

Para simplificar el debate en este libro y en otros libros y artículos, el término «Trastorno del Espectro de Autismo» es usado y abreviado cómo «TEA.» La idea de un espectro de desordenes en la categoría TGD refleja el hecho de que las características de los trastornos son similares y se suman los unos sobre los otros en una forma significativa. Mientras cada trastorno es «clínicamente» considerado por separado del otro, es práctico identificar las características comunes para ayudar a las familias y a los empleados de las escuelas o de los servicios para adultos.

El termino «TEA» usualmente incluye los siguientes términos diagnósticos:

- Trastorno Generalizado del Desarrollo (TGD)
- Trastorno Generalizado del Desarrollo No Especificado
- El Autismo
- El Autismo Atípico
- El Síndrome de Asperger
- Autismo de Gran Desempeño (o HFA- autismo de un alto nivel de funcionamiento)

[Nota: En el DSM-IV, están incluidos otros dos trastornos en la categoría de TGD; estos son Trastorno de Rett (Rett's Disorder) y Trastorno Desintegrativo Infantíl (Childhood Disintegrative Disorder). Estos dos desordenes son distintos a los demás porque tienen un curso más progresivo, y el niño pierde habilidades con el paso del tiempo. Aunque no incluimos estos dos trastornos cómo parte de TEA, muchas de las sugerencias y la información en este libro ayudará a las personas y a las familias que trabajan con individuos que exhiben estos dos trastornos.]

Las Características de los TEA

Las definiciones de los términos clasificados como los TEA disienten mucho, de lo que se encuentra en un diccionario, hasta lo que se encuentra en el DSM-IV o ICD-10. La Definición Federal del autismo descrito en el Código Legal de los Estados Unidos, la «Ley Educacional de Individuos con Discapacidades» (IDEA) dice:

«A un niño se lo clasifica como autista cuando tiene una discapacidad del desarrollo que afecta significativamente la comunicación verbal y no verbal, y la interacción social. Eso generalmente es evidente antes de los tres años de edad y afecta adversamente la actuación educativa.» El Código Federal de Regulaciones (Code of Federal Regulations 1308 /1308.15).

La siguiente sección explica en detalle la definición federal y describe los TEA (el autismo, TGD, TGD-No especificado, autismo atípico, y Síndrome de Asperger) en términos simples. Un Trastorno del Espectro de Autismo:

- Es un trastorno que puede tener causas múltiples, ocurre al principio de la vida y está presente durante la vida entera del individuo.
- Es un síndrome, es decir, una colección de características, no solo una o dos diferencias de las características que tienen niños de desarrollo típico.
- Ocurre en varones y hembras, aunque más varones que hembras son diagnosticados con los TEA.
- Es «severo y penetrante,» que afecta todas las áreas del funcionamiento de la persona, ya sea el individuo muy inteligente «de gran desempeño» o si el individuo tiene retraso cognoscitivo (o retraso mental a veces también designado como el deterioro mental).

- Es neurobiológico, es decir, afecta al cerebro físicamente o a su química.
- Afecta la habilidad del individuo para comunicarse al usar el discurso o el idioma. El discurso o las habilidades verbales pueden ser demoradas o puede ser afectada la calidad de la comunicación.
- Afecta la habilidad del individuo para comunicarse al usar «el idioma táctico» como los gestos, la expresión facial, el lenguaje corporal u otra comunicación no verbal.
- Afecta la habilidad del individuo para entender y responder a la comunicación verbal y no verbal de otros.
- Puede causar que el individuo tenga dificultad en formar y mantener amistades y sostener relaciones típicas sociales, a cualquier edad, a pesar de que la persona puede querer hacer eso.
- Puede causar que el individuo sea sensitivo en particular o de una intensidad inusual en responder a la estimulación externa a través del tacto, del olor, del sabor, de la audición o de la vista (la información sensorial).
- Puede causar que el individuo tenga dificultad de sentir, o de procesar la información sensorial y mantenerse en control.
- Puede resultar en un perfil desigual de aprendizaje y de habilidades. Al fin, unas personas con TEA pueden ser muy capaces en algunas habilidades y encontrar dificultades en otras áreas.
- Puede causar que los individuos desarrollen o aprendan habilidades en algunas áreas fuera de la cronológica y no necesariamente según el calendario esperado del desarrollo.
- Aumentan en incidencia, y ocurre en todos los grupos étnicos, culturales, sociales y económicos en todas partes del mundo.
- Es aparente desde una edad muy temprana, con diferencias inusuales, notables desde unos meses de edad hasta 3 años. (En algunos casos, los padres notan diferencias poco después del nacimiento. En otros casos, los padres reportan un desarrollo muy típico a los 18 meses hasta dos años cuando se ve que el niño «cambió de dirección interior» o «dejaba de responder»).

- Puede ocurrir en conjunción con cualquier otra condición, trastorno o discapacidad como la sordera, el Trastorno por Déficit de Atención (Attention Deficit Disorder), el Síndrome de Down, la ceguera, el retraso mental, el parálisis cerebral, la epilepsia, etc. Es importante recordar que si una persona tiene un TEA en conjunción con cualquier otra discapacidad, las características del TEA pueden presentar la mayoría de problemas en aprender y en relaciones sociales.
- Incluye (o se incluyó cuando el individuo fue un niño) una cierta cantidad o muchas de las características siguientes:
  - Intereses muy enfocados o inusuales.
  - «Soledad,» jugar solo en forma continuada (aparte de los demás) o pasivamente al lado de otros, en vez de conectarse activamente con ellos.
  - Acciones repetitivas, en la actividad, en el discurso o en ambos.
  - Hacer eco del idioma o de líneas repetitivas de televisión – como los anuncios publicitarios, los videos, etc.
  - Movimientos inusuales repetitivos del cuerpo y/o las manos.
  - Reacciones inusuales con las personas y los acontecimientos de su vida.
  - Demora en el desarrollo de habilidades físicas.
  - Deseo o necesidad de igualdad repetitiva en la vida, todos los días.
  - Relaciones sociales unilaterales o inocentes para su edad.
  - Falta de coordinación.
  - Problemas motrices (del movimiento físico) como dificultad en iniciar una acción o detener una acción o actividad después de comenzarla.
  - Dificultad en enfocar la atención cuando es debido.
  - Problemas con transiciones, es decir cambiar de una actividad a otra o desde un lugar hacia otro.
  - Aparente falta de interés en «conocer» a otros.
  - Dificultad en enfrentar los cambios inesperados (o algunas veces

esperados) en la rutina usual.

- Ser muy particular en comer, no disfrutar muchas variedades diferentes de comidas.
- Dificultad de «desenganchar» la atención de una cosa a otra.
- Dificultad en enfocar la atención en cosas, a menos que sea un área de interés particular o temas enfocados intensamente.
- Dificultad en ajustarse a las situaciones o a las personas nuevas.
- Dificultad en hacer y conservar amigos, en saber cómo jugar, qué decir y qué no decir, en cómo asociarse en una actividad en grupo, etc.

Un TEA NO es:

- Una enfermedad mental.
- Un trastorno de conducta.
- Un disturbio emocional.
- Causado por los padres o como el resultado de la conducta paternal antes, durante o después del embarazo.
- Capaz de «curarse» completamente (Véase el Capítulo 10 de Las Causas y Las Curas).

El Rango de Efectos

Mientras los individuos con TEA tienen en común ciertas características «de fondo» hay una diversidad tremenda entre las personas que están afectadas. Esto puede causar que los TEA no parezcan semejantes de un individuo a otro. Esta «unicidad» puede contribuir a la dificultad en diagnosticar los TEA o en escoger una etiqueta clínica para describir a una persona. Eso también puede contribuir a conceptos equivocados o creencias falsas acerca de quien tiene TEA y quien no lo tiene basado en la comparación de una persona con TEA con otra persona con TEA.

Hay cinco rangos diferentes a considerar al examinar los TEA.

- **La habilidad cognoscitiva o la inteligencia:** El individuo puede tener retraso mental, inteligencia normal o inteligencia superior.
- **La severidad de los efectos:** Las características del autismo pueden afectar al individuo en una forma más o menos severa.
- **La habilidad en comunicarse:** El individuo puede o no puede hablar, puede parecer tener habilidades de comunicación muy limitadas, puede comunicar en lo que parece una forma casi típica, puede parecer que habla demasiado, o sólo puede usar el idioma para cumplir sus necesidades.
- **La edad y la experiencia:** La edad del individuo y las experiencias en aprender que ha tenido el individuo afectan el desempeño y como se ven las caracteristicas o los «señales» en la persona.

La combinación de los *efectos* de inteligencia acrecienta la *severidad* de los efectos del autismo, la habilidad para *comunicarse* y la *edad* del individuo resultan en que cada individuo con este diagnóstico se manifiesta de una forma única. Como consecuencia, cada uno necesitará un conjunto único de soportes y servicios. El rango de diferencias es un factor en el uso del término «Trastornos del Espectro de Autismo.» El término «los subtipos del autismo» se usan también para describir la variación entre los individuos afectados.

Mesa 1.1 puede ayudar en visualizar las variaciones dentro del TEA. Usted puede desear marcar una «letra x» en cada una de las cinco áreas enlistadas para indicar o describir donde la persona que le interesa está situada a lo largo de cada continuo. Este ejercicio sugiere la variación posible entre individuos con TEA. Otros factores como la personalidad, los asuntos familiares, el ambiente social, y las características físicas y médicas también contribuyen a la «individualidad» de personas con TEA. Y, finalmente, los soportes educativos efectivos, o la falta de ellos, también contribuyen al progreso de la persona y la identidad única de cada persona con TEA.

MESA 1.1
El Rango De Los Efectos De Los TEA

Afectado:

❑ Intensamente ❑ Moderadamente ❑ Levemente

La Inteligencia:

❑ Retraso Profundo ❑ El Promedio ❑ Por Encima Del Promedio

Verbal:

❑ No Verbal ❑ Moderado ❑ Habla Muy Bien

La Edad:

❑ Al Nacimiento ❑ La Juventud ❑ Los Años Medios ❑ La Vejez

La Experiencia:

❑ Pocas Oportunidades ❑ Algunas Oportunidades ❑ Oportunidades Extensivas De Aprender Tras Tiempo

Ideas Equivocadas que Pueden Obstruir el Reconocimiento de los TEA.

Muchas ideas incorrectas acerca del Autismo y de los TEA persisten y causan confusión. En contra del mito y las creencias populares, muchas personas que tienen los TEA Sí PUEDEN:

- Usar el contacto visual de los ojos, contacto visual («eye contact.»)
- Ser inteligentes y obviamente capaces de aprender.
- Relacionarse con otros.
- Ser diferente de otras personas con TEA que alguien conoce.
- Preocuparse por otros.
- Ser cariñosos con miembros de la familia u otros.

- Iniciar una conversación.
- Mejorar.
- Tener alguna otra etiqueta de discapacidad.
- Disfrutar de hallarse junto con otras personas.
- Ser amables.
- Querer tener relaciones sociales y amigos.
- Tener habilidades buenas en algunas áreas, como las matemáticas, la ciencia o el arte.

Otro concepto comúnmente equivocado es la creencia de que una persona tiene que tener todas las características en cada categoría diagnóstica, y si no tienen todas, que no tienen el trastorno. Eso no es verdad. Probablemente no hay ninguna persona que tiene cada rasgo en cada categoría. Siempre habrán, por lo menos, una o dos características que justamente no describen a la persona con TEA. Pero si el numero particular de las características «requeridas» se hallan presentes, el diagnóstico puede estar hecho. El número de características que deben hallarse presentes se especifica en el DSM-IV y se describe en el Capítulo Dos.

A veces algunas personas descuentan la posibilidad de la presencia de los TEA porque una persona con TEA puede funcionar muy bien en varias áreas. Sin embargo, esta creencia puede ser un error serio. Más y más individuos, de todas las edades, quienes funcionan bien de muchas formas, están siendo diagnosticados hoy en día como afectados por los TEA. Esto ocurre porque algunos problemas significativos en habilidades sociales, comunicación, comportamiento y los procesos sensoriales están siendo reconocidos a pesar de la presencia de otras habilidades.

Los efectos del tiempo pueden ser un obstáculo para reconocer y entender la presencia de los TEA en un adolescente o en un adulto. Pueden ser difícil de identificar las características de un TEA en una persona de gran desempeño, aunque esas características son sustancialmente problemáticas para él. Puede ser útil pensar del pasado y del presente de una persona con TEA cómo fotos de «antes» y de «después.» El aprendizaje, los comportamientos mejorados y el uso de estrategias para enfrentar dificultades pueden ayudar a la persona afectada a parecer más típico. Estos cambios, con el paso del tiempo, pueden hacer más difícil obtener una idea precisa del desarrollo y de las características de la persona. Es importante reconocer los efectos en el aprendizaje y en la mejoría que crean el «enmascaramiento» del trastorno. Describir el desarrollo y las características en la infancia de un individuo es muy importante e imprescindible para diagnosticar en los adolescentes y adultos que han aprendido y han hecho progresos.

Las Implicaciones de Los Trastornos del Espectro de Autismo

Tal individuo único que cada persona con TEA puede ser, las personas con TEA también tienen en común ciertas características particulares. Aquí hay unas generalizaciones obvias y algunas sútiles que son ciertas a menudo para personas con TEA:

- Los individuos con TEA podrían y deberían mejorar consistentemente, si se les provee los servicios apropiados educativos y domésticos. El diagnóstico de TEA no es una prognosis para una vida desafortunada.
- No hay la implicación automática para la agresión, la destrucción de la propiedad o auto–perjuicio en el diagnóstico de TEA. Estos, usualmente, son comportamientos aprendidos y pueden ser reemplazados con otros comportamientos aprendidos también.
- Aunque comparten características comunes, cada persona con TEA es un individuo único con múltiples necesidades únicas.
- Para mejorar el comportamiento y el aprendizaje de individuos con TEA, necesitamos llegar a una comunicación diferente e instruir al mundo alrededor de ellos.
- Aun si el individuo tiene un alto nivel de inteligencia, los efectos del TEA le constriñen porque afectan todos los aspectos de la vida, especialmente el de las relaciones.

- Las personas con TEA pueden preocuparse por otros, aunque tal vez no puedan expresar ese afecto en una forma típica.

El comportamiento y funcionamiento del individuo y las características del TEA deberían mejorarse con el tiempo. Este cambio positivo puede ocurrir aun si la persona no ha tenido un diagnóstico y los soportes «oficiales,» pero si ha sido criado por padres o maestros intuitivos. Un individuo con TEA puede aprender a relacionarse con otros, tener intereses y empatía acerca de los otros, ser cariñoso y mejorar. La meta es ayudar a la persona para que funcione y viva a su máximo potencial.

Los tratamientos y los soportes necesitarán ser modificados con el paso del tiempo conforme con cómo el individuo hace progresos. Estos individuos pueden ser únicos y exitosos, aunque no serán «típicos.» El trastorno siempre estará presente. Actualmente no hay ningún tratamiento reconocido como una cura verdadera para el TEA.

Fuerzas Usuales y Dificultades Educativas de Los Individuos con TEA

Cada individuo con TEA es único, como cada persona en el mundo. Sin embargo, hay patrones o formas en el comportamiento y en el aprendizaje, ambos en áreas de fuerza y de dificultad. Aquí hay algunas áreas en las cuales las personas con TEA tienen una intensa habilidad para aprender:

- **Los conceptos espaciales** (dónde están las cosas y las personas, dónde están los artículos, cómo las cosas hacen juego) y la memoria espacial (mapas, dibujos)
- **La memoria maquinal** (la memoria para cosas que han visto o experimentado del mismo modo cada vez, como los videos, las rutinas creadas por los padres o el personal, y maneras de hacer algo que ha sido enseñado en la misma forma todo el tiempo, o los hechos memorizados).
- **El uso de objetos** (saber para qué sirven los objetos y cómo usarlos).
- **La memoria visual** (cómo recordar lo que se ha visto y, procesando, comprender y usar la información adquirida a través de los ojos).

- **El aprendizaje secuencial** (aprender cosas paso a paso según el sentido común).
- **Pensar lógicamente** (tener sentido desde el punto de vista de la persona) y el pensamiento matemático (los números, la secuencia, la cronometría).

En las siguientes áreas, muchos individuos con TEA pueden ser desafiados para:

- **Entender y usar el idioma hablado para comunicarse eficazmente.**
  - La persona puede encontrar difícil enviar y recibir los necesarios mensajes, no importa si ella no puede hablar o puede hablar muy bien. (Hablar no es igual a comunicar).
- **Entender y usar la comunicación no verbal en una manera típica.**
  - Puede ser difícil usar y entender expresiones faciales, el lenguaje corporal, los gestos, etc.
- **Entender el punto de vista y las perspectivas de otros.**
  - Una persona con TEA a menudo tiene éxito limitado en entender o adivinar lo que otra persona piensa o quiere, o en suponer los sentimientos o las reacciones de alguien.
- **Describir un estado interno.**
  - Él no puede contar espontáneamente a otras personas sobre el nivel de la comodidad o la incomodidad física, o describir precisamente su estado emocional.
- **Procesar información sensorial.**
  - Ella puede volverse «sobrecargada» e incapaz de enfrentarse con información sensorial (el gusto, el olfacto, el tacto, el oído). También puede ignorar y dejar de responder a la energía de entrada sensorial.
- **Trasmitir energía sensorial que cambia rápidamente.**
  - El individuo puede tener dificultad enfrentándose a varias cosas que cambian al mismo tiempo.

- **Aprender y recordar comportamientos y reglas sociales.**
  - Aun después de ser demostrado y explicado qué hacer, por qué hacerlo, y cómo hacerlo, muchas veces, esto a menudo constituye un reto.
- **Formar y mantener las amistades.**
  - Él puede no tener amigos o solo amigos que «usan» al individuo para su ventaja.
  - Él puede no saber la diferencia entre el comportamiento amable y simplemente lograr la atención de otros. Posiblemente cuenta con todo el mundo como su amigo de un modo que es demasiado ingenuo para su edad.
- **Usar material instruido en otras circunstancias.**
  - Aun si la persona hace algunas veces lo que aprendió en una situación, no lo puede usar automáticamente cuando una situación nueva se presenta. A veces puede usar el material que se la instruyó en una situación similar cuando no tiene aplicación porque no sabe juzgar.
- **Entender la causa y el efecto.**
  - Él puede enfocar en una etapa «joven» de causa y efecto, como encender y apagar luces o abrir y cerrar la llave de agua repetidamente. O él puede repetir otras acciones repetidamente para obtener los mismos resultados. Puede no entender realmente cómo ocurren las cosas en su mundo, i.e., «si hago esto entonces eso ocurriría.»
- **Predecir acontecimientos o resultados.**
  - Un individuo con TEA puede tener mucha dificultad en predecir qué harán los otros cuando él los observa, interactúa con ellos, o lee acerca de ellos. Puede ser incapaz de predecir o entender que consecuencia surgirá de su comportamiento aun si puede decir la regla.
- **Entender la seguridad o el peligro.**
  - Él puede persistir en hacer cosas peligrosas aun después de ser informado o demostrado qué hacer. Él no puede darse cuenta por qué

algo es peligroso y no puede entender o temer las consecuencias del comportamiento peligroso, como salir corriendo a la calle.

- **Involucrarse en actividades imaginativas.**
  - La persona no puede, automáticamente, jugar de una manera imaginativa. No puede imaginar situaciones acerca de otras personas y no puede imaginar cosas mas allá de su propia experiencia de la realidad.
- **Aprender a jugar.**
  - La persona no puede imitar a otros o disfrutar «los juegos imaginados,» como jugar «a la escuela» o proyectar un propósito imaginario en un objeto (una paja de bebida se convierte en una manguera de agua, etc.).
  - Lo que puede parecer un juego imaginativo muchas veces resulta que no es más que repetir una acción que hizo antes o vió en un video, en el cine o en la televisión.
- **Usar juguetes de la manera usual.**
  - La persona no puede usar juguetes como muñecas o camiones de una forma que indica que ella sabe lo que esos artículos representan.
  - Puede enfocar la atención en una parte particular de un juguete u organizar los juguetes en una línea en lugar de jugar con ellos.
- **Entender reglas sociales.**
  - La persona no puede saber cómo integrarse al grupo con otros o hacer lo que los otros esperan que haga. Puede pasar mucho del tiempo de recreo comprometido en actividades aisladas. Puede parecer que no tiene interés de relacionarse o jugar con otras personas.
- **Demostrar interés en lo que interesa a otros**
  - Puede tener intereses limitados y tener problemas en enfocarse en los intereses de otros o en dónde otros quieren que ponga atención.

- **Buscar la compañía de otras personas para aumentar el disfrute personal.**
    - A ella le puede gustar o puede divertirse en una actividad, pero no le gusta compartir la actividad con otros para divertirse mejor.

Cuando usted lee las listas de fuerzas y dificultades, ¿le hace pensar de un niño o un adulto que conoce? Si es así, a pesar de la etiqueta del diagnóstico que tenga el individuo, la información contenida en este libro puede ayudarle a entender cómo aprende la persona, cómo formular metodologías y cómo enseñar de una manera efectiva. Así es que ¡sigue adelante!

Para los recursos usados en este capítulo y el siguiente, véase el final del Capítulo Dos.

Resumen Capítulo 1

- Un diagnóstico de los TEA considera el desarrollo, la socialización, la comunicación, el comportamiento y el aprendizaje durante la duración de la vida de una persona. Los profesionales identifican patrones de síntomas y características que se ven en el individuo ahora y en el pasado.
- Cada diagnóstico en la «categoría de paraguas» del TGD (Trastorno Generalizado de Desarrollo) es aparente desde una edad joven, puede tener causas múltiples y puede afectar significativamente todas las áreas del desarrollo durante la vida entera de una persona.
- El TGD y el autismo están descritos como «desordenes del espectro» porque las características de los trastornos aumentan significadamente los unos sobre los otros. La combinación del nivel de la inteligencia, cómo gravemente la persona es afectada, la habilidad para comunicar y la edad de la persona resulta en que cada individuo con estos diagnósticos se manifiesta en una forma única.
- Los TEA y los desordenes similares son neurobiológicos, afectan el cerebro físico y su química. Un trastorno del desarrollo no es ni la enfermedad mental, ni el trastorno de la conducta ni un disturbio emocional.
- La causa de los TEA no se debe a los padres o al resultado del comportamiento paternal, antes, durante o después del nacimiento.
- Los TEA ocurren en ambos géneros, hombres y mujeres, pero por cada mujer diagnosticada tener de el TEA, se diagnostican a cuatro hombres con TEA. Los TEA aumentan en incidencia en todo el mundo, ocurren en todas las razas, y en todos los grupos culturales, sociales y económicos.
- Los TEA pueden ocurrir en conjunción con cualquier otra condición u otro trastorno. Si una persona tiene TEA con otra discapacidad, las características del TEA pueden tener que ver más que nada con los problemas en la comunicación, el comportamiento, en las relaciones y en el aprendizaje.
- Las personas con TEA pueden tener un patrón de fuerzas compartidas con otros con TEA.

- Las personas con TEA pueden tener en común áreas de necesidad con otros con TEA como:
  - Una habilidad deteriorada para comunicar usando el discurso, el idioma o «el idioma tácito» como los gestos, la expresión facial o el lenguaje corporal.
  - Un acercamiento unilateral o «juvenil» para las relaciones o tener dificultad establando relaciones personales, o formando y manteniendo las amistades.
  - Los comportamientos restrictivos y repetitivos, las reacciones inusuales a las personas y los acontecimientos en la vida diaria, y una necesidad para la pronosticabilidad y la igualdad repetitiva.
  - La sensibilidad o una forma inusual de procesar y responder a la información sensorial como el toque, el olor, el sabor, la audición o la vista, o las problemas con el equilibrio o la coordinación.
  - El desarrollo del aprendizaje y las habilidades disparejas (haciendo bien en algunas áreas y encontrando dificultades en otras áreas).
  - Una cronología para desarrollarse o aprender habilidades atípica o inusual.
- Los TEA pueden ser tratado con muchas intervenciones efectivas, y las personas con TEA pueden aprender y progresar, aunque los TEA no pueden ser «curados» completamente. Las personas con TEA pueden tener vidas exitosas, productivas y significativas.
- Las barreras para el diagnóstico pueden incluir el paso del tiempo, malpercepciones acerca de los TEA y la confusión causada por el hecho de que los TEA son trastornos del espectro que afecta a cada persona diferentemente. Los mitos o las creencias falsas, como pensar que una persona debe tener cada característica del trastorno, también pueden constituir barreras para el diagnóstico.

CAPÍTULO 2

«No hay atajos a ningún sitio donde valga la pena ir.»
Beverly Sills

CONSIDERACIONES EN EL DIAGNÓSTICO DE LOS TRASTORNOS DEL ESPECTRO DE AUTISMO

Quizás a su niño, a un adulto en su cuidado o en un estudiante en su clase, no le han diagnosticado que tiene algún desorden, pero tiene dificultades significativas en la casa, en la escuela, en el trabajo o en los ambientes sociales. Tal vez usted ha observado comportamientos y actitudes inusuales que interfieren con el aprendizaje y con las actividades y las funciones de la persona. Quizás usted es un adulto que observa estas anomalías en sí mismo.

Este capítulo se tratará de:

- La fuente de alguna confusión en el reconocimiento y la descripción del TEA.
- Lo que es un diagnóstico diferencial y por qué se usa para identificar los TEA.
- Los criterios oficiales actuales del diagnóstico y la forma de aplicarlos.
- Las consideraciones para distinguir el TEA de otros desordenes.
- La importancia de un diagnóstico preciso.
- El enlace importante entre el diagnóstico y la elegibilidad de una persona para acceder a los servicios.

Dándole Sentido a lo Que Observamos

Lograr un diagnóstico ayuda a explicar y dar sentido a las características, comportamientos y manifestaciones indeterminados y confusos. Un diagnóstico preciso ayuda a otros a entender por qué un individuo se comporta y comunica de una cierta manera. Una persona muy experimentada en este tema, el Dr. Edward Ritvo de la UCLA, dijo a Emily, «Cada persona tiene su explicación. El trabajo es averiguarlo.» Un diagnóstico puede hacer al individuo elegible para los servicios previstos por las escuelas y otros proveedores. Un diagnóstico también guiará a los profesionales a proveer y sugerir terapias y programas para el niño o el adulto a su cargo, o para usted mismo.

Aquí hay una analogía: Si usted va a practicar un deporte, necesita saber de qué deporte se trata para utilizar el equipo correcto, para presentarse en el lugar preciso del evento y para saber cómo jugar. Si usted piensa que va a jugar tenis, pero el juego es realmente el béisbol, usted no estará preparado para participar. Usted, ciertamente, nunca ganaría el juego si ni siquiera supo cual sería el juego en que participaría!

Para ayudar a una persona en la satisfacción de sus necesidades educativas especiales, se necesita saber ***qué tipos*** de necesidades especiales de aprendizaje existen a fin de que apronte ***las herramientas adecuadas*** para ayudar, de una manera efectiva, saber ***quien*** se halla disponible para ayudarle, y saber ***cómo*** lograr el mayor éxito posible.

Reconociendo la Necesidad de Conseguir una Opinión Profesional

Los primeros pasos en el proceso del diagnóstico son: tener motivos para creer que existe un problema y querer averiguar de qué el problema se trata. Antes de que un individuo pueda ser diagnosticado, debe ser «identificado» como una persona que da señas de un trastorno. Algunas veces los padres o los empleados tienen alguna idea de lo que el diagnóstico podría ser, y algunas veces no tienen ninguna idea de ello. Los adultos también pueden dudar de lo que puede ser el problema cuando buscan una opinión profesional acerca de los síntomas y dificultades.

Haciendo la Conexión Con los TEA

La conexión entre el individuo y la posibilidad de que experimente un TEA puede ocurrir cuando los padres o los empleados reciben información acerca de los TEA en la televisión, en los libros o en revistas, y la información les despierta el interés. Pueden encontrarse con una persona que ya tiene un diagnóstico y considerar que «su» individuo es muy similar. O, un amigo o miembro de la familia que conoce a la persona, puede traer información acerca de los TEA a la atención de los padres o el personal de una persona que puede hallarse afectada.

Algunas veces la escuela o la agencia de cuidados contacta a la familia cuando se presentan los problemas serios. Algunos maestros quienes son informados del progreso y desarrollo de cada niño en la clase pueden ver si un niño particular está teniendo dificultades sustanciales comparadas con otros compañeros de clase. Un maestro o los empleados de la escuela podría sugerir o pedir permiso para hacer una evaluación para determinar si existe una discapacidad compleja. En este caso, el personal psicólogo de la escuela o la agencia puede o no puede reconocer y reportar signos de TEA.

Un pediatra o un médico que se entera del desarollo del individuo puede identificar las características y diferencias cuando el niño crece. Los pediatras y los profesionales médicos vigilan cuidadosamente el crecimiento y la edad cronológica cuando el niño debe lograr importantes funciones mentales y físicas. Un médico o profesional que está familiarizado con el niño y tiene preocupaciones referirá al niño a un especialista neurólogo o psiquiatra para una mayor evaluación. El retraso en el idioma es uno de los síntomas para la preocupación y algunas veces ésta es la razón por la que se hace una referencia, aunque el autismo no sea sospechado. Algunas veces los empleados médicos «no ven cualquier problema» en la interacción social durante el curso de una visita típica a la oficina, o dirán que los padres deben «esperar y vigilar.»

También, en el caso de los adultos, puede haber una sugerencia de un amigo o miembro familiar, o una referencia de un profesional médico o educativo que sugiere la posibilidad de TEA. Algunas veces un adulto encuentra información que le induce a reconocer la posibilidad de TEA en sí mismo y se refiere a sí mismo para el diagnóstico.

En otros casos, un padre o un miembro adulto de la familia reconoce los síntomas del trastorno en sí mismo cuando su hijo u otro miembro de la familia está en el proceso de ser identificado.

Dificultades y Diferencias al Emplear Términos Diagnósticos

Cuando los padres se encuentran con un profesional médico o de la salud mental para hablar de la situación del niño, puede ser difícil de predecir cual diagnóstico recibirá el niño. Pasa igual, cuando un adulto que cree que pueda tener TEA empiece el proceso de diagnóstico o cuando los empleados refieren a un adulto para el diagnóstico. Un profesional puede escogerse entre varios a elegirse en los manuales de diagnóstico que describen las características dentro del espectro de autismo. Él determinará el diagnóstico según lo que piensa que describe con mayor exactitud las características observadas en el individuo. Puede considerar que unas características particulares descartan algunos diagnósticos. ¿Será el trastorno reconocido como parte del espectro del autismo en cualquier forma? ¿Pasa que el profesional prefiere un término sobre otro, sea autismo, TGD, o Síndrome de Asperger? ¿Escogerá el profesional un diagnóstico muy diferente?

Desde el principio opinamos esto: No creemos que sirve de mucho discutir sobre los términos de los diagnósticos. En todas partes del mundo, las personas arguyen acerca de cómo diagnosticar a personas que tienen un conjunto de características comunes. Mientras los padres y el personal pueden hallarse confundidos por el lenguaje técnico, es importante darse cuenta de que también hay alguna «confusión» entre diagnostas y profesionales médicos. «Las etiquetas,» mientras útiles, no son precisas. Sin embargo, las discusiones sobre etiquetas pueden evitarnos que todos gastemos energía en identificar las necesidades del individuo y buscar los servicios de ayuda.

Parte del problema es la «novedad» de los trastornos del espectro del autismo. Leo Kanner publicó su primera tesis sobre el autismo en 1943. Se basó en los casos de once niños. El autismo no apareció cómo una categoría diagnostica en el DSM hasta 1980. (Véase los recursos al final de este capítulo para leer la tesis original de Kanner en el web.)

Hans Asperger escribió su tesis en 1944 acerca de cuatro niños representativos con «el trastorno de personalidad de autismo en la infancia.» Basado en su trabajo con aproximadamente 200 niños, su tesis no fue realmente «descubierta» hasta 1981, cuando Lorna Wing, M.D., del Reino Unido publicó una traducción (del alemán) y una revisión del trabajo de Asperger. Las etiquetas del diagnóstico del «Trastorno de Asperger» o «Síndrome de Asperger» aparecieron por primera vez en el ICD-10 de 1990 y en la Cuarta Versión del DSM, 1994.

Lorna Wing explica que ella llevó el trabajo de Asperger a la atención de la comunidad médica para expandir la visión de lo que el autismo incluye: personas inteligentes de gran desempeño, que tienen serios problemas sociales y de comunicación. No se había pensado que estas personas tuvieran autismo antes de que el Síndrome de Asperger se hubiera incluído como parte de los trastornos generalizados del desarollo en los libros diagnósticos.[2]

La «novedad» de la codificación de autismo como unos trastornos de un espectro ayuda a explicar por que se diagnostican a muchos adultos ahora. Algunas personas habían recibido algún diagnóstico antes de que el Síndrome de Asperger fuera incluído en el DSM-IV. Ahora que el Síndrome de Asperger es una opción, muchos profesionales e individuos repasan los hechos de sus casos. A veces descubren que el Síndrome de Asperger es una descripción mejor y mas precisa del comportamiento y las características que tienen.

En otros casos de adultos, ningún diagnóstico fue decidido en toda la vida debido a la coexistencia confusa de áreas de déficit junto con las áreas de habilidad y competencia. Muchos adultos quienes han experimentado dificultades serias ahora reconocen rasgos en ellos mismos cuando más se aprende y publica acerca de los TEA.

Muchos investigadores y profesionales, como psiquiatras, neurólogos y los especialistas en educación, discrepan acerca de los términos y los criterios diagnósticos usados actualmente. Un problema es que hay desacuerdo al interpretar el trabajo de Kanner y Asperger. ¡Asperger mismo nunca escribió ninguna clase de criterios diagnósticos para lo que ahora se designa cómo el Síndrome de Asperger! Alguna gente se refiere al hecho de que las descripciones de los niños en las tesis de Kanner y Asperger no están conformes con los criterios de esos trastornos que se utilizan hoy.

Según cómo se interpretan las teorías de Kanner y Asperger, investigadores y profesionales médicos y de la salud mental han desarrollado varias decodificaciones y líneas directrices diferentes para el diagnóstico. Algunas veces estas ideas están en conflicto el uno con el otro. No hay duda que los criterios para diagnosticar se discutirán ampliamente entre los expertos que contribuyen a la siguiente revisión para el DSM-V.

El Diagnóstico Diferencial

El **diagnóstico diferencial** es el proceso de considerar las características que un individuo exhibe, encontrar un patrón y determinar cual etiqueta de diagnóstico describe con mayor exactitud al individuo. Esto incluye tomar en cuenta cómo las características de los diferentes tipos de discapacidades y trastornos aparecen o se manifiestan. Los profesionales que diagnostican el TEA deben descartar o eliminar otros trastornos que podrían ser la causa de las características que observan.

El profesional que diagnostica debe descartar el daño físico o corporal y la enfermedad como la causa de las síntomas. Son ejemplos una lesión en la cabeza, una enfermedad neurológica, un tumor cerebral, o la perdida de la audición. También deben descartar los problemas de salud mental o psiquiátricos como los trastornos de la Personalidad Esquizoide o El Trastorno Compulsivo-Obsesivo. Descartando trastornos físicos o psiquiátricos, estudian los criterios para los trastornos dentro de los trastornos generalizados del desarrollo incluyendo el autismo. Intenta lograr el diagnóstico que mejor se acomoda a las características del individuo. Deben decidir si el individuo tiene más de un desorden presente.

Si un niño o un adulto tiene las características de autismo o trastornos generalizados del desarrollo, y no hay ninguna otra razón que explique estas características (cómo un tumor o lesión del cerebro u otro trastorno), puede ser diagnosticado cómo un individuo con TEA. Los criterios de los diagnósticos oficiales para estos trastornos se describen al final de este capítulo.

Barreras para el Diagnóstico Preciso: No Reconocer el Autismo

Muchos padres y empleados describen la lucha por conseguir un diagnóstico para un niño, un adulto o un miembro de la familia con TEA. Algunas veces este problema es aun más difícil cuando los educadores, los profesionales en la escuela, el personal que provee servicios para adultos, o los pediatras y los doctores, tienen un concepto limitado o equivocado sobre el TEA. Como consecuencia, pueden no saber que el autismo es la causa de los problemas de una persona y no saben referir el individuo a un especialista competente para su ayuda.

Algunos padres afrontan la frustración de ser informados que no hay ningun problema excepto la voluntariedad y el desafío de parte del niño y la falta de habilidades de parte de los padres en la disciplina y la crianza de los hijos. A los maestros se les acusa de no estar calificados o de ser excesivamente celosos. Esto es sumamente desalentador, pero la mayoría de los padres y muchos profesionales siguen con el proceso de buscar una opinión precisa y objetiva hasta solucionar la cuestión. Desafortunadamente, otros desistirán creyendo que no van a resolver el asunto y se irán a casa, o pasan al niño o al adulto a la siguiente clase o programa sin saber lo que ocurre con la persona.

También puede ocurrir un problema completamente opuesto: Los padres van directamente a un especialista del autismo quien determina que el niño no tiene autismo, cuando realmente lo tiene. A menudo esta situación ocurre porque un niño muy joven, que todavía esta desarrollando sus habilidades de hablar y razonar, es difícil de evaluar. Esto puede iniciar un proceso doloroso de ir de un especialista a otro, sólo para terminar con un diagnóstico de autismo después de todo.

Estos días, un creciente número de especialistas que reconocen tanto la importancia de un diagnóstico temprano u oportuno como las dificultades involucradas en hacerlo, y piden a los padres que traigan al niño otra vez después de algunos meses si haya alguna duda, en particular cuando un niño tiene menos de tres años de edad. Mientras tanto, pueden iniciarse los servicios cuidadosamente diseñados que parecen ser de gran beneficio para los niños independientemente del diagnóstico. (Esto se llama «Early Intervention» o «La Intervención Temprana» y en los Estados Unidos se ofrece gratuitamente a niños menores de 3 años que corren riesgo en el desarrollo).

Un Ejemplo de Parte de Bárbara

Recientemente yo observé a una niña de cuatro años de edad previamente diagnosticada con «trastorno del discurso y lenguaje» en un programa pre-prescolar. La niña, Sara, acaba de recibir un diagnóstico oficial de autismo. A la edad de 2 - 1/2, los padres de Sara supieron que algo estaba errado con el diagnóstico de trastorno del discurso y lenguaje y llevaron a Sara al proveedor local de los servicios de intervención temprana para que sea observada y le sometan a pruebas. Sara claramente tuvo tropiezos en la interacción social que se veían claramente en el juego, o en la falta de interés por jugar y su falta de interés aparente en otros niños. Ella no hablaba mucho y cuando lo hizo, el discurso fue «extraño» y casi demasiado sofisticado. Ella miró algunas veces a las personas que le hablaban pero otras veces no, fue muy previsible en términos de las actividades y juguetes en los que ella tuvo interés, algunas veces se volvió muy frustrada y lloró y en otras ocasiones fue muy cariñosa con los adultos familiarizados.

Los diagnostas de Sara no vieron «suficientemente» algunas de las características para sentirse satisfechos al dar un diagnóstico de TEA en aquel entonces. Sin embargo, identificaron áreas de déficit, áreas de necesidad y áreas de fuerza de aprendizaje e iniciaron los servicios individualizados bajo la elegibilidad de «desorden de lenguaje.» A la edad de cuatro, Sara estaba hablando muy bién, utilizando a menudo un discurso funcional u original mezclado con algunas frases de eco. Ella pudo jugar con los otros niños en su clase de prekinder quienes habían sido entrenados para jugar con ella. Ella jugó con una variedad más amplia de juguetes. Raramente lloró y continuó siendo cariñosa. El diagnóstico de autismo fue confirmado en este tiempo, aunque Sara estaba progresando muy bien con apoyo, porque los déficits de fondo estaban todavía presentes y la afectaron en todos los aspectos de su funcionamiento.

El Punto de Vista del Experto

Algunos diagnostas (las personas que se especializan en encontrar un diagnóstico) no han tenido entrenamiento reciente en el autismo y los tratornos relatados. Por eso muchas veces no pueden reconocer estos trastornos. En lugar de identificar TEA, pueden dar un diagnóstico de un trastorno similar, basado en un punto de vista influenciado por su entrenamiento, su experiencia y su carrera. No es realista pensar que un diagnóstico preciso de TEA pueda ser dado por alguien que no tiene el entrenamiento, el conocimiento o la experiencia con el TEA – no importa que tan educada y profesional pueda ser una persona en áreas diferentes.

Los diagnostas también son humanos. Cada «experto» puede ver un problema desde su punto de vista y escoger una etiqueta con la cual se halla mas familiarizado. Por ejemplo, los profesionales médicos y de la salud mental versados en el Trastorno por Déficit de Atención y el Trastorno por Déficit de Atención con Hiperactividad pueden ver esas características en una persona que realmente tiene TEA. Un psiquiatra puede ver el comportamiento como el Trastorno Obsesivo-Compulsivo o como Síndrome de Tourette, cuando una persona lo que realmente tiene es TEA. Esta dificultad puede ocurrir porque las características de TEA pueden manifestarse en una amplia variedad de formas y pueden tener algunas características en común con otros trastornos.

Algunas veces la inexactitud en el diagnóstico ocurre cuando un profesional capaz no tiene información suficiente. Tal vez sólo verá los aspectos limitados de un trastorno que pueden ser observados mientras un individuo está en la clínica para una evaluación. Así, posiblemente un diagnosta sólo verá una parte del problema o no le bastará la información para lograr una conclusión apropiada. Puede resultar un diagnóstico que describe sólo una parte del cuadro total, a menos que el diagnosta reciba información completa y precisa acerca el desarrollo, la sociabilidad, las habilidades de comunicación y el comportamiento del individuo desde joven.

Los padres y el personal tienen mucha responsabilidad en proveer la información necesaria para hacer un diagnóstico, pero pueden no saber cómo describir objetivamente las características del individuo al diagnosta, y pueden presentar un cuadro inexacto o incompleto. Muy pocos programas para los maestros y el personal les enseñan cómo ser precisos y objetivos en las descripciones de personas y comportamientos y, ciertamente, ¡a la mayoría de los padres no se les ha enseñado que cosas buscar y cómo describirlas! A todo lo largo de este libro, nos esforzamos en modelar el uso de lenguaje preciso y respetuoso para describir las características de TEA, y evitar términos psiquiátricos o prejudiciales.

La habilidad de los padres para reportar objetivamente las características que ellos ven también puede ser afectada por las opiniones de otras personas. Esto incluye los comentarios comunes bien intencionados cómo «él superará eso,» o «conozco a otro niño semejante a su hijo, y el está bien ahora,» o «no se preocupe por pequeñeces.» Cuando las cosas se explican así, a menudo pueden ser olvidadas.

Los padres también pueden tener dificultad en recordar que pasó con el niño, o no pueden darse cuenta cuales acontecimientos en el desarrollo del niño son significativos y pertinentes para el diagnóstico. Muchos padres tienen poca experiencia para ayudarles a comparar el desarrollo típico de un niño con el desarrollo y las características que ven en su propio niño. Esto puede ser cierto especialmente cuando el niño que se cree que tiene TEA es el niño único o el mayor en la familia.

El Capítulo Tres contiene muchas ideas para ayudar a los padres y al personal a organizar y presentar la información acerca de la historia del desarrollo del niño o del adulto, y discuten formas para ambos, padres y profesionales, a notar y describir las características importantes para los diagnostas. Esta es una actividad esencial que contribuye a la precisión y al éxito del proceso del diagnóstico.

TEA, Por Muchos Otros Nombres

A menudo, más de un diagnóstico se da a la misma persona con el paso del tiempo. Hay varias razones para que cambie un diagnóstico. Una de las razones mas importantes es que el diagnóstico actual no es «satisfactorio.» No describe exacta y completamente las características, los rasgos y el comportamiento que se observaron en un individuo. Así es que se buscan una segunda, una tercera, o una cuarta opinión profesional.

Es común que muchos niños con TEA primero se diagnostican como que tienen Discapacidad Mental, Retardo Mental, el Trastorno por Déficit de Atención (ADD), el Trastorno por Déficit de Atención con Hiperactividad (ADHD), Desorden de la Conducta, el Trastorno Obsesivo-Compulsivo (OCD), Trastorno de Oposición Desafiante (ODD), una Discapacidad de Aprendizaje (LD), o Perturbaciones Emocionales (ED). Esto puede deberse al hecho de que muchas de las características de estos desordenes son parecidos a las de los TEA.

Las personas con TEA quienes son verbales y capaces en muchas áreas, a menudo primero son diagnosticados con ADD, ADHD, LD, OCD, Trastorno no Verbal del Lenguaje, o con Trastorno Semántico-Pragmático. Algunas veces estas personas son identificadas en la escuela cómo talentosas pero discapacitadas para el aprendizaje o «Hiperlexicos». Aun, esto puede deberse al hecho de que muchas de las características de estos desordenes son parecidos a o se sobreponen con los Desordenes del Espectro de Autismo.

Otra razón porque las personas con TEA reciben diagnósticos o etiquetas diferentes con el paso del tiempo es porque las personas con autismo o TEA cambian. Alguien que parecía típico en los primeros dos años de su vida puede ser muy diferente cuando tiene cuatro años. Las personas con TEA que funcionan a un alto nivel a menudo aprenden a compensar sus deficiencias y «camuflan» la esencia de su trastorno hasta que, en algún momento, no pueden resistirlo mas. Pueden tener muchas etiquetas extraoficiales, siendo llamados inmaduros, serios, diferentes, deprimidos, solitarios o aun «sabihondos.»

Las diferencias entre los «niños regulares» y un niño no diagnosticado o diagnosticado incorrectamente es que el niño que tiene TEA se vuelve cada vez más notable con el paso del tiempo. Cuando los compañeros de clase continúan progresando social y académicamente, se hace mas obvio que el niño con TEA no «encaja» en el grupo y es oprimido. Por esta razón, un niño al que se lo ha forzado a mantenerse durante los primeros años en la escuela elemental o de preprimaria puede estar en crisis más tarde en la escuela primaria o después cuando comienza en la escuela intermedia o secundaria. Cuando resulta una crisis, el patrón de dificultades que siempre ha existido finalmente puede ser reconocida y tener sentido. Algunas veces, los individuos logran en cierta forma pasar inadvertidos, y no se reconocen o sus síntomas no son reconocidos hasta la edad adulta. Muchos de los adultos con esa experiencia nos cuentan que eso les cuesta mucho admitirlo.

Muchos adultos tienen un diagnóstico al que se llegó muchos años atrás y no fueron reexaminados. Los miembros de la familia o proveedores de servicios pueden no reconocer los rasgos de TEA que siempre han estado presentes porque creen que el diagnóstico existente es preciso y por eso no reconocen las características de autismo que siempre habían existido aunque fueron designados con algún otro nombre o diagnosticados de otra manera. El personal y los familiares pueden necesitar repasar los hechos y acontecimientos para considerar si el TEA puede explicar el historial de la persona. Recuerde que antes de 1994 el Síndrome de Asperger no fue ni siquiera una elección como diagnóstico! Las personas diagnosticadas o rediagnosticadas ahora, a menudo pueden hallar que un diagnóstico en el espectro del autismo es lo adecuado.

Una última consideración en el reconocimiento del TEA es que algunas personas tienen más de un trastorno. Un individuo puede tener el Síndrome de Down o la Parálisis Cerebral y el TEA. La persona puede ser ciega y/o sorda y tener autismo. Una persona puede tener el TEA con ADHD, ODD, o el Trastorno Bipolar. El TEA puede coexistir con cualquier otro trastorno físico, psicológico o de desarrollo. Este hecho puede complicar el reconocimiento de las características del TEA en una persona de cualquier edad. Se puede agregar el diagnóstico del TEA cuando alguien finalmente reconoce que el patrón del síndrome del TEA se halla presente. El individuo tiene dificultades para interactuar socialmente, para comunicarse, y responde de una manera inusual al mundo que le rodea a él o a ella, y estas dificultades no pueden ser explicadas por el otro diagnóstico solamente.

Cuando Es TEA, ¿Cual Etiqueta Será la Escogida?

Cuando se presenta a un diagnosta con experiencia en TEA, una persona con las características puede dársele un diagnóstico dentro del «espectro del trastorno:» «Autismo,» «Síndrome de Asperger,» «Trastorno Generalizado del Desarrollo- TGD,» «Trastorno General del Desarrollo- No Especificado,» o «Autismo Atípico.» El término «Trastorno del Espectro de Autismo» (TEA) no es un término «oficial» porque no es un diagnóstico elegible en los manuales de diagnóstico actuales. El «TEA» es usado comúnmente por los individuos, las familias, el personal y en la literatura de este tema para enfatizar lo que los desordenes tienen en común y para simplificar el uso de los términos y las abreviaciones.

A veces el autismo se describe como «suave» o se dice que una persona tiene «Autismo de Gran Desempeño» (High Functioning Autism- HFA). Estos términos descriptivos no son categorías oficiales en los manuales de diagnóstico, pero se agregan para dar una idea mas precisa del nivel del funcionamiento cognoscitivo (la inteligencia o capacidad intelectual) y funcionamiento del individuo.

Algunos psiquiatras o neurólogos pueden evitar el dar un diagnóstico de «autismo» porque creen que esa palabra es demasiado para ser escuchada por la familia. (Algunas personas designan al autismo con «la palabra – A» porque está cargada con significado emocional). Los padres, y el público en general, hacen asociaciones específicas con la palabra «autismo.» (Una asociación común, casi automática, es el carácter de Dustin Hoffman en la película «El Hombre de la Lluvia» (Rainman). Y es casi común una reacción negativa a esta palabra, especialmente entre la gente de limitado entendimiento o poca experiencia en el trastorno en cuestión.

Los profesionales médicos y de la salud mental pueden considerar que el término Trastorno Generalizado del Desarrollo- TGD es un término «más amable.» Algunas personas utilizan el término TGD cuando piensan que los padres no están listos o se sobresaltarían al oír la palabra «autismo.» TGD es un término preferido en algunas áreas geográficas. Sin embargo, no puede ser un término útil si es demasiado ambiguo o no ayuda a capacitar al individuo para obtener los servicios. Puede ser mejor ser realista y «duro» con la términología si hace diferencia al interés en el resultado para el individuo. TGD puede no ser un término «más amable» si confunde a los padres.

Un Caso de Ejemplo

Un padre tuvo una experiencia angustiante durante una junta escolar con los educadores de la educación especial. El supo que su hija tenia «TGD» pero nadie le había explicado que TGD tenía algo que ver con el autismo. El descubrió lo que fue la conexión el día en que su hija fue elegible para recibir los servicios de la educación especial en la categoría de «autismo.» Él estaba completamente impreparado para la sacudida emocional y estuvo desolado al ser informado de esta manera. En este caso, la etiqueta de TGD le había protegido del dolor de un término duro, pero que también le privó de la información precisa y de la realidad que los demás habían sobreentendido.

«Tener la Propensión al Autismo»

Es posible que algunos individuos ostenten algunas de las características del TEA pero no satisfacen todos los criterios para el diagnóstico. Como consecuencia, muchos individuos han sido calificados «como si fueran autistas» o se dice que tiene «tendencia al autismo» o con «características del autismo.» ¿Es posible para una persona lograr los servicios apropiados si es considerada «como si fuera autista?» Generalmente, los individuos descritos «como autistas» pueden ser mejor atendidos si reciben los tratamientos positivos y los servicios que benefician a las personas con autismo, aun en el caso de que no se haya obtenido un diagnóstico formal. Al describir otros desordenes, nadie usa una términología tal como «como un ciego» o «como dañado del cerebro» o «con tendencia hacia la parálisis cerebral.» Puede ser el momento de reconocer que el término «cómo autista» constituye una barrera que confunde, no aclara. En estos casos, es mas útil si los diagnostas enlistan y comentan cuales son las características que observan en vez de simplemente usar el término «cómo autista.» Los diagnostas se beneficiarán al observar a estos niños y adultos en trasfondos y ocasiones múltiples. En trasfondos mas allá de una clínica o una oficina, otras características del desorden pueden hacerse mas aparentes.

¿Qué Diferencia Hace Hacer el Diagnóstico?

Los padres y el personal involucrado en el proceso del diagnóstico necesitan estar conscientes de la importancia del diagnóstico correcto. Uno de los propósitos del diagnóstico es identificar las áreas de necesidad o dañadas. Este es un punto clave porque la etiqueta del diagnóstico más preciso debe conducir a los servicios y soportes más apropiados. El diagnóstico constituye el primer paso para ayudar al individuo a que aprenda la destreza del lenguaje y la comunicación, aprenda a relacionarse y a interactuar con otros, hallar y utilizar áreas de la capacidad del aprendizaje y ser tan exitoso como sea posible.

El diagnóstico dado a una persona puede afectar su elegibilidad y el acceso para los servicios según donde vive y si los servicios de apoyo son provistos por los practicantes particulares, el distrito escolar, una dependencia gubernamental u otros proveedores.

Aun las compañías de seguros pueden proveer cobertura para personas de una clase de diagnóstico, pero no para otras. El personal y las familias necesitan enterarse e informar a los diagnostas acerca de las «etiquetas» que puedan ayudar en conseguir la elegibilidad para los servicios y los soportes. Por ejemplo, un diagnosta puede estar dispuesto a usar el termino «autismo» en lugar de «TGD» si el diagnosta considera que los términos son intercambiables y es consciente de que un diagnóstico de autismo podría hacer al individuo elegible para los servicios, y un diagnóstico de TGD podría no hacerlo elegible.

Algunas veces hay una diferencia entre un diagnóstico clínico y un diagnóstico para la elegibilidad para los servicios. Por ejemplo, un niño puede tener un diagnóstico clínico de TGD -No Especificado dado por un psiquiatra o un neurólogo, pero el programa de la escuela del niño no tendrá una categoría de elegibilidad para TGD –No Especificado. El equipo educativo querrá hacer al niño elegible para los servicios bajo «el Autismo» o cómo «Otros Daños de la Salud » (Other Health Impaired, OHI) que quiere decir alumnos con factores adicionales que afectan su salud y progreso. Los padres y el personal quieren asegurarse de que la etiqueta escogida para la elegibilidad de los servicios es la que resultará en que el niño o el adulto reciba todos los servicios necesarios.

La confusión del diagnóstico puede permanecer durante algún tiempo hasta que se sepa más y se convenga acerca de las causas de los trastornos del espectro de autismo y los efectos en el funcionamiento del individuo. El alzo de la conciencia publica, la educación, la investigación, la financiación, y la persistencia y dedicación continuada de las familias, del personal, de los especialistas y de los investigadores prometen mucho para el futuro. Mientras tanto, entre todos nosotros, podemos esforzarnos en ser claros y objetivos al identificar la características y las necesidades del pasado y del presente de una persona en el proceso del diagnóstico.

Cómo Se Aplican los Criterios del Diagnóstico

La información en este pasaje es reproducido con permiso de la versión española del DSM-IV-TR, Manual Diagnóstico y Estadístico de los Trastornos Mentales, Texto Revisado publicado originalmente por la Asociación Americana de Psiquiatría en 2000. Los profesionales usan la descripción de las características del diagnóstico y aplican criterios específicos para determinar si una persona tiene un trastorno dentro del espectro del autismo. El juicio se basa en la comprensión de la historia personal y el desarollo de la persona, y las observaciones del comportamiento y del funcionamiento actual.

Aquí se ven los requisitos exactos cómo están publicados en el DSM-IV-TR. Después de presentarlos, ofrecemos una explicación de lo que significan. Sugerimos que los lectores consulten con un profesional para aclarar cualquier duda o pregunta en cuanto al significado de los criterios y cómo relatan a un niño o adulto particular.

Hay categorías de características en el diagnóstico de cada trastorno. Una persona no tiene que tener cada una de las características en cada categoría para recibir el diagnóstico. Sin embargo, hay un mínimo, un numero específico de criterios que deben satisfacerse en cada categoría particular. Los requerimientos mínimos se resaltan, en negrilla, en el siguiente texto.

299.00 Trastorno Autístico

Empezando con el «Trastorno de Autismo» se describe así en el DSM-IV-TR: «Las características esenciales del Trastorno Autista son la presencia de desarrollo notablemente anormal o deteriorado en la interacción social y la comunicación y notablemente en el repertorio restringido de actividad e intereses. Las manifestaciones del trastorno disienten grandemente debido a la edad para el nivel del desarrollo y la edad del individuo.»

Para concluir con que la persona tiene el diagnóstico de autismo hay que cumplir seis o más requisitos totales de las partes 1, 2, y 3. De los seis, tiene que haber al menos dos criterios de la parte 1, un criterio de la parte 2 y un criterio de la parte 3. También hay que cumplir con los requisitos de la parte B y de la parte C.

Criterios para el diagnóstico de F84.0 Trastorno autista [299.0][3]

A. **Un total de 6 (o más ítems de (1), (2), y (3), con por lo menos dos de (1), y uno de (2) y de (3).**

1. Alteración cualitativa de la interacción social, manifestada al menos por dos de las siguientes características:

   (a) Importante alteración del uso de múltiples comportamientos no verbales, como son contacto ocular, expresión facial, posturas corporales y gestos reguladores de la interacción social.

   (b) Incapacidad para desarrollar relaciones con compañeros adecuadas al nivel del desarrollo.

   (c) Ausencia de la tendencia espontánea para compartir con otras personas disfrutes, intereses o objetivos (p. ej., no mostrar, traer, o señalar objetos de interés.)

   (d) Falta de reciprocidad social o emocional.

2. Alteración cualitativa de la comunicación manifestada **al menos por dos de** las siguientes características:

   (a) Retraso o ausencia total del desarrollo del lenguaje oral (no acompañado de intentos para compensarlo mediante modos alternativos de comunicación, tales como gestos o mímica.

   (b) En sujetos con un habla adecuada, alteración importante de la capacidad para iniciar o mantener una conversación con otros.

   (c) Utilización estereotipada y repetitiva del lenguaje o lenguaje de idiosincrásico.

   (d) Ausencia de juego realista espontáneo, variado, o de juego imitativo social propio del nivel de desarrollo.

3. Patrones de comportamiento, intereses y actividades restringidos, repetitivos y estereotipados, manifestados **por lo menos mediante una de las** siguientes cáracteristicas:

   (a) Preocupación absorbente por uno o más patrones estereotipados y restrictivos de interés que resulta anormal, sea en su intensidad, sea en su objetivo.

   (b) Adhesión aparentemente inflexible a rutinas o rituales especificos, no funcionales.

   (c) Manierismos motores estereotipados (p. ej., sacudir o girar las manos o dedos, o moviemientos complejos de todo el cuerpo).

   (d) Preocupación persistente por partes de objetos.

B. Retraso o funcionamiento anormal en por lo menos una de las siguientes áreas, que aparece antes de los 3 años de edad:

(1) Interacción social.

(2) Lenguaje utilizado en la comunicación social.

(3) Juego simbólico o imaginativo.

C. **El trastorno no se explica mejor por la presencia de un trastorno de Rett o de un trastorno desintegrativo infantil.**

En la sección (1) se trata de la diferencia cualitativa en la interacción social. Se mide para documentar algo en **dos áreas de las cuatro siguientes:**

(a) **«La alteración del uso de múltiples comportamientos no verbales.»** La comunicación «no verbal» significa cosas que hacemos para comunicar que no incluyen el lenguaje hablado o el lenguaje de señales. Ejemplos incluyen el uso de los gestos, la mirada de ojo-a-ojo o cara-a-cara, la expresión facial, las posturas corporales, y la sonrisa social, usados con el propósito de modular la interacción social, es decir interactuar con otros de una manera social. Las personas con autismo carecen de la comunicación no verbal.

(b) **«Incapacidad para desarrollar relaciones con compañeros...»** Esto tiene que ver con no saber formar y mantener amistades con compañeros como lo hacen personas de la misma edad o nivel de desarrollo. Puede parecer que tiene poco interés en otros o que no sabe cómo participar en la interacción social. Tal vez no invita a otros ni sabe jugar.

(c) **«Ausencia de la tendencia espontánea para compartir con otras personas los disfrutes, los intereses, o los objetivos.»** Esto significa que la persona no busca la compañia de otras personas para un propósito social. No lo hace para mostrar juguetes u objetos a otros; no comparte «una mirada» a ver si otra persona disfruta algo, no hace señales para indicar algo que le interesa. Parece que no le importa si los demás aprueban algo que hizo bien, y no intenta atraer la atención de otros a algo que le interesa.

(d) **«Falta de reciprocidad social o emocional.»** Esto quiere decir que la persona relata a los demás de una manera «única» en vez de «mutua.» Puede parecer que no hay intercambio, sino que la persona solo «da» y no «recibe» o solo «recibe» y no «da;» no es en forma de «ida y vuelta.» La persona puede no tener interés en los demás, o no entender los sentimientos de los demás, o ambos. Le puede faltar interés en los intereses, logros, ideas o sentimientos de otras personas.

Los deterioros de la parte (2) tienen que ver con problemas cualitativos en la comunicación. Tiene que haber **a lo menos uno** de lo siguiente:

(a) «**Retraso o ausencia total del desarrollo del lenguaje oral (no acompañado de intentos para compensarlo mediante modos alternativos de comunicación, tales como gestos o mímica.)**» Esto quiere decir que la persona puede experimentar una demora en el desarrollo del lenguaje, con una falta de palabras o frases que se debe esperar de una persona de su edad. Si no puede hablar bien pero si usa gestos y otras maneras efectivas de comunicarse, se dice que no cumple este requisito.

(b) «**En sujetos con la habla adecuada, alteración importante de la capacidad de iniciar o mantener una conversación con otros**». Esto quiere decir que tiene problemas prácticos o pragmáticos en saber conversar. Puede interrumpir o hablar de un tema que no interesa al otro, tal vez habla en monólogos o de su tema predilecto sin dejar hablar a la otra persona. Puede no saber cómo empezar o terminar la conversación.

(c) «**Utilización estereotipada y repetitiva del lenguaje o lenguaje idiosincrásico.**» Esto quiere decir que la forma o contenido de la comunicación es anormal. Puede hacer «eco» de lo que dijo la otra persona. Puede repetir frases de la televisión o las videocintas. Incluye problemas con pronombres y palabras inventadas en vez de usar el vocabulario común. También puede querer sólo hablar de unos temas o repetir la misma cosa o pregunta.

(d) «**Ausencia de juego realista espontáneo, variado, o de juego imitativo social propio del nivel de desarrollo.**» Parece que no sabe inventar juegos o carácteres nuevos, ni el diálogo que tales carácteres dirían. Puede faltar el juego social y no entrar en juegos con otras personas. Puede usar juguetes de una forma inesperada que demuestra que no entiende lo que simboliza el objeto. No imita a los adultos en «jugar» a limpiar, cocinar, ir a la tienda, o representar otras actividades diarias.

La parte (3) se trata de «los patrones de comportamiento, intereses y actividades restringidos, repetitivos y estereotipados» Hay que **cumplir con uno de lo** siguiente a lo menos:

a) **«La preocupación absorbente por uno o más patrones de intereses estereotipados y restrictivos de interés que resulta anormal sea en su intensidad sea en su objetivo.»** Esto describe que la persona tiene intereses muy fuertes y limitados. Se preocupa mucho por el interés predilecto, y puede querer sólo hablar o participar en ello y casi nada más. Alguna gente describe esto cómo «obsesivo» y aunque puede parecer algo obsesivo, es mejor dicho estereotípado y restringido. Ejemplos incluyen saber todo de un tema como los planetas, o coleccionar cosas.

b) **«La adhesión aparentemente inflexible a rutinas o rituales específicos, no funcionales.»** La persona puede querer mantener alguna rutina fija aunque no parece tener ningún propósito. También puede querer mantener un detalle de una actividad, por ejemplo siempre viajar en la misma ruta para ir a un sitio, o remplazar una cosa en el sitio exacto si se mueve un poco, o alinear objetos.

c) **«Manerismos motoricos estereotipados y repetitivos.»** La persona puede mover una parte del cuerpo de una manera repetitiva. Puede incluir agitar o aletear las manos o dedos, mecerse, golpearse, o torciar el cuerpo entero de una forma compleja.

d) **«Preocupación persistente por partes de objetos.»** El ejemplo clásico es hacer girar las ruedas de un coche de juguete, enfocando en parte del objeto en vez del uso esperado. También puede incluir oler objetos o tocar ciertos materiales. Incluye agarrar y no dejar objetos inusuales cómo un trozo de plástico o un pedazo de cordel.

Si una persona tiene **un total de a lo menos seis características**, incluyendo al menos **dos de la sección 1**, al menos **una de la sección 2**, al menos **una de sección 3** y **también cumple los criterios de las secciones B y C**, un diagnosta dará un diagnóstico de Trastorno Autistico o «el Autismo.» El autismo es también considerado cuando un niño que había estado desarrollándose normalmente pierde funciones y capacidades o retrocede. Otras instrucciones en el DSM cuentan a todos los profesionales que **si los criterios para el autismo se cumplen ciertamente**, **entonces**

no hay la necesidad de considerar ningún otro diagnóstico dentro de la categoría Trastorno Generalizado del Desarrollo (TGD).

Algunas veces, cuando se aplican los criterios de autismo, no se cumplen el mínimo de seis criterios. Aunque esten presentes varios síntomas, no hay «lo suficiente» para hacer el diagnóstico de autismo. Este se considera «bajo del nivel de síntomas necesarios» es decir tener la «sintomatología subliminal.»

Se considera el autismo como una discapacidad del desarrollo que ocurre temprano en la infancia. Un niño mayor o un adulto puede ser diagnosticado con autismo a cualquier edad, mientras están de acuerdo en que los síntomas del autismo estuvieron presentes antes de la edad de 3, aun si no fueron reconocidos como síntomas o considerados como causa de preocupación en aquel entonces. Si los síntomas no estuvieron presentes antes de la edad 3, esto se considera «late age of onset» que quiere decir que la cronología es tardío, no cumple los requisitos y no se daría el diagnóstico.

¿Que guía se da a los diagnostas cuando no hay síntomas suficientes, cuando el principio de tener los síntomas es tardío, o el profesional considera que los síntomas son diferentes de lo que usualmente se ve o generalmente se espera en el autismo «típico»? Eso es cuando se usa el diagnóstico de Trastornos Generalizados del Desarrollo- No Especificado o «el Autismo Atípico.» Se da la siguiente descripción en el DSM-IV-TR:

F84.9 Trastorno Generalizado del Desarrollo No Especificado (incluyendo autismo atipico) [299.80]

> *«Esta categoría debe utilizarse cuando existe una alteración grave y generalizada del desarrollo de la interacción social recíproca o de las habilidades de comunicación verbal o no verbal, o cuando hay comportamientos, intereses y actividades estereotipados, pero no se cumplen los criterios de un trastorno generalizado del desarrollo específico, esquizofrenia, trastorno esquizotípico de la personalidad o trastorno de la personalidad por evitación. Por ejemplo, esta categoría incluye el «autismo atípico» – casos que no cumplen con los criterios para el trastorno autista por una edad de inicio posterior, una sintomatología atípica, o una sintomatología subliminal o por todos estos hechos a la vez.»*[4]

Los lectores querrán saber lo que muchos profesionales consideran el diagnóstico de TGD y TGD –No Especifado como formas de autismo o como partes del espectro del autismo. Las estratégias y los apoyos contenidos en este manual y otros libros acerca del autismo, Síndrome de Asperger, o el espectro de autismo puede ser de beneficio para alguien diagnosticado con TGD o TGD –No Especificado. Así se puede identificar las necesidades particulares y seleccionar apoyos individualizados para ayudar a la persona.

¿Qué es el Síndrome de Asperger?

Comenzamos con los criterios diagnósticos que los profesionales usan y luego discutirémos qué quieren decir. Otra vez, el número de síntomas requeridos ha sido escrito en negrita para el hacer énfasis. Aquí presentamos los requisitos exactos cómo se hallan publicados en el DSM-IV-TR versión española. Después de presentarlo, ofrecemos una explicación. Sugerimos que los lectores consulten con un profesional para aclarar cualquier duda o pregunta en cuanto al significado de los criterios y cómo relatan a un niño o adulto específico.

Los lectores querrán saber que dos partes entre 299.0 el Autismo y 299.80 el Trastorno de Asperger, **son precisamente iguales, palabra por palabra.** Estos son parte A1 de autismo que es igual a parte A de Síndrome de Asperger, y parte A3 de autismo que es igual a parte B de Síndrome de Asperger.

En el caso del Síndrome de Asperger, deben cumplirse **dos síntomas de (A), un síntoma de (B) más C, D, E, y F para dar el diagnóstico.** En la sección de arriba ya hemos descrito las partes las partes A1 y A3 de autismo que son iguales a los partes A y B del Síndrome de Asperger. Véase esas secciones para la explicación completa. Aquí presentamos y explicamos los otros requisitos C, D, E, y F del Síndrome de Asperger.

Criterios para el diagnostico de F84.5 Trastorno de Asperger [299.80] (también llamado Síndrome de Asperger o SA)[5]

A. Alteración cualitativa de la interacción social, manifestada **al menos por dos de las siguientes características:**

   (1) Importante alteración del uso de múltiples comportamientos no verbales, como son contacto ocular, expresión facial, posturas corporales y gestos reguladores de la interacción social.

   (2) Incapacidad para desarrollar relaciones con compañeros adecuadas al nivel del desarrollo.

   (3) Ausencia de la tendencia espontánea para compartir con otras personas disfrutes, intereses o objetivos (p. ej., no mostrar, traer, o señalar objetos de interés.

   (4) Falta de reciprocidad social o emocional.

B. Patrones de comportamiento, intereses y actividades restringidos, repetitivos y estereotipados, manifestados **por lo menos mediante una de las siguientes cáracteristicas:**

   (1) Preocupación absorbente por uno o más patrones estereotipados y restrictivos de interés que resulta anormal, sea en su intensidad, sea en su objetivo.

   (2) Adhesión aparentemente inflexible a rutinas o rituales especificos, no funcionales.

   (3) Manierismos motores estereotipados (p. ej., sacudir o girar las manos o dedos, o moviemientos complejos de todo el cuerpo).

   (4) Preocupación persistente por partes de objetos.

C. **«El desorden causa un deterioro clínicamente significativo de la actividad social, laboral y otras áreas importantes de la actividad del individuo.»** [Esto quiere decir que no solo existen los síntomas sino que interfieren de una manera significativa con la vida diaria.]

D. **«No hay retraso general del lenguaje clínicamente significativo (p. ej., a los 2 años de edad utiliza palabras sencilla, a los 3 años de edad utiliza frases comunicativas).»** [Esta parte generalmente se piensa que es un contraste con el autismo donde es común un retraso en el uso general de lenguaje. (Es importante saber que muchos especialistas del lenguaje consideran que la definición de lenguaje «normal» descrito aquí para el Síndrome de Asperger de verdad representa un retraso de lenguaje, y que esto es problemático en el proceso de diagnóstico.) De todos modos, intentan distinguir entre los trastornos basándose en el uso de lenguaje.]

E. **«No hay retraso clínicamente significativo del desarrollo cognoscitivo ni del desarrollo de habilidades de autoayuda propias de la edad, el comportamiento adaptivo (distinto a la interacción social) y curiosidad acerca del ambiente durante la infancia.»** [Esto indica que mientras se ve el comportamiento restringido y problemas sociales, otras áreas del desarrollo son normales.]

F. **«No cumple los criterios de otro trastorno generalizado del desarrollo ni de esquizofrenia.»** [Esto quiere decir que hay que averiguar si la persona tiene autismo antes de decidir que tiene el Síndrome de Asperger. También hay que descartar que los síntomas son debidos a la esquizofrenia.]

A consecuencia de las características en común, las personas a menudo preguntan, «¿Cuales de los criterios distinguen a una persona con autismo de una persona con el Síndrome de Asperger?» Las personas quieren saber más del significado del criterio, «No hay retraso clínicamente significativo del desarrollo cognoscitivo ni del desarrollo de habilidades de autoayuda propias de la edad, el comportamiento adaptivo (distinto a la interacción social) y curiosidad acerca del ambiente durante la infancia.» No hay explicación de fondo de estas características contenida en los criterios de los diagnósticos. Muchos diagnostas han regresado al trabajo de Asperger y leen materiales escritos acerca de TEA para interpretar estas características.

Aquí hay algunas interpretaciones acerca de estas características que se sostienen y discuten comúnmente en las conferencias y en la literatura sobre el tema.

1. **Las personas con Síndrome de Asperger (SA) por lo común tienen mejores habilidades interpersonales de comunicación que las personas con autismo.** Personas con SA generalmente no tienen un retraso clínicamente significativo en el idioma y pueden hablar a tiempo, o aun temprano. Usan palabras sueltas a la edad de 2 años y a la edad de tres años, frases comunicativas. La familia de un niño con AS nota a menudo que el discurso puede ser muy complicado o complejo, llevándole a creer que el niño es precoz o bien dotado. Las personas con SA pueden tener una forma inusual de comunicarse, como hacer eco, repetir líneas de anuncios publicitarios o de videos, o casi nunca hacer preguntas. Los individuos con SA pueden haber tenido un modo inusual de comunicación, palabras solas a la edad de 2 años, excepto necesariamente no las pudieron haber usado en una forma típica. Pueden no usar el idioma para compartir sentimientos o mantener una conversación.

2. **Las personas con SA no tienen un retraso de la cognición.** Esto se refiere al desarrollo de las habilidades intelectuales, de aprender y pensar. La gente con SA usualmente tiene la inteligencia al nivel común o más alto. Esto se compara con el rango de inteligencia dentro del autismo que incluye la inteligencia normal, y también la posibilidad del retraso mental.

3. **Las personas con SA a menudo tienen habilidades de autoayuda apropiadas para la edad,** significando que aprenden habilidades como la mayoría de los otros niños, tales como vestirse y utilizar el inodoro. Su comportamiento de adaptación, como aprender rutinas y aprender nuevas respuestas a situaciones nuevas, puede ser bueno, excepto en el área de la interacción social. Las habilidades físicas, como correr, agarrar una pelota, etc., aprenden comunmente a su tiempo, o solo un poco después del tiempo en que otros niños lo aprenden. Se nota que muchos niños con

SA son algo descoordinados o torpes. Las habilidades están allí, pero quizá la calidad de su actuación no es típica. Asperger notó la torpeza como un rasgo de cierta cantidad de niños que él describió. Aunque no está escrito en el DSM-IV, muchos diagnostas conectan el rasgo de la torpeza con un diagnóstico del Síndrome de Asperger.

4. **Los niños con SA – se piensa – tienen curiosidad del mundo que les rodea, el que les muestra por la conciencia, el interés, investigandolo y explorandolo.** Estarán particularmente interesados en cosas que son fascinantes para ellos, mientras otras cosas no les son de ningún interés. Las personas con SA pueden tener los intereses enfocados tan intensamente que a menudo aprenden de memoria los hechos y se vuelven expertos en detalle de sus temas predilectos. Algunas veces el área de interés es «representativa de la mayoría» que les son comunes, cómo las computadoras o los dinosaurios, y otras veces el área de interés es inusual u obscura, cómo los insectos, los horarios, y los mapas.

Las descripciones del lenguaje, las habilidades de los propios esfuerzos, la habilidad para conocer y la curiosidad que describe al Síndrome de Asperger puede representar una calidad diferente del deterioro del autismo. Las características de fondo de SA se agregan las unas sobre las otras características de fondo de autismo. En otras palabras, las personas con el Síndrome de Asperger tienen muchas áreas de habilidad y puede parecer que funcionan bastante bién en la mayor parte de las áreas prácticas de la vida diaria. En tales casos, se usa a menudo el termino «de alto funcionamiento» o «de gran desempeño» (HFA). En contraste, otros individuos con autismo no podrán funcionar tan independientemente en los primeros años de vida o desarrollar las habilidades de esfuerzos propios en la cronológica usual. Pero ambos grupos comparten los efectos del deterioro de la comunicación y de las habilidades sociales con intereses restringidos e inusuales.

¿Qué Se Ha Aprendido de las Experiencias de las Personas Diagnosticados con el Síndrome de Asperger y el Autismo de Gran Desempeño?

Las personas de cualquier edad que actualmente reciben un diagnóstico de el Síndrome de Asperger (SA) y el Autismo de Gran Desempeño (HFA) han compartido algunos patrones comunes de experiencia. Por ejemplo, pueden ser diagnosticados a una edad mas avanzada que otros en el espectro de autismo. Los niños de edad escolar con SA y HFA son típicamente parte del grupo de la corriente educacional general, ubicados en las clases de la educación general. Ambos académica y socialmente pueden tener éxito por un tiempo sin haber sido diagnosticados a pesar de tener diferencias sociales obvias, o teniendo una explicación/diagnosis diferente de sus dificultades.

Cuando la tarea escolar se hace mas abstracta, y menos ligada a la memorización, los problemas con el aprendizaje se hacen mas evidentes. Conforme se incrementan las complejidades sociales en la escuela, los niños con SA pueden no tener la conciencia social o las habilidades sociales para acoplarse e integrarse al grupo.

Las habilidades subdesarrolladas de la comunicación, en que no entiende «el mensaje» de otros y no se expresan por sí mismos de una manera que los oyentes esperan o aceptan puede resultar en bromas, intimidación y exclusión. La pobre autoestima, la tristeza y aun la depresión afectan a algunos niños con SA o HFA que ven que hay un problema, pero no saben cómo resolverlo. Otros niños con SA o HFA pueden parecer que no estan conscientes de sus problemas, o son incapaces de expresar cómo se sienten (en su estado interno). Los nuevos comportamientos, problemáticos o explosivos, pueden ser signos de la ansiedad y de la frustración que estos niños experimentan.

Algunas respuestas inusuales a los demás pueden apartar a las personas con SA o HFA de otros niños o adultos de la misma edad. Su «soledad» (o las diferencias en las habilidades sociales) puede ser vistas como timidez o satisfacción con su misma companía. Los niños con SA a menudo guardan bien las relaciones con adultos. Estos adultos rápidamente aprenden a adaptarse a las necesidades especiales en la comunicación con el niño o el adulto con SA y «reparan» los problemas sociales o de la comunicación. A menudo los adultos que responden al niño con AS ni saben que han hecho cualquier adaptación de comunicación. Sus adaptaciones a «las diferencias» del niño se hacen gradualmente, con el paso del tiempo, basado en un deseo de ayudar y comunicarse bien.

Las personas con SA y HFA generalmente son inteligentes y capaces en muchas áreas. Sus notables habilidades a menudo «camuflan» los problemas significativos de idioma, de habilidades sociales y de las diferencias sensoriales que experimentan. Pueden expresar un deseo ardiente de tener a amigos y formar parte del grupo, pero no saben (o no parecen querer) hacer eso. Su adaptabilidad puede compensar algunos déficits, mientras otros problemas son muy obvios. Esto agrega al cuadro de confusión percibido por otros.

Las personas con SA y HFA pueden ser excluídos o incomprendidos. Pueden ser juzgados como lejanos, manipuladores, mimados, tímidos, desprendidos, obsesionados, desinteresados, inmotivados, o contradictores en lugar de raros y discapacitados. El disparejo del desarrollo neurológico (ser bueno en algunas habilidades y pobre en otras) a menudo es mal interpretado. En muchos, muchos casos, la persona con SA o HFA es diagnosticada primero de tener el Trastorno de Déficit de la Attención, y tratada o medicada para ese trastorno.

En otros casos, las dificultades y los problemas son atribuidas al niño o al adulto, «quien podría tener éxito si quisiera» y que tiene una «mala actitud.» Algunas veces el estilo o interacción poco convencional del niño o del adulto es atribuído a las personalidades de los padres o a sus escasas habilidades en la crianza de los hijos. Un resultado de culpar a la persona o a la familia en lugar de determinar la naturaleza verdadera de la incapacidad, es que se diseñan intervenciones para controlar o castigar actitudes y comportamientos no deseados. Puede recurrirse al castigo en lugar de intervenciones que sean más apropiadamente enfocadas en los únicos problemas neurológicos, educativos y del procesamiento sensorial.

Muchas personas con SA o HFA han llegado hasta el final de la escuela secundaria sin haber sido reconocidos como que tienen un trastorno para el cual hay tratamiento. Como adultos, algunas veces son «solitarios» y se dan cuenta y están molestos por su reducida habilidad para formar y sostener amistades tanto en el trabajo como en la vida personal. Pueden pasar mucho de su tiempo personal participando en una actividad preferida en la cual se enfocan intensamente. Otras personas los pueden considerarles cómo agradables, pero extraños, simpáticos pero egocéntricos, sencillos pero ensimismados o como personas que se parecen a «un profesor distraído.»

En la edad adulta, una persona con SA o HFA que nunca ha sido diagnosticada puede estar bién dotada en algunas áreas, y aún así, experimentar aislamiento social. Muchas personas con el Síndrome de Asperger son «auto-diagnosticados» como adultos cuando leen u oyen acerca de las características del SA, o algunas veces se enteran de que su propio hijo tiene TEA. Nunca es demasiado tarde para saber que un individuo tiene SA o HFA. Aun más tarde en la vida, un diagnóstico preciso puede contribuir a una mayor comprensión de la familia y de los compañeros del trabajo, al acceso a las terapias y a los soportes importantes y a una calidad de vida mejor.

A lo largo de la vida por venir (el pronóstico) para personas con SA y HFA puede ser bueno. Una vez que los padres y los profesionales reconocen las diferencias y comienzan a proveer los soportes y el entrenamiento, la persona puede comenzar a hacer progresos, desarrollarse y mantener relaciones, y convertirse en un miembro feliz de la sociedad. Muchos individuos han logrado estos resultados positivos para ellos mismos, con la ayuda de sus seres amados y de profesionales dedicados.

Un Ejemplo de Parte de Bárbara

Una tarde yo estaba presentando un cursillo práctico enfocado en enseñar al personal de una escuela de Educación Especial cómo ayudar a un joven con autismo que atendía allí. La madre, el padre y la hermana también asistieron. Durante un descanso, la hermana se acercó a mi. Era una bella joven de unos veinte años. Interrumpió una conversación que yo mantuve con otras personas. Ella se hallaba demasiado cerca de mi. Cuando dí un paso atrás, ella dió un paso adelante. Habló con una voz que pareció demasiado alta para la situación. Dijo,

«Nadie en toda la vida me dijo que el autismo es un espectro y que alguien puede tener autismo y puede ser lista y casi normal. Ahora que le oí describirlo, ¡sé que lo tengo! ¿Que debería hacer?»

Le envié a una universidad especializada en el diagnóstico de las personas de gran desempeño que tienen autismo o SA. Su auto-diagnóstico fue confirmado. Ella asistió a clases de entrenamiento en habilidades sociales, y pudo encontrar un trabajo y relacionarse con un grupo social que armonizó mejor con sus habilidades y sus necesidades.

Dos años más tarde, me llamó por teléfono. Cuando contesté la llamada, no se identificó. Empezó a hablar y dijo, «¡El mejor día de mi vida fue el día que me encontré con usted!» Después de un momento, me dí cuenta quien era y le saludé. Le dije que me halagó escuchar su declaración y le agradecí que se hubiera tomado el tiempo para decírmelo. Cuando le pregunté por qué se alegró de haberme encontrado, me dijo que una vez que fué diagnosticada, pudo perdonarse por haber sido lo que ella había pensado cómo «inadecuado.» Ella fue también capaz de perdonar a su madre, a quién ella había culpado por su falta de éxito social. Había encontrado el lenguaje para describirse a sí misma y los métodos para aprender cómo tener éxito socialmente. Ahora tiene algunos amigos y puede mantenerse mejor en los trabajos.

La mayoría de nosotros conocemos a alguien con Síndrome de Asperger o HFA. Piense acerca de esto: ¿Conoció a alguien que tuvo pocos amigos (si acaso alguno) y fuera excluído de su grupo social? ¿Quizá esta persona enfocó la atención en uno o dos temas con exclusión de otros y fue realmente dotada en estas áreas limitadas? Esta persona pudo haber sido vista equivocadamente como un solitario extraño que realmente no se preocupaba por otras personas. Quizá fue él quién recibió las bromas hechas por los otros niños, pero pareció no poder defenderse de esta clase de matonería. Quizá él gustó a los maestros, pero los maestros tuvieron menos éxito comunicándose con él acerca de cosas en las cuales no tenía interés. ¿Suena familiar? Puede haber una razón mucho mejor por la que es visto que la explicación de «inusual» o «de personalidad arisca.»

Usted puede estar trabajando o viviendo con una persona con SA o HFA que nunca fue diagnosticada. O, quizá, usted se da cuenta de que esta descripción puede aplicarse a usted mismo. Si esa idea le interesa, puede buscar consejo profesional. También puede ver al final de este capítulo un recurso de www de una encuesta auto-administrada que puede dar señales de la presencia de SA o HFA pero no un diagnóstico. Se llama «el AQ» y fue diseñado por Dr. Simon Baron-Cohen del Centro de Investigación del Autismo de Cambridge, Inglaterra.

El Síndrome de Asperger y el Autismo de Gran Desempeño: ¿Iguales o Distintos?

Es una buena pregunta si el Autismo de «Gran Desempeño» o «Alto Funcionamiento» (HFA) y el Síndrome de Asperger son realmente diferentes discapacidades del desarrollo. Oficialmente, hay una distinción que se hace en el DSM-IV, pero ambos se colocan bajo el «paraguas» de Trastornos Generalizados del Desarrollo (TGD). Los problemas esenciales de lo social y la comunicación se consideran los mismos y también los intereses y comportamientos restringidos y repetitivos en ambos desordenes se parecen.

Esto conduce a la gente a preguntar: «¿Que diferencia hay entre AS y HFA?» Hemos discutido las diferencias en las características utilizadas en el diagnóstico diferencial del Autismo y del Síndrome de Asperger: No hay un retraso clínicamente significativo en la adquisición temprana del idioma, que las personas con el Síndrome de Asperger usualmente tienen la inteligencia de un nivel normal o sobrenormal, y aprenden habilidades autoayudandose cómo es de esperarse. Otros notan una distinción entre el HFA y el Síndrome de Asperger basado en la edad del principio. Los síntomas del autismo pueden aparecer por el segundo año de vida. Las personas con el Síndrome de Asperger – se piensa – tienen síntomas que aparecen más tarde que a la edad de dos años.

Uta Frith, del MRC del Centro de Desarrollo Cognitivo de Londres anota que el lenguaje actualmente usado por Asperger fue eso, «Los padres no reconocieron los problemas del niño hasta que tuvo tres años o más.» Asperger no dijo que los problemas no existieron antes de esa edad. Aún muchos profesionales usan la distinción de la edad para normar la falta de HFA o diagnosticar el Síndrome de Asperger.

De hecho, esto y otros aspectos de la cuestión «misma o diferente» en el campo del autismo son actualmente totalmente controversiales y aun no resueltos. Hay desacuerdo entre los profesionales quienes son los expertos más sobresalientes en el tema. Aun aquellas personas que contribuyeron para el DSM-IV no están necesariamente satisfechas con los criterios corrientes y tienen sus propios puntos de vista en cuanto a que el SA debería ser considerado como una forma del autismo, o es un trastorno separado.

En el libro, *El Síndrome de Asperger,* editado por Ami Klin, Fred R. Volkmar, y Sara S. Sparrow del Yale Child Study Center, los escolares preeminentes y los profesionales discuten sus teorías y el hecho de que continúen en desacuerdo en este tema de «misma o diferente.» Los editores consideran la descripción actual del Síndrome de Asperger que se halla en el DSM-IV esté «todavía evolucionando» y se preguntan si el SA es válido como un concepto separado del diagnóstico.

Algunos profesionales creen que el Síndrome de Asperger y el HFA están relacionados, pero separados. Un punto de vista diferente, pero popular, es que el HFA y el SA son dos nombres diferentes utilizados para describir una presentación mas suave del mismo trastorno. Muchos concluyen que el HFA y el SA son «esencialmente el mismo trastorno, o son tratados en forma similar.»[6]

Lorna Wing, de La Sociedad Autista Nacional del Reino Unido, comenta sobre la situación diciendo,

> «...es quizá irónico que, habiendo sido responsable de usar el termino «El síndrome de Asperger» en mi papel de 1981, ahora argumento enfáticamente contra su existencia cómo una entidad separada. La razón para su adopción en mi primer papel en el tema fue para evitar la etiqueta de «la psicopatía de autismo» que Asperger usó al escribir en alemán. En su idioma, la psicopatía se refiere al trastorno de la personalidad, pero en inglés, se usa a menudo cómo sinónimo de psicopatía antisocial. Pensé que «el síndrome Asperger» era un término neutral que serviría para la discusión pero que no llevaba implicaciones particulares para la naturaleza del patrón del comportamiento...El problema es

> que las etiquetas verbales tienen una tendencia extraña a tomar una existencia propia sin importar las intenciones del acuñador. Si volviéramos a comenzar todo de nuevo, sabiendo lo que yo sé ahora, ¿usaría esta etiqueta? Quizá no.»[7]

Sólo un nivel de conocimiento científico que ahora no existe puede dar una respuesta definitiva a la pregunta de «igual o diferente.» Mientras tanto, los desordenes se agrupan o «aglomeran» juntos. Gastar una cantidad extraordinaria de tiempo, energía o dinero para distinguir si una persona tiene HFA o SA no es muy útil. Muchas familias han gastado miles de dólares para averiguar si la etiqueta mas precisa para el niño fue TGD, SA, o HFA, cuando cualquiera describiría las características y las necesidades del niño.

No es una contradicción decir que es menester un diagnóstico preciso para los servicios, pero no es necesario sufrir en el proceso de distinguir entre uno y otro si son muy semejantes. Los padres y el personal necesitan continuar insistiendo en una etiqueta precisa, objetiva y diagnóstica que describa las características, las diferencias y las necesidades de la persona y que ayude a calificar que el individuo sea elegible para los servicios. Una vez que se obtiene eso, es mejor gastar la energía, el tiempo y el dinero en diseñar y dar servicios individuales efectivos, que crearán una diferencia en la calidad de vida para todos desde ese momento en adelante. Una de las únicas razones para presionar el punto de «igual o diferente» sería si el uso de un termino calificaría a una persona para los servicios, mientras otro termino no la calificaría.

ADD y TEA: Reconociendo las Semejanzas

Hay muchas personas que han tenido un diagnóstico del Trastorno por Déficit de Atención (ADD) o el Trastorno por Déficit de Atención con Híperactividad (ADHD) por muchos años antes de que las características de TEA fueran reconocidas. ¿Como pudo ocurrir esto? ¿Como fue posible que los diagnostas no vieron las características que deberían haber sido reconocidas desde una edad temprana? Aquí tenemos algunos pensamientos sobre el tema.

Mire esta lista de características:

- La híperactividad
- La atención de corto lapso
- La impulsividad
- La agresividad
- Los comportamientos autodestructivos
- Las rabietas

La mayoría de la gente reconoce que las características citadas anteriormente son consecuentes con la ADHD. De hecho, esta lista se ha tomado de la descripción del Trastorno Autista del DSM-IV. En la sección bajo «Sintomas y trastornos asociados» el DSM-IV dice: «Los sujetos con trastorno autista pueden presentar una amplia gama de síntomas de comportamiento, que incluyen la hiperactividad, campo de atención reducido, impulsividad, agresividad, comportamientos autolesivos, y particularmente en los niños pequeña, pataletas.» Estos síntomas se ven a menudo en individuos con TEA. En las personas con autismo, estas características no deben ser consideradas como un trastorno separado, sino emanantes del autismo, como parte de lo que es el autismo y cómo afecta al individuo.

El TEA y el ADHD Tienen en Común Otras Varias Características

- El TEA incluye problemas de enfoque, ordenación en secuencia, y de la organización que afecta el aprendizaje y el comportamiento; estos eventos de la «función ejecutiva» también se ven en el ADHD.
- Los comportamientos «híperactivos» en personas con TEA a menudo se refieren a los asuntos sensoriales y la habilidad disminuída de tolerar y procesar las sensaciones captadas del ambiente. La respuesta al sentirse sobre-estimulados por las sensaciones captadas del ambiente puede parecer muy similar al «no puedes sentarte aún» que miramos en una persona con ADHD. La persona con TEA

puede tener dificultad en permanecer sentada, o completar su trabajo debido a dificultades sensoriales. Pueden buscar la captación de sensaciones corriendo, saltando, y trepando cuando no es apropiado hacer esto.

- Las interacciones sociales inapropiadas vistas en los TEA que resultan de las deficiencias sociales y de la comunicación pueden parecer comportamientos inapropiados vistos en el ADHD, por ejemplo empujar, interrumpir y agreder. En personas con TEA, estos comportamientos pueden atribuirse a sus deficiencias en la socialización debido al hecho de que no aprenden automáticamente a través de la experiencia lo que es esperado en situaciones sociales y no reconocen automáticamente cómo responder a señales sociales. Por ejemplo, los niños con TEA no suelen aprender cómo intergrarse al grupo solo por la observación del comportamiento y de las expresiones faciales de los compañeros, y pueden cometer errores sociales en este tipo de situaciones. (Sin embargo ¡pueden aprender a intergrarse al grupo si alguien les imparte la enseñanza adecuada!)
- El comportamiento auto-stimulatorio que se ve en las personas con TEA puede ser similar a la ocupación fisica de las manos y de los pies siempre en movimiento en individuos con el ADHD.
- En los TEA, la autoregulación de la energía y la atención es un asunto reconocido, y los individuos con TEA pueden estar sobre-estimulados o sub-estimulados dependiendo de los elementos del ambiente. Esto puede ser similar a los niños con ADHD que están siempre moviéndose.

El DSM-IV reconoce las similitudes en algunas características de ADHD y TEA. El ultimo criterio en el DSM-IV para la ADHD establece que «Los síntomas no aparecen exclusivamente en el transcurso de un trastorno generalizado de desarrollo [TGD]…» ***Esto quiere decir que antes de que se de un diagnóstico de ADHD, el diagnosta debe determinar o descartar si un TEA o TGD puede ser la causa de las características y de los problemas que la persona está experimentando.***

Clarificando las Diferencias

Hay diferencias entre los comportamientos y los problemas de personas con ADHD y TEA. Muchas diferencias pueden describirse cómo «cualitativas.» Esto quiere decir que mientras un rasgo puede parecer igual a primera vista, una inspección más detenida puede revelar que hay diferencias. Aunque sútiles, las diferencias pueden ser significativas a la luz de lo que se conoce acerca de la comunicación de aspectos sociales y sensoriales en el TEA. Aquí hay algunas observaciones y posibles diferencias notadas a través de la experiencia y la discusión:

- Mientras el ADD y el ADHD pueden causar problemas en la interacción social y en la comunicación, no son el mismo tipo de problemas que forman parte de los TEA. Por ejemplo los individuos con ADHD típicamente no tienen problemas tanto en la comunicación verbal como en la no verbal. Su habilidad para entender los modismos y los patrones de discurso inusuales no es afectada generalmente. Tanto en su tono de voz como en el curso de su conversación de la persona con ADHD parecen ser semejantes a otras personas.

- Los individuos con ADHD pueden no responder apropiadamente a las señales no verbales de otros, pero tienen la capacidad de aprender fácil y automáticamente lo que esas señales no verbales intentan comunicar, aun si tienen problemas en poner atención a las mismas señales. Su comunicación no verbal (los gestos y la expresión facial) es probablemente muy típica.

- Los individuos con TEA no aprenden espontáneamente cómo responder a las sutilezas de la comunicación, como la proximidad y el contacto visual. Los individuos con ADHD suelen usar y responder a estas sutilezas espontánea y apropiadamente la mayor parte del tiempo.

- Los individuos con TEA pueden concentrarse profundamente en temas que son de su particular interés. Un área de dificultad para personas con TEA es poner atención en lo que otros quieren que lo hagan o intercambiar su concentración entre una área y otra. Se piensa que los individuos con ADHD tienen dificultad en poner atención y «saltan» a otras actividades, aun en las cosas que les gustan.

- La tendencia a la distracción en las personas con ADD/ADHD se atribuyen a menudo a cosas o eventos del ambiente. Las personas con TEA reportan que son distraídos por sus propias imágenes internas o pensamientos.
- Las personas con TEA pueden parecer incapaces de permanecer en una tarea, pero algunas veces el problema realmente es que comiencen. Una vez que se ayuda a la persona a ponerse en marcha, puede no tener problema en acabar con la tarea igual que cualquier otra persona de la misma edad. Las personas con ADHD pueden empezar una tarea, pero muchas veces no pueden continuar hasta el final.
- Los niños o los adultos con TEA a menudo no tienen amistades o tienen pocas interacciones sociales exitosas, a menos que sean dirigidos por los adultos que les rodean. Los niños y los adultos con ADD suelen tener amigos y amistades mutuas que acrecientan espontáneamente en cada etapa de su desarrollo.
- Las personas con ADD o ADHD algunas veces tienen un tema favorito que les gusta mucho. Sin embargo, no tienden a ser tan restrictivos y repetitivos como los individuos con TEA. Las personas con ADHD pueden tener temas favoritos nuevos de una manera regular. Los temas predilectos de personas con TEA pueden durar año tras año.
- Las personas con ADD o ADHD tienen menos dificultad en el uso de la imaginación, prediciendo resultados e identificando los posibles estados internos de otros más que las personas con TEA.

El ADD o el ADHD parecen ser «el diagnóstico del día.» Los profesionales en los campos de la neurologia y la psiquiatría están reconociendo y discutiendo el empleo excesivo del diagnóstico de ADD y ADHD. La Asociación Nacional de ADD, una organización nacional en los Estados Unidos que educa y vindica por las necesidades de las personas con ADHD, anota su preocupación de que, «paradójicamente, el ADHD es tanto incorrectamente diagnosticado cuando no se presenta y subdiagnosticado cuando está presente.» [8]

Muchos neurólogos que tratan al ADHD reportan, y la investigación apoya, que cuando los individuos se diagnostican correctamente con un trastorno por déficit de atención y se dan la medicación y las intervenciones apropiadas, a menudo la mejora es rápida, obvia y substancial. Sin embargo, algunas personas reciben este diagnóstico y los medicamentos usados para tratarla, pero no demuestran la mejoría esperada. Los niños que toman medicamentos para el déficit de atención y muestran una mejoría mínima en la atención y el aprendizaje con el paso del tiempo, pueden no tener un problema de atención, o pueden tener más de un problema de atención, especialmente cuando el cambio o el incremento de la medicación continua ineficaz. En tales casos, puede ser importante para descartar el «prejuicio» de creer que los síntomas son debidos a ADHD, y examinar cuidadosamente si otro diagnóstico podría ser mas preciso. (Esto es a menudo lo que ocurre cuando el diagnóstico de TEA es finalmente reconocido.)

Preguntas a Hacer

Las siguientes áreas resaltan la necesidad de buscar el consejo profesional de alguien bién informado en ambos las áreas de TEA y ADHD para determinar si un niño o un adulto de verdad tiene el déficit de atención o un conjunto de características que son parte del espectro del autismo. Piense acerca del individuo con un diagnóstico de ADD o ADHD y conteste a las siguientes preguntas con «si» o, «no»:

Las Habilidades de la Socialización

- ¿Típico para su cultura y familia?
- ¿Mejorando espontáneamente?
- ¿Desarrollando de una manera apropiada debido a las reacciones de otros y la experiencia?
- ¿Sabe cuando él u otra persona ha cometido un error social o es incorrecto?
- ¿Las amistades se desarrollan conforme a lo esperado con otros de la misma edad (¿aun con otras personas con discapacidades?)

- ¿Sostiene conversaciones e intercambia temas cuando la otra persona quiere?
- ¿Busca la compañía de otros, especialmente de otros de la misma edad?
- ¿Se retira de otros cuando es necesario? y ¿Lo hace antes de tener un problema más grave?
- ¿Sabe cómo tomar parte en una conversación o un juego sin desestabilizarlo?
- ¿Aprende en el tiempo apropiado para su edad qué temas sólo pueden discutirse en privado?

Las Habilidades en la Comunicación

- ¿Usa la comunicación no verbal como los gestos, el tono de voz, el contacto visual y las expresiones faciales como se esperaría?
- Las «referencias solidarias:» ¿Desvía la atención en un acontecimiento u objeto común por propia iniciativa o por la iniciativa de otro (como un adulto y un niño interactuando que miran juntos un juguete, así como también interactuando el uno con el otro al mismo tiempo)?
- ¿Responde a las señales no verbales de niños y de adultos como se espera?
- ¿Con el paso del tiempo, aprende espontáneamente a interpretar modismos y expresiones sin tener que explicarlos muchas veces?
- ¿Aprende automáticamente a hacer preguntas para aclarar o enmendar las fallas de la comunicación como por decir, «¿Qué?» o «No le entiendo?»

Los Intereses y el Comportamiento

- ¿Tiene una amplia variedad de temas de interés?
- ¿Desarrolla intereses nuevos frecuentemente?
- ¿Puede volverse fácilmente interesado en los temas acerca de los cuales quieren conversar los demás?

- ¿Cambia los intereses y el comportamiento para «complacer» a otros?
- ¿Nunca realizó acciones inusales o repetitivas con las manos, el cuerpo u objetos?
- ¿Juega (o jugó) con juguetes de la manera funcional usual que se esperaría?
- ¿Parece preferir estar con gente la mayoría del tiempo?
- ¿Jugaba juegos imaginativos en la infancia haciéndose pasar por alguien diferente en otro lugar o en otro tiempo?
- ¿Trata fácilmente con o soporta una variedad de sonidos, vistas, texturas, comidas, horarios, etc.?
- ¿Cambia fácilmente de un tema o actividad sin mucha esfuerza o trastorno?
- ¿Demuestra la flexibilidad apropiada para su edad si cambian las rutinas?

Si respondió «No» a una o más preguntas en cada una de las tres áreas, es importante apuntar lo que usted ha observado y sus preocupaciones. Muchas personas encuentran que un diagnóstico de ADD o ADHD explica algunas cosas. De otro modo, no siempre «encaja» todo. El ADHD, o cualquiera de sus subtipos, puede parecer un diagnóstico poco satisfactorio si dejan inexplicadas unas características significativas. En este caso, es importante consultar a un profesional bien enterado en el campo de TEA para que halle si el diagnóstico en el espectro de autismo describe con mayor exactitud y explica las características que tiene el individuo.

Aquí presentamos los requisitos para el ADHD reproducidos con permiso de la versión española del DSM-IV-TR, ***Manual Diagnóstico y Estadístico de los Trastornos Mentales, Texto Revisado.*** Se puede ver cómo los criterios de ADHD describen algunas características de TEA pero a la vez dejan sin explicación otras características. Sugerimos que los lectores consulten con un profesional en persona para aclarar cualquier duda o pregunta.

Los criterios del DSM-IV-TR para el diagnóstico de trastorno por déficit de atención con hiperactividad[9]:

A. 1 o 2:

1. **Seis (o más)** de los siguientes síntomas de desatención han persistido por lo menos durante 6 meses con una intensidad que es desadaptiva e incoherente en relación con el nivel de desarrollo:

   Desatención

   a) A menudo no presta atención suficiente a los detalles o incurre en errores por descuido en las tareas escolares, en el trabajo o en otras actividades.

   b) A menudo tiene dificultad en mantener la atención en tareas o en actividades lúcidas.

   c) A menudo parece no escuchar cuando se le habla directamente.

   d) A menudo no sigue instrucciones y no finaliza las tareas escolares, encargos, u obligaciones en el centro de trabajo (no se debe a comportamiento negativista o a incapacidad para comprender instrucciones).

   e) A menudo tiene dificultades para organizar tareas y actividades.

   f) A menudo evita, le disgusta o es reunente en cuanto a dedicarse a tareas que requieren un esfuerzo mental sostenido (como trabajos escolares o domésticos).

   g) A menudo extravía objetos necesarios para tareas o actividades (p. ej., juguetes, ejercicios escolares, lápices, libros o herramientas).

   h) A menudo se distrae fácilmente por estímulos irrelvantes.

   i) A menudo es descuidado en las actividades diarias.

2. **Seis (o más)** de los siguientes síntomas de hiperactividad-impulsividad han persistido por lo menos durante 6 meses con una intensidad que es

desadaptiva e incoherente con el nivel de desarrollo.

Hiperactividad

a) A menudo mueve en exceso manos o pies o se remueve en el asiento.

b) A menudo abandona su asiento en la clase o en otras situaciones en que se espera que permanezca sentado.

c) A menudo corre o salta excesivamente en situaciones en que es inapropriado hacerlo (en adolescentes o adultos puede limitarse a los sentimientos subjetivos de inquietud).

d) A menudo tiene dificultades para jugar o dedicarse tranquilamente a actividades de ocio.

e) A menudo «está en marcha» o suele actuar como si tuviera un motor.

f) A menudo habla en exceso.

Impulsividad

a) A menudo precipita respuestas antes de haber sido completadas las preguntas.

b) A menudo tiene dificultades para guardar turno.

c) A menudo, interrumpe o se inmiscuye en las actividades de otros (p. ej., se entromete en conversaciones o juegos).

[También hay que cumplir las partes B, C, D y E:]

B. Algunos síntomas de hiperactividad-impulsividad o desatención que causaban alteraciones estaban presentes antes de los 7 años de edad.

C. Algunas alteraciones provocados por los síntomas se presentan en dos o más ambientes (p. ej., en la escuela [o el trabajo] y en casa).

D. Deben existir pruebas claras de un deterio clínicamente significativo de la actividad social, académica o laboral.

E. Los síntomas no aparecen exclusivamente en el transcurso de un trastorno generalizado del desarrollo, esquizofrenia u otro trastorno psicótico, y no se explican mejor por la presencia de otro trastorno mental (p.ej., trastorno del estado de ánimo, trastorno de ansiedad, trastorno disociativo o un trastorno de la personalidad.)

EL TEA y La Hiperlexia

La Hiperlexia es una condición que no se encuentra en los manuales de diagnóstico. Es un síndrome, es decir, una colección de características. La Asociación Americana de la Hiperlexia describe las siguientes características que indican la hiperlexia:

- Una habilidad precoz para leer palabras, muy por encima de lo que se esperaría para la edad cronológica o una fascinación intensa con letras o con números.
- Dificultad significativa en comprender el lenguaje verbal (hablado).
- Habilidades sociales anormales, dificultad en socializarse e interactuar apropiadamente con otras personas.

La palabra «hiperlexia» fue usada primero en los 1960s para indicar que la habilidad en descifrar las palabras estaba más alta que la comprensión de las mismas. El desciframiento trata de crear los sonidos de las palabras en voz alta y decir o reconocer las palabras escritas. Los niños con hiperlexia a menudo tienen asombrosas y sobresalientes habilidades y pueden leer fluentemente materiales mas allá de lo que se esperaría en una persona de su edad. Los niños tan jóvenes como de cuatro o cinco años que tienen hiperlexia pueden ser capaces de leer el periódico o la enciclopedia.

Sin embargo, aunque el niño pequeño parece leer muy bien y fluentemente, no necesariamente comprende el significado de lo que lee. Desde los 1970s la hiperlexia ha sido vista como una discapacidad de aprendizaje. Parece irónico que un niño muy pequeño que es dotado para descifrar también tendría una discapacidad. La naturaleza de las áreas de déficit puede estar camuflada por el hecho de que el niño puede «actuar» como si entendiera. Pero cuando el niño se desarrolla, el vacío en la comprensión y otros déficits del idioma, las habilidades sociales y el comportamiento comienzan a parecer que impiden el aprendizaje.

Desde los 1990s, se ha asociado la hiperlexia con los TEA. Exactamente cómo se asocian aún está bajo estudio. Muchos niños que tenían la hiperlexia de pequeños son diagnosticados más tarde con TEA. La descripción de niños con autismo en el DSM-IV menciona específicamente la hiperlexia como un ejemplo del desarrollo disparejo de las habilidades de la cognición, con habilidad o elevada habilidad en algunas áreas y deficiencias en otras áreas. Los tipos de problemas en la comprensión, vistos en el área de la hiperlexia, se describen dentro de las características de autismo. El DSM-IV, en la sección «Características descriptivas y trastornos mentales asociados» con Autismo establece:

> *«El perfil de las habilidades cognoscitivas suele ser desigual, prescindiendo de nivel general de la inteligencia y las aptitudes verbales son típicamente inferiores a no verbales. A veces, se observan habilidades especiales (p.ej., una niña de 4 años y medio con trastorno autista puede ser capaz de «decodificar» materiales escritos con una comprensión mínima del significado de lo que lee [Hiperlexia]...La evaluacion de vocabulario (receptivo o expresivo) mediante palabras únicas no siempre proporciona una buena estimación del nivel de lenguaje (las aptitudes verbales reales pueden estar situadas a niveles muy inferiores.) En muchos niños de gran desempeño con autismo, el nivel de del lenguaje receptiva, (i.e., la comprensión del idioma) esta debajo del lenguaje expresivo (e.g., el vocabulario).»*

Algunos niños con TEA tienen la hiperlexia, pero aún se debate si cada niño con la hiperlexia tiene alguna forma de autismo. Una teoría es que los grupos se superponen los unos sobre los otros, y claramente algunas de las características son idénticas. La lectura de las siguientes características descritas por El Centro para el Discurso y el Lenguaje (de Elmhurst, Illinois) encontrado en el www de la Asociación Americana de la Hiperlexia, le hará ver la estrecha relación con las características del autismo.

«Además, algunos niños hiperlexicos pueden exhibir las siguientes características:

- Aprenden el lenguaje expresivo de una manera peculiar, hacen eco o memorizan la estructura de las frases sin entender su significado (ecolalia), ponen al revés los pronombres.
- Raramente inician conversaciones.

- Intensa necesidad de mantener las rutinas, dificultad con las transiciones, comportamiento ritualistico.
- Sensibilidad auditiva, olfatoria, y / o táctil.
- Comportamientos auto-estimulatorios.
- Los miedos específicos inusuales
- Desarrollo normal hasta los 18-24 meses, seguido por la regresión.
- Memoria fuerte auditiva y visual.
- Dificultad en contestar a las preguntas con las iniciales «Wh» en inglés:–qué (What), dónde (Where), quién (Who) y por qué (Why).
- Los pensamientos en los términos concretos y literales, y la dificultad con los conceptos abstractos.
- Escuchar selectivamente, aparecer que está sordo.

Un niño con hiperlexia necesitará los soportes y servicios que le ayuden a aprender y ser exitoso social y académicamente. Sin embargo, la hiperlexia no es una categoría de elegibilidad para los servicios de la educación especial. La elegibilidad puede estar hecha en la categoría de Discapacidades Especificas en el Aprendizaje (SLD), el Trastorno del Discurso y del Lenguaje (LAS) o como los Alumnos con Factores Adicionales que Afectan su Salud, (Other Health Impaired-OHI).

En la determinación de las áreas de necesidades y habilidades, puede ser útil incluir el diagnóstico diferencial para determinar si otras condiciones o desórdenes podrían estar afectando al niño con hiperlexia. Esta es una oportunidad importante para examinar objetivamente si un trastorno como el TEA se halla presente. Las «Preguntas a Hacer» en la sección anterior sobre ADD y ADHD pueden ser importantes. Los padres de niños y el personal pueden encontrar ideas útiles en el Capítulo Tres para identificar y describir la naturaleza precisa de las características que se ven con el paso del tiempo.

Un Ejemplo de Parte de Emily

¡Éste es mi propio caso! Todo el mundo que se encontró a mi hijo, Tomás, cuando era un niño de edad preescolar estaban absolutamente asombrados de él. Cuando tenía dos años y tres meses de edad, y estaba sentado en un consultorio, señaló un signo encima de la puerta y con una voz fuerte y feliz exclamo, «¡Exit! ¡E-X-I-T!» (Salida) Yo conteste, «Sí, Tom, Exit.» El hombre sentado a mi lado preguntó «¿Cuantos años tiene ese niño?» Conteste, «¿El acaba de cumplir los dos años de edad, por qué?»

Éste fue mi primer niño, y ¡no supe que los otros niños de dos años no sabían leer ni deletrear! También a los 2 años, el había aprendido de memoria las placas de la documentación del coche, y cuando compré la gasolina le pregunté cual es el numero de la placa, porque nunca yo lo podía recordar. El talento de Tom con las letras, los números y las matemáticas creció rápidamente. A los tres años de edad, él y yo utilizábamos las letras del alfabeto para jugar el juego de «adivinar la palabra» y él solucionó acertijos de un juego popular del alfabeto en la televisión antes de que los concursantes lo hicieran. El podía leer acerca de cualquier cosa, con expresión, y leyó un libro para la clase en el primer día de la escuela preescolar. En kindergarten, él aprendió las tablas de multiplicación hasta la del nueve.

Al mismo tiempo que reconocemos lo brillante que fue Tom, el parecía algo «socialmente inmaduro.» Tuve una base excelente de comparación, porque los gemelos que vivieron en la casa detrás de la mía compartían el mismo cumpleaños de Tom. Estuvimos a menudo con ese niño y su hermana y las diferencias en la comunicación y los estilos sociales fueron aparentes. Un día Ashley, de 3 años de edad, vino a nuestra casa para una fiesta de cumpleaños, pero Lindsey estaba en su casa, enferma. Cuando llegó la hora de salir, Ashley me pregunto, «¿puedo tomar un recuerdo para Lindsey? ¡Ella esta enferma!» Cuando tenía 4 años Lindsey me pregunto, «¿Cual vestido piensa usted que yo debería ponerme, este o aquel?» No he olvidado esos momentos y todavía me acuerdo de esas preguntas de ambos. Estaba tan impresionada con la empatía de los niños, y yo no estaba acostumbrada a que un niño me solicitara mi opinión. Me mostraron una diferencia cualitativa, pero no supe lo que significó.

Una de las madres en nuestro grupo preescolar indico que ella pensó que Tom era listo, pero a ella no le pareció que sabia cómo jugar con los otros niños. Nosotros pensábamos que tal vez él era demasiado sofisticado para estar interesado en «las cosas de niños.» A pesar del hecho de que él podía leer y hacer matemáticas, el maestro preescolar me dijo que Tom no estaba listo para empezar en el kindergarten. Mi hermana me aconsejó que debía escoger una escuela de estilo Montessori que permitiría a Tom sobresalir en sus áreas de habilidad, y proveerle rutinas previsibles y la oportunidad de aprender a jugar y tener amistades con los otros niños.

Bárbara siempre estaba pensando en la manera de ayudarle cuando surjan los problemas. Ella aun pensó, cuando Tom tuvo 5 años, que sus diferencias sugerían el patron del autismo, aparte de su inteligencia dotada. Yo pensé que la idea fue absurda e incluso me enojé por lo que ella sugirió. Le dije que yo estaba intentando ser la mejor madre que pudiera ser y que ella debería parar de encontrar defectos en mi hijo y en mi. Sin embargo el patrón de la fuerza académica y los problemas sociales continuaron y luego empeoraron conforme adelantó en la escuela primaria.

Tom nació en 1983. Cuando tenia 11 años, el Síndrome de Asperger apareció en el DSM-IV por primera vez. Bárbara me llamó por teléfono. Me dijo que había encontrado un diagnóstico que tenía sentido y que necesitamos comprobarlo. Muchas cosas acerca de eso tuvieron sentido para mi, pero otras no. Decidí que nosotros lo estabamos haciendo bien sin el Síndrome de Asperger. Mi niño no tuvo el autismo, ni aun una forma de eso. Su carácter no fué como el carácter del hombre en la película «El Hombre de la Lluvia» (RainMan.) No se meneaba ni agitaba las manos.

Cerca de un año mas tarde, sin embargo, yo tenia mucha ansiedad de conseguir un diagnóstico. Por la edad de 12 años, las cosas estaban en crisis para Tom y para toda la familia. Necesitamos saber cual era el problema. Esta vez, cuando un profesional de la Universidad de California, Los Angeles (UCLA) dijo, «autismo» yo estaba lista y hasta aliviada al oírlo. Fue un momento decisivo, para lo mejor, finalmente aceptar que mi hijo tenía autismo.

El Autismo y el Trastorno Mixto del Lenguaje Receptivo-Expresivo/ el Trastorno Semántico-Prágmatico

Algunas personas dicen que el Trastorno del Aprendizaje No Verbal (NLD) y el Trastorno Semántico-Pragmático (SPD) son trastornos en el espectro del autismo visto desde el punto de vista de un patólogo de Discurso y Lenguaje. Algunos se preocupan de que aún otra disciplina tenga a la vista una pieza del «rompecabezas» del TEA y agreguen mas letras (y confusión) a «la sopa de letras.»

Por supuesto, los investigadores y los expertos del habla y del leguaje probablemente no estarían de acuerdo con esos puntos de vista. El estudio continua para determinar si el NLD y el SPD son entidades separadas del diagnóstico o si pertenecen al espectro de autismo. Los investigadores están considerando la correspondencia entre TEA, NLD y SPD y la base neurológica que puede indicar si estos son desordenes distintos o relacionados. Se refiere a las referencias del final de este capítulo para saber más acerca del NLD y del SPD.

Si usted o el niño o el adulto en su caso tiene un diagnóstico de NLD o SPD y siente que no es una explicación satisfactoria de todas las características evidentes, usted puede referirle a la sección de arriba «Preguntas a Hacer» sobre el TEA y el ADHD. El contestar las preguntas enlistadas allá puede ayudar a decidir si se necesita otra opinión profesional. Recuerde que los niños y los adultos con NLD y SPD pueden beneficiarse de muchas de las técnicas de la enseñanza que ayudan a la gente con TEA.

El Autismo y las Discapacidades de la Cognición

Algunos individuos con TEA tienen una discapacidad de la cognición, (a veces también llamado retraso mental) o el deterioro de la cognición (frases de la elegibilidad educativa). Estos términos quieren decir que el individuo tiene problemas en aprender, usualmente en la mayoría de las áreas y actividades del aprendizaje. Las discapacidades cognoscitivas generalmente comienzan muy temprano en la vida y tienen muchas causas. Ocurren en el espectro, desde un nivel muy «suave» hasta uno muy severo o «profundo.»

La presencia de una discapacidad cognoscitiva o el retraso mental en un individuo no suele causar problemas severos en el desarrollo espontáneo de las habilidades sociales necesarias como la base para las relaciones. Por ejemplo, los niños con la discapacidad cognoscitiva a menudo miran hacia aquellas que hablan, gesticulan y usan expresiones faciales para comunicar (algunas veces más tarde que sus colegas, pero usualmente en forma correcta) y parecen capaces de «interpretar» y entender la comunicación no verbal usada por otros. En los niños pequeños con discapacidades cognoscitivas personas con discapacidades cognoscitivas a menudo tienen una variedad de intereses que no son ni muy restrictivos ni repetitivos.

Los individuos que tienen discapacidades cognoscitivas y un trastorno del espectro del autismo corren riesgo de ser diagnosticados inadecuadamente. El personal y las familias pueden pensar que las características del autismo que ven son «raras» en la persona con la discapacidad cognoscitiva. Las características de un TEA pueden ser equivocadamente atribuidos a menor inteligencia, obstinación, deseo de auto-aislarse, paternalidad pobre o programas pobres educacionales, residenciales o vocacionales.

Se ha pensado que casi la mitad de toda la gente con TEA también tuvieron retraso mental o la discapacidad cognoscitiva. Ahora el porcentaje es cuestionado porque hay mejores métodos para evaluar a los individuos con TEA y ahora que el TEA se reconoce cómo un desorden del espectro. No tenemos conocimiento de ninguna estimación de como mucha gente con discapacidad mental también tiene el TEA, pero nuestra experiencia personal y los relatos del personal y las familias indican que hay mucha gente con desordenes cognoscitivos que también tienen el TEA y han sido subdiagnosticados.

Un Ejemplo de Parte de Bárbara

Me invitaron a una consulta relacionada con un hombre llamado Jack, de unos 30 años de edad. Jack tenía el Síndrome de Down con discapacidad cognoscitiva y sordera profunda. Jack vivía en un hogar de grupo grande en un área metropolitana. Sus padres estaban satisfechos con su residencia en ese lugar residencial y con el programa de trabajo. Sin embargo, se sentían molestos porque continuaba con sus «problemas de comportamiento» que no parecían resolverse con ninguna de las estratégias que el personal usó eficazmente con otros residentes.

Mi observación confirmó la presencia de lo que parecieron ser características de TEA. El Síndrome de Down, la discapacidad cognoscitiva o la sordera no pudieron explicar esos comportamientos observables. Sus padres al principio no quisieron ceder a que se la practique un diagnóstico mas. En repuesta a la incomodidad natural de los padres, nosotros no buscamos la confirmación de nuestras sospechas por parte de un diagnosta en ese momento. Sin embargo, obtuvimos el permiso de los padres de Jack para iniciar el cambio en su programación como si el tuviera TEA y ver que sucedía.

El personal creó rutinas que Jack pudo memorizar. Comenzaron utilizando apuntes visuales y espaciales. Crearon una lista de objetos para Jack e iniciaron la incorporación de más de sus actividades preferidas en su horario diario. Dejaron de utilizar los programas de comportamiento en los cuales Jack «perdió puntos» por cometer errores. El personal comenzó enfocando los éxitos en el habla y el lenguaje con signos de gran impacto, y le enseñaron a Jack como comunicar utilizando palabras y cartas de estampas.

¡Las mejoría de Jack fué fenomenal! Los miembros del personal y sus padres estuvieron encantados. Sus padres continuaron leyendo acerca del TEA y pronto buscaron a un diagnóstico formal. La vida de Jack mejoró en forma notable al reconocer las diferencias educativas que son parte del TEA y tratándolas con programas individuales apropiados.

¿Qué Tan Importante Es Diagnosticar el TEA en un Adulto Que Tiene Una Discapacidad Cognoscitivo?

¡Si, es de suma importancia! La mayoría de programas y servicios para adultos con discapacidades del desarrollo en nuestro país y en el extranjero fueron diseñados para adultos con retraso mental, parálisis cerebral y los trastornos de ataques severos (como la epilepsia). El personal de estos programas se esfuerzan por hallar las necesidades de los adultos a los que asisten a pesar del hecho de que los recursos y de que las proporciones entre la cantidad del personal y los clientes a menudo no son adecuados. Saber que un individuo tiene una discapacidad cognoscitiva y TEA puede influir en que el personal y las familias hagan algunos adaptaciones simples que no cuestan mucho pero que mejoran la calidad de vida para la persona y para todos los que les rodean. El personal que trabaja con los adultos puede aplicar la información de este libro para cualquier adulto que tenga las características del TEA aun si no pueden conseguir el cambio del diagnóstico.

Un Ejemplo de Parte de Bárbara

El personal de una agencia que provee servicios para adultos asistieron a uno de mis discursos prácticos enfocados en los TEA. Vinieron para aprender la forma de proveer los servicios a un joven con autismo que asistiría a su agencia dentro de poco tiempo. Durante la discusión acerca de las características del TEA, se dieron cuenta de que otra persona a la que atendieron, Timotéo, también podría tener autismo. Hablámos acerca del individuo durante el descanso y estuve de acuerdo en reunirme con Timotéo.

Observé varias características del TEA en Timotéo. Hablé con el personal y desarrollamos un plan para asistirlo utilizando algunas adaptaciones sencillas que generalmente sirven para personas con TEA. Comenzaron dándole un programa escrito cada mañana para que él supiera quien vendría para trabajar con él, si iría al taller ese día, si habrían visitantes, o si saldría con el grupo al atardecer, etcétera. Comenzaron a utilizar mas señales visuales para ayudarle a continuar trabajando en el taller y ayudarle a distinguir sus pertenencias de las de otros. En igual forma comenzaron a hablarle en frases más cortas, más claras y más serenas. Consideraron sus intereses inusuales de una forma nueva y comenzaron a ayudarle a participar en más actividades que a él le gustaban hacer. Explicaron sus diferencias a las otras personas con quienes Timotéo vivió y trabajó.

Aproximadamente un mes más tarde, los miembros del personal me llamaron por teléfono. La agresividad de Timotéo había disminuido significativamente. El psiquiatra había empezado el proceso de reducir los medicamentos que fueron prescritos para problemas de conducta. Su producción en el trabajo se incrementó sustancialmente. Timotéo pareció «más feliz» y más dispuesto permanecer alrededor de otras personas que antes. Dejó de tomar las cosas que no eran suyas. Llegó a ser un poco mas «popular» con sus compañeros de casa. Puesto que una de sus actividades favoritas era la música, le invitaron ser el DJ y tocar los discos en el baile de cada viernes en la noche, un evento que él previamente resistía a asistir. Ellos cambiaron su vida, mejorándola, sin paga adicional, o recursos del personal. Observando a Timotéo como una persona con autismo y satisfaciendo sus necesidades de una manera que se sabe ayuda a la gente con TEA, lograron lo que ningún simple diagnóstico podría hacer.

Las vidas de las personas de cualquier edad con discapacidades y en cualesquiera circunstancias pueden ser cambiadas y mejoradas cuando las personas que proveen los soportes son más conscientes y más comprensivas. El conocimiento puede cambiar las actitudes y una actitud diferente nos hace responder de una forma diferente. El entendimiento que un individuo aprende como una persona con TEA abre nuevas vías para enseñar, comunicar, y mejorar las habilidades. Conduce a una mayor compasión y ayuda a otros de una manera mas fácil para que se pongan en el lugar de la persona con TEA y vean las cosas desde su punto de vista. Nunca es demasiado temprano ni demasiado tarde para aprender acerca del TEA y cambiar su forma de interactuar y de apoyar al individuo.

RESUMEN CAPÍTULO 2

- Un padre, un miembro de la familia, un profesor, un miembro de la administración de la escuela, un pediatra u otro profesional medico, el amigo, el vecino o una persona con TEA puede ser él que reconoce las características de TEA, sin saber cúal es el diagnóstico correcto.
- El propósito de un diagnóstico es describir con exactitud y hacer que tengan sentido los síntomas y las características que tiene una persona. Es necesaria una opinión profesional para confirmar el diagnóstico de TEA. La opinión establecida se basará en la experiencia y la perspectiva del especialista.
- El diagnóstico diferencial es el proceso de descontar algunos trastornos con el fin de lograr el diagnóstico correcto. Esto incluye determinar si cualquiera enfermedad física o mental puede estar causando los síntomas descritos u observados o si coexisten más de un desorden. Algunas personas tendrán el trastorno del desarrollo como el TEA y otro trastorno físico o mental también.
- Muchas personas con TEA reciben un diagnóstico separado para cada «pieza» del «rompecabezas» del Autismo antes de que se pueda ver el «cuadro completo» y ser reconocido por alguien que sabe. En otros casos, las familias están confundidas cuando los profesionales de la salud no reconocen e identifican correctamente lo que ven. Esto puede ser debido a experiencia y entrenamiento limitados, o que las características de TEA se superponen con otros desordenes como el ADHD, la Hiperlexia, el OCD, el Trastorno del Aprendizaje No-Verbal, o el Trastorno Semantico-Pragmatico.
- Puede ser una buena idea ser escéptico de un diagnóstico que no es «satisfactorio.» El diagnóstico correcto explicará con precisión todas las características significativas y no «ignorará» o dejará de explicar la información o características importantes.
- La falta de información puede impedir un diagnóstico preciso. Es importante reunir y presentar toda la información pertinente acerca del desarrollo para crear una «visión» de vida de la persona en lugar de «una foto.» Esto es especialmente

importante si la persona ha cambiado con el paso del tiempo, tiene fuerzas que «enmascaran» las deficiencias o ha recibido intervención a través de soportes informales y acomodaciones de la familia o del personal.

- Los profesionales que hacen un diagnóstico pueden preferir términos particulares cómo TGD o TEA. Esto puede ser debido a la preferencia personal, la costumbre local o el deseo de ser sensitivos a los padres que se conmocionan por la palabra «autismo.»
- Los padres, los profesionales o los individuos deberían persistir en obtener un diagnóstico preciso que considere las características presentes ahora y en el pasado. El diagnóstico correcto puede ayudar a todo el mundo a entender a la persona correctamente, trabajando juntos, lograr el acceso a los servicios y esforzarse para obtener los mejores resultados posibles.
- Para recibir un diagnóstico del «Trastorno Autista» usando los criterios encontrados en el DSM-IV, sección 299.00, al menos seis criterios deben de ser encontrados en tres categorías: la interacción social, la comunicación, y los patrones estéreotipados de comportamiento, intereses y actividades restringidas y repetitivas.
- El TGD –No Especificado (Trastorno Generalizado del Desarrollo-No Especificado) puede ser diagnosticado cuando hay «el deterioro severo y penetrante en el desarrollo de la interacción social recíproca y de la comunicación verbal y no verbal» pero el diagnosta siente que, de algún modo, la presentación de los síntomas no es «típica.»
- Los criterios para el Trastorno de Asperger (o Síndrome de Asperger) se hallan en la sección 299.80 del DSM-IV e incluye consejos de cómo distinguir el Síndrome de Asperger del Trastorno Autista. El Síndrome de Asperger a menudo se diagnostica más tarde en la vida que el Trastorno Autista.
- Hay un recurso de www de una encuesta auto-administrada que puede dar señales de la presencia de SA o HFA pero no un diagnóstico. Se llama «el AQ» y fue diseñado por Dr. Simon Baron-Cohen del Centro de Investigación del Autismo de Cambridge, Inglaterra. Se encuentra a http://www.wired.com/archive/9.12/aqtest.html. Se calculan los resultados por computadora.

REFERENCIAS
Para los Capítulos Uno y Dos

Aquí presentamos las fuentes (referencias) usadas para preparar los primeros dos capítulos, en en inglés y español. Lo hacemos así porque muchas de las referencias se encuentran sólo por utilizar el nombre en inglés. Queremos que los lectores sepan lo que significan los títulos y donde pueden hallar más información.

La Asociación Americana de la Hiperlexia (American Hyperlexia Association) 195 W. Spangler St. Elmhurst, Illinois 60126. El télefono: 630-415-2212; El Fax: 630-530-5909. El sitio Web http://www.hyperlexia.org.

Manual Diagnóstico y Estadístico de los Trastornos Mentales. Versión revisada, DSM-IV-TR, por La Asociación Psiquiátrica Americana, 2000. Versión española © Masson, S.A., Barcelona 2.

Atwood, Tony, Ph. D. «Aspergers Syndrome as a New Diagnostic Category.» *Autism Asperger's Digest,* November-December 2000, 23-25. («El Síndrome de Asperger como una Categoría Nueva de Diagnóstico.» La revista de Autismo y Aspergers, noviembre-diciembre 2000, paginas 23-25).

Atwood, Tony, Ph. D. «Asperger's Syndrome» Seminar at UCLA, June 6-8, 1998. («El Síndrome de Asperger» Cursillo Práctico en la Universidad de California, Los Angeles, 6-8 de Junio, 1998).

Bauer, Stephen, M.D. «Asperger Syndrome.» («El Síndrome de Asperger»).
Artículo encontrado en linea en www de O.A.S.I.S.
http://www.udel.edu/bkirby/asperger's/as_thru_years.html.

Center for Speech and Language Disorders (El Centro para los Desordenes del Discurso y del Lenguaje) 195 W. Spangler St., Suite B Elmhurst, Illinois, 60126. El telefono: 630-530-8551. El sitio Web: www.csld.com

Church, Catherine Critz, Ph.D, CPNP, y James Coplan, M.D. «The High-Functioning Autism Experience: Birth to Preteen Years.» Journal of Pediatric Heathcare, Volume 9, Number 1, 23-29. («La Experiencia del Autismo de Gran

Desempeño: Desde el Nacimiento Hasta Los Años Pre-Adolescentes». La Publicación de la Salud Pediatrica Volúmen 9, Número 1, 23-29).

Code of Federal Regulations, (C.F.R.) Title 34, Section 300 and following. (El Código de las Regulaciones Federales, (C.F.R.) Título 34, Sección 300 y en adelante).

Donnelly, Julie A.M. Ed, y Edna Smith, Ph.D. «Overcoming the Barriers: Strategies for Educating Students with High-Functioning Autism/Asperger's Syndrome.» («Vencer A Los Obstaculos: Estrategias Para Educar a Estudiantes Con el Autismo de Gran Desempeño/ El Síndrome de Asperger.» Victoria, Columbia Británico, mayo de 1996.)

Frostig Center, The. 971 North Altadena Drive, Pasadena CA 91107. www.frostig.org. El Centro Frostig es una organización de beneficencia y escuela que especializa en el estudio, diagnóstico y tratamientos de dicapacidades de aprendizaje.

Forrest, Bonny. «The Boundaries Between Aspergers and Nonverbal Learning Disability Syndromes.» («Los Límites Entre El Síndrome de Asperger y la Discapacidad de Aprendizaje No-Verbal»). En el Web: www.ldonline.com

Freeman, B.J., Ph.D. «Autism: A Biological Disorder.» («El Autismo: Un Trastorno Biológico.»). Cursillo Práctico en la Universidad de California Los Angeles Instituto y Hospital Neuropsíciatrico, Agosto de 1997.

Frith, Uta. ***Autism and Asperger Syndrome. (El Autismo y el Síndrome de Asperger)*** Cambridge, UK: Cambridge University Press, 1991.

Howlin, Patricia. ***Children with Autism and Asperger Syndrome: A Guide for Practitioners and Carers. (Niños con Autismo y el Síndrome de Asperger: Un Guía Para Los Que Les Cuidan).*** West Sussex, England: John Wiley & Sons, Ltd., 1999.

Individuals with Disabilities Education Act (IDEA). (El Acto Educacional de Individuos con Discapacidades-IDEA). Título 20 U.S.C. Secciones 1400 y siguientes.

Kanner, Leo. «Autistic Disturbances of Affective Contact.» (El tesis de Kanner, «Los Disturbios Autísticos del Contacto Afectivo.») Nervous Child, 2:217-280, 1943. En el web de la Associacion Americana Medical: http://www.ama.org.br/kannereng11anddisc.htm

Klin, Ami, Fred R. Volkman and Sara S. Sparrow, editors. (2000) ***Asperger Syndrome. (El Síndrome de Asperger).*** New York: Guilford Press.

Lord, Catherine, Ph. D. «Pervasive Developmental Disorders.» (Chart). Sept. 1995. («Los Trastornos Generalizados del Desarrollo» un gráfico).

Mesibov, Gary B. Lynn W. Adams and Laura W. Klinger. ***Autism: Understanding the Disorder. (El Autismo: Comprender el Trastorno).*** New York: Plenum Press, 1997.

Mesibov, Gary, Ph.D. «High-Functioning Autism or Asperger Syndrome: Why the Controversy?» «Autismo de Gran Desempeño o el Síndrome de Asperger ¿Por Qué la Controversia? » Autism Asperger's Digest, November-December 2000, 16-18.

National Attention Deficit Disorder Association. «Guiding Principals for the Diagnosis and Treatment of Attention Deficit Hyperactivity Disorder.» «Principales Para Guiar el Diagnóstico y Tratamiento del Trastorno por Déficit de Atención con Hiperactividad.» 2000. En el www, http://www.add.org/gp98.htm.

O.A.S.I.S.: Online Asperger Syndrome Information and Support. (Información y Apoyo Para el Síndrome de Asperger en Linea). Sitio del www administrado por Barb Kirby: http://www.udel.edu/bkirby/asperger/

Ozonoff, Sally, Ph.D. «High Functioning Autism and Asperger Syndrome: What Research Tells Us.» («Autismo de Gran Desempeño y el Síndrome de Asperger: Lo Qué Se Sabe de la Investigación.») Presentación en la Universidad of California, Los Angeles, 13 Octubre 2001.

Rasking, M.H., Goldberg, R.J.; Higgens, E.L. & Herman, K.L. (2003). «Life success for children with learning disabilities: A parent guide.» «La vida exitosa para niños con discapacidades de aprendizje: Una guía para padres.» Pasadena, CA: Frostig Center. En el www, http://www.frostig.org/LDsuccess

Schopler, Eric, and Gary B. Mesibov. ***Diagnosis and Assessment in Autism. (El Diagnóstico e Evaluación en Autismo).*** New York: Plenum Press, 1988.

Siegel, Bryna, Ph.D. *The World of the Autistic Child. (El Mundo del Niño Autista.)* Oxford University Press, 1996.

CAPÍTULO 3

«Haga lo que usted puede, con qué tiene, dónde está.»
Theodore Roosevelt

EMPEZANDO EL PROCESO DE EVALUACIÓN Y DIAGNÓSTICO

Este capítulo se tratará de:

- Las ópciones para obtener valoraciones para niños o adultos.
- Las emociones que vienen al iniciar el proceso.
- Cómo preparar un resumen para ayudarle en el proceso de evaluación.
- Ideas para adultos que desean referirse para el diagnóstico.
- Lo que los maestros pueden hacer y por qué hacerlo.

Las Ópciones en Obtener Un Diagnósis Oficíal

¿Quién Puede Diagnosticar?

Un primer paso para confirmar o descartar el diagnóstico de un Trastorno del Espectro de Autismo (TEA) debe ser una evaluación completa hecha por un médico, un psiquiatra o un neurólogo que tiene experiencia con TEA. En todos los estados de los EEUU y en la mayoría de otros paises, los médicos (los pediatras, los psiquíatras, los neurólogos, etc.) pueden diagnosticar el autismo y los desórdenes relacionados. Si han tenido poco entrenamiento o experiencia con los TEA, es menos probable que los médicos y psicológos reconozcan TEA en niños y adultos. Los padres, los guardianes y los empleados pueden ponerse en contacto con los departamentos médicos universitarios, las clínicas para el desarrollo, y los grupos locales o nacionales del autismo y de la abogacía para conseguir recomendaciones de especialistas experimentados con TEA. Los practicantes pueden especializarse en diagnosticar a los niños de menos de 3 años, de edad escolar, o adultos.

En algunos lugares, Psicólogos Clínicos Autorizados (Licensed Clinical Psychologists, LCPs) y los Trabajadores Sociales Clínicos Autorizados (Licensed Clinical Social Workers, LCSWs) pueden dar un diagnóstico. Usted puede consultar con la junta de licencia de su estado o comunidad para determinar qué profesionales están calificados para hacer el diagnóstico oficial.

En algunos estados, los psicólogos de la escuela pueden legalmente diagnosticar a un niño de 3 a 21 años, para determinar la colocación educativa. Tener un diagnóstico educativo válido puede abrir la puerta a los apoyos, servicios y modificaciones en el programa educativo, incluyendo la educación especial y los servicios préescolares. Adicionalmente, puede valer la pena obtener un diagnóstico de otra persona cuya opinión pueda hacer elegible al individuo para cualesquiera otros servicios disponibles.

No hay ninguna prueba médica para el autismo, así que esta condición no es fácil de identificar o determinar. Algunas veces una visita con un profesional, como un médico, un psíquiatra, un psicólogo o una trabajadora social resulta en un diagnóstico, pero otras veces no occure así. El diagnóstico se basa en la información presentada y observada por el profesional y su opinión si la persona cumple los criterios diagnósticos en un trastorno en el espectro de autismo. Algunas veces, un profesional puede solicitar que la persona sea examinada otra vez en un corto plazo porque no está convencida y necesita ver cómo progresa la persona. El profesional puede elimiar o descontar algunos desórdenes (que no son todavía considerados como posibilidades) o identificar múltiples desórdenes presentes a la vez.

El proceso diagnóstico usualmente da como resultado un informe con conclusiones y recomendaciones. Uno de los valores del informe es que se puede usar el diagnóstico oficial para determinar la elegibilidad y conseguir programas de apoyo y/o la educación especial del distrito escolar y las agencias locales, según donde viva. Las recomendaciones en el reporte escrito también pueden guiar a los proveedores de servicios de apoyo y a otras personas interesadas a saber cómo ayudar al individuo. La parte negativa de un informe clínico individual es que este informe puede tener un alcance limitado. El informe puede no ser suficientemente específico o carecer de información completa acerca de las habilidades y las necesidades del individuo en todas las áreas de funcionamiento. También hay la posibilidad que el diagnóstico dado no parezca satisfactorio, e incluso que usted pueda estar en desacuerdo.

Otra opción en el diagnóstico es obtener una evaluación completa de un equipo interdisciplinario. Esto quiere decir que un psiquiatra o un neurólogo fomerá parte de un comité que incluye a un médico, el patólogo de discurso y de idioma, el terapeuta físico, el terapeuta ocupacional, el psicólogo, el trabajador social, unos especialistas educativos y otros. La ventaja de la evaluación hecha por un equipo es el esfuerzo coordinado que examina todos los aspectos del funcionamiento. Las evaluaciones se hacen usualmente en el mismo sitio como en una escuela, en la universidad o en una clínica, aunque varias visitas pueden ser necesarias para completar el proceso.

Las familias deberían esforzarse en encontrar un equipo con experiencia y conocimiento en trabajar con individuos en el Espectro de Autismo. El diagnóstico hecho por el equipo es ofrecido a menudo en las clínicas que se especializan en TEA. Los equipos diagnósticos son disponibles en algunas universidades y hospitales, en particular esos departamentos que se llamen «la clínica para el desarrollo.» Los distritos educativos usualmente usan las evaluaciones multidisciplinarias para determinar si existe una descapacidad que interfiere con el progreso educativo del estudiante.

Algunas agencias del gobierno ofrecen evaluaciones del equipo para TEA. En algunos estados, el Departamento de la Salud Mental u otras organizaciones gubernamentales harán una evaluación completa multidisciplinaria del equipo. Para residentes de California, el Centro Regional es el sistema que provee servicios de evaluación completa gratis para los individuos de los que se sospecha que tengan autismo antes de la edad de 18 años. En Illinois, la Oficina Estatal de las Discapacidades Developmentales puede referir a las familias a los centros y las clínicas con experiencia en trabajar con personas con TEA. En Missouri, el Departmento de la Salud Mental tiene una sección que se especializa en autismo con la que los padres y los empleados pueden contactar para pedir ayuda. Una sociedad local de autismo o un grupo de apoyo donde vive o en una comunidad cercana puede proveer referencias sobre equipos profesionales que hayan demostrado la experticia y la sensibilidad necesarias para hacer las evaluaciones.

Si la evaluación se hace privadamente, la familia será responsable de pagar a los profesionales, y los costos pueden ser sustanciales. Algunas compañías de seguros pueden pagar para una valoración o una evaluación para determinar la presencia de una discapacidad del desarrollo. (Póngase en contacto con su agente de seguros o la línea de ayuda de la compañía antes de hacer la evaluación. Pida una copia de los términos de cobertura y una lista de clínicas o profesionales que son parte de su plan.)

Algunos empleados de la compañía de seguros están inseguros si TEA es una condición médica o psicológica y no saben cómo contestar a una consulta. Puede ayudar el describir la condición como un trastorno del desarrollo, igual que la parálisis cerebral y el síndrome de Down están clasificados como trastornos del desarrollo. Los empleados de las compañías que no están familiarizados con TEA se encuentran más familiarizados con otras condiciones del desarrollo y saben dónde se acomodan dentro de sus programas. La mayoría de las compañías de seguros ahora consideran a los TEA-Trastornos del Espectro de Autismo- como una condición médica, basada en el cerebro, y no como un trastorno psicológico o una enfermedad mental. En caso de duda, pida hablar con un supervisor. También si es necesario, pida que todas las decisiones acerca de lo que está pagado y no esté pagado por el seguro sea mencionado por escrito y enviado a usted.

El Papel del Sistema Escolar

Otra opción para obtener una evaluación para niños de 3 a 21 años es por el sistema de la escuela o el distrito escolar. Mientras las escuelas particulares pueden tener más o menos experiencia en servir a los estudiantes con TEA, las leyes federales y estatales requieren que todos los distritos provean servicios de evaluación. Esto es parte de su mandato de proveer una educación pública apropiada gratis (Free and Appropriate Public Educcation, FAPE) para los niños con necesidades especiales. La ley educativa, en el nivel nacional y en su estado, puede incluir una obligación de «descubrimiento» (Child-Find). Esto quiere decir que las escuelas están obligadas a identificar y evaluar si un niño tiene una discapacidad o necesidades especiales cuando el estudiante tiene dificultades significativas de aprendizaje.

Note: Para muchos niños de habla hispana, es importantísimo distinguir entre dificultades de estar en el proceso de aprender el idoma inglés de una discapacitad del desarrollo o de aprendizaje específica. Los padres tienen que ser conscientes que muchas veces el personal no hace caso de problemas significativos al echar la culpa al lenguaje. Los profesionales del distrito querrán estar seguros que han evaluado completamente a los alumnos que aprenden el idioma inglés (ELL), incluso consultar con especialistas bilingües.

Los distritos escolares proveerán una evaluación completa del estudiante, gratis a los padres. Aún si el niño está en edad preescolar y no ha empezado a asistir a la escuela, el distrito escolar local tiene la responsabilidad de hacer una evaluación completa si es sospechado que el niño tenga necesidades especiales. El proceso comienza cuando un padre o el guardián envía un pedido por escrito al principal de la escuela o al jefe del distrito de la educación especial. En esta carta el padre pide que hagan una evaluación completa para determinar si una discapacidad está presente que impacta en la educación del niño.

La respuesta del distrito o de la escuela será formar un equipo interdisciplinario para planificar las evaluaciones necesarias. El equipo usualmente incluye un maestro de educación general, un administrador, y otros empleados como un psicólogo, el patólogo de discurso e idioma, una especialista de aprendizaje, una especialista de lectura, un trabajador social, el terapeuta físico y/o el terapeuta ocupacional. Los miembros del equipo seleccionarán pruebas y valoraciones para identificar si una discapacidad está presente y para determinar la naturaleza de los problemas que el niño experimenta. Ofrecerán el plan de evaluaciones a los padres para conseguir el permiso de hacer las evaluaciones seleccionadas.

El psicólogo y otros miembros del equipo compartirán los resultados de las pruebas y evaluaciones con el equipo completo, incluso a los padres y/o el guardián. También es posible que el equipo provea todos los resultados e informes a los padres antes de reunirse para discutirlos. El resultado esperado del proceso de evaluación es que el equipo podrá especificar las necesidades educativas del niño, determinar si es elegible para la educación especial, y diseñar soportes y servicios para ayudarle. A veces este proceso ocurre en una reunión que se llama Conferencia Multidisciplinaria de la Elegibilidad Educativa (MDEC, Multidisciplinary Educational Eligibility Conference) o el primer reunión del Programa de Educación Individualizado (Individualized Educational Program, IEP).

El Papel de los Padres o el Guardián

Los padres siempre son parte del equipo de evaluación quienquiera que hace el diagnóstico y las valoraciones. Los padres necesitan considerar cuidadosamente las áreas para determinar si los tipos de pruebas que se proponen en el plan sean adecuados para revelar las áreas problemáticas. Ya que la mayoría de padres tienen poca experiencia o conocimiento de las diversas áreas a ser examinadas y las pruebas usadas, pueden necesitar más ayuda o explicación antes de firmar la remisión consintiendo al proceso de evaluación. La clínica o los administradores de la escuela o los empleados podrán contestar a cualquier pregunta que los padres tengan acerca del proceso. El Capítulo 5 de este libro también ofrece información específica acerca de las pruebas y el proceso de valoración.

Cuando las evaluaciones se hacen por un distrito escolar, los procedimientos, los derechos y las responsabilidades de la escuela y los padres están descritas en las leyes federales que se llaman «La IDEA» que quiere decir «Individuals with Disabilities Education Act» (Acto Educacional para Individuos con Discapacidades), Ley Pública 101-476. La ley de IDEA está vigente en todos los 50 estados y una versión revisada fue reautorizado por el Congreso en 2004. Las escuelas son requeridas por ley a proveer a padres información sobre la ley. Hay un guía gratis que se llama, «Una guía para los padres sobre los servicios de educacion especial» (que incluye las garantias y los derechos procesales). Este guia no es siempre provista antes de que el proceso de evaluación comience. Esta información debería ser provista a primera hora del proceso, pero si no lo es, los padres deberían pedirlo.

Otra opción para los padres es encontrar a un defensor o abogado educativo que sea familiar con la ley educativa y que esté bieñ informado sobre los procedimientos de evaluación. Otros padres con experiencia están dispuestos a menudo a hablar con los padres «nuevos» para ayudarlos a negociar el sistema. Muchos estados tienen agencias de servicio que proveen ayuda gratis a los padres para entender los puntos legales, sus derechos y el proceso de cumplir con las necesidades de un niño con una discapacidad. Las sociedades de autismo de la comunidad local o nacional pueden proveer una lista de defensores y los recursos. El departamento de educación o la oficina de educación especial del estado deberían proveer materiales gratis para explícar los derechos parentales en el proceso de educación especial. Otro recurso gratis es La Red de Recursos para los Padres de Familia (Parent Resource Network, PRN) que está a su disposición llamando al 1-800-933-8133. Para recibir ayuda, los padres sólo tienen que solicitarla.

En Cuanto a Los Adultos Cuidados por Agencias u Otros Proveedores

Si un individuo tiene más de 21 años, o no está servido ya por la escuela pública o distrito escolar, pero necesita una evaluación, los padres o los empleados pueden hablar con el director de la agencia local que provee servicios para los adultos con discapacidades del desarrollo. Los padres y los empleados pueden pedir información acerca de los médicos que diagnostiquen en el área y ponerse en contacto con ellos para más información acerca de la evaluación para un adulto. Una vez que el padre /el empleado ha encontrado a un médico que diagnostique con experiencia, puede explicar la necesidad de una evaluación y preguntar cómo arreglarla. Si el adulto está cuidado por una agencia, los empleados de la agencia pueden definir, por escrito, cualesquiera barreras que existan para obtener una evaluación. La gerencia de la agencia debería coadyuvar en superar esas barreras.

Nuestro mejor consejo para empleados y familias es «sean determinados.» Simplemente no tomen «no» como una respuesta si usted cree que una evaluación es necesaria. Si alguien dice que no es posible, hable con su supervisor. Entérese de quién puede hacer las excepciones a las reglas y quién hace decisiones finales, y hable con esas personas. Si es necesario, siga hasta comunicarse con la agencia estatal encargada de las personas con discapacidades del desarrollo. Si todavía niegan la evaluación integral, llame a sus legisladores o póngase en contacto con la oficina del gobernador de su estado. Todos los estados requieren que los servicios «apropiados» sean provistos para la gente con discapacidades. Usted necesitará explicar que los servicios «apropiados» no pueden ser provistos sin un diagnóstico preciso basado en una evaluación integral. Esto es cierto aun si la persona ya tiene algunos otros diagnósticos.

Los Lectores Adultos

Algunos individuos leyendo este libro pueden pensar que tienen una cierta cantidad o muchas de las características de TEA. Algunos de ustedes pueden considerar, «He llegado hasta este punto y he sido éxitoso en mi vida sin saber si tengo TEA o no. ¿Qué diferencia haría recibir un diagnóstico ahora?» Es un tema muy personal y tal vez necesitará pensarlo bien para decidirse. Otros adultos consideran que un diagnóstico en el espectro de Autismo tendría sentido y sería bienvenido como la explicación de muchas dificultades durante los años.

Cada vez más adultos buscan ahora un diagnóstico hecho por profesionales capacitados. Los lectores adultos pueden querer contactar con las sociedades locales o nacionales de autismo y los grupos de apoyo, las universidades o los centros diagnósticos, y aun su compañía de seguros médicos para encontrar un practicante que sepa reconocer TEA en los adultos. En la sección que sigue, discutiremos cómo prepararse para el proceso de evaluación. Aunque mucha de la información se trata de escuelas y de niños o jóvenes, muchas de las ideas tendrán aplicación igualmente para las evaluaciones para adultos.

Las Emociones y el Proceso de Evaluación

Una Situation de Estrés

No hay duda de que el proceso de evaluación puede estar lleno de tensión. A menudo, cuando llegan las evaluaciónes, las familias están en crisis por la seriedad de los problemas en el grupo familiar, la escuela, el trabajo, o en la comunidad. La persona con un TEA puede sentirse ansiosa en general y puede estar aun más estresado siendo evaluado, por los cambios de las rutinas normales o por tener que hablar con personas poco familiares en lugares desconocidos. Esta tensión puede empeorar el aprendizaje, los problemas sociales y los problemas de comportamiento. La persona con TEA puede sentirse abrumada, y los empleados y la familia pueden sentirse exhaustas ¡aun antes de empezar la valoración!

El proceso de evaluación puede ser muy emocional para la familia así como también para el niño o el adulto que va a ser evaluado. Los padres pueden experimentar un sentido de pérdida, sacudida, o miedo. Muchos tienen dificultad en aceptar que TEA podría ser el problema, y pueden sentirse abrumados al afrontar y nombrar las áreas de déficit de su niño. Es natural necesitar tiempo para entenderlo igual que es natural sentirse renuente o involuntario para mirar a los hechos. Algunos padres cuentan de sus preocupaciones acerca de la privacidad, el asunto de designaciones y otros temores. Se suma a esto es el hecho de que los hermanos y otros miembros familiares pueden sentirse culpables, enojados, avergonzados, abrumados o aislados del proceso enteramente. Todo esto hace entender por qué las familias se sienten ansiosas.

La cantidad de tiempo que se requiere para completar las valoraciones puede ser otra tensión en la familia o para las personas que cuidan a otros. Muchas semanas y meses pueden pasar desde el tiempo que los problemas empezaron hasta que la necesidad para hacer la evaluación quedó demostrado, antes de que las evaluaciones y las reuniones sean completadas, y los servicios comiencen. Las familias o los empleados pueden sentirse casi desesperados por recibir ayuda, pero deben de esperar que el proceso sea completado antes de que la ayuda que necesitan llegue. (Si los padres o el personal piensa que algún daño serio pudiera ocurrir antes de terminar con las evaluaciones, deben pedir ayuda de emergencia inmediata de los proveedores locales de discapacitades de desarrollo o de salud mental.)

Los padres pueden tener sentimientos de cólera y resentimiento hacia los empleados de la escuela o los empleados de una agencia. Pueden querer echar la culpar por no haber intervenido más pronto e iniciado el proceso de obtener ayuda cuando tantos signos estaban allí. Es común que las personas se sientan enojadas por el tiempo que se ha perdido o desaprovechado y que el niño o el adulto ha sufrido como resultado. En otros casos, los padres pueden sentir cólera o resentimiento cuando la escuela o el personal de una agencia sugieren que una evaluación sea necesaria y que algunos problemas específicos existen.

Desde el punto de vista de los empleados de una escuela o de una agencia, el proceso de evaluación también puede tener dificultades. Las pruebas pueden ser difíciles de administrar o puede ser dificil ayudar a los individuos a responder a fin de que una evaluación precisa pueda hacerse. Los profesionales pueden sentirse abrumados por las demandas de trabajar con el individuo y se pueden preguntar si tienen las habilidades, las competencias o el entrenamiento para hacerlo. El personal de la educación especial y los empleados de servicios a menudo se sienten abrumados por las demandas legítimas, que aumentan contínuamente, de su tiempo y los recursos.

Adicionalmente, los empleados de la escuela o la agencia pueden sentirse presionados por las expectativas declaradas o insinuadas del distrito o de las agencias educativas. Éstas les parecen limitar lo que pueden hacer o decir si sospechan que un estudiante o cliente experimenta dificultades. Los maestros y los empleados también pueden experimentar frustración si los padres dan la apariencia de ser poco cooperativos o insensibles cuando se discuten los problemas del individuo. Pueden sentir que las manos están atadas cuando se sienten suficientemente preocupados para pedir que hagan una evaluación, pero la respuesta es, «no hay ningún problema con mi niño.»

Reconocer que el proceso de evaluación puede ser emocionante y lleno de tensión para todas las personas involucradas puede ayudar a ambos padres y personal a ser racionales, objetivos y tener empatía. Tan difícil es este proceso de la evaluación que, puede hacerse mejor o peor por la calidad de cooperación y cortesía mutua entre los participantes. Si todos se encuentran calmas y objectivos, se invita a la comunicación sin temor.

La confianza es un elemento importante para ayudar a los equipos a trabajar bien conjuntamente, pero no es ni instantánea ni automática. Los padres pueden preocuparse por compartir información privada y los datos personales acerca de su vida familiar con «gente desconocida.» Al principio, los padres pueden sentirse renuentes a compartir información en reuniones o durante reuniones con muchos empleados. Puede faltar la confianza en un profesional hasta que se conozcan mejor.

Los empleados pueden ayudar a los padres a sentirse más cómodos explicando cómo las leyes de privacidad se aplica a la información confidencial. Esto puede incluir mencionar cómo la información puede ser y no será usada, quiénes pueden y no pueden discutirlo, dónde se conservan los documentos y cómo el acceso está controlado y limitado. Los padres pueden responder bien cuando los empleados sinceros reconocen y sienten empatía con la renuencia y miedos de los padres y el hecho de que el proceso entero es nuevo, confuso y atemorizante para ellos.

Los profesionales tienen la oportunidad de ser sensibles y compasivos, y comunicarse abiertamente con la familia. Los padres tienen la oportunidad de ofrecer información, sugerencias y apoyo al equipo diagnóstico. Ésta es la idea óptima para la cual ¡Todos los miembros del equipo deberían aspirar dentro de los confines de realidad de todos los días! Es cierto que ayuda mucho hacer un intento y trabajar hombro con hombro como un equipo para el bienestar del individuo. Una expresión referente al proceso de funcionamiento conjuntamente como un equipo es «¡Facture su equipaje antes de entrar!» Obviamente, una cosa es decirlo y otra cosa es hacerlo, pero todavía es importante para ser considerado. Es especialmente útil para todos los participantes dejar reacciones emocionales a acontecimientos del pasado en el pasado y participar en el proceso de evaluación con una actitud positiva.

Hay muchas maneras en que los equipos pueden aprender a comunicar más eficazmente. Nosotras sugerimos el uso del idioma preciso y sin prejuicio para describir el comportamiento y las características relatadas a TEA. El tiempo adicional empleado al principio para comunicarse bien claramente, se salvará luego cuando el equipo se comunique eficazmente y los problemas son evitados o resueltos más rápidamente.

Cómo Pueden Los Padres Ayudar a los Professionales Con el Proceso Diagnóstico

El diagnóstico del autismo está descrito como «retrospectivo.» Esto quiere decir que información detallada acerca del pasado de la persona es necesaria para hacer el diagnóstico correcto, aun si la persona es un adolescente o un adulto hoy en día. Las memorias contadas por padres acerca del desarrollo y los comportamientos de su niño en edades y etapas diferentes son cruciales y pueden ser la única fuente de esta información importante.

Los padres pueden no sentirse confiados acerca de su conocimiento del tema y la habilidad de discutirlo con profesionales que tienen educación formal y entrenamiento en educación especial y en discapacidades. Los padres pueden disentir en su nivel de comprensión de TEA, pero no hay duda de que los padres son los expertos en lo que se refiere a su niño. Los padres pueden proveer información inestimable acerca del pasado de un niño y el funcionamiento corriente, sus habilidades y sus necesidades. La información y contribuciones parentales deberían ser bienvenidas e invitadas en todas las fases del proceso colaborativo de identificación, evaluación y la entrega de servicios.

El Caso Ejemplo de Bárbara

Mi amiga Elena recientemente me llamó por teléfono de otro estado. El año pasado, ella había traído a su hijo a verme porque ella pensó que «algo pasó.» Máximo, de 7 años está tan lindo como un niñito podría ser y obviamente brillante y cariñoso. Él tiene una memoria fantástica para los hechos y dinosaurios y le encantan los vehículos de transporte. Sin embargo, Máximo tenía dificultades que otros niños listos y cariñosos suelen no tener. Él tenía el comportamiento repetitivo de observar los mismos vídeos repetidas veces y hacer los mismos dibujos muchas veces sin variación. Él se volvia muy molesto por los cambios en la rutina. Él no jugaba con cualquier niño menos con su hermana. En el patio de recreo en la escuela, él participó en un juego al marro, pero los otros niños nunca le invitaron a hacer esto. Él usó la echolalia (repitir lo que alguien acaba de decir, o lo que había dicho antes) mucho más tarde que la mayoría de niños quienes tienen una etapa natural corta de repetir. Él estaba a menudo confundido por lo que dijeron otras personas y su madre tenía que ofrecerle muchas más explicaciones a él que a la hermanita. Él algunas veces lloraba y decía que algo le pasaba mal a él. Fue muy arduo para él enfocar y prestar atención a la tarea escolar, pero su atención para las cosas que a él realmente le gustaron fue muy larga, algunas veces por horas. Él tenía dificultades organizándose e iniciando las actividades, encontrando sus materiales y encontrando la tarea y otros papeles.

Claramente vi un patrón en Máximo, pero no soy un médico que diagnostica. Ayudé a Elena a preparar una lista objetiva de las características que ella vió en Máximo. Le dije a ella que tomara la lista a los maestros de Máximo y pedir que Máximo sea evaluado y diagnosticado por personas licenciadas para decir si él tuviera una discapacidad, o no. Le dije a ella que les preguntara a ellos que intentaron averiguar cómo Máximo aprende, y evaluar cualesquiera áreas dónde el aprendizaje fue difícil en particular para él. Le explique que ella tenía el derecho a este servicio desde que Máximo experimentaba dificultades. En la escuela, por ejemplo, no tenía amigos, tenía dificultad trabajando efectivamente en grupos, a menudo habían problemas en el patio de recreo, tenía dificultad participando en el gimnasio, decía cosas a los maestros que fueron interpretados como «mimado» o «descortés.» Elena y yo teníamos miedo de que Máximo fuera «etiquetado» como «preocupado» o un «maleducado,» dos etiquetas que fueron inexactas e injustas.

Elena me llamó para decir que Máximo tuvo un año terrible en el tercer grado y para preguntar si ella debería considerar el enseñarle en casa para el cuarto grado. Pregunté qué servicios habia conseguido como resultado de la evaluación que ella había pedido. Yo estaba horrorizada al enterarme del hecho de que ¡Máximo nunca había sido evaluado, y, como consecuencia, él no había recibido ningún servicio! Elena había ido a la escuela con su lista. Los empleados de la escuela le contaron que ella estaba siendo sobreprotectora, y que no sabía cómo «dejar libre» a Máximo. Dijeron que Máximo estaba bien en la escuela y que las horas de tarea que él tuvo que hacer todas las noches resultaron de su «obstinación» y de que era un chico «mimado.» Cuando Elena mencionó el espectro de autismo como un área posible a considerar, un logopeda y un maestro educativo del recurso le contaron que Máximo no tuvo autismo, que habían visto muchos niños con autismo y Máximo no era como cualquiera de ellos.

Mi corazón se quebró por Máximo y Elena. Sugerí a Elena que hablase con el director de la educación especial inmediatamente para completar una evaluación antes del fin del año escolar. La alenté a buscar un diagnóstico fuera de la escuela a la vez.

¿Qué sucedió aquí? Varias cosas. Por primera parte, los empleados de la escuela desestimaron a las preocupaciones que Elena describió durante el año pasado porque no tenían las mismas preocupaciones. Posiblemente pasó así porque ella había descrito sus preocupaciones en una forma ordinaria, porque la prejuzgaron en adelante o porque ellos no entendieron sus preocupaciones. Los empleados de la escuela no persiguieron su petición ni por una visita a casa o por pedir que Elena procurase más información, posiblemente fue porque ¡ya habían decidido que fue toda la culpa de Elena! Dos educadores especiales «descartaron» un diagnóstico de TEA, si bien no estaban autorizados para diagnosticar. (¡También ocurre que se posicionaron en peligro de perder su licencia o su certificación educacional por hacer el diagnóstico cuando no tienen autoridad para hacer eso!)

La parte más triste es que ahora Máximo ha tenido un año tan malo en escuela, y él está realmente deprimido. Él se describe a sí mismo como estúpido. Él dice que es malo y eso es por lo qué él no tiene amigos. Él dijo a Elena que ¡a sus maestros no le gusta ella! Elena se siente que ha fallado y que otro año de la educación libre, apropiada, pública de Máximo se fue irremediáblemente perdido.

Cuándo los padres parecen «demasiado protectores» o «que ayudan demasiado» a un niño es a menudo porque han visto que el niño puede fallar sin esa ayuda o esa protección. Los padres que tienen un estilo diferente de crianza de los hijos a menudo responden a las maneras en las que el niño es diferente. En más que 30 años de hacer mi trabajo, he encontrado sólo a un padre que fue demasiado protector sin razón. Nuestra suposición menos peligrosa es que los padres dicen y hacen lo que creen que es apropriado para las necesidades del niño y sus creencias que se basan en muchos años acumulados de las experiencias cotidianas. Algunas veces el niño hace las cosas mejor en la clase porque hay reglas allí para seguir y otros niños a quienes observar para ver qué hacer. La prueba verdadera de habilidades, sin embargo, debe ser cuando todo el mundo no está sentado en un escritorio en una clase.

Los empleados de la escuela cometieron muchos errores en cuanto a Máximo y Elena. Ahora Elena tendrá que pelear contra las suposiciones y las conclusiones equivocadas que el personal ha sacado. Sólo puedo esperar que estos empleados abrirán sus corazones y mentes y le escucharán a ella ahora.

Sin embargo, no echo la culpa a los empleados de la escuela. En nuestro sistema de entrenamiento para la educación especial, los educadores especiales son enseñados a hacer decisiones rápidas y reconocer los necesidades de niños y de los adultos. Los empleados también necesitan aprender a escuchar y responder a las preocupaciones legítimas; en la mayoría de lugares ese entrenamiento no está incluido en la educación de los maestros o de educación especial en el nivel universitario. Los empleados de la escuela están frecuentemente sobrecargados por el número de niños presentando con problemas que se vieron raramente en el pasado. Quizá ¡No queremos creer que hay tantos niños con necisidades especiales! Los gerentes y supervisores de la educación especial deben asegurarse de que se dirigen a cada preocupacion de los padres de una forma sistemática, en vez de dejarles ignorados o apartados como una molestia por los empleados bienintencionados con demasiado trabajo. La historia de Elena y Máximo demuestra que todas las escuelas necesitan tener una forma coherente para ayudar a los padres a describir los asuntos y empezar el proceso de la evaluación.

En caso de duda, evalúe objetivamente. En caso de duda, yerre en el lado de creer al padre hasta que usted tenga prueba objectiva de que él o ella esté equivocado. En caso de duda, culpe al cerebro y no al niño o a la familia, e intente entender cómo este cerebro es diferente y cómo se puede ayudar a funcionar más eficázmente. Aprenda a distinguir la diferencia entre lo que es conocido y lo que las personas han decidido creer. He cometido el error en el pasado de no oír o escuchar a los padres. Mirando a mi carrera retrospectivamente estos errores son lo que causa más arrepentimiento. FIN

Algunos padres y personas que cuidan a adultos con TEA no pueden ser expertos en el idioma profesional utilizado para describir a los niños. Sin embargo ¡nadie conoce a un niño mejor que sus padres! Los profesionales necesitan «escuchar profundamente» lo que los padres tienen que decir, no a la forma como los padres lo dicen. Los profesionales prosperarán si pueden separar el contenido de las declaraciones de los padres de la emoción que lo inspira.

Recientemente, otro asunto en la colaboración entre el profesional y el padre ha emergido. Una cierta cantidad de los padres y otras personas que cuidan a personas con TEA son muy educados y articulados referente a su hijo o su hija. Pudieron haber hecho los meses o los años de investigación buscando por páginas de materia, hasta descubrir un perfil diagnóstico que pareció estar conforme con su hijo o su hija. Los profesionales pueden tener que ponerse al corriente con los padres, enterándose rápidamente de temas nuevos y resistiendo el deseo de descartar lo que es poco familiar para ellos.

Algunas veces los profesionales habrán estudiado o buscado información como parte de la dedicación para ayudar a todos los niños y los adultos a cargo de ellos de una manera eficaz. Sin embargo, al comienzo del proceso de evaluación, es importante para ambos padres y profesionales describir características que son claramente observables en el niño o el adulto, en lugar de empezar por primero sugerir un diagnóstico y despues describir las características que son parte del diagnóstico.

Prepare Un Resumen Personal Escrito

En el proceso de diagnóstico y la evaluación, los padres u otras personas que cuidan de otros a menudo contestarán a las docenas o aun centenares de preguntas acerca del desarrollo del niño tras los años. Las preguntas similares pueden ser repetidas en varias evaluaciones diferentes. Sugerimos que los padres u otras personas encargadas en participar en el proceso diagnóstico preparen un resumen escrito del desarrollo y la salud desde pequeño. Será útil para usted y los profesionales que estarán trabajando para completar pruebas y evaluaciones.

Para preparar un historial detallado, año por año de su niño (o el niño o el adulto a su cargo), use videos, fotos, el librito de recién nacido, publicaciones, informes preescolares, los registros de la escuela etc. para traer de vuelta a la memoria. Trate de recordar cómo fue el niño en cada etapa. Piense acerca de cosas que fueron diferentes acerca de él, los aspectos que quizá se destacaron cuando él estaba con otros niños de la misma edad. Incluya cosas que le asombraron, desconcertaron, preocuparon, o frustraron a usted u otros.

Describa al niño, y escriba sobre lo que el niño hizo, cómo el niño se comunicó y la vida social del niño. Concéntrese en un año a la vez, desde el nacimiento hacia el presente. Use anécdotas y ejemplos específicos que muestren claramente cómo fue la persona en un momento particular. Añada tarea y ejemplos de trabajo escrito en la escuela, dibujos, o aun videograbaciones que muestran lo que usted describe.

En la retrospección en cada año de la vida, incluya una nota si hubo cualquier condición médica, u otros asuntos de la salud. Note si se usaron los medicamentos para un período de tiempo significativo, ya sea por la receta o sobre-el-mostrador, y los efectos que la medicación pareció tener. Incluya un comentario si el niño dejó de hacer algo que él había hecho en una edad anterior o si parecío «retroceder» y no usó las habilidades que previamente había usado.

Hable con otros e incluya impresiones de amigos y familia que conocieron al niño en diversas etapas de desarrollo. Pídales a sus hermanos y otros parientes que cuenten las cosas que recuerdan acerca del niño creciendo. Pueden tener algunas memorias muy específicas, e.g., «Nunca olvidaré el día en que vi a su niño...» Las memorias de otros le pueden ayudar a recordar otros acontecimientos significativos, u otros comportamientos o características. Para niños mayores o adultos, hablen con proveedores de servicios previos, padres o familiares si todavía viven (aun si ya no son involucrados en la vida de la persona) e intente obtener permiso para recibir copias de los archivos de la escuela, el trabajo, el hospital, o apuntes médicos etc.

Revise los registros de la escuela, buscando notas de maestros que pudieron haber comentado en las diferencias que obervaron u otros asuntos específicos. Luego organice la información en orden cronológico. Una fuente de información para todos los niños durante sus años en la escuela es el archivo acumulativo (cumulative file). Esto es un archivo de información continuado de un año escolar al sigiuente año escolar. Puede contener muchos detalles acerca de las experiencias y los problemas del niño de día a día y de año tras año. Las pruebas de la escritura también son mantenidas en el archivo acumulativo a menudo. El archivo puede contener información que no está incluido dentro de los reportes anuales. También puede haber un archivo personal separado o un archivo de la disciplina. Eso puede contener información importante o documentar acontecimientos significativos.

Algunas veces los asuntos descritos en estos archivos no se han discutido con los padres. Los archivos acumulativos, personales o de disciplina pueden incluir comentarios del maestro que revelan un patrón de dificultad. Estos archivos son usualmente cedidos junto con un estudiante si él cambia de escuela y son enviados de la escuela primaria a la escuela intermedia y a la escuela secundaria para formar un registro continuo.

Los archivos acumulativos, personales y disciplinarios pueden ser fuentes importantes de información y no deberían ser olvidados. Los padres u otras personas legalmente tituladas pueden ir a la oficina de la escuela para pedir ver el archivo acumulativo, personal, disciplinario o cualquier otro archivo que contenga información acerca del estudiante. No se puede saber el valor de la información que contienen hasta leerlos. El distrito de la escuela está obligado a hacer fotocopias de cualesquiera páginas que a usted le gustaría haber copiado, usualmente gratis o por un precio nominal. Si usted encuentra alguna información en los archivos con la cual usted disiente, o que presenta una percepción inexacta, usted puede agregarle una carta con sus comentarios al contenido del archivo.

Si su «niño» es ya un adulto, el proceso de recordar todo lo posible desde la infancia es muy valioso. Una razón es que la historia que usted prepara puede ser la única fuente de información pertinente. Es importante debido a los cambios que ocurren en individuos con el paso del tiempo. Un adulto pudo haber aprendido muchas formas de adaptarse, compensar y esconder algunos aspectos de la discapacidad. El resumen personal probablemente revelará patrones en el aprendizaje, comportamiento y comunicación que no fueron reconocidos previamente.

Los profesionales y los miembros familiares pudieron haberse acostumbrado a atribuir las características del individuo a ciertas causas («Esto es debido al retraso mental» o «ella prefiere estar sola.») Estas opiniones pueden interferir con una visión objetiva y clara del pasado y el presente del individuo. Considerar las características en un adulto o el niño mayor puede ser como mirar a dos fotografias, una de «antes» y otra de «después;» lo de «antes» ya no es tan evidente y tiene que ser descrito claramente. Aunque puede necesitar más tiempo para preparar un resumen personal para un adolescente o un adulto y puede ser más dificil acordarse de la información, es crucial que lo haga.

El resumen no reemplaza las preguntas que los profesionales preguntarán, pero puede ser una buena manera en la que los padres se preparan para las entrevistas diagnósticas y las valoraciones. Será de ayuda en localizar información, o en precisar las ideas que usted escribió mientras tuvo tiempo para pensar. Ayudará a responder de una manera coherente y consistente a las preguntas como «¿En qué edad se sentaba sólo su bebé?» o «¿Jugó con otros niños cuando tenía 4 años?» Se pueden añadir o cambiar los detalles en el resumen si se entera o si se acuerda de algo más tarde. También puede agregar las respuestas a las preguntas nuevas que no fueron incluidas en el resumen.

Un procesador de texto (computadora) es una gran ayuda, pero el resumen también puede presentarse escrito a mano. Si esa tarea parece intimidante, no haga todo al mismo tiempo. Divídalo en fragmentos. También puede ser más fácil el organizar partes del resumen en forma de lista en vez de usar las frases completas. No espere a completar el resumen antes de contactar a los profesionales para tramitar las citas de evaluación. Usualmente habrá un período de espera antes de la primera cita en el cual los padres o los empleados podrán reunirselos y poner en forma cronólogica escrita los pensamientos y la información.

Los Adultos Unen las Piezas del Acertijo

Uno de los mejores consejos que podemos ofercer a un adulto buscando un diagnóstico para sí mismo es, «Pregunte a su mamá.» Si su madre o alguien que estaba involucrado en su vida de forma regular está viva y está dispuesta a hablar con usted acerca de los detalles de su infancia, ella puede proveer información crucial. Tener una conversación o entrevista acerca del pasado puede ser incómodo especialmente si los padres no pueden querer decir que pensaron que algo pasaba. Pueden sentirse culpables, tristes o responsables, o pueden tener dificultad de acordarse de lo que pasó hace mucho tiempo. También pueden confundir qué hizo un niño con lo que hizo el hermano.

Para ayudar a los padres a responder a las preguntas más pertinentes acerca de las diferencias en el desarrollo o las características inusuales, es útil preguntar cosas específicas. En lugar de preguntar algo general como, «Cómo fuí de niña?» pregunte algo más específico como «¿Recibí muchas invitaciones a las fiestas cuando estaba en el kindergarten?» o «¿Jugué bien con los niños o simplemente aisladamente al lado de los demás?» o «¿Cuales fueron mis juguetes predilectos?» La lista en la sección siguiente, acerca de «qué incluir» en el resumen dará ideas de la clase de información que tiene importancia en crear una historia para el desarrollo despues de largos años.

Cualquiera de las fuentes informativas propuestas en la sección de arriba le puede ayudar a recoger información acerca de usted. Según la política para el almacenamiento de registros, su escuela secundaria podría tener su archivo acumulativo completo, comenzando con el kindergarten. Usted puede tener que llamar previamente para tener todos sus archivos (incluyendo archivos personales y disciplinarios) recuperados de los archivos, o tiene la opción de hacer su petición para verlos por escrito. Si vive lejos, puede pedir que le manden copias del archivo entero, aun si tiene que cobrarle los gastos. También puede mirar lo que fue escrito en sus anuarios. ¿Qué puede recordar usted acerca de los hechos destacables en su vida? ¿Qué memorias necesitan ser aclaradas? Trate de organizar estas cosas en papel, año tras año.

Un Caso de Ejemplo de Parte de Bárbara

Hace unos pocos años empecé a trabajar con un hombre que había sido diagnosticado con autismo a la edad 28 años. Sus diagnósticos previos incluyeron el Trastorno Emocional, Trastorno de Conducta, Discapacidad de Aprendizaje, Retraso Mental (Cognoscitivo), Desorden Compulsivo-Obsesivo, Trastorno de la Atención con la Híperactividad, (ADHD) el Síndrome de Tourette y El Desorden Oposicional-Desafiante. ¿Por qué era que nadie reconoció el autismo durante todos aquellos años, incluyendo 18 años en el sistema de la educación especial?

Una razón era porque los empleados y la familia atribuyeron lo que observaron en él como el resultado de su personalidad, la voluntad u otro diagnóstico. Por ejemplo, cuándo él no desarrolló relaciones sociales apropiadas, fue adscrito al ADHD y su «falta de interés» en otros niños. La falta de habilidades de comunicación verbal y no verbal fueron atribuidas a desafío y a no prestar atención. Sus comportamientos restringidos y repetitivos fueron atribuidos a ser mimado por los padres y una falta de interés o respeto para otras personas. Otros asuntos de los comportamientos fueron atribuidos a la obstinación, a ser obsesivo y la escasa crianza de parte de sus padres. (El primer día que me encontré con su madre, ella me preguntó si yo iba a culparle a ella otra vez. Ella me dijo que cuando el hijo tuvo cinco años de edad, un empleado profesional de la escuela le dijo a ella que su falta de habilidades de crianza de los hijos era la responsable de sus dificultades. ¡Su madre pensaba todavía en esa declaración 23 años más tarde!)

Cuando yo ayudé a los padres y los empleados anteriores a describir al individuo objetivamente, en términos de lo que él hizo o no hizo, el patrón de autismo se aclaró. Él tenía las dificultades sociales, las dificultades de comunicación y los comportamientos repetitivos y temas restrictivos de interés. Se volvió más claro que él tuvo problemas aprendiendo estas habilidades y que lo que vino automáticamente para otras personas no vino automáticamente para él. Una vez identificado, él pudo luego acceder a los servicios relatados al autismo por primera vez en su vida. Él ha hecho algún progreso y ahora tiene un trabajo y algunas actividades significativas para hacer fuera de la casa. Él parece ser una persona con ambos el autismo y asuntos de salud mental, y no es irrazonable preguntarse si los problemas mentales resultan de no haber recibido los tratamientos y los servicios adecuados durante tanto tiempo.

Qué Incluir en la Historia del Desarrollo

La lista posterior incluye algunos de los temas que usualmente se discuten en el proceso diagnóstico. Se puede usar la lista para formar comentarios para incluir en el resumen que usted prepara para su niño, un adulto a su cargo, o usted mismo. «Los logros» del desarrollo están siempre discutidos en el proceso diagnóstico. Es importante precisar la edad que el niño tenía para los «momentos» grandes en su vida: la primera sonrísa, la primera palabra, el primer paso, etc. Aparte de dirigirse a los «primeros,» sirve bien hacer un comentario sobre las interacciones sociales del niño, el idioma y el comportamiento en cada edad. Algunas cosas en la lista pueden «destacarse» ayudándole a describir cómo fue el niño o cómo se comportó el niño en un cierto periodo. Si usted realmente no sabe, o no puede recordar algo en particular es aconsejable indicar que usted no puede recordar o no está seguro. Puede continuar preguntando a otros si por acaso usted encuentre a alguien que recuerda o puede buscar en otras materias para ser correcto.

Los Logros del Desarrollo

¿Cúantos meses o años tenía el niño cuando hizo las cosas siguientes por primera vez ? (si logró hacerlas):

- Sonrió (socialmente) a usted
- Reconoció su voz
- Dio la vuelta del estómago al dorso, (incluso describir la manera de hacerlo)
- Durmió durante toda la noche sin despertarse
- Alcanzó hacia un juguete
- Comió la comida sólida (¿Cómo fue eso?)
- Se dió de comer
- Hizo sonidos balbuceados
- Se sentó sólo

- Se levantó
- Anduvo a gatas
- Jaló para levantarse
- Caminó
- Corrió
- Brincó en un pie
- Saltó
- Se balanceó de un pie
- Usó palabras sueltas
- Usó dos o más palabras juntas
- Jugó un juego infantíl como el atisbo un abucheo
- Fue capaz de usar el inodoro para mear y/o defecar

El estilo de jugar:

En las edades diferentes, si el niño, o cómo el niño:

- Jugó aisladamente
- Jugó al lado de los otros pero no «con» ellos
- Tomó parte en jugar con un grupo de niños
- Jugó con los padres o con otras personas
- Reaccionó a los juegos de los padres u otras personas
- Prestó atención a una actividad
- Imitó a otros haciendo quehaceres o tareas cotidianas
- Jugó juegos de la imaginación
- Se ponía la ropa de otros o costumbres para jugar o tomar un papel imaginario
- Usó juguetes u objetos en una forma inusual

- Compartió cosas o sabía cuando le tocó jugar
- Jugó con una parte de un juego u un objeto en vez de usarlo de la manera esperada
- Jugó con personas mayores que él o ella
- Participó como miembro de un equipo o en los deportes organizados
- Desarrolló las habilidades motoras, como la coordinación y la balanza
- Siguió las reglas de un juego o deporte
- Usó cosas que no eran juguetes para jugar o usó objetos en una forma inusual

Describa en las diferentes edades el estilo social del niño:

- La reacción a ser sostenida o abrazada
- La capacidad de ser calmado cuando estaba muy emocionado
- Su estilo de buscar una manera a ser calmado
- La reacción cuando fue separado de la madre o el padre o al despedirles
- Cómo compartió o como expresó el dolor y el placer con otros
- Cómo entendió y reaccionó a los sentimientos de otros
- Cómo dirigió el interés de los padres a algún artículo o acontecimiento que le interesó
- Cómo respondió cuando el padre (u otra persona) señaló algo de interés
- La habilidad de formar y mantener amistades
- Si tuvo interés en y conexiones con otros niños
- Las reacciones del niño con otros niños
- La reacción de otros niños con él
- La reacción del niño con los hermanos
- La tendencia de proporcionar a menudo más atención a objetos que a personas en la familia o en otro trasfondo social

- Si pareció preferir estar solo
- Las reacciones atípicas, inusuales o sorprendentes a varias personas o situaciones
- El interés y el cariño por los animales

Describa en las edades diferentes el uso de la comunicación y el idioma

Es que:

- Habló como los otros niños de su edad
- Intercambió el uso de los pronombres (decir «tú» en lugar de «yo»)
- Tenía un tono lacónico, una inexpresividad o una voz monótona
- Copiaba o repitía palabras o frases de la televisión o de vídeograbaciones
- «Ecó» parte de lo que se oyó, inmediamente o más tarde
- Podía comunicarse con otros para que entendieran lo que él quiso o quiso decir
- Hizo preguntas
- Repitió preguntas o declaraciones una y otra vez
- Usó el contacto visual (miró hacia los ojos de otras personas)
- Cambió de dirección para enfrentarse o miró hacia alguien que hablaba
- Entendió el significado de gestos y palabras comúnes
- Usó los gestos o el lenguaje por señas
- Respondió al lenguaje corporal y las expresiones faciales
- No respondió a un sonido algunas veces y sí en otras ocasiones
- Pareció estar sordo
- Respondió cuando alguien llamó su nombre
- Pareció fascinado con temas o artículos particulares
- Fué difícil comunicar con él si no se trataba de su tema favorito

Describa Los Comportamientos, Los Intereses, y Las Sensibilidades en Diferentes Edades:

- Las cosas favoritas que a ella realmente le gustaron
- Las personas, los objetos o las actividades fuertemente desagradables
- El miedo de objetos, personas o los animales particulares
- La falta de miedo cuando se habría esperado estar presente
- Los comportamientos peligrosos o perjudiciales
- Los comportamientos problemáticos (incluyendo las circunstancias)
- La respuesta a los cambios esperados e inesperados en la rutina
- Las habilidades sorprendentes para su edad (poder leer, tener buena balanza, hacer los acertijos, poder subir a un arbol)
- La capacidad de caminar con pasos largos y lentos
- Los hábitos repetitivos, como alinear los objetos, crear listas escritas
- La reacción al dolor, la temperatura, la presión y a ser tocado
- Las reacciones fuertes a sabores, olores, sonidos y a la luz
- La reacción a los gentíos grandes
- Los hábitos de comer (preferencias, limites)
- Los patrones del sueño
- La habilidad de cuidarse como vestirse, cepillarse el pelo, etcétera.
- Las idiosincrasias, las cosas que usted notó que le causaron ansiedad
- Las cosas que usted hará «nunca olvidará» por la impresión que produjeron

Usted puede desear hacer copias del resumen y proveerlo como parte del archivo permanente, confidencial, y presentarlo para ser considerado por los profesionales y los miembros del equipo involucrados en el proceso de la evaluación y el diagnóstico. Usted puede también añadir más información o correcciones a la historia si se acuerda de algo importante. Usted puede contribuir a la historia cada año al añadir un corto resumen de los acontemientos y características importantes.

Un Ejemplo de Parte de Emily

He ayudado a muchas familias a leer y a ordenar sus archivos de documentos e enterarnos de la información importante que contienen. Los padres de Matéo me trajeron una caja llena de información acerca de su hijo menor. Él estaba en la educación especial desde la edad de siete años. Él tuvo muchas valoraciones y un diagnóstico nuevo cada año durante seis años, pero las cosas no salieron bien ni en casa ni en la escuela. Los padres habían leído acerca de TEA, y pensaron que podría ser el diagnóstico más adecuado para explicar las características de su niño.

Fue doloroso ver cómo esta familia había luchado y cuánto había sufrido. Había confiado en muchos profesionales que tuvieron perspectivas diferentes y llegaron a conclusiones diferentes. Pero un informe que ví me asombró. Dijo que Matéo habló en frases completas desde 18 meses. Mientras el médico que preparó el informe pudo haber sospechado el autismo como una posibilidad, ese diagnóstico fue inconsistente con el desarrollo tal adelantado de idioma, y él escogió otra etiqueta diagnóstica.

Yo pregunté a la madre, Carolina, acerca de eso. Ella confesó que realmente no supo cuándo comenzó a hablar Matéo, que el doctor quería que ella contestara y eso fue lo mejor que ella podría recordar. Discutimos que fue necesario aclarar este pedazo crucial de información. Carolina y su marido, Marco, tomaron en serio la necesidad de documentar cuidadosamente el desarrollo de Matéo. Fueron a casa y durante varias semanas, miraban a muchas horas de videocinta. Revisaron records médicos y los registros de la escuela. Hablaron con parientes. Resultó que Matéo apenas decía palabras sueltas cuando tenía 22 meses.

Usaron su computadora para escribir una historia cronológica precisa de Matéo. Llevaron su documento a un especialista del desarrollo que tuvo en cuenta toda la información e hizo lo que parece ser el diagnóstico preciso y final: TEA. Matéo está ahora en un programa educacional que cumple con sus necesidades y la familia ve como él comienza a mejorar. Carolina y Marco ahora tienen una comprensión completa de su hijo y se sienten aliviados de tener una respuesta que tiene sentido y que les da esperanza para el progreso.

Los padres no pueden darse cuenta de que un error pequeño pueda tener un impacto grande. Este caso ilustra la necesidad para la exactitud. Saber qué esperar y como prepararse puede producir una diferencia enorme en ayudar a los profesionales. Porciones de varias historias adaptadas de resúmenes reales preparados por padres son provistos aquí para demostrar ideas de cómo organizar la información. Hemos cambiado todos los nombres para ser anónimos. Vea Figura 3.1, La Historia de Matéo; Figura 3.2, La Cronología de Laura; y Figura 3.3, Acera de Alex. Esperamos que estos resúmenes personales ayuden a profesionales, empleados, padres e individuos a proveer una descripción precisa de la comunicación, socialización, el comportamiento y otros asuntos importantes que los médicos necesitan saber.

Figura 3.1 *La Historia de Matéo*

La familia de Matéo quiso estar segura acerca del desarrollo de Matéo. Lo siguiente es una prueba de lo que sus padres escribieron después de «hacer su tarea,» observando vídeos, mirando en registros y hablando con otras personas.

Desarrollo de Pequeño y Logros

Matéo nos pareció crecer de un modo típico o «normal» hasta aproximádamente la edad de 6 meses. En aquel entonces, él comenzó a caerse de la gráfica de crecimiento y se quedó en el rango del 10-20% que es bastante lento comparado con otros niños de la misma edad. Una prueba de los oídos fue realizada si por acaso hubiera algún problema pero los resultados fueron normales.

No recordamos ni una vez cuando Matéo alcanzó para tocar o demostró cualquier fascinación con móbiles u otros objetos dentro o cerca de su cuna. Él se sentaría y se quedaría con la mirada fija por largas temporadas, y cuando uno le habló para obtener su atención, él no nos respondaba. Cuando tenía 14 meses Matéo caminó por primera vez, aunque tenía mucha dificultad en caminar, cayendo frecuentemente, contoneándose y agarrándose a objetos para estabilizarse. A eso de 20 los meses Matéo empezó frecuentemente a hacer círculos con los ojos y darse vueltas en un círculo. Este comportamiento continuaría hasta que él ya no pudo permanecer de pie y persistió hasta que él tenía casi 4 años de edad.

La Comunicación y El Lenguaje

La habilidad de Matéo para hablar progresó relativamente lenta. A la edad de 22 meses su vocabulario consistío en 1 o 2 palabras balbuceadas y perceptibles sólo por la madre y el padre. Él frecuentemente gruñó y apuntó en lugar de intentar hablar. Cuando tenía 2½ años, sólo usó 2 o 3 palabras, lloró de una manera persistente, y gruñó cuando él quiso algo. Muchas veces pareció perder la orientación de dónde estaba. El discurso lo desarrolló con 2 años, 9 meses en la forma de 3-4 frases que todavía fueron muy difíciles de entender. Tenía que repetirse mucho para ser comprendido, y usualmente fue sólo por los padres.

Cuando él empezó a hablar con regularidad, consistentemente repitió exactamente lo que le habíamos dicho a él y habló en las frases desarregladas. Fue muy difícil para Matéo mantener el contacto visual hablando con otros. Matéo recibió logopedia individual extensiva, y trabajó intensivamente con un especialista del desarrollo de idioma. En la escuela primaria tambíen recibió servicios de una especialista de «recurso» es decir aprendizaje. Ahora Matéo puede hablar bastante bien, pero él todavía «éco» frecuentemente algo que oyó, usa «uh» en la mayoría de las frases, e incluye pausas largas con desasosiegos faciales hasta que él consigue expresar su pensamiento.

La Socialización y El Comportamiento

Cuando tenía 2½ años y estaba en la compañía de otros niños, Matéo los evitaría y si ellos «invadían» su espacio, él se volvía agresivo. En el segundo grado escolar, sus pares se levantarían de la mesa cuando Matéo los unió para el almuerzo. El año pasado en grado 8, los colegas le robaron la ropa de gimnasio de Mateo y lo tiraron en el inódoro. Él era intimidado frequentemente y se le gastaron bromas. Su habilidad de defenderse de las bromas de otros estudiantes continúa siendo una preocupación. Un incidente atemorizante le causó ser mantenido fuera de la escuela por una semana por su propria seguridad. Excepto por tres niños del barrio, Matéo nunca ha sido invitado a una fiesta de cumpleaños, a reunirse para jugar o para dormir en casa de un amigo. Hasta hoy, él no tiene ningún contacto con amigos fuera de la escuela. Ni tiene un «amiguete» o «mejor amigo» aparte de su hermano menor que tiene 11 años.

Figura 3.2 *La Cronológica de Laura*

Para preparar esta línea cronológica, los padres de Laura buscaron por los registros de cada vez que ella había sido evaluada en la escuela o vista por un doctor. Resumieron toda la experimentación que se había hecho, todos los diagnosticos, y los hechos significativos y las recomendaciones de cada profesional. Arreglaron la información siguiendo una línea cronológica, del reporte más anterior hacia el presente. Se dieron cuenta de que nadie en toda la vida había mirado a la historia entera de Laura como ella progresó año tras año. La línea cronológica fue una manera de «pintar» eficazmente un cuadro entero y revelar un patrón claro.

El ejemplo posterior es una parte del documento completo. Los lectores notarán que los déficits fundamentales del autismo fueron identificados en Laura, pero cada parte fue vista de manera separada con una etiqueta separada. Los lectores también pueden ver que Laura tuvo un diagnóstico de TGD– No Especificado cuando tenía 10 años. Ese hecho fue realmente una lastima porque nadie explicó a los padres de Laura que TGD– No Especificado es un Desorden del Espectro de Autismo. Los padres no se enteraron de esto hasta que ella tuvo 13 años. Ella fue también diagnosticada a los 10 años con retraso cognoscitivo, (como el retraso mental suave) pero resulta que Laura tiene inteligencia dotada. Todas estas cosas se aclararon cuando los padres de Laura presentaron su información completa a un pediatra para el desarrollo experimentado en TEA quien podría tomar en cuenta toda la información del proceso diagnóstico.

4 de abril, 1998 la edad 10 años, 4 meses.
Evaluación por Dr. Norte
Identificado como «en riesgo»

Diagnostica:

1. Desorden Compulsivo-Obsesivo (OCD)
2. La función intelectual retrasada (presuntamente)
3. El Desorden Expresivo-Receptivo de Idioma
4. TGD –No especificado

Hechos Significativos y Recomendaciones:

Juega de una manera perseverativa (repetitiva) y falta de la interacción recíproca sostenida.

La historia del desarrollo incluye retraso en el lenguaje y dificultades con habilidades motoras (el movimiento del cuerpo).

Laura a menudo no parece entender lo que le dicen las personas o no sabe seguir instrucciones.

Muchas veces tiene gran dificultad para expresar sus pensamientos, hablado o escrito.

Laura corre el riesgo de tener una discapacitad significativa social y académica.

Su plan integral de tratamiento debería incluir colocación en un trasfondo educativo flexible capaz de proveer las materias, el ambiente de un aula bien estructurada, el método de enseñanza y las terapias apropriadas para su diagnóstico y las necesidades académicas y emocionales específicas de Laura.

Figura 3.3 *Acerca de Alex*

Alex es un jovencito con autismo, diagnosticado hacia el final de la escuela primaria. La descripción escrita por su madre incluye muchas características de hiperlexia, que quiere decir que desde pequeñito Alex tuvo una fascinación y una habilidad con las letras del alfabeto y los números más allá de lo que se esperaba para su edad. Aquí hay una muestra de la información que la mamá de Alex trajo a la primera entrevista con un especialista. El médico le agradeció y le alabó por estar preparada con información tan completa que le ayudó a identificar su condición.

Alex de 3 á 4 años

- Aprendió sin ser instruido como usar un juego de la computadora para jugar un juego famoso del alfabeto de la televisión. Desarrolló un sistema para solucionar acertijos más rápidamente que los concursantes y otros adultos.
- Empezó el preescolar, todavía llevando pañales. Leyó un libro para toda la clase el primer día.
- Comenzó a aprender de memoria textos completos largos con inflexión, como la introducción a su programa favorito de televisión. Aprendió de memoria libros enteros de Ábrete Sésamo (Sesame Street) incluyendo todas las voces de los carácteres y todos los efectos de sonido.
- Aprendió de memoria diálogos enteros de películas en vídeo. A menudo repitió palabras de anuncios publicitarios y videocintas en la conversación.
- Las actividades favoritas fueron la televisión y los vídeos. Leyó los libros de un nivel al mínimo del segundo grado.
- No le interesaron las cosas de «la imaginación.» No inventó ni juegos ni cosas ficticias. No construyó fortelezas ni pretendió jugar a «la escuela» o a los «bomberos.»
- No relataba con otros niños en actividades en casa, en la escuela o en el jardín de infancia. Jugó al lado de los otros niños.
- Los únicos juguetes que le gustaron fueron los autos y los camiones.
- Adoró a los animales. Él me dijo que él tenía más interes en visitar a las casas de nuestros amigos para ver a los animales que a las personas que vivieron allí. Fue

muy emocional y cariñoso con los animales, más que con las personas (aparte de los padres).

- No dió la apariencia de estar curioso, o preguntar, «¿Por qué?» Raramente hizo preguntas de ningún tipo. Estaba muy molesto cuando otros niños hacían preguntas.
- Aprendió a usar el inódoro después de un discurso racional del tema, a eso de los 3½ años. Tuvo «accidentes» durante algunos meses más.

Alex de 4 á 5 años

- En el segundo año preescolar se sintió muy aburrido con la materia. No ponía esfuerzo en colorear las letras del alfabeto. La maestra se quejo de que él no coloreaba adentro de las líneas. Ella supo de su aptitud intelectual, pero me contó que él no estuvo listo para kindergarten.
- Le gustó mucho hacer la adición y la sustracción.
- No se sentaba para las actividades del «círculo;» necesitó ser señalado para sentarse y prestar la atención todos los días.
- No conectó emocionalmente con su hermana pequeña, que ahora tenía 1 año. Él no hizo daño a ella, pero «se enfrentaba cara a cara,» situación que todavía continúa hasta el presente.
- Él estaba encantado de saber que los amigos iban a visitar, pero cuando llegaron él no jugaba con ellos. Los niños con quienes nos reunimos por más de dos años no le buscaron.
- Pareció «autónomo,» feliz de actuar sin la ayuda de nadie; apenas exigió nada de otras personas.
- Estaba encantado de ir a fiestas; participó en el entretenimiento. Ni habló ni interactuó con otros niños. Sólo pidió la ayuda de los adultos para obtener algo que él necesitaba.

Los Profesionales Pueden Ayudar A Los Padres A Organizar La Información

Apreciando la comprensión irreemplazable de los padres y el conocimiento de su niño, los profesionales se dan cuenta de que el proceso de evaluación es mejorado cuando los padres comparten su conocimiento y sus experiencias de una forma organizada. Si el padre no desea escribir una historia, o no puede hacerlo, los profesionales pueden ayudar a los padres a proveer esta información de otro modo. El padre puede hablar en una grabadora mientras alguien hace preguntas o los profesionales pueden proveer listas de comprobación a los padres. Los profesionales pueden usar la información de los padres para suplementar la información ganada de experimentación formalizada, y de evaluar y observar a los adultos o a los niños.

El Papel del Maestro

Los padres querrán leer la siguiente sección para entender la perspectiva del maestro y reconocer que aliar con un maestro excelente puede ayudar mucho en el caso de un estudiante de cualquier edad.

Un Mensaje Para Los Maestros: Lo Que Usted Puede Hacer Cuando Se Notan Diferencias Significantes En Un Niño de Su Clase

Siendo maestro, usted es un experto en cuanto al desarrollo normal de los niños y cómo aprenden. Todos los días, usted es testigo de las variaciones enormes en las habilidades, la socialización, la comunicación y el comportamiento entre niños típicos en la clase. Con la experiencia, usted tiene una vista clara de la amplia variedad de lo que es «normal» o «típico» en una etapa o edad particular.

Algunas veces usted reconocerá a un niño que tiene «variaciones» que parecen más significativas. A veces las diferencias causan una reacción, causándole detenerse y pensar acerca de lo que usted ve. Otras diferencias en algunos niños causan interrupciones y problemas. A veces es fácil de determinar lo que son las diferencias y qué causas pueden tener. En otros casos, una diferencia puede ser más sutil y más difícil de describir, cuantificar y explicar.

Cuando un maestro tiene preocupaciones acerca de un niño, puede ser difícil saber qué hacer. Usted puede dudar de lo que ve y no saber qué las diferencias observables en un estudiante podrían indicar. Algunas veces el ambiente de la escuela puede no ser conducente a hablar con otros colegas acerca de un niño. Cuando usted tiene preocupaciones acerca de un estudiante, puede ser útil obtener información de los empleados de la escuela o del distrito sobre la política y los procedimientos necesarios para identificar a los estudiantes de los cuales se sospecha que tengan una necesidad especial. Usted podría hablar con un maestro con más experiencia, el psicólogo de la escuela, o el jefe de los empleados del distrito. (Si usted vive fuera de los Estados Unidos tendrá que enterarse de los procedimientos y leyes de su país para saber cómo responder efectivamente; sin embargo, muchas ideas de aquí pueden ser útiles.)

Coleccione Información Objetiva

Es útil recoger información que se puede compartir con otros empleados de la escuela y probablemente con los padres en algún punto. Es importante ser objetivo al relatar las diferencias que usted observa. Aquí hay algunas ideas para ayudarle a organizar las observaciones y los pensamientos:

1. Escriba (o hable en una grabadora para hacer una transcripción más tarde) una descripción del niño, empezando con características físicas y expandiéndose para incluir calidades más abstractas. ¿Cómo es semejante a los otros niños? ¿Qué le hace sobresalir como diferente? ¿Qué parece no entender o no saber que puede causar problemas o le puede apartar? ¿Qué parece realmente difícil para él? ¿Qué cosa acerca de él es inesperada o causa confusión?
2. Recuerde que estas notas deberían de ser marcadas y tratadas como «Confidencial.» Asegúrese de enterarse y seguir todas las reglas y leyes referentes a la confidencialidad del estudiante y de los padres. Pida ayuda a otra persona si es necesario.

3. Describa los comportamientos (repetitivos, inapropriados, estigmatizandos, peligrosos, problemáticos, o auto-dañinos) que usted vea y cualquier patrón que se note, como la hora del día cuando ocurre, el tamaño del grupo o número de personas, el sitio donde los problemas son más obvios, el ruido en el ambiente, la temperatura en el cuarto, etcétera.

4. Describa cualquier otra cosa que le es concerniente. Sea específico con ejemplos y detalles de lo que ocurre. Esto puede incluir las circunstancias, el resultado, y las reacciones de otros.

5. Describa y documente lo que usted ve usando palabras o términos neutrales. Evite sacar conclusiones. No asuma que usted sabe qué el comportamiento del niño significa o por qué ocurre. Evite caracterizar al niño como molesto, abstraído, inatento, que se aísla etc., En lugar de eso reporte lo que usted vió y oyó. (Se puede comparar el proceso de relatar objetivamente sus observaciones a lo que se habría registrado en una escena de una vídeocinta.) La descripción objetiva e imparcial ayudará a cualquier persona que lea su resumen a ser objetivo y a considerar todas las explicaciones posibles en vez de sacar conclusiones precipitadamente.

6. Registre sus observaciones tras un período de tiempo. Use los siguientes encabezamientos:

   - La Comunicación
   - La Socialización
   - Las Habilidades de La Amistad
   - Las Interacciones Con Otros Estudiantes
   - El Comportamiento Repetitivo
   - El Discurso y El Lenguaje
   - Los Intereses

- La Flexibilidad (o los problemas con cambios y las transiciones)
- El Comportamiento Problemático (que causa un problema para el estudiante u otros)
- El Comportamiento Inusual (que le hace a usted «preguntarse»).
- La Sensibilidad A Los Elementos Del Ambiente (como las luces, los sonidos o la temperatura)
- Las Respuestas Inusuales (a las personas, a los objetos y a los acontecimientos)

Cuando usted ve una situación u observa una diferencia notable, ponga por escrito el incidente bajo uno de los encabezamientos listados. Cuando usted registra más información, unos patrones pueden hacerse evidentes, y puede quedar sorprendido por la frecuencia de algunos problemas. Siga observando y comentando acerca del niño por una semana o hasta que se sienta confiado con la documentación de las áreas de interés.

7. Usted observa a los niños diariamente y tiene un papel críticamente importante relacionado a «la información confidencial» en todos los ambientes de la escuela y la clase. A los maestros no se les permite diagnosticar discapacidades. Asegúrese de que usted sabe y sigue todos los procedimientos correctos para pedir asistencia de otros empleados o referir a un niño para la evaluación.

8. Lleve la información escrita al psicólogo de la escuela (u otros miembros apropiados de la administración). El personal auxiliar puede querer comentar sobre el niño y recabar más información. Pueden observar un patrón de un trastorno específico. Los empleados de la escuela recomendarán los pasos apropiados sobre cómo hablar con los padres, convocar un equipo de estudio de casos, o pedir permiso de los padres para hacer una evaluación integral.

Diecisiete Razones Por Las Que Usted Debe Hacer **Algo** En Vez De **Nada**

Siendo un maestro, usted tiene información vital para compartir sin suponer acerca de las causas subyacentes y sin sugerir un diagnóstico específico. A menudo usted es el mejor defensor de un niño. Usted puede sentirse renuente acerca de los problemas o comentar en un estudiante particular. Mientras puede sentirse arriesgado, aquí hay algunas razones por las que puede ser una buena idea empezar el dialógo en vez de callarse:

1. **Usted es un experto en el desarrollo de los niños por el entrenamiento y la experiencia directa.** Usted ha tenido aulas llenas de niños para «comparar» la gran variedad esperada en del desarrollo y en los comportamientos. Los padres, por otra parte, a menudo tienen la experiencia limitada, especialmente si el niño es su primer niño o hijo único. Pueden no notar algunas cosas, ni saber que un niño es significativamente desemejante a pares que tienen el desarollo más típico.

2. **Los padres pueden sentirse preocupados.** Los padres pueden estar observando cosas que les extrañan. Pueden describir sus preocupaciones a amigos, familiares o al pediatra que les aconsejan que «Todo está bien» o «Los chicos siempre están menos maduros» o, «Su padre no habló hasta tarde.» Las madres pueden ser acusadas de ser excesivamente preocupadas y nerviosas acerca de sus niños. Algunas veces un padre puede ver y admitir que hay una diferencia significativa en un niño pero otro padre puede no ver eso o no estar aún en condición de admitirlo.

   Los amigos, los familiares, los «expertos» y los médicos pueden decir a los padres, «Si hubiese algo «malo» el maestro vería señales. ¿Ha dicho el maestro que puede haber un problema? Si el maestro no ha dicho nada, no se preocupe.» Su silencio puede ser un obstáculo más para identificar los problemas y encontrar lo que el niño realmente necesita.

3. **Las diferencias pueden ser cualitativas.** Un niño puede parecer estar desempeñándose como sus pares a primera vista, excepto la calidad de la interacción o el comportamiento puede ser diferente, inapropriado o inadecuado cuando es observado o analizado más cuidadosamente. Los maestros pueden dar ejemplos específicos de las diferencias cualitativas que son camufladas cuando medidas típicas son aplicadas. Es a menudo un maestro él que «puede ver» estas sutilezas.

   Por ejemplo, para medir, «se comporta bien con otras personas,» la respuesta puede ser «sí» si no hay ninguna queja de los otros estudiantes y el trabajo en grupo está terminado. Sin embargo su observación «cercana» durante una un trabajo o juego de grupo puede revelar diferencias cualitativas. El niño puede interactuar con menos flexibilidad, puede insistir de lo que hagan los otros, puede usar el discurso o el comportamiento repetitivo, puede comprender lo que es dicho fuera de contexto, puede no entender la perspectiva de los otros niños, o tener dificultades en hacer planes y llevarlos a cabo.

4. **Usted observa la interacción entre pares constantemente.** Algunos niños interactúan mejor con adultos que tienden mediar o mantener la interacción. En muchos casos, la naturaleza de las dificultades de los niños es más aparente con colegas de la misma edad. ¿Está aislado el estudiante? ¿Sabe cómo entrar en un grupo o actividad? ¿Suena como los otros niños y habla acerca de los mismos temas? ¿Es que parece su interacción muy unilateral o «inmadura?» Usted puede notar si el niño está excluido en la clase, en el almuerzo y en el patio de recreo.

5. **Usted puede enterarse de la reacción de los otros estudiantes con este niño (o niña).** ¿Es el niño el último en ser escogido como miembro de un grupo o un equipo? Si él es invitado temprano ¿Es porque él es muy querido? o ¿Porque él sabe algo que da al grupo una ventaja? ¿Es que los otros niños piensan que él es «raro» o se rien de él, en particular cuando piensan que no son observados por el

maestro? ¿Es que los colegas espontáneamente le invitan al niño a almorzar y jugar? ¿Hacen comentarios los compañeros de clase en cuanto a «los mismos temas» de conversación del niño?

Los niños en las grados primarios tienden a aceptar más a otros, especialmente en las aulas cuando los maestros modelan este comportamiento. Cuando los estudiantes son mayores, pueden ser más selectivos acerca de amigos, menos tolerante con los de «fuera de su círculo» y menos tolerante con personas que parecen «diferentes.» Mientras los estudiantes menores podrían invitar a toda la clase a sus fiestas de cumpleaños, los estudiantes mayores, sin ser guiados por los adultos, no lo hacen. Algunos niños son nunca o raramente invitados a participar en actividades extraescolares. Los padres notarán y se preocuparán del aislamiento que su niño experimenta. A veces expresan eso al maestro, y otras veces, no. Una pregunta bien intencionada de un maestro puede dar pie a la conversación si los padres se preocupan.

6. **Algunas «diferencias» pueden ser más obvias en la escuela que en casa.** El hogar es un sitio mediado por adultos donde las diferencias individuales son a menudo gradualmente acomodadas en la rutina familiar. Pasando los años, los padres nisiquiera se dan cuenta del número y los tipos de modificaciones que hacen, para apoyar al niño.

   La escuela está más estructurada y orientado en grupos. Hay que adaptarse a más reglas y expectativas para ser considerado «típico.» Es más obvio en la escuela si un estudiante tiene las habilidades para «la adaptación.» El aula y los trasfondos escolares exigen demandas de los estudiantes y pueden revelar dificultades en la organización, el comportamiento, la comunicación y la socialización que no se ven en casa ni en otro sitio.

7. **Usted puede ser la única persona que puede iniciar los pasos requeridos para ayudarle al niño a acceder a los servicios necesitados.** Si no lo hace Usted ¿Quién lo hará? ¿Quién está en la posición de comentar y compartir objetivamente las dificultades que el estudiante está experimentando? Algunos diagnósticos permitirán al niño tener accesso a la educación especial y otros servicios. Con el diagnóstico apropriado, la vida familiar puede mejorar y otros miembros familiares pueden ser capaces de acceder a los servicios que necesitan. Las intervenciones diseñadas específicamente para las necesidades especiales pueden cerrar la abertura entre lo que el niño sabe y lo que él o ella necesita aprender. Con el paso del tiempo, la abertura puede volverse más ancha y más dura de cerrar.

En el caso de los TEA en particular, una evaluación y la comprensión completa del niño es necesario para diseñar y entregar un programa sistemático integral. El alternativo, «adaptando» a las diferencias identificadas, no es suficiente para apoyar al estudiante y no le permite que él se aproveche de la educación y llegar a ser un miembro contribuyente de la sociedad.

Por primera vez los adultos con TEA estan contándonos por obras escritas y en conferencias sobre sus experiencias educativas. Muchos han sufrido el fracaso total social en la escuela que resultó en sentirse aislados y deprimidos en la vida adulta. Otros mencionan «el momento» importante cuando un profesional compasivo identificó una diferencia y se iniciaron los pasos para ayudar al niño a obtener los soportes y los servicios que él necesitó. Los maestros que ayudaron son recordados como mentores, líderes y héroes que transformaron la vida del niño y de la familia.

Un diagnóstico formal también puede permitir al niño el acceso a los servicios de los proveedores extraescolares, como compañías de seguros médicos y proveedores locales de los servicos para personas con discapacidades. Un diagnóstico formal puede permitir al niño participar en estudios o los protócolos de tratamiento que pueden ser positivos. Un diagnóstico formal puede permitir al niño y a la familia acceder a los servicios de salud mental que pueden ser tan importantes para el bienestar de la familia del niño tal como los soportes académicos y de adaptación. Ofrecer sus observaciones objetivas puede ser el primer paso en dicho proceso para obtener un diagnóstico.

8. **Su información puede ser «el punto de partida.»** Hay una balanza delicada entre lo que usted podría querer decir y lo que los padres están listos para oír. Algunos padres pueden ser muy sensibles o pueden sentirse vulnerables cuando el maestro o la escuela sugiere que pueda haber un problema. Si los padres están listos o no están listos para afrontar una necesidad especial sospechada, el maestro y los empleados de la escuela necesitarán presentar la información en una manera clara y objetiva.

   Algunos padres se verán aliviados al validar sus sospechas. Quedarán agradecidos al tener información específica y concreta provista por la escuela para ayudar a los proveedores médicos o de la salud a tener una comprensión más completa de la naturaleza de las dificultades del niño en ambientes diferentes. Algunos padres se sentirán con energia para comenzar a dedicarse al esfuerzo en beneficio de su hijo o su hija cuando tienen la información y dirección necesarias.

   Algunos padres se pueden resistir, o pueden necesitar más tiempo para comprender la información, buscar el consejo, y llegar a una conclusión que puedan aceptar. No hay razón para tardar en compartir la información puesto que los padres pueden necesitar meses o años para estar listos para actuar sobre la información recibida.

   Algunos padres pueden reaccionar con cólera o acusación. Usted necesitará recordar que estos padres quieren mucho a su niño y la información puede ser devastadora para ellos si no habían observado diferencias en el desarrollo de su niño. Las emociones fuertes, el miedo, la confusión y la tristeza son frequentamente una reacción a la sacudida de los padres. Las respuestas emocionales son una parte natural del proceso de aprendizaje y estar listo para actuar. Usted puede querer proteger a los padres de estas emociones, y evitar una experiencia tan difícil. Para ser justo con el niño, no debe. Sin embargo, puede responder con afecto, objetividad, soporte, bondad y empatía, reconociendo que usted se sentiriá igual si fuera su niño el que tuviera una discapacidad o necesidades especiales.

9. **Los niños aprenden mejor en los primeros años de la vida.** La plasticidad de la mente joven nos enseña que es importante empezar las intervenciones tan pronto como sea posible, para obtener el mejor resultado posible. Basado en cómo funciona el cerebro no hay razón para esperar a ver lo que pasará sin hacer nada. Se pueden notar las diferencias y los problemas causados por las características del espectro de autismo en niños de menos de tres años.

10. **El niño y la familia pueden ir encaminados a una crisis.** Siga los procedimientos de su distrito para revisar el archivo acumulativo o el archivo psicológico de este niño. ¿Hubo equipos de estudio, conferencias o reuniones acerca de los problemas varias veces? ¿Hay un patrón de dificultades sin ninguna solucion duradera? Si hay una historia de dificultades y usted actualmente ve problemas, consulte con el personal antes de que ocurra una crisis verdadera o el incidente serio.

11. **Si se identifica a un niño con necesidades especiales, la información puede conducir al acceso a los servicios que ayudan y mantienen al niño.** Este plan puede también incluir soportes para usted y los otros niños en la clase. Se diagnostican a más estudiantes están con TEA ahora que nunca, y más estudiantes con TEA son incluidos en aulas de la educación general. Usted probablemente tendrá un niño con TEA en su clase ahora o dentro de pocos años.

Los maestros de educación general no suelen tener entrenamiento específico acerca del autismo y los trastornos relacionados. Mientras usted tendrá un montón de talento, educación y flexibilidad, a menudo eso no basta para enfrentarse a las necesidades complejas de un niño con TEA en su clase. Cuando un estudiante tiene un diagnóstico y un plan educativo, el plan puede incluir información y entrenamiento para usted y el tiempo para consultar con los especialistas que trabajan con el niño. Ser parte del equipo de los empleados de la escuela y del distrito le puede ayudar a sentirse menos «aislado» y mejor apoyado para cumplir con su trabajo.

Cuando un niño es identificado con tener una necesidad especial de aprendizaje o una discapacidad específica, otros estudiantes en el aula tendrán acceso a más de su tiempo si los soportes especializados son provistos en el aula o si los servicios especiales son dados al estudiante específico fuera de su aula. Usted tendrá más tiempo para dedicar a las necesidades de los otros niños.

El personal de la educación especial y otro personal auxiliar pueden ayudar a los estudiantes «típicos» de clase (los que no tienen una discapacidad) a obtener una mejor comprensión de su compañero especial de clase y aprender cómo acceder a los soportes para ellos mismos si los necesitan. Los estudiantes típicos también podrán usar lo que aprenden en la infancia acerca de sus pares con necesidades especiales en la vida adulta. (Lea acerca de cómo explicar o hablar con los niños típicos sobre TEA en el Capítulo 9.)

12 **Los distritos de la escuela o las agencias locales de la educación tienen una obligación bajo la ley educativa de «IDEA» que se llama «Child-Find» es decir, «Descubrimiento de Niño.»** Esto significa que las agencias educativas tienen una obligación afirmativa de identificar, localizar y evaluar a esos estudiantes que puedan necesitar la educación especial.[10] Algunos padres que sospechan que su niño tenga

una discapacidad pueden llevar al niño a la agencia educativa. Pero la agencia tiene la **«responsabilidad dual»** de llevar a un niño con una discapacidad actual o sospechado a la atención de sus padres. La obligación bajo la ley de IDEA incluye identificar las necesidades especiales de estudiantes desde el nacimiento hasta la edad de 21 años 11 meses.[11] La manera de cumplir con la obligación puede variar de estado a estado.

La obligación de «Descubrimiento de Niño» exige que las agencias educativas sean responsables de identificar cualquier necesidad especial que pueda interferir con la habilidad de un estudiante en acceder a su enseñanza pública, gratis y apropiada. Los maestros pueden cumplir con esta obligación trayendo información a la atención de empleados de la escuela o el distrito cuando el desarrollo o los logros académicos parecen estar fuera de la norma.

Algunos maestros pueden preocuparse de encontrar resistencia en la búsqueda activa para identificar a los estudiantes con discapacidades actuales o sospechadas porque costaría mucho al distrito. Sin embargo, puede haber un gran costo en el hecho de no cumplir con dicha obligación. Primero está el costo humano, el tiempo perdido cuando un niño no es identificado correctamente y por eso no tiene los servicios y soportes apropiados para aprovecharse de la educación. Estar no identificado y poco servido puede causar al niño y a la familia experimentar problemas sociales, emocionales o de comportamiento adicionales.

Puede haber un costo financiero que recaerá sobre distritos o agencias encontradas de haber fallado en la obligación de «Descubrimiento de Niño.» En algunos casos llevados al procesamiento legal, los oficiales pueden encontrar responsible al distrito por no identificar a un estudiante con una discapacidad, y pueden otorgar los servicios compensatorios para el niño. El distrito o la agencia también pueden ser obligados a pagar una recompensa a los padres por los gastos que ellos han pagado por las terapias y los servicios que el distrito debería haber provisto. Puesto que también habrá costos legales para resolver los conflictos, está en el mejor interés de los niños, las familias y las agencias educativas cumplir con la ley.

13. **Los estudiantes en el espectro de autismo no mejorarán automáticamente simplemente por la experiencia y la imitación.** Sin embargo mejorarán por aprovecharse de los servicios especializados individualizados que son previstos tras los años. Su atención a las necesidades puede ser el primer paso en conseguir los servicios especificos que el niño con TEA necesita para mejorar.

14. **Es más efectivo proveer la educación temprana intensiva que puede resultar en un «adulto productivo» que pasar al niño adelante cada año de su vida educativa.** Es más probable que los adultos con necesidades especiales se conviertan en miembros contribuyentes e independientes de la sociedad cuando sus necesidades quedan reconocidos lo antes posible durante sus años educativos.

15. **No hay ningún derecho guarantizado a los servicios de apoyo después de que un joven salga su educación apropiada pública.** Los estudiantes pueden seguir la educación, pero no hay guarantía para los servicios después de cumplir 21/22 años. Si el estudiante de quien usted se preocupa no aprende a convertirse en un miembro contribuyente de la sociedad durante su experiencia educativa, él puede que nunca obtenga el derecho a la oportunidad y los soportes necesarios para hacerlo.

16. **La única manera en la que los distritos escolares pueden tener los empleados suficientes de la educación especial y de los servicos de apoyo es demostrando la necesidad auténtica.** Usted puede notar que los empleados de la educación especial y otro personal auxiliar en su

escuela tienen muchos estudiantes y ya ¡no tienen tiempo para las necesidades de ni un niño más! Sin embargo, usted no hace un favor a sus colegas cuando no refiere a un niño para los servicios discrecionales. De hecho, sus colegas puedan permanecer en una situación en la cual siempre habrá más niños que posiblemente pueden ser servidos adecuadamente. La única forma que los administradores de la escuela pueden justificar la creación de posiciones nuevas de la educación especial y los proveedores de soportes en las escuelas es mostrar que los empleados actuales no pueden cumplir con las necesidades de todos los niños identificados.

Cuando muchos estudiantes con necesidades especiales comenzaron a ser incluidos en las aulas de la educación general en los 1990s, los administradores supusieron que requerirían menos tiempo, dinero y empleados que las previas clases «autónomas.» ¡Estaban equivocados! Requerían más empleados especializados para ayudar a los maestros y a los estudiantes con necesidades especiales en las aulas inclusivas. Los patrones educativos de dotación de personal aún no han cambiado suficientemente para reflejar las necesidades actuales. Cuando usted identifica a los niños en su aula que pueden necesitar los soportes especializados, usted asiste en la evolución del sistema de dotación de personal que puede responder a las necesidades de todos los niños.

17. **Nunca es demasiado tarde para enterarse de cómo usted y otros pueden empezar a ayudar.** Hemos hablado con muchas personas que no supieron que tuviesen un desorden del espectro de autismo hasta la escuela secundaria. Aunque esto fue muy tarde, fue todavía de ayuda descubrirlo y empezar a recibir los servicios intensivos tan rápido como fuera posible para ayudar al individuo a prepararse para la vida «real» cuando los servicios educativos quedan terminados.

¿Cuáles Son Los Riesgos Para Los Maestros De Hacer **Algo** En Vez De **Nada**?

Desde luego, «hacer algo» puede tener sus riesgos. Usted puede obtener una reacción negativa de «pisar en los pies.» Algunas escuelas les presionan a los maestros para que no digan nada por una variedad de razones. Tanto los empleados como los padres pueden estar enojados por la sugerencia que algo «no está bien.»

Pero también hacer nada puede tener su riesgo, también, porque las necesidades de un niño pueden continuar siendo desconocidas, ignoradas, o malentendidas. Puede ser importante ponderar el riesgo de qué podría ocurrir si usted habla del problema comparando con los efectos de la decisión de callarse.

Si usted tiene miedo de que será resistido en sus esfuerzos de ayudar a un niño, puede pedir ayuda de un empleado calificado para saber cómo iniciar el proceso. Usted también puede pedir consejo a otro maestro que ha estado en la misma situación. O, cuando los padres le expresan sus preocupaciones a usted, puede aconsejarles que siguen adelante buscando una opinión profesional fuera de la escuela.

RESUMEN CAPÍTULO 3

- Para empezar el proceso diagnóstico de TEA, escoje proveedores médicos y/o en el campo educativo que tengan experiencia con personas con TEA.
- No hay ninguna prueba médica para TEA; el diagnóstico se basa en la opinión profesional, la observación, pruebas psicoeducacionales, y la información provista por gente que conoce bien a la persona, durante años, en varios ambientes.
- Los esfuerzos de un equipo interdisciplinario pueden ser efectivos para obtener un diagnóstico ya sea en una clínica, una agencia gubernamental, o en un distrito escolar.
- La ley federal (de los Estados Unidos) promulga y guía la evaluación, elegibilidad y la educación de estudiantes con discapacidades de 3-21 años. La ley que se llama «La IDEA» ha sido revisada y reautorizada por el Congreso al final de 2004.
- Los padres siempre son parte del equipo de evaluación. Los padres pueden querer encontrar alguna dirección en el proceso de evaluación de otros padres experimentados o de un grupo del soporte /abogacía.
- No es nunca demasiado tarde para buscar un diagnóstico. Puede ser útil para buscar un diagnóstico para un adulto de cualquier edad.
- El proceso de evaluación puede estar desestabilizado o aún puede ser un tiempo de crisis para la persona evaluada y su familia, especialmente si la familia ha experimentado problemas serios o si se encuentra desesperada por recibir la ayuda.
- Los maestros y los empleados también pueden sentir presión y encontrar dificultades en el proceso de evaluación. El esfuerzo cooperativo entre padres y profesionales es lo óptimo.
- Los padres pueden proveer información crucial acerca del desarrollo de una persona, las características y las dificultades durante mucho tiempo. Preparar y proveer un resumen escrito del desarrollo y la salud del niño con foco en la comunicación, la socialización, el comportamiento y los asuntos sensoriales de cada edad puede ser la clave para un diagnóstico y una evaluación precisos.

- Los padres necesitan saber qué esperar del proceso diagnóstico. Los padres preparados pueden hacer una diferencia enorme en ayudar a los profesionales en recabar la información esencial.
- Los médicos y los supervisores de la educación especial deben estar seguros de dirigirse sistemáticamente a cada preocupación de los padres en las evaluaciones.
- Al comenzar el proceso de evaluación, es importante tanto para los padres como para los profesionales describir claramente las características que son observables en el niño o en el adulto, en vez de empezar por sugerir un diagnóstico y despues describir las características que se acomodan a ese diagnóstico.
- Los adultos en el proceso diagnóstico necesitarán recabar información acerca de su infancia y el desarrollo, y también describir la calidad de dificultades que están experimentando en el trabajo, las relaciones y la vida diaria.
- Los maestros tienen un papel muy importante en la identificación de los niños que puedan tener TEA. Mientras puede parecer incómodo hablar del asunto los maestros pueden tener una comprensión completa de las sutilezas del niño y su funcionamiento, y pueden ser los mejores defensores de un niño.
- Organizar toda la información acerca de las visitas de médicos, doctores, psicólogos, y psiquiatras, los resultados de las pruebas y la información de contactos puede ser útil. Abundarán los papeles en poco tiempo.

LAS FUENTES Y RECURSOS

COPAA, The Council of Parent Advocates and Attorneys. «Child Find Requirements under IDEA.» Consejo de Padres Defensores y Abogados («Los Requisitos de «Descubrimiento de Niños» Debajo de la Ley de IDEA»). http://www.copaa.net/

El Departamento de Educación del Estado de California. *Recommendations of the Collaborative Task Force on Autism Spectrum Disorders: Best Practices for Designing and Delivering Effective Programs for Individuals with Autism Spectrum Disorders. (Las Recomendaciones Del Equipo Colaborativo De Los Trastornos Del Espectro De Autismo: Las Prácticas Óptimas De Diseñar y Entregar Los Programas Efectivas A Los Individuos Con Los Desórdenes Del Espectro De Autismo.)* Derecho De Autor 1997, El Departamento de Education de California, Apartado 271, Sacramento, CA 95814

Freeman, B.J. Ph.D. «Diagnosis of Autism: Questions Parents Ask» («El Diagnóstico de Autismo: Preguntas Que Tienen Los Padres»). UCLA Escuela de Medicina, 1993.

IDEA Law, Subpart B 300.125, Regulations from the Federal Register, «Child Find.» (Regulaciones de «Descubrimiento de Niños») Un sitio donde se puede leer el texto de parte B de la ley IDEA (en inglés) es: http://www.ideapractices.org/law/regulations/searchregs/300subpartB/Bsec300.125.php

Rasking, M.H., Goldberg, R.J.; Higgens, E.L. & Armando, K.L. (2003). «La vida éxitosa para niños con discapacidades educativas: Un guía para padres.» Pasadena, Frostig Center. disponible en línea en inglés http://www.frostig.org/LDsuccess. El Frostig Center es una institución que se especializa en trabajar con niños que tienen discapacidades de aprendizaje, y el estudio, el diagnóstico, y el tratamiento de incapacidades educativas. 971 North Altadena Drive Pasadena California 91107 www.frostig.org

CAPÍTULO 4

«Nos juzgamos nosotros mismos por lo que sentimos capaz de hacer. Los otros nos juzgan por lo que hemos hecho.»
Henry Wadsworth Longfellow

El PROCESO DE LA EVALUACIÓN

Este capítulo tratará de:

- Los componentes de una evaluación completa
- Las dificultades con individuos con TEA quienes son evaluados.
- Cómo prepararse para las evaluaciones.
- Estrategias prácticas para mejorar la evaluación.
- Cómo los padres y los profesionales pueden colaborar para mejorar evaluaciones.
- Qué preguntar acerca de las calificaciones de los proveedores de la evaluación.

Este capítulo examinará obstáculos al conducir evaluaciones de personas que puedan tener TEA. Compartimos nuestras ideas de cómo ayudar a los padres con el proceso de la evaluación y cómo hacer el proceso más tolerable por la persona siendo evaluada. Nosotros sugerimos algunas maneras en que los padres y los profesionales pueden trabajar juntos con la mejor intención y el resultado mejor. Varias estrategias prácticas son ofrecidas para mejorar el proceso para todos. Mucha de la materia de este pasaje describe el proceso de evaluación relacionado a niños y familias. También muchas de las mismas ideas de evaluaciones de niños pueden guíar a los padres de adultos y a los empleados que proveen los servicios para adultos o ayudar a un mismo adulto que se refiere para un diagnóstico.

La palabra «evaluación» puede estar descrita como el proceso de agregar información. El proceso de evaluación es crucial para identificar y determinar las necesidades de cada individuo único. Las evaluaciones completas miden y describen el nivel de habilidad y funcionamiento de una persona en muchas áreas. Las evaluaciones buenas también identifican las áreas de fuerza y habilidad que pueden ser utilizados aumentando habilidades en áreas de necesidad.

La información aprendida en las evaluaciones se puede usar con el propósito de determinar un diagnóstico. También se pueden hacer las evaluaciones cuando una persona ya tiene un diagnóstico. Los resultados de las evaluaciones son la base de diseñar un plan específico y escoger servicios, programas, intervenciones y las terapias apropriadas para las necesidades del individuo.

Otro propósito de las evaluaciones para «niños» de 3 á 21 años en la carrera escolar es «Derramar luz considerable en las fuerzas y las necesidades del estudiante, la naturaleza de la incapacidad suya y cómo afecta la actuación educativa, y las metas y los objetivos que deberían ser establecidos para el estudiante.» [12]

Las reconsideraciones tomen lugar después de un tiempo para medir la efectividad de servicios y el progreso del estudiante. Según los resultados, los servicios y los planes quedarán igual o se cambian. Véase a la Figura 4.1, el Cíclo de la Evaluación que demuestra cómo las funciones de la evaluación y la reconsideración son pasos en un proceso continuo.

Figura 4.1 *El Ciclo de Evaluación*

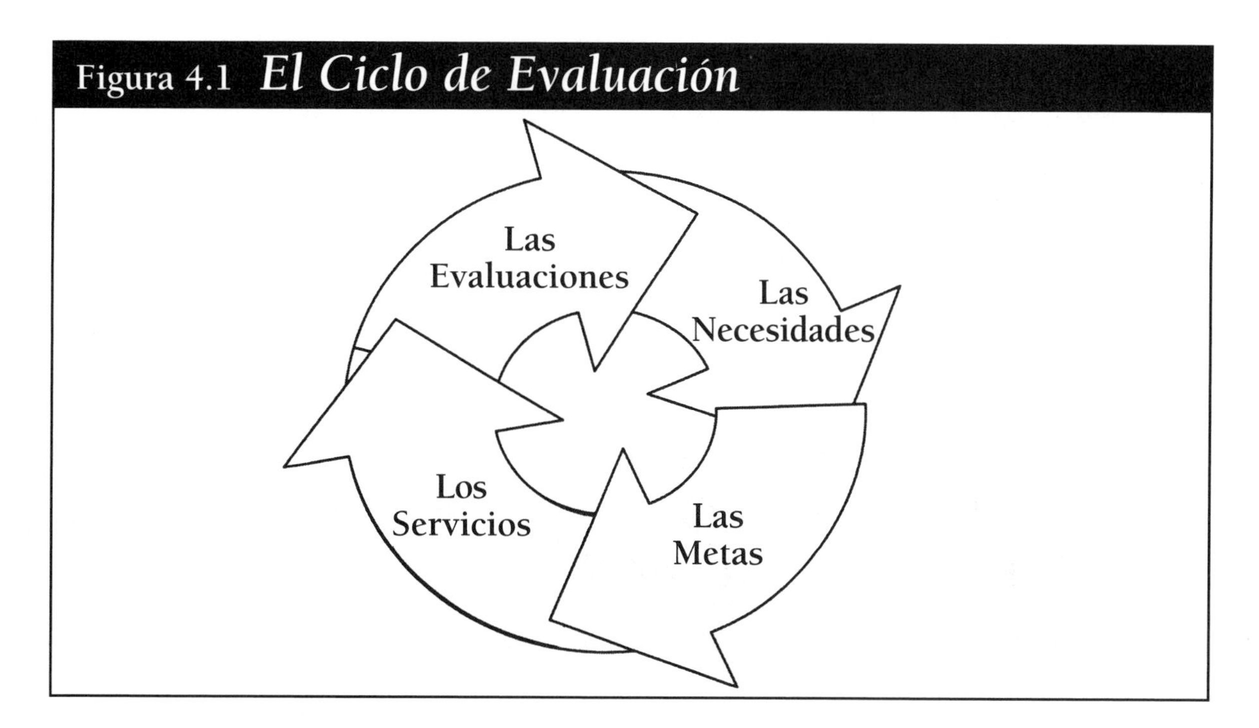

Los Componentes de una Evaluación Comprensiva

Una evaluación comprensiva para un niño o un adulto que tiene TEA, o cuando TEA es sospechado, usualmente incluye varias citas con varios profesionales durante el curso de días o semanas. La información acerca el desarrollo del niño, los problemas y las preocupaciones actuales, y las áreas de habilidad y necesidad será coleccionado por varios profesionales.

La Colección de Información y Evaluaciones Pueden Incluir:

- Información acerca de la historia de ambos padres y sus familias.
- Información sobre la historia y el desarrollo del individuo.
- La historia médica del individuo y de la familia.
- La revisión de evaluaciones previas.
- La revisión de los registros de la escuela.
- Entrevistas o cuestionarios del pasado y el presente.
- Las evaluaciones psicológicas incluyendo una evaluación de cómo aprende el individuo.

- Una evaluación del funcionamiento socio-emocional.
- Un examen físico y pruebas médicas.
- La historia y las habilidades académicas o educativas.
- Un análisis integral de discurso e idioma, o la comunicación social.
- Un análisis funcional de cualquier comportamiento seriamente problemático.
- Las habilidades ocupacionales, (es decir las que se necesitan para el trabajo, incluso el trabajo de ser un niño o un estudiante) incluyendo esfuerzo propio, y la planificación y organización de los movimientos (motóricos).
- La regulación sensorial y la integración sensorial.
- La evaluación de la habilidades físicas (incluso la fuerza de músculos).
- La audición comprensiva, incluyendo el procesamiento auditivo de lo que escucha.
- La visión incluyendo el procesamiento visual de lo que ve.
- Las habilidades de jugar y las actividades del ocio (horas libres).
- La evaluación de la educación física adaptiva.
- La evaluación vocacional o prevocacional que evalua las habilidades requistos para el trabajo (hecho usualmente con personas de 12 años de edad o mayor).
- La evaluación de habilidades basados en la comunidad (puede estar reportado por un informe del padre).
- La evaluación de la tecnología assistiva.

Quién Será Parte del Equipo Multidisciplinario/ interdisciplinario?

Varios especialistas pueden tomar parte en el proceso de evaluación y el diagnóstico. Pueden usar pruebas, entrevistas, observaciones, y otros métodos para entender las habilidades y las necesidades de un individuo. Idealmente, los especialistas actúan en una manera coordinada como un equipo. Los padres u otras personas significantes que cuidan al individuo son incluidos en todos los aspectos de la evaluación.

Una persona experta en un campo particular o disciplina evaluará un área particular de funcionamiento y habilidad. Eso es cierto ya sea una escuela, una agencia adulta de servicio u otro proveedor que hace las evaluaciones. Los participantes pueden incluir:

- Un trabajador social.
- Un patólogo de discurso y idioma.
- Un psicólogo.
- Un maestro de educación especial.
- Un maestro de educación general.
- Una enfermera de la escuela u otra persona de la salud o médica.
- Un médico, un pediatra, un psiquiatra, u otro doctor de medicina.
- Un dentista.
- Una terapista ocupacional (incluso con certificación o el entrenamiento en la evaluación de la integración or procesamiento sensorial.)
- Una terapista física.
- Un especialista de la conducta, preferible al menos del nivel de Master.

Los padres, los empleados proveedores o adultos buscando un diagnóstico se enfrentan con una cantidad enorme de información nueva durante el proceso de evaluación. Los padres o individuos a menudo no son familiares con muchos de las especialidades educativas o médicos, y no anticipan la cantidad de reportes, papeles e información intercambiados con cada especialista durante el proceso. Puede haber nuevos nombres, caras, citas, sitios, y aun un lenguage, terminos o jerga que pueden ser abrumador.

Puede ayudar a los padres, o cualquier persona que quiere organizar toda la informacion, tener un cuaderno de apuntes dónde escribir información. Puede apuntar las fechas y los hechos de contacto, como notas de llamadas teléfoncias, de reuniones, o de conversaciones persona a persona.

La mayoría de los profesionales ofrecerán una tarjeta de negocio durante una cita de evaluación; pida una si no es ofrecida. Haga una notación al dorso para ayudarle recordar algo acerca de esa persona, como «la oficina con los columpios,» o «la señora que jugó cartas con Jaime.» Otra forma de organizar es usar cinta para poner la tarjeta de presentación en una ficha de 3x5" y escribir notas acerca de la persona en la ficha. Pueden guardar las fichas en un fichero o en un anillo.

Para las reuniones con varios profesionales, lleve algunas fichas de 4 x 6″ con usted y un boligrafo grande. Pliegue cada tarjeta a lo largo y escriba el nombre de cada profesional y su título en una tarjeta. Coloque esta tarjeta con el nombre en la mesa enfrente de cada persona. Asi se permite a todos aprender y acordarse de quienes son los «jugadores» más fácilmente. Guarde las tarjetas después de la reunión y llévelas la próxima vez que se encuentre con esos profesionales. Sirve muy bien para los reuniones de IEP de la escuela.

Los Obstáculos en Hacer las Evaluaciones Para los Padres, los Profesionales, y los Individuos Que Tienen o Pueden Tener TEA

El proceso de evaluación para individuos que tienen o pueden tener TEA puede ser difícil o costoso por varias razones. Los efectos posibles de hacer la evaluación en niños y adultos está descrita abajo. Cualquier punto que sea pertinente a usted, a su niño, o a un individuo que usted evaluará debería de ser discutido. Otros retos que no son mencionados aquí pueden ser añadidos y discutidos.

Más tarde en este capítulo, ofrecemos sugerencias para tratar con muchos de estos retos para mejorar el proceso de evaluación para todos. Es importante notar que las sensibilidades y las dificultades para la persona siendo evaluada puede ser similar a los retos que las personas con TEA se enfrentan en la vida diaria. Estos retos tienen aun más importancia en una situación difícil. Otras situaciones sociales, como conocer a gente nueva, solicitar un trabajo, ir a un lugar nuevo por primera vez, participar en pruebas estandarizadas con límites de tiempo, mudarse de una casa a una casa nueva pueden evocar una reacciones llenas de tensión en cualquiera, pero en particular en personas con TEA. Aplicando las sugerencias contenidas en este capítulo en situaciones diversos puede ser de beneficio para individuos con TEA y otra gente que los apoyan.

La tensión nerviosa

El proceso de evaluación puede provocar la ansiedad en cualquier persona. Según el estado emocional actual, y el hecho de que las situaciones nuevas probablemente le cuestan mucho al niño o al adulto, él puede sentirse muy estresado al hacer la evaluación. La evaluación usualmente le causa una interrupción a la rutina, lo cual puede ser aun peor si el individuo no ha sido informado y no entiende, o no sabe qué esperar. Si no sabe ni puede imaginar lo que va a pasar, tal vez va a temerlo peor. Los comportamientos disruptivos u otros signos de la tensión nerviosa a menudo ocurren como consecuencia.

La confianza

Es importante reconocer el papel de la confianza y la familiaridad. El individuo con TEA puede estar incómodo o puede resistir al asesor porque él o ella aún ni conoce ni confía en la persona que lo va a evaluar. Algunas personas con características de TEA encuentran muy difícil de habituarse con personas «nuevas.» Un individuo de cualquier edad puede sentirse vulnerable y puede no confiarse de estar «seguro» con la persona haciendo la evaluación. La necesidad de la confianza por un individuo con TEA puede ser mayor que para la mayoría de la gente. En el proceso de evaluación, los niños y los adultos siendo evaluados pueden encontrar a más personas nuevas que en la vida diaria. Puede ser difícil de tener confianza a tantas personas nuevas a corto plazo.

La actitud defensiva

Algunos niños y adultos con TEA tienden a ser sensibles a la crítica, especialmente si consideran que no hay ningun problema. El proceso de la evaluación puede ser perturbante porque pueden percibir que son criticados, apartados, o que hay un enfoque incómodo en sus desperfectos. El individuo puede sentirse defensivo y enojado. Estos sentimientos negativos pueden causarle tener una aversión a la misma persona que hace la evaluación. Los sentimientos pueden durar mucho más tiempo que dura el proceso. Algunas veces la persona puede poder esconder la negatividad pero en otras ocasiones, no. Él puede tener gran dificultad manteniendose or regulandose durante el proceso de evaluación. Algunos individuos con TEA, quienes han estado repetidamente evaluados en el pasado, pueden sentir que siempre «fallan» estas pruebas, repetidamente lastimando a los padres y los queridos. Puede ser renuente de «fallar» otra vez.

La Variabilidad

Puede ser difícil de obligar a un individuo con TEA de demostrar una habilidad por demanda. Eso puede deberse a la variabilidad de aprendizaje o actuación en situaciones diferentes. Se puede describir la variabilidad como, «a veces sí, a veces, no.» Una habilidad puede ser demostrada espontáneamente, o en un ambiente informal, pero una persona puede no poder demostrarlo durante una sesión formal de evaluación simplemente porque alguien le pide.

Los Problemas con Generalizar

Las personas con TEA a menudo tienen dificultad transfiriendo lo que saben de un ambiente a otro. Es decir que una persona con TEA puede no usar ni demostrar lo que ha aprendido en un lugar o cirunstancia en otro sitio o tiempo. Esto significa que durante la evaluación un niño o un adulto no puede demostrar una habilidad que él realmente tiene. No es decir que no sabe, sino que no puede demostrar lo que sabe. Sin embargo, un padre u otro informante puede reportar si él sabe algo o si puede demostrar una habilidad igual o semejante en casa, en el trabajo o en otro ambiente. Se puede proveer una videocinta o una descripción de la persona usando habilidades específicas al evaluador.

La Atención

Puede ser difícil de ganar y sostener la atención del niño o el adulto para una evaluación. Puede haber varias razones que la persona no presta atención. Tal vez sólo le interesan temas particulares. Tal vez es por falta de auto-control que también se llama el funcionamiento ejecutivo, que quiere decir que la persona tiene problemas de organizarse mentalmente y enfocarse. Puede estar distraído por los sonidos, la luz u otros aspetos sensoriales del ambiente. En otros casos, el evaluador puede describir que el individuo se empeña a un aspecto o detalle particular del proceso y tiene dificultad de seguir adelante. (Algunos dirán que es obsesionado, pero prefirimos decir que tiene la atención fuertemente fija). A veces, en vez de comprender estos tipos de problemas, es reportado que la persona con TEA se negó a cooperar o se negó a participar.

Las Habilidades Sociales

Debido a las habilidades sociales subdesarrolladas, el individuo puede no saber cómo participar en los intercambios que son parte de interactuar con el evaluador. Puede parecer desinteresado, descortés o poco cooperativo durante la evaluación. Es importante no esperar el mismo tipo de intercambio social que se espera con personas que no tienen una discapacidad social. El evaluador también necesita saber y reconocer que el individuo realmente puede estar escuchando aun cuando no está mirando hacia el orador ni muestra la atención de una forma esperada.

El Enmascaramiento

Otro obstáculo no muy obvio de obtener una evaluación completa y precisa por algunos niños y adultos es el hecho de que muchos individuos con TEA funcionan a un nivel relativamente alto en muchas areas. Se describen ser «de alto funcionamiento» o «de gran desempeño.» Sin intención, sus habilidades pueden camuflar o esconder sus áreas de déficit. Se han vuelto exitosos usando varias adaptaciones e estrategias con el resultado de esconder sus necesidades verdaderas (los déficits). Por ejemplo, en leer, las habilidades fuertes de desciframiento a primera vista pueden camuflar la falta de comprensión. La memoria fuerte para las reglas sociales de cortesía puede esconder una falta de conocimiento en situaciones sociales naturales, o un déficit de poder responder en varios sitios. Hay que averiguar a un nivel más profundo si las habilidades fuertes se enmascaran a áreas que realmente son problemáticos para el individuo.

La Fuerza de Aprender por Rutina

La memoria fuerte y la habilidad en aprender hechos de memoria, puede esconder la falta de habilidades de pensar a un nivel más alto como el análisis, la abstracción, la comprensión y la generalización. Los asesores deben examinar la calidad de las respuestas y pueden necesitar hacer un análisis más profundo para descubrir las áreas de necesidades verdaderas del individuo. Además de las pruebas objetivas o estándares, un acercamiento sutil muy detallado y sistemático puede ser necesario.

Respuestas «prestadas» y seguras

Es importante estar consciente durante la evaluación que las respuestas y los comportamientos que parecen muy aceptables y apropiados puedan ser no originales. Pueden ser frases, respuestas o ácciones aprendidas de memoria del cine, los vídeos, la televisión o de situaciones de la vida. El asesor puede no saber que el individuo expresa la misma respuesta para contestar a preguntas diferentes; es decir que la respuesta será igual o semejante, ni importa la pregunta. Generalmente la respuesta predilecta tendrá que ver con el tema o interés favorito. De modo semejante, el individuo puede repetir acciones o diálogo de una película o una vídeocinta que puede ser pertinente a la conversación, y la persona haciendo la evaluación puede creer que éstos son pensamientos originales. En otros casos, el individuo da como respuesta un diálogo repetido que parece fuera de propósito y contexto.

El idioma

Los individuos que no pueden hablar o que no usan un tipo de idioma formal para comunicarse (el discurso, un sistema de dibujos/cuadros, o el sistema de lenguaje por señas), presentan retos particulares en la evaluación. Es lógico escoger los métodos de evaluación no verbales apropiados. Las observaciones objetivas informales en ambientes múltiples y entrevistas con personal y la familia pueden convertirse en un aspecto más importante de evaluación para los individuos no-verbales.

Las modificaciones pueden ser necesarios para individuos no verbales e igualmente para personas que tienen el idioma inusual o problemas del discurso como una falta de comprensión de modismos, comentarios sarcásticos, inferencia y el humor. Hace falta hacer modificaciones para las personas de quién el discurso no refleja exactamente lo que quieren decir (dicen una cosa, pero quieren decir otra). Todas las personas se comunican y casi todo el mundo tiene alguna manera de usar el lenguaje. Los profesionales y los padres no deberían aceptar evaluaciones de idioma y de comunicación con resultados que declaran que el individuo no puede comunicar o no tiene idioma.

Las Sensibilidades Sensoriales

Las sensibilidades para los estímulos del ambiente pueden estar intensificadas en una situación nueva o llena de tensión, como una evaluación. El niño o el adulto puede estar pasando apuros tolerando las luces, los sonidos, ser tocado, o tener que manipular material nuevo durante una evaluación. Los olores u otros estímulos en particular pueden ser perturbantes. La hora del día de la experimentación también puede influir los resultados. Si éstas situaciones ocurren, los asesores deberían de notar cualquier cosa inusual o el uso de modificaciones o métodos necesarios para ayudar que el individuo participe.

Problemas de Procesamiento Auditivo

Los déficits auditivos y el retraso de procesamiento auditivo pueden poner en una desventaja al niño o al adulto. El individuo puede que no responda bien o rápidamente a un examen oral o las instrucciones orales. Relacionado a las dificultades de seguir instrucciones, repetir rápidamente o hablar más de parte de la persona que da la prueba puede empeorar la situación. La fuerza de procesar en la modalidad visual puede ayudar al niño o el adulto ser más exitoso en las evaluaciones que usan los cuadros y las materiales escritas o visuales, como signos, los gestos y otros señales visuales. En las ocaciones cuando se puede, es util esperar, y/o dar tiempo adicional para procesar la información y formar las respuestas.

Los ambientes

Los individuos con TEA a menudo dan la apariencia de estar muy competentes, capaz de comprender y responder apropiadamente durante una evaluación. Una sesión individual tranquila, con un sólo evaluador suele ser la mejor situación posible por un niño o un adulto con TEA. Es importante darse cuenta que la sesión individual no puede proveer un «retrato verdadero» de cómo el individuo funciona en situaciones de la vida diaria. Observando al niño o el adulto en los ambientes menos estructurados, mediados por pares (en un restaurante, el patio de recreo, el gimnasio, el descanso, el trabajo de grupo pequeño, como miembro de un equipo, o en la clase) puede revelar áreas de necesidad que no se manifestarán en ambientes de uno a uno mediados por un adulto.

La observación de interacciones con otras personas, (o la falta de tal), y escuchar casualmente los comentarios en áreas de jugar, la clase de educación física, y/o un restaurante o una cafetería son componentes importantes de una evaluación completa. Añadir la interrupción, el ruido de fondo o interacción compleja de un grupo puede ayudar a identificar más áreas de necesidad.

No sugerimos que las intrusiones o las interrupciones se hagan tan intensamente que el individual siendo evaluado no puede funcionar o pase tensión nerviosa o problemas emocionales. Más bien, la presencia disruptiva de música o sonidos en el fondo, o un golpe planificado en la puerta puede darle al profesional una idea más clara de cómo el individuo funciona en un ambiente que no está perfectamente quieto y previsible. (Si los padres o los empleados han indicado que un sonido u otra cosa en particular es antipático al individuo y le causa tanta tensión nerviosa que el individuo «se cierre» o se pone incapaz de funcionar, sugerimos que los evaluadores no le agregen ese estímulo a la sesión.)

No Se Pudo Evaluar (CNT-Could Not Test)

Algunos individuos serán incapaces de participar en cualquier aspecto de las pruebas estándares. Para esos individuos, no debemos estar satisfechos con un resultado de «CNT» no se pudo probar. Los profesionales en el proceso de evaluación pueden colaborar con padres u otras personas que cuidan al individuo para idear planes de observar y descubrir información acerca del individuo y sus habilidades y estilo de aprender, recordar, comunicar, moverse, etc. El resultado de estos atentados de coleccionar información puede ser agregada a la información obtenida por la observación objetiva en ambientes múltiples.

Mejorando el Proceso de Evaluación

Individualizando para Mejorar el Proceso de Evaluación

Una vez que el padre (o el guardián legal) firma el permiso de hacer la evaluación, la mayoría de las veces, un procedimiento «estándar» es usado. Lógicamente, esto incluye hacer las evaluaciones en los tiempos y lugares acostumbrados, o en los lugares más convenientes para los evaluadores. Sin embargo, las formas y lugares estándares no pueden ser las mejores ópciones para el niño o el adulto. Los padres pueden ayudar a los profesionales obtener una evaluación mejor y más precisa por proveer información acerca del individuo y pedir que las evaluaciones sean medidas a las necesidades del individuo. Esto es especialmente importante si el individuo se siente ansioso acerca de cambios de rutina, nuevas situaciones, personas nuevas, etc.

Cada profesional que está trabajando con un niño, el adulto o la familia puede mejorar la experiencia para todo el mundo por describir lo que cada evaluación pretiende medir, cómo serán administradas las evaluaciones, y qué se debe esperar. Los padres se benefícian cuando los profesionales están dispuestos de explicar claramente los procedimientos y los términos en lenguaje que puede ser fácilmente entendido y recordado, antes de que la evaluación tome lugar. La información puede ser compartido previamente por persona, por teléfono, por escrito, o en audiocinta.

Una explicación también puede ser de beneficio para los profesionales antes de la cita de evaluación. Sirve que abre el diálogo con los padres acerca de las preocupaciones, estrategias y modificaciones. Los padres y los empleados que cuidan a otras personas pueden tener sugerencias valiosas acerca de como interactuar efectivamente con el individuo adulto o niño. La mayoría de profesionales son dispuestos a ser flexibles si tiene la probabilidad de resultar en una evaluación más precisa. Los padres y otros pueden sugerir cómo acomodar a la persona de maneras preferibles y explicar por qué ésas ideas ayudarían al niño o al adulto. La mayoría de los profesionales son muy receptivos a información importante de cómo evaluar mejor a una persona particular, porque les ayuda a hacer su trabajo mejor y ¡Eso es lo que ellos quieren hacer!

Los padres y los profesionales pueden intercambiar información de cómo una prueba es o no es administrada, lo que será presentado o requerido, y si es posible adaptar o modificar según la edad, el desarrollo, los intereses y las necesidades del individuo. Las modificaciones pueden incluir hacer la evaluación en un ambiente confortable, o conocido, compartir la evaluación total en sesiones de tiempo más corto, o escoger materias que interesan al individuo.

Un acomodamiento puede ser muy simple como permitir que la mamá (u otra persona de confianza) esté presente en el cuarto durante la prueba, o dejarle al niño pequeño sentarse en el regazo de la madre u otra persona. No cambia cualquier contenido de la prueba, pero ayuda al niño ser más capaz de participar. Otro acomodamiento es permitir al niño o el adulto responder de una manera no-verbal en vez de sólo oralmente, o tener otra manera de comunicar/señalar, como responder a «si» o «no.» Cualquier acomodamiento debería de ser notado en el informe escrito que explica los resultados de las pruebas.

Las circunstancias en las cuales se dan algunas pruebas no pueden ser modificadas de ninguna forma sin comprometer la validez de los resultados estándares. Los protócolos son especificados en los manuales que acompañan los exámenes. En estos casos, una opción es intentar la prueba sin modificaciones para ganar un resultado estándar. Alternativamente, algunas secciones de la prueba pueden ser escogidos a proveer resultados «informales» para los cuales no se dan ningun numero estándar. Si el equipo decide que la información aprendida acerca del niño o adulto por aumentar la participación es más importante que un numero estándar, puede ser aceptable o aun deseable usar modificaciones que afectan los tanteos estándares. Desde luego, cualquier cambio tiene que ser notado en el resumen de los resultados.

La figura 4-2, *La Collaboración Entre Padres y Profesionales para la Evaluación Óptima,* ilustra el valor de cómo la colaboración entre los profesionales y los padres beneficia a la persona siendo evaluada. En este diagrama de Venn, las contribuciones de padres y profesionales pueden mejorar la eficiencia y la exactitud de los resultados de evaluación. Eso ayuda a la persona siendo evaluado saber qué esperar y puede bajar la tensión nerviosa. Las modificaciones que son arregladas pueden ayudar al individuo sentirse más confortable y capaz de funcionar en su nivel verdadero de habilidad. Ayudándole al individuo a tolerar mejor la experiencia de evaluación ayuda en descubrir información acerca de todas las áreas de su funcionamiento.

Figura 4-2 *La Collaboración Entre Padres y Profesionales para una Evaluación Optima*

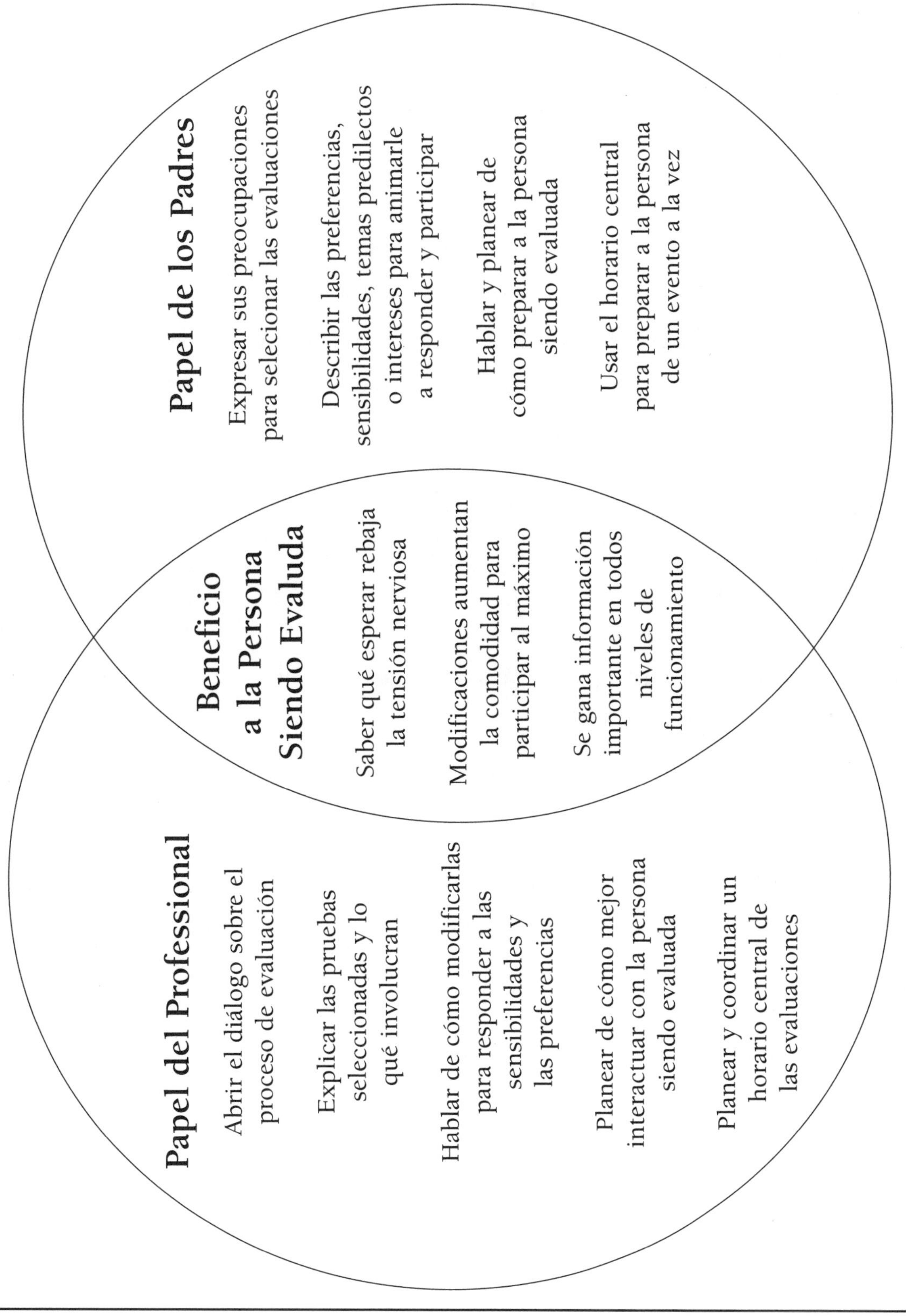

Papel del Professional

Abrir el diálogo sobre el proceso de evaluación

Explicar las pruebas seleccionadas y lo qué involucran

Hablar de cómo modificarlas para responder a las sensibilidades y las preferencias

Planear de cómo mejor interactuar con la persona siendo evaluada

Planear y coordinar un horario central de las evaluaciones

Beneficio a la Persona Siendo Evaluda

Saber qué esperar rebaja la tensión nerviosa

Modificaciones aumentan la comodidad para participar al máximo

Se gana información importante en todos niveles de funcionamiento

Papel de los Padres

Expresar sus preocupaciones para selecionar las evaluaciones

Describir las preferencias, sensibilidades, temas predilectos o intereses para animarle a responder y participar

Hablar y planear de cómo preparar a la persona siendo evaluada

Usar el horario central para preparar a la persona de un evento a la vez

Si ésta es una etapa «temprana» de colaborar e intervenir por un niño o adulto particular posiblemente la relación entre los profesionales y los padres aún no ha sido establecida. Es importante establecer comunicación y un buen entendimiento mutuo antes, durante y después del proceso de evaluación aun si parece difícil. Los padres pueden encontrar o los profesionales pueden sugerir ponerse en contacto con un defensor educativo, padres informados u otra persona que puede consejarles y guiarles.

Maestros de aula, especialistas y proveedores de servicios adultos pueden encontrar apoyo de un maestro «mentor» del departamento de educación especial de la escuela, del distrito, o de la oficina regional o estatal que provee la financiación por los servicios para personas con discapacidades del desarrollo. Acomodar y planear una evaluación bien organizada puede tardar el proceso de evaluación un poco. Puede involucrar más tiempo o trabajo, pero probablemente será más productiva.

Las sugerencias siguientes se basan de evaluaciones en las cuales hemos participado y en las experiencias reportadas por padres, los guardianes, maestros y otros profesionales durante años. Muchos de estas sugerencias tienen sentido común y son obvias. Otros pueden parecer nuevas y no han sido probado donde usted vive. Algunos profesionales pueden pensar que algunos de las adaptaciones especiales son inusuales o difíciles. Recuerde esto: La incidencia de autismo y desórdenes relatados aumentan a través del mundo. Cada adaptación que se hace en nombre de un individuo con características de TEA no se beneficiará sólo a ese individuo sino a todos los que sigan.

Los sistemas educativos y servicios para adultos tienen que empezar la tarea de adaptarse a este población. Los sistemas corrientes de servicios no han sido diseñados ni son conformes con las necesidades de personas con TEA pero muchas personas con TEA ya son servidos por estos sistemas. Más personas con TEA estarán servidos en en futuro que ahora. Cada vez cualquiera de nosotros presiona el sistema de individualizar en nombre de una persona con TEA, el camino está preparado para ese individuo, los empleados y las familias para obtener el beneficio de una evaluación completa, precisa, e integral. El valor de esto en las vidas de personas con TEA y los que los aman ¡No se puede medir!

Estrategias Prácticas Para Mejorar el Proceso de Evaluación

Resultando de la discusión anterior, los profesionales y los padres querrán reconocer y ocuparse de las necesidades específicas de la persona. Para aumentar la exactitud, la eficiencia, la cooperación, y la comodidad, se pueden usar las ideas prácticas descritas abajo como apropiadas a la situación. Muchas de estas sugerencias involucran a los padres o al personal que provee servicios, quiénes conocen bien a la persona y pueden compartir información con los profesionales. Los profesionales también pueden considerar las estrategias y sugerir las que deben ser usadas. Los profesionales también pueden pedir información específica de los padres o del personal como está descrito, si no les es ofrecido.

1. No comenta acerca del individuo o su historia en su presencia ni consienta a que otros lo hagan, aun si la persona no parece entender o prestar atención.

2. Planee una cita separada antes de una evaluación para revisar documentos e información histórica con el diagnosta. Puede ser el procedimiento estándar, pero si no es sugerido esté seguro de pedirlo. Sería ideal si todos los miembros del equipo que evaluarán al individuo puedan estar presentes a la vez en esta reunión para familiarizarse con la historia completa del niño y la historia familiar. Otra opción es grabar la entrevista en audiocinta o vídeocinta a fin de que otros del equipo diagnóstico pueda tener acceso a la información. Recuerde que lo que se graba en cinta es parte del registro confidencial del individuo.

3. Aseguérese que una copia de la historia detallada del adulto, del niño o de usted mismo sea incluido y tomado en cuenta como parte de la Evaluación. (Vea a Capitulo 3 para preparla). Cada miembro del equipo de evaluación necesita recibir una copia. Márquela «Confidencial.»

4. Entérese de quién será el jefe del equipo de evaluación, y coordine esfuerzos a través de esa persona. Puede ser un psicólogo de la escuela, un trabajador social, un maestro de la educación especial, etc.

5. Pida una lista escrita de las evaluaciones que van a dar, y los nombres y los títulos de las personas que las darán. Pide al jefe del equipo que se comunique con todos los miembros del equipo sobre la información importante y las acomodaciones sugeridas que se pueden usar. Trabaje con el líder para programar las evaluaciones e informar a todo el mundo el plan y el horario para hacerlas.

6. Pida a cada persona que hace una evaluación que incluya recomendaciones específicas basadas en los resultados que encuentran. Pida que cada área de déficit o necesidad que está definida sea pareada con una sugerencia para un soporte o un servicio. Pídales que incluyan las sugerencias por escrito en sus informes. (Mientras las personas que hacen las evaluaciones en su area de especialización pueden tener opiniones referentes a las terapias apropiadas o útiles, etc., a veces estas opiniones no son incluidas en los informes a menos que se haya pedido). También pregúnte a cada asesor que reporte cualquier información acerca de las fuerzas educativas o el estilo de aprendizaje identificado durante el proceso.

7. Planifique los mejores tiempos para hacer evaluaciones. Depende de la persona que va a ser evaluada, algunas horas son preferibles, mientras que otros tiempos deberían de ser evitados. Informe al jefe del equipo si la persona es más tranquila, más cooperativa, o si le falta energia en algun momento del día. Deje saber a las personas que hacen las evaluaciones si sería mejor o peor observar al individuo o medir durante de una actividad o clase particular. Infórmeles de cualquier clase o actividad que no debería ser interrumpida.

8. Pregunte si un padre o una persona que cuida a la persona puede o debe estar presente durante las evaluaciones como un observador

silencioso, si esto seriá reconfortante o calmante para la persona. Como alternativa, pida que los padres u otra persona esté cerca durante las evaluaciones en caso de que los miembros del equipo tengan preguntas o el individuo necesite ayuda.

9. Los individuos con habilidades de comunicación muy limitadas o poco convencionales no deberían quedarse solos con alguien que no sabe interpretar sus mensajes. Una persona que se comunica y se lleva bien con el individuo puede estar presente o muy cerca para prestar servicio de «interprete» según se necesita.

10. Si se necesita, pida a las personas que están haciendo o programando las evaluaciones de planificar varias sesiones más cortas para completar las evaluaciones. Tener descansos adicionales puede permitir a un individuo participar mejor durante más tiempo.

11. Incluye varios ambientes dónde se hacen las observaciónes. Las evaluaciones deberían incluir ambientes estructuradas (rutinas, dirigidas por adultos) y no estructuradas (más libres y menos planeadas). Pida que el niño o el adulto esté discretamente observado en los ambientes que se sabe que son difíciles, como el campo deportivo, una actividad de grupo, el patio de recreo, el taller, en casa, o en sitios específicos de la comunidad (la iglesia, la tienda, etc.). Pida a la persona que hace la evaluación que filmee un video de la persona en algunos lugares a fin de documentar objetivamente y de proveer a los otros miembros del equipo una mejor idea de cómo el niño o el adulto funciona en ambientes múltiples.

12. Informe por adelantado a la persona que va hacer la evaluación si el niño o el adulto puede estar ansioso, estresado, sensitivo a la crítica percibida, enojado, frustrado, etc. por el mismo proceso. La persona que está haciendo la evaluación puede tener maneras efectivas para calmar al individuo o reducir la tensión nerviosa a través de su experiencia o entrenamiento. Puede advertir al evaluador si el proceso

causa problemas de comportamiento o respuestas que pueden ser consideradas rudas o descorteses.

13. Deje saber de antemano a la persona que está haciendo la evaluación si el niño o el adulto algunas veces usa el comportamiento peligroso o amenazante. Dígale qué tipos de acciones o acontecimientos pueden causar estos comportamientos. Dígale si hay «signos de advertencia» que el individuo puede convertirse peligroso (como lanzar un golpe fuerte). Déje saber cualquier forma exitosa que se ha descubierto acerca del comportamiento peligroso impedidor. (Algunas veces es simple: no tocar al individuo de cierto modo, permita que él sujete un objeto favorito, etc.).

14. Describa a los evaluadores los objetos, comidas, bebidas o actividades que motivan al niño o adulto a esforzarse. Muchas veces, las recompensas son perfectamente aceptables aunque habrán profesionales que generalmente no usan recompensas tangibles (algo que el individuo obtiene como comida, un juguete, un abrazo) para la participación. Sin embargo, si el individuo está dispuesto a prestar atención y participar mejor cuando es recompensado con papas fritas, limonada, un rato para jugar, o un objeto favorito, esté seguro de contarlo a todos los profesionales. Provéa los bocadillos o cualquier objeto necesario.

Consideraciones Inusuales Importantes

Estas ideas pueden parecer extrañas, pero los evaluadores y las familias deberían de discutir la necesidad de acomodar de maneras específicas durante las evaluaciones basado en lo que la persona puede y no puede tolerar. Aquí hay ejemplos de adaptaciones que los evaluadores han hecho o y cosas que evitan para ayudar a la persona a participar en el proceso de evaluación de una forma más completa. Se puede escoger cualquiera de las ideas siguientes que apliquen:

- No lleve perfume, fragantes de pelo ni use perfumes ambientales.
- No lleve un color particular o estilo de ropa si la persona ya ha demostrado que lo evita o que tiene una aversión.
- No use ciertas frases o hable de ciertos temas que molestan a la persona.
- Evite contacto físico si causaría una reacción negativa.
- No haga preguntas particulares si son perturbantes.
- No tenga ciertos objetos presentes en el cuarto si la persona consistentemente ha demostrado un miedo o preocupación intensa con ellos.
- Permita al individuo levantarse, sentarse en una silla mecedora o un columpio durante parte de la evaluación o como descanso.
- Deje al individuo identificar y ganar premios o recompensas específicas sólo por participar en la evaluación.
- Cree una «partido de juego,» en que el niño o el adulto siendo probado gane puntos para «ganarse el juego» o «sacar el gordo.»

Si se hace cualquier adaptación que aumente la capacitad del individuo para participar, debería ser claramente notada y reconocida como una información en los resultados del proceso de evaluación. Las mismas adaptaciones pueden ser utilizados también como la base de las recomendaciones para el programa.

Las Visitas A Casa Ayudan el Proceso

Una de las mejores maneras que los padres y los profesionales pueden derribar barreras y establecer comunicación como participantes iguales en el proceso es hacer una visita a la casa. Las familias pueden invitar a los profesionales al hogar para observar al individuo. Arregle la visita en la casa cuando es mutuamente conveniente. Muchas veces los profesionales descubren que pueden aprender más información útil en una hora durante una visita en la casa que en días o semanas de la evaluación. Los padres necesitan saber que cuando invitan a un profesional a venir a la casa es que el profesional viene a aprender, ¡y no viene a juzgar, criticar o ver cómo los padres hacen los quehaceres domésticos!

Un método efectivo para un profesional que hace una visita a la casa es sentarse tranquilamente y ser ignorado. Si los padres le ofrecen una comida o una bebida, decline atentamente. La meta no es ser un participante en las actividades de la casa sino ser un observador y un aprendíz.

Cuando los profesionales visitan a las familias en casa, pueden diseñar buenas estrategias y planes de ensenañza que pueden ser efectuados en la casa, basados en las actividades y los horarios allí. El personal llega a ser más sensible a las demandas que se enfrentan a los miembros de la familia, la lucha interminable y la cantidad de energía requerida por vivir con un niño o ser querido con necesidades especiales.

Los empleados pueden aprender cómo anticipan los padres y/o impiden comportamiento problemático, cómo los padres «leen» el comportamiento inusual para el valor comunicativo, y las habilidades que necesitan ser enseñadas al niño o al adulto para aumentar la calidad de vida de la familia. Si toma apuntes durante la visita a la casa, deberían de ser compartidos con los padres antes de despedirse para aumentar la confianza.

Para los profesionales trabajando con adultos, las visitas a la casa o el sitio dónde la persona trabaja son muy importantes. Observar y evaluar el funcionamiento de un adulto con TEA en un programa de entrenamiento debería de incluir una visita a la casa ya sea la casa familiar, un domicilio de grupo u otro sitio. Los empleados residenciales deberían de visitar al adulto en el lugar de trabajo o dondequiera que sea que el adulto pasa el día. Los empleados de todos los lugares necesitan encontrarse y comunicarse regularmente para ser un equipo entero que apoya a una persona completamente.

Incluir a la persona que está siendo observado es un componente crítico de una evaluación exitosa que resulta en metas que mejoran la vida para el niño o el adulto y todo el mundo con quien él vive, trabaja y juega. Muchas veces la persona puede expresar de alguna forma las necesidades que tiene, los problemas cotidianos, o las relaciones interpersonales que son problemáticas.

Cómo Los Padres Pueden Ayudar al Niño o al Adulto Bajar la Tensión Nerviosa

El proceso de evaluación puede ser muy molesto hasta abrumador para un niño o un adulto que está siendo evaluado, en particular por las mismas características de TEA. Algunas modificaciones o adaptaciones bien planeadas pueden preparar al niño o adulto. Otras ideas ayudarán a reducir la ansiedad y recompensar al individuo por intentar participar.

Reducir la tensión nerviosa de la persona que está siendo evaluado también ayuda a reducir la misma en los padres y los familiares, u otras personas que le cuidan, durante un tiempo difícil. Las familias y los equipos pueden probar cualquiera de las estrategias prácticas descritas abajo que parecen apropiadas. Se puede usar algunas ideas aun si el individuo no parece escuchar o entender. Nunca sabemos lo que los individuos procesan. Es mejor proveer preparación positiva si el niño o adulto responde o no.

Las estrategias

1. Empieza con «el lado positivo.» Con la participación del niño o adulto, prepare una lista de las fuerzas y habilidades que la persona tiene. Comparta la lista con cada diagnosta en la presencia del individuo (o dónde puede escuchar). Incluya buenas características de la personalidad (agradable, cariñoso, etc.). Contar cosas que el individual hace o ha hecho que le causan sentirse orgulloso o feliz.
2. No discuta la historia del individuo, problemas corrientes, o sus miedos o preocupaciones personales con cualquier diagnosta delante del individuo, o dónde puede escuchar, aunque no parezca entender o si la persona es juzgada de ser no capaz de comprender. Es una regla importante – ¡aun si el niño o el adulto con TEA sea sordo!
3. Ayude al individuo a planear y escoger las recompensas que serán dadas después de cada sesión de evaluación. Estas recompensas no

deben de ser pendientes de que el individuo se comporte de una cierta manera en la sesión. Simplemente informe al niño o adulto que la recompensa le será dada cuando la sesión esté terminada.

4. Informe al niño o al adulto que no hay «una calificación» y que no se puede fallar en las evaluaciones.

5. Informe al niño o al adulto que la evaluación es privada y la información solo puede ser compartido con el equipo. Es la ley. Explíque que las personas que no deben saber no serán informadas.

6. Antes de cada evaluación, hable con el profesional que va a hacerla. Entérese de las tareas o pasos requeridos. Explíque al niño o adulto lo que pasará, practique una actividad semejante, o explique la rutina para que sepa qué esperar. Por ejemplo, puede practicar cómo ponerse los audiofónos, si tendrá que ocuparlos en la evaluación. Puede practicar identificando o nombrando animales cuando se presentan dibujos. La práctica ayuda al niño o al adulto a participar y seguir las instrucciones, porque no serán tanta novedad. Tendrá que informarles si la evaluación actual será diferente que la práctica.

7. Hable de lo que **no ocurrirá** en la evaluación (ninguna inyección, ningún castigo, ninguna vergüenza, etc.). Cuando la persona con TEA no sabe qué esperar, puede imaginar que algo malo va a ocurrir y tendrá miedo. Algunos individuos tendrán miedo o asociaciones negativas relatados al sitio dónde las evaluaciones tienen lugar (el edificio, una oficina, la calle dónde se halla) la ropa o uniforme llevado por las personas u otra preocupación asociada con un acontecimiento negativo del pasado (como recibir una inyección en un consultorio).

   La humillación y el castigo no son prácticas humanitarias y no son métodos que deberían de ser usados ni con personas con TEA ni otros. Sin embargo, han sido usados y continuan como un método de controlar a personas con TEA. En los treinta años pasados técnicas de atemperación, originalmente diseñadas para proteger a personas en situaciones de peligro inminente, han sido usados por personal y familias con entrenamiento inadecuado que respondían a un comportamiento de incumplimiento o poco cooperativo con niños y adultos con TEA. La mayoría de la gente no está de acuerdo con estas tecnicas inadequadas hoy, pero es importante reconocer cuando esto ha ocurrido en el pasado en la vida de la persona en algún lugar, la persona que está siendo evaluado puede ser muy aprensiva.

Sugerimos que estos asuntos sean discutidos antes de la evaluación con empleados o familiares que conocen la historia del individuo, en particular si se sabe que la persona que está siendo evaluado ha tenido un incidente negativo o traumático. La familia, el personal y los profesionales que hacen las evaluaciones pueden necesitar reconfortar a los niños y los adultos que van a ser evaluados que las prácticas antipáticas y otras cosas temidas no serán partes del proceso de evaluación.

8. Cuando es posible planee reuniones introductorias para el niño o adulto con cada persona que hará la evaluación en el lugar dónde tendrá lugar. Ninguna evaluación debería hacerse a esta hora, es una oportunidad de conocerse y estar más cómodos y familiares. El asesor puede explicar los pasos de la evaluación al individuo (¡y a usted!), mostrar algunos de las materias que serán usadas e identificar el estilo de comunicación del individuo.

9. Después de coordinar con el jefe de equipo, se puede crear un calendario u horario de exactamente cuándo y dónde cada evaluación tendrá lugar y quién la hará. Prepare al individual para un evento a la vez. Recúerdele en lo que consiste la evaluación y quíen lo hará (puntos 6 y 7, citados anteriormente). Esos eventos tienen que ser incluidos como acontecimientos en el horario diario personal del mismo niño o adulto. Mientras el individuo puede estar ansioso de saber que una evaluación es planeado, generalmente es preferible mencionarla y preparar poco a poco en vez de sorprender a la persona

«atrapándole» sin advertencia. Tambien puede mencionar la recompensa que recibirá después de cada sesión para enfocarse en el aspecto positivo.

10. Anticipar la evaluación puede subir la tensión para el individuo y puede contribuir a comportamientos problemáticos debidos al estrés. Los empleados y las familias pueden conservar otros elementos de la vida del individuo cosistentes, guardando la rutina para bajar la tensión nerviosa durante los días o las semanas cuando las evaluaciónes están en proceso. Se puede aumentar el acceso del adulto o niño a las actividades preferidas y tranquilizadoras durante el proceso de evaluación.
11. Permita que el niño o el adulto participe en una actividad preferida antes y después de cada sesión ni importa el nivel de participación o la cooperación. Trate de crear una asociación positiva en la mente del individuo entre situaciones dificiles y recompensas por aguantar.

Las Calificaciones de Los Profesionales

Las aptitudes de los empleados que hacen las evaluaciones tienen un impacto tremendo en la calidad del proceso de evaluación. Los profesionales experimentados con TEA deberían de ser seleccionados para conducir las evaluaciones. Se puede hallar especialistas en casi cada área de los Estados Unidos y en muchos paises.

El personal o familiares de la persona siendo evaluada querrán enterarse de las aptitudes y la experiencia del asesor. ¿Cómo pueden saber los guardianes, los padres, los empleados u otros profesionales si los diagnostas y los especialistas tienen experiencia y son capaces de evaluar bien? Se pueden suponer que los miembros del equipo son calificados si:

- La evaluación resulta en la identificación precisa de áreas de necesidad.
- Otros padres y profesionales tienen experiencias positivas con el equipo de evaluación.
- El equipo está trabajando exitosamente con el niño o adulto.

- El equipo comparte información entre las disciplinas (por ejemplo, el patólogo de idioma y discurso trabaja con el terapista ocupacional durante las evaluaciones).
- Los miembros del equipo usan lenguaje que describe objetivamente y claramente lo que han descubierto sin culpar ni al individuo ni a la familia.

A veces los padres se sienten avergonzados de admitir que les faltan confianza en las aptitudes profesionales del personal. Sin embargo en los Estados Unidos, la ley que se llama The No Child Left Behind Act of 2001 (NCLB-Ningun Niño Dejado Detrás) les da a los padres el derecho de pedir información sobre las aptitudes profesionales de los maestros de su niño y /o los asistentes instructivos. Esta ley federal aplica a la educación general y también a los maestros de la educación especial. Padres o guardianes pueden pedir al principal de la escuela o al director de recursos humanos del distrito explicar el proceso de cómo pedir información y qué información puede ser compartida (como el curriculum vitae etc.).

Otra idea es pedir una reunión con los profesionales del equipo de evaluación. Explique que le gustaría conocer a ellos y saber algo de sus aptitudes antes de empezar las evaluaciones. Pida a cada persona o a los empleados responsables del distrito de proveer curriculumes vitaes antes de esta reunión (segun cómo la ley NCLB es seguida dónde vive). Aquí hay algunas cosas de considerar cuando repasa los curriculumes vitaes y durante las conversaciones:

- El tipo de calificación formal que la persona tiene, (B.A., B.S., M.A., M. Ed., M.S., Ph.D., M.D.)
- Hace cuánto fue obtenido la educación y entrenamiento y de qué escuela.
- Si la persona está autorizada en su disciplina, y si una licencia está disponible.
- Cuántos años de experiencia tiene con personas de necesidades especiales.
- El empleo previo o actual cuando trabaja con niños o adultos con TEA o los desórdenes relatados.
- Cualquier curso que haya asistido relacionado con el tema.
- Si la persona es familiar de una persona con una discapacidad.

Los padres o el personal pueden:

- Pedir a los miembros del equipo que expliquen su conocimiento básico de TEA y describan sus experiencias. (Recuerde, no pueden discutir otros casos específicos ni violar la confidencialidad de otros, pero se puede hablar en general.)
- Pedir a los miembros del equipo describir cualquier ayuda adicional que necesitan para hacer la evaluación tan exitosamente posible. Algunas veces los miembros del equipo de evaluación necesitan algún apoyo, pero necesitan que los padres o el guardián lo piden.
- Pedir si es posible que un miembro del equipo dé su nombre y número de teléfono a otras familias cuyos niños han sido evaluados por estos profesionales. Pida si otra familia puede llamar y hablar con usted acerca de sus experiencias si tiene la voluntad de hacerlo.
- Encontrarse con un miembro del equipo privadamente y preguntarle en confianza si hay alguna manera que usted pueda ayudar al equipo de evaluación.

Nota: Algunas personas consideran que un profesional está calificado en su disciplina si la persona es miembro de organizaciones particulares. Sin embargo, la mayoría de las organizaciones aceptan a cualquier profesional solo por pagar la cuota de socio. Ser miembro no necesariamente indica ni el profesionalismo ni los aptitudes.

Algunos padres han tenido experiencias negativas con ciertos miembros del equipo, o consistentemente se han notado que el niño o adulto «no puede ser evaluado,» o que el equipo de evaluación «no puede encontrar ningun déficit.» En estos casos, los padres querrán preguntar más antes de proceder con la evaluación. Ese tipo de «preguntando» no se hace para intimidar u ofender; se hacen para estar seguro de que la persona obtenga la mejor evaluación posible. Una evaluación malhecha resulta a menudo en retrasos largos mientras nuevas evaluaciones adicionales son planificadas e hechas.

Si un distrito escolar o una agencia local de educación no tiene empleados con el entrenamiento o aptitudes necesarias para hacer las evaluaciones en la área de discapacidad sospechada para niños de 3 a 21 años, los padres tienen el derecho de obtener una **evaluación educacional independiente** al cobro del distrito. Algunas veces el distrito escolar estará de acuerdo que una evaluación independiente es la mejor opción si los empleados de la escuela no están adiestrados o experimentados en el área de TEA. Hace falta discutir el asunto en una reunión del equipo IEP para estar de acuerdo antes de arreglar la evaluación independiente. Si no hay acuerdo, los padres pueden seguir los procedimientos de los derechos procesales según las reglas de educación especial dónde vive.

Algunas veces los profesionales del distrito escolar reciben instrucciones de participar en el proceso de evaluación pero no se sienten capaz de hacerlo. Es importante que profesionales sean honestos con sus jefes y pidan ayuda adicional o los apoyos que necesitan. Aunque es difícil también puede ser gratificante ser honesto y admitir que ¡nadie sabe todo! En la mayoría de distritos, los directores de educación especial y los empleados quieren hacer el mejor trabajo posible. Los miembros del equipo deben de ser realistas en cuanto a las habilidades personales, y deben identificar áreas dónde necesitan aprender más y buscar apoyo. A menudo como resultado de tal divulgación sincera una persona con experiencia puede venir a trabajar y entrenar al profesional para que adquiera conocimiento y habilidades nuevas, y en adelante pueda hacer un trabajo aun mejor.

La mayoría de la gente en los servicios especiales quiere hacer el mejor trabajo posible. Los profesionales mismos no se deberían de esperar tener experticia en TEA porque aun hoy muy pocas horas son dedicadas a TEA en los programas universitarios para maestros y otros profesionales educativos si no son especialistas en ésta área. Sin embargo, los profesionales sólo necesitan observar el alzo en la incidencia de estos trastornos para saber la importancia de ganar conocimiento y habilidades para enseñar y trabajar con personas con TEA.

Muchas oportunidades de entrenamiento son diseñadas para dar a profesionales la información más corriente y permitirles acumular las horas de crédito profesional que necesitan para mantener sus licencias o sus certificaciones. Los educadores y los proveedores de servicios pueden ponerse en contacto con una organización local o estatal de autismo (o de un estado cercano) para enterarse de las oportunidades de entrenamiento, los mejores libros y los artículos a leer, los asesores que se especializan en el área, etc. También hay cursos excelentes e información sobre TEA disponibles en el Internet. Hay que acordarse del hecho de que los padres y las personas haciendo la evaluaciones deben pedir ayuda cuando se necesita. Una regla general es, «si no se pide ninguna ayuda, ¡eso es la cantidad que recibirá!»

RESUMEN CAPÍTULO 4

- Los resultados de evaluaciones son la base de diseñar un plan individualizado y escoger servicios, programas, intervenciones y terapias más apropriados a las necesidades de una persona.
- Los componentes de una evaluación completa incluyen un examen médico; la historia del desarrollo desde pequeño; la historia familiar de salud, la revisión de los registros escolares, la revisión de evaluaciones actuales y pasadas académicas y psicológicas, el análisis de estatus emocional, observación y medida del comportamiento y habilidades sociales en el ambiente natural con compañeros, evaluación de la comunicación, el discurso y el idioma, evaluación de habilidades vocacionales (de trabajo), las habilidades funcionales y prácticas de la vida cotidiana, las habilidades ocupacionales y motoras, el estilo y capacidades de jugar, las habilidades de ocio, el funcionamiento y procesamiento sensoriales y una evaluación de tecnología.
- Una variedad de especialistas pueden hacer evaluaciones en los dominios diversos de funcionamiento basados en sus áreas de especialidad; un equipo interdisciplinario considerá toda la información que se sabe del individuo, incluso sus capacidades y sus áreas identificadas de necesidad.
- Las dificultades experimentadas en la vida de todos los días por personas con TEA pueden presentar desafios en el proceso de evaluación. Esto puede incluír la intensificación de los niveles de la tensión nerviosa, la dificultad de confiar en personas desconocidas, la actitud defensiva, los problemas con cambio o experiencias nuevas, las diferentes maneras de actuar en ambientes diferentes, los problemas con generalización, la inatención, escasas habilidades sociales, la falta de la conciencia en las expectativas sociales y el contacto visual muy pobre.
- La comunicación y los problemas de idioma pueden causar dificultades para la persona de entender y seguir instrucciones o responder de un modo que puede ser sobreentendido.
- «El enmascaramiento» puede ocultar cuando los individuos con autismo de gran desempeño usan adaptaciones y estrategias, con el resultado de que sus

necesidades verdaderas (los déficits) pueden ser escondidas. El uso de respuestas aprendidas de memoria, prestadas del cine o la televisión, o «seguras» y bién practicadas pueden tener un efecto similar.

- Las sensibilidades sensoriales pueden estar intensificadas en el proceso de evaluación y presentar desafios.
- Un trasfondo individual no puede proveer una idea preciso de cómo la persona funciona en situaciones de la vida real. Añadiendo interrupción, ruido en el fondo, o la experimentación en un grupo puede ayudar a mostrar más áreas de necesidad.
- Observar al niño o al adulto en ambientes menos estructurados y ambientes controlados o «mediados» por compañeros puede revelar más áreas de necesidad de lo que se ve en ambientes tranquilos individuales con adultos o personal.
- Los padres pueden ayudar a obtener una evaluación mejor y más precisa por proveer información para «hacerla a la medida» teniedo en cuenta las necesidades y preferencias del individuo. La planificación colaborativa entre padres y profesionales para consultar y crear más confianza y comodidad pueden mejorar la exactitud, la eficiencia, y los niveles de cooperación en las evaluaciones.
- Una forma excelente para que padres y profesionales establezcan una comunicación como participantes iguales en el proceso de la evaluación es haciendo una visita a la casa.
- El proceso de evaluación puede ser molesto en el mejor de los casos y abrumado en perjuicio de un niño o un adulto que está siendo evaluado, por algunas características de TEA. Las modificaciones o las adaptaciones pueden dar facilidades para preparar al niño o al adulto, ayudándole a saber qué puede esperar, reduciéndole la ansiedad, y recompensándole por su participación.
- Los padres pueden indagar acerca de la calificación de las personas que van a evaluar para aumentar su confianza.
- Los profesionales con menos experiencia deberían de pedir apoyo y entrenamiento adicional para evaluar a las personas con TEA.

CAPÍTULO 5

«No hay atajos
a dóndequiera
que vale ir.»
Beverly Sills

TÍPOS DE EVALUACIONES Y LO QUE MIDEN

Los padres se preguntan cómo los expertos serán capaces de averiguar las necesidades y fuerzas de su niño, e identificar cualquier discapacidad. Los empleados quieren estar seguros que todas las áreas necesarias son tasadas con métodos apropiados. Si una persona va a ser tasada para el diagnóstico, para la colocación educativa, para añadir servicios, o para la revisión de trienio después de tres años de servicios de educación especial, es importante saber qué pruebas son hechas, por qué, lo que está implicado y lo que se pueden averiguar.

Este capítulo tratará de:

- Las áreas qué son incluídas en una evaluación completa
- Los tipos de evaluación e instrumentos de pruebas
- Los métodos usados para conducir evaluaciones
- Las habilidades relevantes a cada área tasada

Cuando usted pagina por este capítulo, usted notará muchas listas. Esto puede parecer algo que no es muy importante para el niño o adulto que será evaluado. ¡Al contrario! Este capítulo fue escrito para responder a peticiones de padres, personal y evaluadores profesionales que han preguntado:

- ¿Qué tengo que buscar en una evaluación para determinar la presencia de un Trastorno del Espectro de Autismo (TEA) o para determinar planificación educativa o servicios adultos?
- ¿Qué pruebas nos ayudarán a ver las características de TEA si ellos están presentes?
- ¿Cómo encontramos los problemas de comunicación más sutiles en la gente con TEA de gran desempeño?
- ¿Cómo identificamos el nivel más sútil de habilidades que presenta problemas en en la gente con TEA de gran desempeño?
- ¿Qué son las habilidades importantes en áreas diferentes del desarrollo y funcionamiento?

Comportamiento Como Habilidades

El comportamiento es definido como cualquiera acción observable que puede ser descrita, medida o contada. El TEA es diagnosticado behaviorísticamente. Eso significa observar cómo la persona se comporta. El objetivo no es juzgar el comportamiento como «bueno» o «malo.» Para los propósitos de evaluación y diagnóstico, el comportamiento puede ser definido como habilidades y capacidades que la persona es capaz de demostrar, o habilidades y capacidades que la persona no tiene ni usa.

El desarrollo es un proceso continuo. Hay un camino esperado y previsible del desarrollo humano. El objetivo de pruebas y evaluación es identificar las habilidades que una persona tiene a lo largo de una serie continua de crecimiento. Eso ayuda a identificar lo que una persona sabe y puede hacer, y lo que tiene que aprender. Las pruebas también pueden demostrar si una persona tiene un modelo de desarrollo que es considerablemente atípico, y si cae bajo la categoría de tardanza del desarrollo o una discapacidad.

Los niños se desarrollan en varias áreas de habilidades al mismo tiempo. El progreso en una área puede afectar el progreso en otra área. Por ejemplo, los niños aprenden a hablar y jugar al mismo tiempo, y las habilidades en una área afectan a la otra. Esperamos que niños reconozcan las letras del alfabeto antes de poder leer palabras. Esperamos que ellos expresen sus necesidades antes de que ellos nos pregunten cómo sentimos nosotros. Tenemos que ser capaces de identificar en qué etapa del desarrollo una persona está en un momento dado. Entonces, podemos ayudarles a lograr el siguiente paso.

Ser Preciso Sobre el Desarrollo

Varias áreas del desarrollo tienen que ser tasadas para conseguir un cuadro completo del progreso y funcionamiento de una persona. Muchas evaluaciones diferentes pueden ser necesarias, a la vez, o con el paso de tiempo, para medir todas las áreas de funcionamiento en el niño o adulto con TEA. Las evaluaciones pueden ser hechas en cualquiera de las áreas siguientes:

- Psiquiátrico o neurológico.
- Médico/físico.
- Psicológico/educativo/aprendizaje.
- Comunicación/lengua.
- Habilidades sociales.
- Comportamiento/conducta.
- Funcionamiento ocupacional (de hacer «trabajo») e integración sensorial.
- Funcionamiento adaptable / habilidades de la vida diaria.
- Funcionamiento físico incluso audiencia y visión.
- La tecnología facilitante que puede necesitar y usar.

Una sección de este capítulo se dirigirá a cada una de estas áreas de la evaluación. En cada sección, el lector encontrará una descripción de:

- El objetivo de la evaluación.
- Los métodos, pruebas o técnicas usadas.
- Las habilidades que serán medidas o evaluadas.
- Los resultados incluso la forma en la cual la información de evaluaciones es resumida o relatada.

El Propósito de Evaluaciones

Las evaluaciones son diseñadas para medir áreas particulares de habilidad y funcionamiento. Cada evaluación es específica a una área, si esto es educación, discurso y lengua, terapia ocupacional, psiquiatría u otros. Los profesionales que conducen evaluaciones deben ser entrenados, calificados, y/o licenciados para conducir las valoraciones que ellos hacen.

Las pruebas específicas son diseñadas para un objetivo particular. El método científico es usado para demostrar que una prueba es eficaz a probar rasgos particulares, habilidades, etc. La investigación y los procesos confirman que las pruebas particulares son válidas y apropiadas para el objetivo descrito, y para el uso con categorías de edades específicas. Usted verá a menudo que una prueba tiene el nombre de un autor, y es datada o registrada. Esta información identifica a la persona o la gente que diseñó el instrumento de prueba y ha demostrado científicamente su eficacia.

Métodos de Medir

Una lista de instrumentos de evaluación o métodos es incluída para ayudar a padres hacerse más familiares y cómodos con la «jerga» de varios áreas de especialidad. Esto podría parecer una lista larga de palabras grandes y demasiadas abreviaturas. ¡Pero puede ser mejor ver los títulos y nombres de pruebas y técnicas aquí por primera vez, más bien que en el informe sobre su niño o adulto! Con el tiempo, algunos de estos términos pueden hacerse una parte de su vocabulario diario. Los métodos diferentes de probar pueden incluir tales cosas como un juego interactivo, llenando en un blanco sobre una prueba escrita, escuchando y dando respuestas, o siendo observado durante actividades diarias.

Pruebas Estandartizadas

Hemos incluido unas listas de evaluaciones estandartizadas, pruebas o instrumentos de evaluación para abrir el diálogo entre padres y profesionales. Esta lista puede ser examinada de antemano, para hablar de cuales pruebas o instrumentos serán seleccionados. Cuando un distrito escolar va a probar a un niño para identificar la presencia de una discapacidad, o conseguir una idea completa de las capacidades y necesidades del niño en varias áreas, los padres tienen que dar su consentimiento informado primero. A menudo el distrito presentará a padres una forma que dice, «las pruebas para ser dadas pueden incluir, pero no son limitadas a...» seguido de una lista larga de cosas de las que la mayor parte de padres no han oído nunca. Es muy difícil considerar que el consentimiento es «informado» si nadie explica qué pruebas particulares serán seleccionadas, y por qué.

Los padres pueden pedir a los profesionales explicar qué evaluaciones serán usadas y lo que está implicado en una prueba particular. La explicación debería ser simple y clara. Los padres necesitan oportunidades de tener contestada cualquier pregunta sobre los instrumentos de evaluación.

Las pruebas estandartizadas son **«normed.»** Eso significa que el método científico, la investigación, y el análisis estadístico es usado para tabular cómo las personas de una cierta edad funcionan en la prueba. La estandarización permite que los resultados de cualquier individuo sean comparados a los resultados de otros individuos de una edad específica. Los profesionales confían en estos instrumentos para ayudar a medir exactamente el nivel de funcionamiento y la capacidad de un niño o adulto, y comparan los resultados a otros de la misma edad que han tomado la misma prueba.

Otras evaluaciones son **«criterio referido.»** Eso significa que la evaluación está hecha para ver si una capacidad particular, una habilidad o un atributo está presente, o no. Un ejemplo es tasar para ver si un niño puede atar sus zapatos, o no. Ninguna comparación está hecha a lo que otros de la misma edad saben o pueden hacer.

A veces las pruebas estandartizadas pueden ser usadas a descubrir las habilidades y necesidades de un individuo, sin la preocupación por el resultado numérico. Como ya dicho en el Capítulo 4, un resultado de prueba puede no ser válido si las condiciones exactas de las pruebas no son o no pueden ser seguidas. Pero pueden haber ocasiones cuando la información ganada del proceso de hacer las actividades de prueba, o intentar la prueba, puede ser tan valiosa como un resultado numérico. Las pruebas estandartizadas son diseñadas para personas de edades específicos, significando que no hay ninguna base para la comparación si una prueba es usada para una persona de una edad diferente. Sin embargo, algunas pruebas diseñadas para niños pueden ser usadas para juntar información sobre los adolescentes o adultos con TEA, aún si el resultado matemático no es útil. Estas son decisiones para ser habladas por equipos antes de planear las pruebas.

Métodos Informales

Las pruebas solas no darán toda la información necesaria sobre el niño o el desarrollo y funcionamiento del adulto, sus fuerzas y necesidades en áreas de aprendizaje, o aclarar cuales servicios pueden ser apropiados. Puede haber mucha sutileza en las áreas de déficit de algunas personas con TEA. Algunos déficits no pueden ser revelados con pruebas estandartizadas o en ambientes formales. Otros modos de probar informalmente para la presencia o la ausencia de habilidades son necesarios a menudo y pueden ser incorporados en el proceso de evaluación.

Hacer una entrevista es un método para averiguar las habilidades del individuo. Las entrevistas pueden ser conducidas con el individuo mismo, miembros de familia, profesores, y otros que lo conocen. Los supervisores del patio de recreo, los conductores del autobús o los asistentes, los empleados de la cafetería, los instructores de deportes, los líderes de actividades, y los empleados en el taller o la residencia pueden tomar parte en las entrevistas. Las listas de comprobación y las revisiones son a veces dadas con una entrevista, y a veces usadas solas.

La observación en varios ambientes es otro método informal de juntar la información. La observación es la más provechosa cuando el observador mira y escucha y objetivamente registra lo que realmente pasa sin añadir opiniones o asunciones. Ser objectivo es documentar lo que se ve y se oye como haría una maquina de videocinta.

Preparar y compartir

El diálogo entre todos los partidos sobre las evaluaciones formales e informales que serán usadas ayudará a los padres o los profesionales preparar al individuo para la evaluación. Es más probable que el individuo funcionará mejor si él sabe que esperar, lo que pasará, y lo que no pasará. Unos ejemplos son, «Usted contestará preguntas sobre palabras que sabe escribir correctamente, y esto es de opción múltiple» y «La señora va a jugar algunos juegos contigo en el patio de recreo.»

Si el individuo no está preparado de antemano, el padre debería pedir al profesional permitir tiempo suplementario para la evaluación. El tiempo es necesario para permitir que el individuo se aclimatara al ambiente y materiales. El individuo y el evaluador necesitarán tiempo para aprender a comunicarse bién. El tiempo para procesar las explicaciones puede ser necesario antes de que las pruebas comiencen. Muchos profesionales hacen estas adaptaciones en el curso normal de hacer las pruebas. La gente que posiblemente tiene un trastorno del espectro de autismo puede necesitar tiempo suplementario.

Debido a la naturaleza de TEA, las explicaciones y las preparaciones pueden no causar a un individuo saber lo qué va a pasar, o que hacer, aun si está siendo tasado para una habilidad que ha dominado. Debido a la variabilidad de respuestas puede ser necesario usar varias observaciones y evaluaciones informales para tener información suficiente. Refiérase al Capítulo 4 para más ideas de cómo mejorar el proceso de evaluación.

Habilidades: ¿Qué Miden y Revelan las Pruebas?

Para cada área tasada, hemos creado listas de las habilidades medidas. Las listas incluyen las habilidades más relevantes al funcionamiento y el desarrollo de la gente con TEA. Las habilidades han sido seleccionadas de la literatura sobre el desarrollo típico, o de experiencia y familiaridad con habilidades que son a menudo un desafío para la gente con TEA.

Estas listas de habilidades pueden ser usadas como guías tanto por padres como por profesionales para concentrarse en cuestiones particulares y áreas de necesidad. Las listas pueden ayudar a equipos a estar seguros que todas las áreas de habilidades importantes son medidas formalmente o informalmente, como apropiadas para desarrollo del individuo y su edad. Los padres y los empleados pueden usar las listas de habilidades para indicar áreas de preocupación descubiertos por la experiencia y planear la observación y evaluaciones formales. (No provéemos listas de habilidades para pruebas médicas y psicológicas porque no se aplican).

Nuestras listas no son completas: no incluyen cada habilidad que una persona podría demostrar o cada habilidad que podría ser tasada. Ni son diseñadas como una lista de comprobación para diagnosticar TEA. Las habildides listadas ayudan a contestar la pregunta, ¿Qué buscamos cuando haciendo evaluaciones? Los padres o los profesionales pueden tener motivos de probar para habilidades que no son mencionados en estas listas. La información adicional puede ser añadida, o más pruebas hechas para dirigirse a cualquier otra área importante del funcionamiento. Los profesionales pueden tener manuales de pruebas que describen las habilidades más específicas medidas usando un instrumento particular de prueba.

Además, cualquier habilidad identificada por las listas y por la evaluación que tiene que ser aprendida puede ser dividida en los pasos más pequeños en que consiste la actividad. Cada paso puede ser enseñado hasta que la actividad sea dominada. Por ejemplo, si una persona tiene que aprender a cepillarse los dientes solo, esto puede ser dividido abajo en quitarle la tapa al tubo de pasta de dientes, poner la pasta de dientes sobre el cepillo, ponerle la tapa al tubo de pasta de dientes, cepillarse los dientes en círculos suaves, enjuagar la boca, enjuagar el cepillo, y guardar en su sitio el cepillo. Cualquiera otra habilidad para ser aprendida puede incluir la especificación de los pasos que son necesarios para llevarlo a cabo.

Las habilidades listadas se enfocan en los años escolares, aproximadamente de 3 a 21 años. Esta amplia variedad es incluída porque los niveles de la habilidad son a menudo desarrollados de un modo atípico en niños con TEA. Es decir que la edad del niño por el calendario, y las habilidades esperadas para aquella edad, no siempre hacen juego. Los niños con TEA desarrollan habilidades por su propio horario. Un primer graduador puede ser capaz de solucionar una ecuación algebraica, pero no puede pedalear un triciclo. Un séptimo graduador puede tener la comprensión de lectura muchos niveles más abajo, pero sabe los nombres de todos los huesos en el cuerpo. Este tipo del desarrollo se llama **asincrónico**, desarrollo que es «fuera de la sincronización» esperada.

Los provéedores de servicios para adultos y los empleados que cuidan a adultos con necesidades especiales pueden usar estas listas para enfocar en las áreas de habilidad de adultos en su cuidado. La mayor parte de adultos en el sistema de servicios adultos no habrán aprendido todas las habilidades en una lista. Los empleados y las familias pueden usar las listas para tasar y escoger las habilidades que necesitan ser enseñadas al adulto.

Resultados: ¿Que Hemos Aprendido Sobre La Persona?

La sección sobre resultados describirá la forma en que la información de pruebas será presentada. Los resultados están a menudo en la forma de tanteos, cartas, gráficos o porcentajes. Los resultados pueden ser escritos como una descripción y discusión. Si los resultados son dados personalmente como un informe verbal, una copia escrita de los resultados debería ser dado al mismo tiempo.

Los resultados de las pruebas informales pueden ser resumidos como un reporte de observaciones, incluso describir quien hizó la observación, dónde fue hecho, qué cosas fueron observados, en qué condiciones, con qué resultado. Puede incluir cualesquiera conclusiones, o teorías y asunciones declaradas como tal.

El reportaje escrito y oral de resultados debe ser dado con el tiempo adecuado para explicaciones por profesionales y tiempo para preguntas de padres y otros. Es dudoso que se puedan entenderlo todo la primera vez que se escuchen. La discusión de resultados de prueba puede necesitar más de una reunión con varias personas. Recomendamos que resultados de prueba y conclusiones de evaluación sean compartidas y hablado en una reunión informal de solamente unos miembros de equipo antes de una toma de decisiones como la reunión de IHP o un IEP.

Los padres y los profesionales necesitan tiempo para repasar el resumen y los resultados de evaluación antes de hacer un plan basado en aquellos resultados. Es importante saber también que los padres o los guardianes no tienen que estar de acuerdo con los resultados, y tal vez tendrán más información o experiencias muy diferentes a lo que es reportado en los resultados. Si una reunión no puede ser cumplida para solo hablar de los resultados antes del IEP, los profesionales deben estar seguros de proporcionar copias a los padres o personal antes de la reunión de IEP. Los padres pueden solicitar esto.

Los resultados de las pruebas estandartizadas pueden ser relatados por varias maneras. Es importante saber cómo se relata el resultado y lo que significa «el número.» Al leer los tipos diferentes de tanteos debajo, es fácil ver que una persona podría confundirse, o conseguir una idea completamente incorrecta de ver solamente un número sin saber como es usado. Refiérase a la Figura 5.1, ***Reportaje de Tanteos de Prueba*** para entender la manera de que se interpretan los tanteos.

Figura 5.1 *Reportaje de Tanteos de Prueba*

Resultado de Conciente Intelectual (I.Q.) / (C.I.)	Las pruebas de inteligencia resultan en un número dado para el Cociente Intelectual (CI) con 100 como el resultado por la inteligencia media.
Equivalente de edad (AE)	Una edad calendaria se dan para reflejar el nivel de capacidad, como, «Él lee al nivel de una edad de 6 años, 3 meses.»
Equivalente de grado (GE)	Un año y mes de grado escolar se dan para reflejar el nivel de capacidad, como, «ella hace matemáticas al nivel de grado 4, 5 meses»
Porcentaje %	El porcentaje de respuestas correctas, por ejemplo, «Ella contestó correctamente 7 fuera de 10 preguntas tanteando 70%»
Clasificación de porcentaje (PR)	Una medida comparando los resultados a los de otros. Ejemplo: «Ella está en el 37%.» Esto significa que 37% de otras personas de esa edad tienen la misma marca o menos, y 63% tantearon más alto. El promedio es 50%.
Tanteo crudo (RS)	El número de respuestas correctas del totál de las preguntas; es el resultado del examen en valor nominal antes de ser interpretado y convertido para hacer la comparación estándarzada. Es difícil de interpretarlo cuando no se menciona el nùmero totál de preguntas.
Tanteo Estandar (SS)	Se encuentra aplicando una formula matemática a un tanteo crudo. 100 es el promedio, y los resultados de la persona son medidas encima o debajo de 100.
Z-tanteo	Medida de resultados encima o debajo de un estándar de zero.
T-tanteo	Medida de resultados encima o debajo de un estándar de 50
Stanine score	Resultados de un examen dado un valor de uno a nueve; 1, 2 y 3 son bajo el promedio, 4, 5, y 6 son normales, y 7, 8, y 9 son encima del promedio.

El entendimiento de tanteos y los resultados de las pruebas puede ser muy dificil. Es importante no seguir con la planificación de objetivos educativos y colocaciones hasta que los resultados de las pruebas sean entendidos. Los padres, un guardian, o los empleados pueden preguntar a la persona que hizó las pruebas que explique los resultados y lo que estos significan. Otra opción es encontrarse con un profesional de la agencia o distrito responsable de las pruebas. Los resultados de prueba pueden ser hablados en una sesión individual antes de la reunión de equipo grande. De esta manera, la información puede ser eschuchada, tratada y entendida, un paso a la vez.

Los padres o los empleados pueden desear hablar de los resultados con un especialista educativo con experiencia en la interpretación de los números y cualquier gráfico o cartas usadas. Los libros y los sitios del Internet sobre educación y defensa son útiles. Unos son sugeridos al final de este capítulo. Los sitios sugeridos tambien presentan varios fuentes adicionales de información.

Subpruebas y Hacer un Promedio

En revisar los resultados de prueba, los padres y los empleados querrán ser conscientes que muchas pruebas son divididas en «subpruebas» que se concentran en áreas particulares. Algunas personas con TEA salen bien en algunas subpruebas, pero tendrán mucha dificultad con otras áreas. Examinar los resultados de las subpruebas individuales puede ser provechoso y revelador de las áreas de déficit y fuerza.

Al reconocer la importancia de los tanteos de las subpruebas, los padres y los empleados querrán mirar con cuidado para ver cuánta variación hay entre las subpruebas. Los padres y los empleados necesitan saber si los tanteos de subprueba fueron hechos un promedio, o combinados, para conseguir un resultado final. Haciendo un promedio puede ser contraproducente cuando se intenta identificar claramente las áreas de déficit.

Un ejemplo verdadero de una prueba de lectura:

En las pruebas de leer, un muchacho de 11 años salió a la edad de 15 años en la subprueba del descifre, es decir la habilidad de reconocer palabras por los sonidos, etc. En la subprueba para la comprensión, el muchacho salió al nivel de 7 años de edad. Viendo tanteos subprueba solos, uno puede ver «un hueco» de 8 años entre la capacidad de leer, y la capacidad de entender lo que es leído. Pero la persona que reportó los tanteos añadió juntos 15 y 7, y se dividió por 2, para conseguir «un promedio» de 11 años. La conclusión era que no había ninguna preocupación en el área de la lectura porque un muchacho de 11 años funcionaba en general como un muchacho de 11 años. ¡Haciendo un promedio puede esconder los mismos «picos y valles» que intentamos de identificar!

Cómo Las Evaluaciones Pueden Superponerse

Puede haber un grado de traslapo entre varios tipos de evaluaciones. Por ejemplo, las pruebas de la audición (oír) a menudo involucran el uso de lengua, un área de traslapo con la evaluación de lengua y discurso. Las evaluaciones de habilidades sociales evalúan el uso social de la lengua. Las evaluaciones de lengua pueden revelar también la capacidad de usar la habilidad del pensamiento al nivel más alto para solucionar problemas sociales.

Este tipo del traslapo es normal y aceptable y puede proporcionar la información adicional sobre el funcionamiento y las habilidades del individuo. Por ejemplo, un estudiante puede salir muy bién en una prueba de vocabulario pero no ser capaz de usar las mismas palabras para hacer una petición simple en una situación social. Mirar a las habilidades de varias perspectivas y en varias situaciones diarias puede ayudar al equipo a entender más sobre qué habilidades la persona tiene y puede usar.

La Duplicación Que Debería Ser Evitada

En algunas circunstancias, dos profesionales diferentes pueden desear usar el mismo instrumento de evaluación o prueba. Sin embargo, la duplicación de pruebas dentro de un cierto período de tiempo puede invalidar los resultados estándar. Es porque se sabe que «un efecto de aprendizaje» ocurre cada vez una persona toma una prueba. Si la persona tiene la misma prueba más tarde, tendrá por lo general un mejor resultado porque habrá «aprendido la prueba.» Los padres y los profesionales deberían estar claros de antemano de qué evaluaciones serán usadas. Es provechoso mantener una lista de las evaluaciones para ser hechas por cada asesor, y asi una duplica puede ser detectada y discutida. El informe escrito proporcionado después de la evaluación nombrará también expresamente los instrumentos de evaluación usados, y los resultados.

Áreas de Habilidades, Capacidades y Necesidades En el Diagnóstico y Evaluación de los Trastornos del Espectro de Autismo

EVALUACIONES DIAGNÓSTICAS PSIQUIATRÍAS O NEUROLÓGICAS

Objetivo

Un psiquiatra, el neurólogo, el pediatra del desarrollo, u otro profesional calificado médico evaluarán rasgos del individuo o síntomas para tratar de distinguir un trastorno de la salud mental, emocional, o behaviorística, de un trastorno neurológico, o del desarrollo como el autismo. Las evaluaciones son por lo general hechas en una oficina, o una clínica. Más de una visita puede ser necesario. A veces recomendarán más pruebas. Un diagnóstico oficial (a veces más de un diagnóstico) es a menudo el resultado.

Los médicos pueden esperar y posponer sus diagnósticos hasta que el desarrollo adicional (de un niño) sea observado. Ellos pueden querer también «descartar» a otro diagnóstico. («Excluya trastorno depresivo» por ejemplo, significa que el evaluador buscará todos los signos y síntomas para decir definitivamente que el individuo no tiene un trastorno depresivo. Cuando un trastorno no puede ser excluído, entonces es diagnosticado.) «Esperar» y «excluir» se hacen para aumentar la exactitud y encontrar el diagnóstico correcto.

Método

El profesional médico hace una entrevista extensa, que puede durar varias horas. Los padres o aquellos responsables de la persona proporcionan la información necesaria. La entrevista puede incluir:

- Una historia del embarazo de la madre y el nacimiento del niño.
- Una historia completa del desarrollo del individuo, desde el nacimiento hasta el presente.
- Historia de la salud y cuestiones médicas.
- Historia de los padres y la familia.
- Descripción de la familia y las relaciones sociales.
- Descripciones de la función corriente en la casa, el trabajo, la escuela y la comunidad.
- Descripción de problemas y preocupaciones corrientes.
- Una entrevista con el mismo niño, adolescente o adulto.
- Entrevistas con miembros de familia o las personas que cuidan al individuo.

Los padres u otros pueden llevar archivos escritos o notas personales con ellos. Una copia de la información importante puede ser proporcionada al diagnóstico para el archivo permanente, incluso una historia escrita del niño o adulto (descrito en Capítulo 3). Puede que la información adicional que proporcionan no puede ser leída durante la entrevista. La mayor parte de profesionales la leerán más tarde, como parte de la investigación y preparación de sus informes. En otros casos, el profesional querrá hablar del material en el momento para estar seguro que ella entiende la información. Si usted no está seguro de cuánta información debe proveer, es aconsejable proveer demasiado en vez de información escasa.

Instrumentos

Cuando se sospecha un Trastorno del Espectro de Autismo, el profesional puede usar pruebas estandartizadas e instrumentos diagnósticos. Unos instrumentos asisten a los profesionales a identificar los TEA y verificar que hay razón de sospechar que un niño o adulto puede tener TEA. Otros instrumentos examinan el desarrollo y funcionamiento de la persona a un nivel profundo. Los instrumentos diagnósticos a menudo usan cuestionarios, listas de comprobación o entrevistas con padres o personal para tasar el desarrollo y el funcionamiento del niño o adulto. Algunas pruebas usan «la interacción estructurada» o planeado con el niño o adulto. Los instrumentos diagnósticos pueden tener tanteos u otros indicadores para ayudar a llegar al diagnóstico correcto.

El psiquíatra o el neurólogo puede seleccionar uno de los instrumentos de identificación o diagnóstico en las listas debajo u otro que prefiere. Antes de la primera cita, se puede preguntar que será seleccionado y lo que está implicado. Los instrumentos de evaluación diferentes son elegidos según la edad y la capacidad de comunicación del individuo siendo evaluado.

Instrumentos de Identificar:

- Lista de Comprobación para Autismo en Niños. (Checklist for Autism in Toddlers-CHAT).
- El Cuestionario de Los Años y Etapas. (The Ages and Stages Questionnaire.)
- Brigance © Screens.
- Evaluación del Desarrollo Infantíl- Niño. (Infant-Toddler Developmental Assessment-IDA).
- Los Inventarios de Desarrollo de la Niñez. (The Child Development Inventories).
- Las Evaluaciones de Padres del Estado de Desarrollo. (The Parents' Evaluations of Developmental Status).
- Cuestionario de Autismo. (Autism Screening Questionnaire.)
- El Instrumento de Identificar el Autismo por Niños de Dos Años. (The Screening Tool for Autism in Two-Year-Olds).

Note: Hay dos instrumentos de identificación autoadministrados o «hazlo tú mismo» para TEA a mencionar. Se puede usar para identificarse a sí mismo, o se puede contestar sobre otra persona, como su niño o estudiante. El Cociente del Espectro de Autismo (Autism-Spectrum Quotient-ASQ) fue diseñado por el Dr. Simon Baron-Cohen del Centro de Investigación de Autismo de Cambridge, Inglaterra. Está disponible en inglés en línea en http: // www.wired.com/wired/archive/9.12/aqtest.html. Esta prueba ha sido validada, es decir que ha sido metódicamente probado para identificar las características del Síndrome de Asperger en personas que lo tienen, y no en las que no.

La Prueba Australiana fue desarrollada por el Dr. Tony Attwood. Puede ser encontrada en inglés en línea en http: // www.tonyattwood.com/paper6.htm. Esto puede ser un punto de referencia útil pero todavía no ha sido validado por el método científico de identificar a la gente con el Síndrome Asperger. De todos modos, es aconsejable buscar una opinión profesional si los resultados de un instrumento autoadministrado indican la posibilidad del Síndrome Asperger en usted, su niño, su estudiante, o un adulto en su cuidado.

Instrumentos Diagnósticos

- Prueba de Observación Diagnóstico de Autismo-Genérico (The Autism Diagnostic Observation Scale-Generic ADOS)
- Lista Prelingüística de Observación Diagnóstica del Autismo (Prelinguistic Autism Diagnostic Observation Schedule (PL-ADOS or Play-Dos)
- Lista de Comprobación de Comportamientos de Autismo (Autism Behavior Checklist-ABC)
- Entrevista Diagnóstica del Autismo - Revisado (Autism Diagnostic Interview-Revised, ADI-R)
- Instrumento de Autismo para Planificamiento Educativa, Edición Segúnda (Autism Screening Instrument for Educational Planning-Second Edition, ASIEP-2)
- Inventario del Desarrollo de Batelle (Batelle Development Inventory)
- Tasa del Autismo de la Infancia (Childhood Autism Rating Scale -CARS)
- Prueba Gilliam de Autismo (Gilliam Autism Rating Scale-GARS).
- Prueba Diagnóstica del Síndrome de Asperger (Asperger Syndrome Diagnostic Scale -ASDS)

- Prueba del Trastorno Generalizado del Desarrollo - Etapa 3 (Pervasive Developmental Disorder Screening Test- Stage 3 (PDDST-3)
- La Entrevista Paternal para Autismo (The Parent Interview for Autism).

Resultados

Las conclusiones de la evaluación psiquiátrica o neurológica son escritas en un informe a veces llamada **«una formulación.»** Esto incluye un resumen de la historia del individuo, la descripción de problemas, un diagnóstico específico, y recomendaciones para el tratamiento. La formulación es a menudo presentada en una cita después de la evaluación, de modo que los padres o los empleados puedan hablar de las conclusiones y hacer preguntas. La discusión sobre éste y todas las conclusiones debería ser hecha cuando el niño o adulto no está presente. Un adulto que se presenta para el diagnóstico puede querer llevar a un amigo o miembro de familia cuando los resultados son presentados y hablados.

EVALUACIONES MEDICALES

Objetivo

No hay ninguna prueba médica para el autismo. Actualmente no hay ninguna manera de identificar el trastorno basado en el análisis de sangre, las pruebas genéticas o por el uso de imagines del cerebro. Sin embargo, un examen médico debería ser hecho para determinar si hay una causa física o cualquier otra explicación por los síntomas que están siendo observados. Las escuelas y los proveedores de servicios adultos no suelen proporcionar estas evaluaciones valiosas. Los proveedores del seguro médico pueden ayudar a determinar lo que es incluído en una póliza de seguros particular.

Métodos

Se hace una entrevista para hablar de:

- La historia de la salud del niño.
- La historia del desarrollo del niño.

- La historia del embarazo de la madre y el parto.
- La historia de la salud de cada padre.
- La historia de salud de los familiares de cada padre.
- Las preocupaciones y problemas corrientes.

Instrumentos

El examen físico completo debería incluir el análisis de laboratorio de sangre, excremento y orina. El examen incluye la medida de la cabeza y extremidades y observación de:

- Rasgos físicos inusuales.
- El modo de andar.
- El tono de los músculos.
- El estilo de jugar.
- Las acciones reflejas y reacciones.
- El estado mental.
- El uso de lengua verbal y no verbal.
- Una prueba de visión.
- Una prueba de audiencia.

A veces se hacen otras pruebas cuando el médico, el genetista, o el neurólogo piensa que hay la necesidad de hacerlas, basado en la historia, las observaciones, y el juicio profesional. Sin embargo, ninguna de las técnicas mencionados es capaz de encontrar ningun signo físico como prueba que una persona tiene TEA. Las pruebas son importantes para descubrir cualquier anormalidad o desórden que coexiste. Algunos ejemplos son:

- Pruebas genéticas para excluir el síndrome de «X Frágil» u otras condiciones genéticas
- Análisis cromosómico, que puede identificar otros trastornos genéticos

- Pruebas metabólicas de la sangre y de la orina para determinar el nivel o la presencia de los aminoácidos, los ácidos orgánicos, el ácido úrico, el lactate y pyruvate, y medir la función de los tiroides, el hígado y los riñones
- Ensayo de Rubella/CMV
- Representación de Resonancia Magnética (MRI), creando una imagen detallada del cerebro
- El electroencefalograma (EEG) una medida usada sobre todo si un ataque cerebral es reportado o sospechado. Puede revelar tumores u otras anormalidades del cerebro.
- PET/SPECT (imágenes coloreados del cerebro cuando «piensa,» relacionado con el flujo de calor/sangre)
- La Tomografia Axial Asistido por Computadora (CAT Scan) usado para descubrir anormalidades estructurales del cerebro.

Las pruebas médicas relacionadas con alimento y la alergia pueden incluir:

- Péptidos urinarios.
- Alergias de alimento/ambiental/medicación.
- Análisis alimenticio.
- Sensibilidad a la gluteina/caseína.
- Identificar la presencia de metales pesados (el plomo, el mercurio).

Resultados

Las conclusiones de las pruebas médicas son por lo general presentadas en un informe escrito explicado verbalmente al padre o el guardian. El informe puede incluir un diagnóstico, datos, análisis de conclusiones, y recomendaciones.

PRUEBAS EDUCATIVAS Y PSICOLÓGICAS

Este tipo de evaluación, también llamada la evaluación psíco-educativa, se hace para entender la manera de que una persona piensa, aprende, y funciona cada día. Los métodos e instrumentos son seleccionados para probar varias capacidades.

Objectivo

El objetivo de las pruebas educativas y psicológicas es medir y tasar:

- La capacidad académica (el nivel corriente de las habilidades y el conocimiento de áreas escolares).
- Fuerzas e habilidades de aprendizaje y el estilo de aprender (a veces llamada «los modalidades,» «las inteligencias» o las preferencias de aprendizaje).
- Las habilidades de la vida diaria y de poder cuidarse de sí mismo.
- La calidad de atención y el estilo de prestar la atención.
- Las habilidades cognoscitivas relatadas a:
    - El aprendizaje: cuánto, qué tipo, el modo y el estilo.
    - El pensamiento.
    - El entendimiento.
    - El procesamiento.
    - Recordar, acordarse.
    - El razonamiento.
    - La deducción.
    - La generalización.
    - Poder solucionar los problemas.
- Rasgos de personalidad relacionados con:
    - Las preocupaciones.
    - El sentido de humor.

  - Sentirse defensivo.
  - La agresividad.
  - El estado emocional como sentirse deprimido, etc.
- Habilidades del Funcionamiento Ejecutivo relatado a la:
  - Planificación.
  - Organización.
  - Inhibición de impulsos.
  - Atención.

Métodos

Pruebas Estandartizadas

Varias pruebas estandartizadas son seleccionadas para medir el nivel de la inteligencia y la capacidad de pensar y aprender. Cada prueba se dará en un ambiente prescribido por el manual de la prueba. Generalmente es un ambiente tranquilo, con interacción de uno-a-uno entre el profesional y el niño o adulto. En las pruebas con individuos sospechados de tener TEA, la introducción de ruido o distracción puede conducir a una medida más verdadera del funcionamiento de la persona en la vida diaria. La opción de añadir sonido o interrupción debería ser discutida con las personas que solicitan la evaluación y la persona que lo conduce.

Evaluación a Base de Jugar

La evaluación a base de jugar es otro método que puede ser usado en pruebas psíco-educativas. Es útil sobre todo para chiquillos o niños no-verbales, pero puede ser usado con cualquier niño o adulto. Las interacciones entre el profesional y el niño o adulto son planeadas y realizadas. A menudo, una segunda persona observa las reacciones y respuestas del niño y toma notas, o graba por vídeocinta la sesión.

A veces la evaluación es estructurada, y el evaluador pasa por una serie de actividades planeadas, usando juguetes y materiales específicos. Otras evaluaciones a base de juego son más espontáneas, o inestructuradas, sigiuendo los intereses del niño o adulto. Las evaluaciones a base de juego son usadas para entender el desarrollo emocional y cognoscitivo de un niño o del adulto, y su estilo y habilidades de comunicar, socializar y jugar.

Observación

La observación directa es otro método usado en pruebas psíco-educativas. A veces un ambiente natural es usado, y el profesional que hace la observación toma notas o datos sobre lo que se observa. Otra observación puede ocurrir en una clínica u oficina. Los cuartos con un espejo de dirección única son a veces usados para que las observaciones son desapercibidos por los niños o adultos observados.

Las entrevistas y las listas de comprobación

Las entrevistas, las listas de comprobación y cuestionarios pueden ser usadas para hacer una colección de información completa. Se puede pedir información de padres, profesores, hermanos o empleados. Las listas de comprobación pueden ser hechas en el mismo sitio, o son a veces llevadas a casa y devueltas al practicante para ser considerado con toda la información coleccionada.

Pruebas Psíco-Educacionales e Instrumentos de Evaluación de Inteligencia

Las pruebas educativas y psíco-educativas son diseñadas de ser apropiadas para individuos de edades particulares en etapas específicas del desarrollo. Los instrumentos miden las cosas que típicamente se espera que una persona de una cierta edad es capaz de hacer o saber. Los profesionales educativos son familiares con las pruebas que son apropiadas para niños jóvenes, niños mayores, y adultos. Los folletos y los manuales usados con pruebas estandartizadas declaran la categoría de edad para que la prueba es «normed» es decir, la edad de las personas como base de comparar.

La evaluación informal de las fuerzas, necesidades y estilo de aprender puede ser hecha para individuos que no pueden participar en pruebas estandartizadas de CI. Los métodos particulares pueden ser seleccionados para la gente que es no verbal.

En los casos de muchos individuos con un Trastorno del Espectro de Autismo, el nivel de la capacidad no es estrechamente relacionado a la edad como puede ser para otras personas. El individuo con TEA puede tener la comunicación y/o habilidades sociales limitadas. Estos son factores importantes para tener en cuenta en seleccionar los instrumentos de evaluación apropiados.

Las pruebas son seleccionadas para medir las áreas siguientes:

- La Capacidad Intelectual (Cociente Intelectual, o CI).
- PIQ: Inteligencia de Interpretación, o habilidades de razonar y planificar (Performance Intelligence Quotient).
- CI no-verbal: medida de inteligencia no basada en la capacidad de usar lengua (Non-verbal Intelligence Quotient).
- Pruebas de la inteligencia verbal: el uso de lengua (expresivo y receptivo), discurso, dactilología, o sistemas de imagines/imprime (Verbal intelligence).
- La memoria auditiva (recordando lo que se escucha), inmediatamente, o más tarde.
- La lectura (si la persona es capaz de leer).
- Las matemáticas: el reconocimiento de números, entender el valor de los números, las habilidades de ordenar, hacer operaciones, medir y hacer formas más complejas de matemáticas.
- Evaluación de la comprensión de leer.
- La evaluación del nivel de la «representación simbólica» (¿Sabe el individuo que la palabra escrita de «árbol» se refiere a un árbol verdadero? o ¿Reconoce que una foto de un árbol o un dibujo hace lo mismo?).
- Relatar eventos: al ver cuadros, poder contar una historia.
- La sequencia: poder ordenar los acontecimientos usando cuadros o letras.
- La aplicación de materia en las experiencias apropriadas de la vida.

Pruebas para Aprendizaje y Pensamiento

Unos instrumentos usados con frecuencia para tasar aprendizaje y pensamiento son:

- *La Prueba de Bayley del Desarrollo Infantil, revisado como Bayley II (Bayley Scales of Infant Development, revised as Bayley II.)
- La Prueba de Beery del Desarrollo de la Integración Visual-Motórico (Beery Developmental Test of Visual-Motor Integration, VMI).
- Medida de Capacidades Diferenciales (Differential Ability Scales, DAS).
- La Prueba ABC de Kaufman (Kaufman ABC Test, K-ABC).
- El Dibujo Kinético de la Familia (Kinetic Family Drawing).
- La Prueba de Woodcock-Johnson, Revisada (Woodcock-Johnson Revised Tests of Achievement, WJ-R).
- La Prueba Extensa de la Memoria y el Aprendizaje (Wide Range Assessment of Memory and Learning, WRAML).
- La Prueba de Gray de la Lectura Oral-3 (Gray Oral Reading Test-3, GORT-3).
- La Prueba de Peabody del Vocabulario con Cuadros, Tercera Edición A (Peabody Picture Vocabulary Test- Third Edition A, PPVT-IIIA).
- Prueba de Aprendizaje Pre-escolar (Preschool Learning Scales, PLS)
- Prueba de la Intelligencia de Stanford-Binet, Edición Quarta (Stanford-Binet Intelligence Scale, 4th edition).
- Prueba Temático de la Percepción del Conocimiento Interior (Thematic Apperception Test, TAT).
- Prueba de Deletreo Escrito (Test of Written Spelling, TWS-3).
- Prueba del Comportamiento Adaptable de Vineland (Vineland Adaptive Behavior Scales, VABS).
- La Prueba Extensa de Logros, Revisión 3 (Wide Range Achievement Test-Revision 3, WRAT-3).

- La Prueba de Wechsler de la Inteligencia Para Niños-III (Wechsler Intelligence Scales for Children, WISC-III).
- *La Prueba de Weschler de Inteligencia Pre-escolar y Primario, Revisada (Weschler Preschool and Primary Scales of Intelligence, Revised, WPPSI-R).
- El Perfíl Psícoeducacional Revisado (Psychoeducational Profile-Revised, PEP-R).

*Estos instrumentos de prueba pueden ser apropiados para niños o adultos que no hablan en absoluto, o tienen la capacidad limitada de hablar o usar la lengua de alguna forma (son no-verbales, o tienen habilidades verbales limitadas).

Habilidades

Las habilidades educativas y pensadoras pueden ser medidas en una evaluación educativa completa que usa varios instrumentos mencionados anteriormente, como apropiado para al desarrollo/edad. Intentan medir la capacidad de:

- Seguir direcciones orales.
- Seguir direcciones con señales visuales.
- Seguir direcciones escritas.
- Entender direcciones.
- Prestar atención a cosas que cambian.
- Formar conceptos.
- Solucionar a problemas.
- Hacer conclusiones.
- Sintetizar la información, juntar el material aprendido.
- Entender la causa y el efecto.
- Recordar.
- Hacer juegos.
- Arreglar eventos en el orden en que occurieron.

- Ordenar.
- Comparar.
- Contrastar.
- Clasificar.
- Memorizar.
- Usar la memoria a largo plazo.
- Usar la memoria visual.

Los examinadores pueden notar o considerar:

- El tiempo necesario para responder.
- Si las respuestas están basadas en la comprensión (no memorizados, ni respuestas repetidas).
- Originalidad de respuestas (no «prestado» de la televisión o las películas).
- Si y cómo el niño o el adulto «recompensa» en una área de necesidad con una área de fuerza.

Las Pruebas Educativas

Las pruebas educativas o academicas pueden incluir la evaluación de lo que el estudiante ha aprendido comparado con lo que se espera aprender y lo que otros estudiantes de la misma edad han aprendido. Se usan las pruebas educativas o academicas apropriados a la edad o desarrollo. Los estudiantes no son responsables de saber algo que no ha sido enseñado. A veces indican si la persona sabe más que lo debido.

La evaluacion de las habilidades de lectura como apropriado por la edad mide la capacidad de:

- Hacer juego entre un imaginen y un objeto.
- Usar imagines para comunicarse.
- Usar imagines para seguir una secuencia de pasos o una lista.

- Ocuparse de las palabras presentadas con cuadros.
- Reconozcer y responder al imprime y/o cuadros alrededor.
- Reconocer las letras del alfabeto.
- Reconocer los sonidos asociados con cada letra.
- Enteder que el imprime tiene significado.
- Usar palabras escritas para averiguar información.
- Seguir una lista escrita para completar una tarea.
- Reconocer la rima.
- Reconocer palabras.
- Indicar a un cuadro o dibujo cuando una palabra es dicha.
- Identificar objetos en cuadros.
- Descifrar palabras desconocidas por usar la fonética elemental
- Entender el significado de una palabra.
- Entender los significados múltiples de una sola palabra.
- Averiguar el significado de una palabra por el contexto.
- Entender una historia.
- Identificar las ideas principales.
- Identificar los detalles apoyantes.
- Recordar los detalles de una historia.
- Reconocer los temas principales y eventos de una historia.
- Reconocer el principio, medio y fin de una historia.
- Identificar el punto culminante y la resolución de una historia.
- Volver a contar el complot usando sus propias palabras (resumen).
- Predecir resultados.
- Formar conclusiones

- Inventar un fin diferente y original de una historia.
- Reconocer el sentido o el mensaje de un pasaje.
- Entender la motivación de los carácteres.
- Describir carácteres más allá de los rasgos físicos.
- Entender acontecimientos más allá de su propia experiencia.
- Deducir.
- Entender hechos concretos.
- Entender conceptos abstractos.
- Imaginar acontecimientos futuros.
- Distinguir entre la fantasía y la realidad.

Las Habilidades de Escritura pueden ser medidas como apropriado por la edad por usar la letra escrita a mano o hecha por usar los aparatos facilitantes como teclados.

La evaluación mide la capacidad de:

- Deletrear o escribir para expresar una idea.
- Responder a palabras imprimidas cuando se ve.
- Usar palabras escritas (o tarjetas de palabras) para expresar ideas.
- Combinar palabras (o cuadros) para expresar ideas.
- Organizar los pensamientos en oraciones.
- Usar las palabras apropiadamente.
- Usar varias palabras.
- Variar la estructura de las oraciones.
- Organizar los párrafos cohesivos.
- Seguir las reglas de la gramática.
- Identificar las partes de la gramática.

- Seguir las reglas mecánicas, como puntuación y capitalización.
- Usar detalle para apoyar a un tema.
- Ser original.
- Ser creativo.
- Usar la imaginación.
- Expresar las ideas por medio de escritura.
- Usar las habilidades de caligrafía.
- Seguir la secuencia de escritura:
  - Pre-escritura.
  - Primer paso.
  - Revisión.
  - Redacción.
  - Producto Final.

Las evaluaciones de matemáticas miden la capacidad de:

- Entender la correspondencia entre una cosa y un número.
- Usar números en las tareas diarias funcionales.
- Usar los conceptos de menos y más en la vida diaria.
- Contar avanzado y por detrás.
- Escribir números.
- Poner los números en orden.
- Demonstrar habilidades de cálcular como:
  - Adición.
  - Substracción (restar).
  - Multiplicación.
  - División.

- Medir.
- Ordenar cosas por tamaño o peso.
- Entender el concepto y valor de dinero.
- Entender el concepto de tiempo.
- Discriminar varias formas geométricas.
- Entender relaciones espaciales (al lado de, bajo).
- Reconocer patrones (formas que se repiten).
- Crear un mensaje cifrado.
- Leer un código o mensaje cifrado.
- Estimar una respuesta.
- Estimar una cantidad.
- Averiguar lo que no pertenece en un juego.
- Usar fracciones.
- Entender el uso de decimales.
- Calcular el porcentaje.
- Entender e interpretar gráficos.
- Crear y usar tablas.
- Usar la geometría.
- Solucionar problemas de álgebra.
- Solucionar problemas de palabra.
- Usar el lenguaje de la matemática.
- Explicar cómo solucionar un problema.

La determinación del estilo de aprender examina la capacidad de:

- Aprender por la imitación.
- Aprender por seguir instruciones verbales.
- Aprender con el apoyo de un colega.
- Aprender en varios ambientes.
- Aprender con varios elementos ambientales en el lugar, como el ruido, la luz, la música en el fondo, la proximidad cercana de otra gente, etc.
- Aplicar el material recientemente aprendido a situaciones verdaderas de vida.
- Aplicar el material aprendido recientemente a las actividades académicas.
- Usar la memoria inmediata, corta, y de largo plazo.
- Usar modalidades visuales, kinestéticos o auditivas, etc., como una modalidad primaria para procesar la información.
- Usar estratégias adaptivas para aprender nuevas cosas rápidamente.
- Usar movimiento, música, poesía, lógica, secuencia, u otros elementos para mejorar el aprendizaje.

Resultados

Algunos resultados de pruebas educativas serán presentados matemáticamente como porcentajes y/o tanteos. Los gráficos y las cartas son también usados. El informe debería incluir secciones de narrativa que describen por qué y cómo las pruebas fueron llevadas a cabo, las observaciones del niño o adulto durante las pruebas, una discusión de impresiones, y recomendaciones para tipos específicos de servicios. Tanteos deberían ser interpretados para identificar áreas de fuerza y áreas de la necesidad. Tanteos ayudan a establecer donde está un individuo en el desarrollo de habilidades, y puede indicar lo que es necesario enseñar y aprender.

Los resultados pueden incluir como resultado un número del «CI» con el promedio representado por el número 100. El resultado del individuo puede ser comparado como igual al promedio, encima del promedio, o debajo del promedio. A veces los resultados de las pruebas de inteligencia son descritos como una «edad mental.» La edad mental puede ser comparada a la edad calendaria actual de una persona. Así se puede comparar si la persona funciona en, encima, o debajo del nivel esperado de una persona de su edad.

Algunos resultados de prueba serán relatados en la forma de notas de observación o entendimiento ganado por ver cómo el individuo aprendió en la situación de pruebas. Algunos resultados serán relatados como anécdotas o historias contadas por el evaluador de lo que el individuo ha aprendido en el pasado y cómo lo aprendió. Esa clase de reportaje es tan importante como tanteos formales y debería ser considerada y hablada por el equipo. Los padres y los familiares pueden tener información importante para compartir sobre el estilo de aprendizaje y el progreso del individuo. Si hay debate, situaciones pueden ser diseñadas para probar una teoría de aprendizaje del individuo.

Por ejemplo, los empleados o la familia pueden saber que el individuo aprende mejor cuando se da una lista imprimida. Esta información puede ayudar al equipo diseñar y poner en práctica algunas listas imprimidas que el individuo puede aprender a usar independientemente, disminuyendo la necesidad del apoyo interpersonal en cada momento. Si las listas han sido mostradas como un modo eficaz de ayudar al individuo a aprender, entonces las listas podrían ser usadas para ayudar a enseñar habilidades sociales o para ganar el mayor control de impulsos.

Una Nota Sobre la Inteligencia:

Después de ver «el número» de una prueba de inteligencia, los padres y los empleados a menudo relatan que el individuo con TEA es realmente más listo que la prueba de CI estandartizada indica. **¡Ellos tienen razón!** Las pruebas de inteligencia son una medida de lo que alguien sabe comparado a otra gente de su edad. Si el niño o el adulto tiene retraso del desarrollo o dificultades sociales, ellos probablemente han adquirido menos información que sus colegas de la misma edad. En vez de enfocarse en lo que interesa a la mayoría del grupo, su foco mental puede haber sido dirigido a entender y funcionar en un mundo confuso, en la ansiedad, o enfocado en áreas específicas del interés.

Para tomar una prueba de inteligencia, la persona siendo evaluada necesita tener buenas habilidades de comunicación para entender lo que dice el evaluador. La persona siendo evaluada tiene que intérpretar y seguir las instrucciones y responder y dar información de una forma que puede ser entendido por los demás. La persona siendo evaluada también necesita tener habilidades sociales, por ejemplo conocer, ajustarse y a responder a una persona desconocida o poco conocida. Finalmente, para concentrarse en las actividades de las pruebas de inteligencia, la persona necesita ser capaz de distinguir cuales aspectos del cuarto, de la prueba y del evaluador son importantes para enfocar atención. Él tiene que seguir las instrucciones y direcciones, y cambiar de una tarea o actividad al otro según las instrucciones o la demanda de otra persona.

Como es obvio, las habilidades necesarias para salir bien en las pruebas estandartizadas son habilidades que a menudo las personas con TEA no tienen. Los niños o los adultos con TEA adquieren las competencias sociales y comunicativas gradualmente. Sus habilidades pueden ser insuficientes para demostrar su capacidad mental completa en una evaluación. Debido a estos obstáculos, no es sorprendente que la gente con TEA puede tener resultados inconsistentes en las evaluaciones cognoscitivas.

Cuando los resultados de la prueba de CI son claramente inconsistentes con el nivel de inteligencia demostrada de otros modos el profesional que ha hecho la prueba puede declarar que los resultados son inválidos. Por ejemplo, un niño demostró la capacidad matemática del nivel universitario cuando él estaba en la escuela secundaria inferior. Su prueba de CI dió un resultado de la inteligencia normal o «media.» La mayoría de chicos de trece años de inteligencia del promedio no pueden hacer matemáticas al nivel universitario, y por eso el evaluador declaró que el resultado de prueba de CI era inválido. Sin embargo, la prueba tenía valor para mostrar áreas de fuerza y necesitadad aparte de la capacidad matemática.

¿Qué significa esto? Todos deberíamos continuar reconociendo, celebrando y usando todos los rasgos de la inteligencia que tiene cada individuo. Es bueno considerar a cada persona como inteligente de algunos modos, aun si no de todos. (¿Quién de nosotros es?) Tenemos que recordar que el resultado del CI estandartizado no es una medida de capacidad total de la persona, ni la potencial para aprender, o de su voluntad de hacerlo. Este hecho refuerza la necesidad de hacer evaluaciones en múltiples ambientes, y bajo varias condiciones sociales, para tener un mejor entendimiento de las capacidades verdaderas de una persona.

EVALUACIONES DE DISCURSO, LENGUA Y COMUNICACIÓN

¿Cuál es la diferencia entre discurso, lengua, y comunicación? Hay muchas definiciones, pero aquí está una descripción básica de cada uno:

- **El discurso** es la capacidad de crear sonidos con la boca con el resulto que otra gente entienda el mensaje que uno envia. El discurso incluye la articulación (cómo los sonidos son pronunciados), el paso (la velocidad de la conversación), el tono de voz, el volumen y el ritmo.
- **La lengua o el lenguaje** es la capacidad de usar símbolos (palabras dichas o escritas, dactilología, cuadros, etc.) para enviar mensajes y entender los mensajes que otra gente le envía (utilización de palabras dichas o escritas, signos, cuadros, etc.).
- **La comunicación** es el proceso de selecciónar y formar un mensaje y enviarlo a alguien (el compañero comunicativo). La comunicación incluye las habilidades de mirar a ver el entendimiento del compañero comunicativo, esperar para una respuesta del otro, reaccionar a su reacción, corriger cualquier problema de entendimiento, y saber cúando y cómo cambiar temas conversacionales.

Objetivo

Las evaluaciones de discurso, lengua y comunicación son diseñados para medir todas las habilidades necesarias para comunicarse con eficacia con pares y/o adultos. Es probablemente una de las áreas más importantes de la evaluación debido a los efectos de TEA sobre discurso, lengua y comunicación.

Es importante saber que, irónicamente, algunos efectos de TEA pueden ser tan bien compensados por la gente de gran desempeño que ellos parecen comunicarse típicamente a primera vista, o en un ambiente de uno-a-uno o muy estructurado. Este tipo de «enmascaramiento» mientras no intencional, puede engañar. **Las pruebas estandartizadas pueden tener valor limitado en identificar los déficits de comunicación en una persona con TEA.** Puesto que la evaluación completa es esencial, puede ser necesario usar varias evaluaciones en muchos ambientes a fin de encontrar todas las maneras sútiles e importantes de cómo los rasgos de TEA afectan a la persona.

Las evaluaciones de discurso, lengua y comunicación miden la capacidad de:

- Hablar y usar los sonidos de discurso en combinación.
- Usar símbolos de la lengua (cuadros, tarjetas de palabras, etc.) para comunicar.
- Entender el sentido de símbolos de lengua.
- Formular frases y oraciones.
- Organizar pensamientos por la lengua o el discurso.
- Leer y escribir.
- Usar la tecnología básica o avanzada para comunicar (un ejemplo de la tecnología básica es usar cuadros, y de la alta tecnología es un dispositivo de voz electrónico).
- Entender algo escrito.
- Entender y responder a la lengua hablada.
- Usar y entender gestos, expresión de la cara y lenguaje corporal (comunicación no-verbal).
- Usar el «espacio social» apropiadamente en la situación de comunicación (estar no muy cerca o lejos, afrontar a la persona a la que se dirige, etc.).
- Comunicarse socialmente, en pares, pequeños grupos, y grupos grandes.

Métodos de Evaluación:

Debería incluir la evaluación de:

- **Articulación:** cómo se hace el discurso.
- **Fonología:** cómo suena el discurso.
- **Semántica:** entender las palabras y el comprender el sentido de la lengua.
- **Sintaxis:** la construcción de oración, la gramática y el orden de las palabras.
- **Pragmática:** la comunicación social y las habilidades de conversación.

En la evaluación del discurso, la lengua y de comunicación, la calidad de la respuesta o habilidad puede ser medidas, así como la capacidad de:

- Entender palabras, signos o símbolos
- Usar las palabras o símbolos individualmente, en frases, o en oraciones.
- Participar en una conversación, y continuarla.
- Hacerse entendido de más de un modo.
- Percibir y responder a señales no-verbales como gestos, expresión de la cara, y proximidad.
- Identificar las expresiones de la cara y el contenido subyacente emocional en fotos, videocintas, o en personas.
- Volver a contar una historia en sus propias palabras.
- Reúnir palabras en una oración.
- Interpretar y poner en secuencia una historia correspondiente a cuadros o dibujos.
- Escuchar a una historia y predecir resultados.
- Interpretar sentimientos o intenciones de carácteres de ficción o personas vivas.
- Reconocer palabras y su significado (vocabulario).
- Entender cómo las palabras se relatan, como antónimos y sinónimos.

- Entender el sentido de palabras, frases y oraciones que no tienen sentido literal, (locuciones), como el refrán «está lloviendo perros y gatos» o el refrán «llueve a cántaros» pero saber que no hay ningunos gatos o perros ni jarros cayendo del cielo.
- Seguir reglas de la conversación con adultos, pares, y en un grupo.
- Recordar lo que alguien ha dicho mientras planeando una respuesta.

Además, la persona que hace la evaluación con una persona con el discurso limitado querrá:

- Identificar las funciones comunicativas (motivos de comunicarse como solicitar, protestar, negar, informar, preguntar, etc.) para que el individuo tenga un modo eficaz de comunicarse.
- Identificar las funciones comunicativas para las cuales el individuo no tiene ningún modo aparente o apropiado de comunicarse.

Instrumentos

Aquí hay algunos instrumentos de evaluación que pueden ser usados, basado en la edad y el nivel de discurso y lengua que una persona tiene:

- La Evaluación de Habilidades Semánticas Por Temas Diarios (Assessing Semantic Skills Through Everyday Themes -ASSET).
- Evaluación Clínica de Lengua Fundamental-Préescolar (Clinical Evaluation of Language Fundamentals-Preschool, CELF-P).
- Evaluación Clínica de Lengua Fundamental-3 (Clinical Evaluation of Language Fundamentals, CELF-3).
- La Prueba de Discurso de Kaufman (Kaufman Speech Praxis Test -KSPT).
- La Prueba No-Verbal de la Lengua Receptiva/Expresiva. (The Nonspeech Test for Receptive/Expressive Language.)
- Inventario Ordenado del Desarrollo de Comunicación-Revisado. (Sequenced Inventory of Communication Development-Revised, SICD-R).

- La Prueba de Desarrollo de la Lengua, Nivel Primaria. (The Test of Language Development, Primary -TOLD-P:2).
- La Prueba del Desarrollo de Lenguaje-Nivel Intermedio:2. (Test of Language Development-Intermediate, TOLD I:2).
- Prueba de la Lengua Pragmática. (Test of Pragmatic Language -TOPL).
- Prueba de Resolver Los Problemas. (Test of Problem Solving-TOPS).

Aparte de las pruebas estandartizadas, la evaluación a base de jugar puede ser usada. La observación del individuo en grupos pequeños y grandes, con gente familiar y desconocida, y en ambientes estructurados e inestructurados cederá información importante sobre cómo el individuo habla y/o envía y recibe mensajes para comunicarse.

Tomando una **muestra de lenguaje** es otro modo de tasar la lengua y la comunicación. El patólogo de discurso y lengua puede escuchar y tomar apuntes sobre las conversaciones e interacciones durante un período corto del tiempo, en varios sitios naturales. Eso ayuda a reconocer cómo el lenguaje es usada en situaciones verdaderas de la vida, comparado con un tranquilo ambiente privado de prueba. El equipo puede decidir si otra persona aparte del patólogo de discurso y lengua debería tomar muestras de lengua, como padres, profesores, o ayudantes de instrucción. Las muestras de lengua son útiles para identificar las áreas problematicas y situaciones que son a menudo difíciles para la persona siendo evaluada. Las muestras de lenguaje pueden mostrar también la forma de lenguaje que la persona usa, y si le sirve bien o no.

Las entrevistas con padres y profesores pueden aclarar las áreas problemáticas y circunstancias cuando se notan más las dificultades de comunicarse. Las listas de comprobación pueden ser usadas también para identificar áreas de necesidad y el nivel de habilidad.

Parte de cualquier evaluación de comunicación debería incluir un análisis individualizado del motivo comunicativo posible que es la base de cualquier comportamiento peligroso, problemático o estigmatizando que el individuo demuestra.

Habilidades

Articulación y Fonología

Esto incluye la capacidad de:

- Crear sonidos
- Demostrar interés en varios sonidos.
- Hacer ciertos sonidos para que otros lo entiendan.
- Hablar.
- Hablar de modo que alguien pueda entender lo que se dice.
- Pronunciar palabras.
- Imitar sonidos o palabras.

La calidad de lo siguiente también puede ser tasada:

- La prosodía (o ritmo) de discurso.
- La melodía (si la voz suena blanda, natural o sonsonete).
- El volumen: usando el nivel apropiado de hablar, cuchichear y reir.
- Estrés: monotonía o «robótica.»
- Tono: muy alto o bajo.
- Expresión.
- El uso de los pronombres.
- Cómo ordena las palabras de una oración.
- El uso de la echolalia (repetición inmediata o retrasada de palabras o frases dichas por otra persona o carácter).
- Ocasiones de agnosia (sordera de palabra).
- Déficit receptiva de palabra (no entender las palabras).

Semántica: Entender el Sentido de la Comunicación

Esto incluye el entendimiento y la interpretación de las señales de comunicación y los comportamientos de otros, y utilización de palabras y señales no-verbales para ser entendido. La medida de la lengua receptiva y expresiva incluye la capacidad de:

- Usar, reconocer, y responder a expresiones visuales de la cara.
- Usar, reconozer, y responder al lenguaje corporal.
- Entender y usar apropiadamente la postura en situaciones de comunicación.
- Entender y usar la mirada para comunicarse.
- Entender y usar el espacio entre la gente durante la comunicación.
- Entender y usar gestos.
- Distinguir gestos apropiados de gestos que no son apropriados.
- Reconocer los sentimientos de otros.
- Demostrar o explicar los sentimientos de una manera que los otros pueden entender.
- Identificar a las intenciones de otros.
- Comunicar sus intenciones a otros, o verbalmente, o por usar letra, cuadros, la dactilología u objetos.
- Identificar las motivaciones de otros.
- Identificar y describir su propia motivación a otros.
- Reconocer el engaño.
- Deducir lo que otra persona quiere expresar.
- Entender el humor.
- Usar el humor apropiadamente.
- Entender y usar formas retóricas, expresiones corrientes y modismos.
- Usar y entender metáforas.

- Usar y entender el sarcasmo.
- Usar y reconocer convenciones sociales e hábitos para usar en círculos diferentes sociales, como actúar recíprocamente con pares o adultos.
- Usar y reconocer la ironía.

Pragmática: Qué Decir, Cómo Decirlo, y Estar Conforme con Los Demás

Este incluye la interacción con otros, el desarrollo y mantenimiento de relaciones personales, tener éxito con colegas, y saber cómo jugar. La evaluación examina el uso del lenguaje para:

Conseguir la atención del otro.

Responder cuando otra persona inicia.

Relaciónarse con otros.

Acercar o iniciar el contacto con otros.

Compartir ideas e intereses.

Hacer comentarios apropiados.

Escoger opciones apropiadas.

Iniciar y formar amistades con otros.

Responder a la reacción de otros.

Hacer una demanda o petición.

Habilidades de Conversación

Esto incluye la capacidad de:

- Responder de cualquier modo a su nombre.
- Dar la vuelta hacia alguien que dice su nombre.
- Usar un objeto para abrir un tema.
- Responder cuando alguien le habla.

- Conseguir la atencion del oyente antes de empezar a hablar.
- Usar la mirada o contacto de ojo.
- Mirar hacia la persona que habla.
- Girar el cuerpo (orientar) hacia otra persona con quien habla.
- Juzgar y usar una distancia correcta entre otros.
- Empezar o abrir una conversación.
- Mantener y apoyar una conversación.
- Tomar vueltas en una conversación.
- Evitar interrumpir.
- Escuchar a otros.
- Escoger temas apropiados.
- Mover de un tema al otro basado en los señales del compañero comunicativo.
- Notar señales en la conversación, como si el oyente se aburre.
- Dejar de hablar de su sujeto favorito de conversación.
- Terminar la conversación.
- Pedir la aclaración.
- Comprobar con el compañero para estar seguro que él entiende lo que ha sido dicho.
- Usar «estrategias de reparación» cuando la conversación se estropea o cuando se entiende mal.
- Refleccionar: entender y/o repetir el punto de vista de la otra persona.
- Formar preguntas apropiadas.
- Responder a las preguntas de otros.
- Límitar el uso de discurso pedante o memorizado.
- Evitar la echolalia.
- Usar la inflexión de voz apropiada.

- Usar el volumen apropiado.
- Expresar las ideas coherentemente.
- Mantener la relevancia o tema de la conversación.
- Conversar por teléfono.

Interacción con Otros

Esto incluye la capacidad de responder a la comunicación de otros e expresar ideas. La evaluación medirá el uso de lenguaje y la capacidad de:

- Saber qué decir y cómo comenzar una interacción con otra persona.
- Saber qué decir y cómo participar en una conversación.
- Saber qué decir y cómo participar en un juego.
- Saber cómo entrar y participar en una actividad de grupo.
- Seguir trabajando dentro de un grupo.
- Pedir la ayuda.
- Informar a alguien la intención de hacer algo.
- Avisar a otros dónde él va.
- Seguir instrucciones.
- Dar instrucciones.
- Pedir un favor.
- Pedir permiso.
- Usar las palabras u otros símbolos para describir algo que pasó.
- Usar palabras u otros símbolos para describir sentimientos.
- Reconocer estados internos.
- Expresar las emociónes apropiadamente.
- Comunicar algo que quiere.
- Usar control de la impulsividad
- Usar postura correcta para comunicar sentido subyacente.

Reacciónando a Otros

Esto implica saber qué decir y hacer, en particular tratando con los sentimientos intensos y respuestas rápidas. La evaluación puede medir el uso de la lengua para:

- Estar consciente de reacciones de los otros a ella.
- Reaccionar a la gente y acontecimientos alrededor de ella.
- Alejarse de algo o alguien que le da disgusto.
- Moverse hacia alguien que puede ayudarle o protegerle.
- Reconocer una situación peligrosa o el ambiente peligroso.
- Reaccionar para la autoprotección en la presencia de algo o alguien peligroso.
- Reconocer cuándo y cómo informar a los autoridades si una persona o acontecimiento peligroso esté presente.
- Hacer cumplimentos.
- Expresar el aprecio.
- Expresar el afecto.
- Reconocer las autoridades.
- Expresar una reacción negativa apropiadamente.
- Revisar los pensamientos y decidir no decir algo.
- Tratar con las quejas justificadas de otros.
- Saber cuándo y cómo pedir perdón.
- Tratar con la crítica.
- Tratar con la cólera.
- Tratar con la cólera de otros.
- Tratar con comportamiento molesto de otros.
- Tratar con bromas or chistes de otros.
- Tratar con la vergüenza.

- Tratar con el fracaso o la imperfección.
- Tratar con frustración.
- Tratar con ser excluído.
- Tratar con el aburrimiento.
- Opónerse a la presión de los pares.
- Defenderse.
- Defender a otros.
- Evitar un problema.
- Negociar.
- Tomar la perspectiva del otro.
- Predecir lo que otra persona podría hacer.
- Reconocer y responder a los «registros sociales» que se expresan las cosas diferentemente según la importancia o la autoridad de la persona con quien habla.

Resultados

Usualmente serán presentados en un informe que incluirá algunos tanteos estandartizados, el análisis y la explicación. A veces dan un resultado que se llama «La Edad de la Lengua Receptiva.» Es el nivel del desarrollo del entendimiento de lo que es dicho, mostrado en cuadros o letra, o comunicado por la dactilogía). «La Edad de la Lengua Expresiva» es el nivel del desarrollo de comunicar las ideas a otros usando lengua de cualquier forma. Los tanteos comparan el nivel del niño a la capacidad de niños en vías de desarrollo típicas. La evaluación de discurso/lenguaje puede describir el nivel y éxito del individuo en la comunicación de la vida diaria. También debe identificar las situaciones en las cuales el individuo no tiene éxito en comunicarse.

A veces los especialistas de discurso/lengua u otros profesionales de evaluación concluyen que los niños o los adultos con características de TEA escogen no comunicarse con eficacia. El informe de la evaluación podría indicar que el niño o el adulto podría hacer mejor si ellos quisieran, o si ellos intentaran más, o si el padre proporcionaría más consecuencias.

Los profesionales pueden reaccionar de esta manera porque observan la variabilidad de interpretación de la gente con las características de TEA. ¡Ellos saben que el individuo tiene la habilidad porque ellos la han visto con sus propios ojos en otro tiempo o en otro lugar! Es esencial para los profesionales de discurso/lengua y otros encontrar las causas verdaderas de la variabilidad y no presumir que es el resultado de la voluntad consciente del individuo con TEA.

Los adultos con TEA nos dicen que hay muchos motivos porque ellos no pueden demostrar habilidades de comunicación en ciertas situaciones. La iluminación, los sonidos, el cambio de rutina, la confusión, el miedo, la proximidad de otros, la tensión, el nivel de demandas, etc. todos pueden afectar la capacidad de la persona de usar las habilidades de comunicación que ellos han demostrado en otro sitio o en el pasado. Este no implica que los individuos con características de TEA no tienen la voluntad que ellos pueden usar. ¡Si tienen! Como profesionales, es más provechoso mirar más allá de la voluntad y averiguar las causas verdaderas para distinguir entre «no quiere» «no puede» y «no lo hace.»

HABILIDADES SOCIALES

La mayoría de personas tendría dificultad de nombrar diez habilidades sociales. Las habilidades sociales pueden ser dadas por supuesto por la mayoría de personas, ya que ellos son adquiridos naturalmente por relacionar con otros. Para las personas con TEA, no se aprende facilmente. Las habilidades sociales incluyen la capacidad de:

- Actuar recíprocamente con otros.
- Desarrollar y mantener relaciones y amistades.
- Tener éxito con la gente de su edad (pares).
- Tener éxito con la gente mayor o más jóven que la persona.
- Aprender y aplicar convenciones sociales apropiadas para la cultura local.
- Entender la «jerarquía social» y dónde uno se figura en ello.
- Entender los «registros sociales» que se comporta diferentemente según la importancia o la autoridad de otra persona.

- Usar lenguaje y señales no verbales sociales con individuos y grupos.
- Cambiar, ser flexible, o «autocorrectar» en respuesta a las reacciónes de otros.
- Usar el autocontrol y comportamientos apropiados.
- Desarrollar habilidades de juego, ocio, y de relajar.
- Participar en actividades estructuradas e inestructuradas.
- Aprender «a leer» quién quiere su atención y quién no la quiere, y responder apropiadamente.

Propósito

Las evaluaciones de las habilidades sociales son diseñadas para ver las habilidades de actuar recíprocamente con eficacia con pares y/o adultos. Es probablemente una de las áreas más importantes de la evaluación debido al déficit en la socialización que es una parte de TEA por definido. Las evaluaciones de las habilidades sociales pueden superponerse con las evaluaciones de discurso, lengua y comunicación. ¡Sin algun tipo de lengua o comunicación, no puede haber interacción social! Puede ser útil refirir a las secciones sobre Discurso, Lengua y Comunicación que son también relevantes a la evaluación de habilidades sociales.

Método

Las evaluaciones de uno-a-uno entre el evaluador profesional y el niño o adulto son útiles para ver si el niño o el adulto entiende convenciones sociales, modales, y el lenguaje de la interacción social. Evaluaciones planeadas con y sin ruido de fondo, la proximidad cercana de otra gente conocida o desconocida, y la interrupción ayudarán a mostrar como la persona funciona en situaciones más realistas.

Las habilidades sociales no pueden ser evaluadas en el aislamiento. La evaluación tiene que determinar si las habilidades que pueden ser demostradas en la clínica o en un ambiente de uno-a-uno puede ser usado en situaciones naturales sociales, sin apoyo adicional, en particular con los pares. La evaluación y la observación deben ocurrir en sitios de grupo pequeños y grandes, y en múltiples ambientes. La persona que hace la evaluación querrá supervisar la participación en actividades del grupo, observando, y tomando apuntes, y hasta tomar algunas muestras de lenguaje.

La observación objetiva y el análisis de habilidades sociales en sitios naturales de uno-a-uno e interacciones de grupo con pares, de uno-a-uno e interacciones de grupo con adultos familiares, y de uno-a-uno e interacciones de grupo con otras personas (estranjeros, figuras de autoridad, etc.) darán información diferente de la evaluación clínica. En particular es importante tasar las habilidades demostradas (o no demostradas) en un grupo controlado por otros miembros del grupo y no por el individuo siendo evaluado.

Las observaciones en múltiples ambientes completarán la comprensión de la capacidad social. Los ambientes muy estructurados (como la clase, el auditorio, una reunión formal, o la iglesia) darán una idea de cómo el individuo se comunica y funciona. Las observaciones en ambientes inestructurados como el patio de recreo, el gimnasio, el cuarto de descanso en el trabajo, o un restaurante en el centro comercial, pueden ceder la información significativa y diferente.

Instrumentos

Algunos instrumentos que se puede usar para evaluaciones de habilidades sociales son:

- La Prueba de la Competencia de Lenguaje (Test of Language Competence, TLC).
- La Prueba de Lenguaje Pragmática (Test of Pragmatic Language, TPL).
- La Prueba de Solucionar Problemas-R Elemental (Test of Problem Solving-R Elementary, TPS-R).
- La Prueba de Soluciónar Problemas-Adolescente (Test of Problem Solving-Adolescent, TOPS).

Aquí hay algunas pruebas que se relatan específicamente a las habilidades sociales:

- Evaluación de Walker-McConnell de Hablildades Sociales (Walker-McConnell Social Skills Rating System, SSRS).
- Evaluación de Walker-McConnell de las Competencias Sociales y el Ajustamiento

Escolar (Walker-McConnell Scale of Social Competence and School Adjustment).

- Evaluación Escolar de Comportamientos Sociales Segúnda Edición (School Social Behavior Rating Scales, 2nd Edition, SSBS-2).
- Evaluación de Comportamientos Sociales del Hogar y la Comunidad (Home and Community Social Behavior Scales, HCSBS).
- Evaluación Social Escolar (School Social Skills Rating, S-3).

Otro recurso para evaluar las habilidades sociales y de jugar para los niños de 3 a 12 años se encuentra en el libro Peer Play and the Autism Spectrum (Jugar con Pares y TEA) escrito por la Dra. Pamela Wolfberg. Trata de las necesidades específicias de los niños con TEA, y el programa de Wolfberg que se basa en la recerca. Incluye métodos de identificar y comprender aspectos importantes del desarrollo de habilidades de jugar y socializar de niños.

Resultados

El evaluador puede proveer un informe con tanteos estandartizados y una descripción de las interacciones observadas. La descripción de las reacciones de otros al individuo siendo evaluado debería ser incluida. El evaluador debería describir los déficits y fuerzas de habilidades específicos sociales sin presumir saber la causa.

Habilidades

Las cuestiones habladas en la sección encima sobre el uso social de la lengua, en particular la semántica y la pragmática con pares, son la parte de la evaluación de las habilidades sociales. También es importante medir la manera de:

Relacionarse con Otros

La evaluación determinará el nivel en el cual el individuo es capaz de:

- Reconocer la presencia de otros de un modo observable.
- Responder de un modo observable cuando otros inician una interacción.
- Iniciar con otros de un modo no amenazante.

- Iniciar con otros de una manera que otros disfrutan o aceptan.
- Seguir el ejemplo de otros.
- Guardar «el paso» con la otra persona en una interacción.
- Reflejar a ver si la otra persona guarde el paso con él.
- Reaccionar diferentemente a personas conocidas y desconocidas.
- Compartir cosas agradables con otros (como un juguete u objeto) para compartir placer.
- Tener modos seguros y eficaces de conseguir y mantener la atención de otros.
- Decir y hacer cosas agradables a otros.
- Compartir y tomar vueltas con juegos, juguetes, alimentos u otros artículos.
- Permita que otros interfieran o interrumpan a sus actividades sin reaccionar de una manera exagerada.
- Buscar y gozar de la compañía de otros.
- Buscar la compañía de niños o adultos particulares o preferidos.
- Ser afectuoso físicamente apropiadamente con otros.
- Usar conducta y palabras de cortesía como «por favor» «gracias» y «de nada.»
- Usar la conducta de mesa apropiada, como no hablar con la boca llena.
- Estar culturalmente apropiado, como saber pedir perdon si se eructa en la mesa.
- Estar amistoso y dar el bienvenido a otros.
- Tener empatía.
- Entender las características de un amigo bueno y cómo serlo.
- Entender las esperanzas y el punto de vista de otros.
- Entender los ambientes y contextos sociales diferentes.
- Entender y ser consciente de la presión por pares.

Auto-organización

Ser organizado es una habilidad social para la casa, la clase y el trabajo. La evaluación determinará la capacidad de:

- Guardar objetos ordenados.
- Encontrar algo en el lugar donde está.
- Seguir direcciones para salir del salón a encontrar algo.
- Saber dónde se guardan las cosas.
- Guardar cosas en el sitio dónde pertenecen.
- Explorar el interior de un armario o gabinete para encontrar algo.
- Conocer qué artículos son necesarios para cuales actividades.
- Tener listos los artículos necesarios para una actividad.
- Crear rutinas o rituales para autoorganizar.
- Responder a y seguir las rutinas creadas por otros.
- Responder a listas escritas o imagines/fotos para autoorganizar.
- Usar cuadros o una lista para autoorganizar.
- Comenzar, hacer y terminar una tarea de un modo organizado.
- Entender el concepto de tiempo.
- Prioritizar.
- Escoger objetivos y metas.
- Crear y/o usar listas, horarios y calendarios.
- Acudir a citas.
- Entender lo que es un límite de fecha y guardarlo.
- Tardar la satisfacción, cómo esperar para una recompensa, o esforzarse en lograr un objetivo.
- Confirmar o verificar detalles de tiempo y lugar de un acontecimiento.

- Guardar y honrar las promesas.
- Recordar ocasiones especiales.
- Llevar a cabo y terminar proyectos.
- Seguir rutinas sin ser demasiado rígido.
- Determinar el uso de las hora libres.

Habilidades Personales

Esto incluye la capacidad de:

- Funciónar independientemente en varios sitios.
- Funciónar independientemente con el uso de apoyos específicos.
- Completar necesidades diarias como conseguir una bebida, preparar un bocado, etc.
- Mantener el autocontrol mientras experimentando varios estados emocionales.
- Moverse a un lugar seguro durante una sobrecarga emocional.
- Quedarse personalmente seguro (evitar accidentes, no ser una víctima).
- Cruzar la calle seguramente.
- Usar herramientas e otros implementos seguramente.
- Guardar las posesiones limpias, y guardarlos en su sitio cuando no se usan.
- Juzgar cuestiones de seguridad en casa, en la escuela en el trabajo y en la comunidad.
- Guardar cosas privadas o personales como apropiado para la edad y situación.
- Mantener la higénica personal, como usar el baño (independencia en este área puede ser un foco de prioridad).
- Respetar a la privacidad personal de otros.
- Pedir permiso antes de tocar a otros o sus posesiones.
- Reconocer sus propias fuerzas y debilidades.
- Considerar el lado «positivo» y «negativo» para hacer decisiones.

- Concentrar.
- Avisar a otros dónde él va.
- Aceptar una respuesta de «Sí» y una respuesta de «No» diferentemente.
- Responder a una orden, como «¡Pare!» o «¡Mueva!»
- Aceptar la crítica.
- Reconocer signos de la tensión interna.
- Considerar opciones para manejar la tensión.
- Calmarse a sí mismo.
- Aprender habilidades de adaptación.
- Usar las habilidades adaptivas cuando está bajo de presión.
- Practicar «la conversación mental» para considerar opciones para la resolución de problemas.

ANÁLISIS FUNCIONAL DE LA CONDUCTA

Debido a las características de TEA, varios problemas relatados a la conducta pueden occurir. Un análisis funcional de la conducta es una evaluación que considera el funcionamiento del individuo en muchos sitios, junto con las circunstancias cuando se ven los problemas y cuando no ocurren.

Objetivo

Un análisis funcional de la conducta se inicia para descubrir y explicar las causas subyacentes para la conducta problemática. Esta información forma la base de un plan de modificar o cambiar la conducta. Algunas conductas problemáticas pueden ser descritos como:

- Agresión o causar daño a otros.
- Comportamiento autoperjudicial.
- Destrucción de la propiedad.

- Escaparse del lugar donde debe estar.
- Perderse.
- Desnudamiento inapropriada (quitándose la ropa).
- Hiperactividad.
- Arrebatos emocionales («rabietas»).
- Dificultad en adaptarse a cambios sociales.
- Dificultad en adaptarse a cambios del ambiente físico.
- Ser resistivo (incooperativa).
- Untar excrementos.
- Tocar a otros inapropiadamente.
- Encender fuegos.
- Incumplimiento.
- Comer cosas incomestibles (cosas que no son alimentos).

Métodos

Según la experiencia del conductista y la educación ella ha recibido, varios métodos pueden ser preferidos. Los conductistas a menudo usarán varios de lo siguiente:

- Observación informal de tareas diarias o juego, tanto en situaciones naturales como en estructuradas.
- Observación estructurada o estandartizada.
- Las entrevistas con padres, proveedores de servicios, empleados y otros.
- Colección de datos y análisis.

Cualquier análisis funcional de la conducta problemática debería comenzar con un examen completo físico. Una persona con TEA no puede ser capaz de indicar si él está enfermo o tiene dolor. En muchos casos, la causa subyacente de las conductas problemáticos serios ha sido realmente una condición médica no reconocida o tratada.

Independiente de los métodos usados, los componentes esenciales de un análisis funcional de la conducta problemática incluyen:

- Una descripción objetiva y completa de la conducta problemática: definir la conducta de ser cambiado.
- Colección de datos y análisis.
- El desarrollo de una estrategia reactiva: una respuesta planeada que cada uno puede usar cuando la conducta problemática ocurre para prevenir el daño a alguien, y terminar el episodio rápidamente.
- Una historia completa de la conducta problemática.
- Una historia completa de todas las consecuencias que han sido entregadas en respuesta a ésta conducta problemática.
- Una «línea de tiempo» or resumen que compara los acontecimientos principales de la vida a los cambios de la conducta problemática.
- Un análisis de los efectos posibles y efectos secundarios de cualquier medicación usada.
- Un análisis de condiciones en las cuales la conducta problemática probablemente ocurrirá y las condiciones en que no ocurre.
- Asignación de sentido a la conducta problemática: una «conjetura» del mensaje que la persona trata de enviar con la conducta también llamado el **«intento comunicativo.»**
- Una estrategia de intervención que prueba aquella conjetura.
- Colección de datos y análisis para medir los efectos de la estrategia de intervención.

Instrumentos

Algunos instrumentos estandartizados como hojas de colección de datos, gráficos y cartas pueden ser comprados. Ellos son descritos en materiales específicos al campo del análisis de la conducta.

Habilidades

La palabra «completa» es usada con el análisis funcional de la conducta porque el entendimiento de la conducta implica mirar a todas las áreas del funcionamiento de una persona. **Muchos problemas de la conducta son causados por una carencia de habilidades o falta de entendimiento de lo que se debería hacer.** La evaluación en varios ambientes puede incluir la definición del nivel de la capacidad de:

- Comunicarse: expresar y recibir mensajes.
- Entender el tiempo y la secuencia.
- Procesar y recordar la información verbal.
- Pedir la ayuda.
- Protestar y negar sin usar comportamiento peligroso.
- Distinguir sus propias posesiones de aquellas de otros.
- Regular las emociones en responder a una situación o un estímulo.
- Mantenerse durante un cambio de la rutina.
- Enfrentarse con los sentimientos fuertes en ciertas circunstancias.
- Estar consciente de sí mismo, físicamente.
- Reconocer sentimientos personales y estados internos.
- Contar a otros sobre sus estados internos.
- Estar consciente de los sentimientos de otros.
- Saber responder a las emociones mostradas por otros.
- Reconocer lo qué ella necesita para sentirse segura y calma.
- Guardar el autocontrol.
- Controlar comportamientos agresivos.
- Controlar la rabia.
- Enfrentarse con situaciones diarias.

- Tratar con varios presiones en la vida diaria.
- Usar estrategias adaptivas.
- Adaptarse a situaciones nuevas.
- Usar habilidades de reparar situaciones, sobre todo cuando estrésado.
- Tratar la información cuando está agitado.
- Identificar ópciones.
- Elegir ópciones apropiadas.
- Seguir las reglas de una manera que no es ni demasiado estricto ni demasiado flojo.
- Ser tolerante de otros o ser flexible.
- Tratar con ganar y perder.
- Usar bien el tiempo.
- Esperar.
- Cooperar.
- Alejarse apropiadamente de unos estímulos disgustados.
- Cualquier otra habilidad relacionada con controlarse y relacionarse con otros.

Un análisis funcional behaviorístico debe incluir un análisis de cómo la gente en el ambiente responde a las señales comunicativas usadas por el individuo. La premisa es que debemos aceptar algunas formas de la comunicación no estándares mientras ellos no son dañosos ni estigmatizando. Debemos mostrar a la persona que sus señales comunicativas son poderosos, y tienen un impacto sobre las personas alrededor de él. Si el individuo ve o piensa que él no tiene ningún impacto por usar estrategias no dañosas, él puede intensificarse a modos más dramáticos y dañosos de comunicarse para afectar a las personas en el ambiente.

Por ejemplo, si el niño o el adulto indica que él necesita un descanso por acercar la puerta del cuarto de descanso (una señal clara y no peligrosa) ¿Conseguirá un descanso? O ¿Es su señal ignorada o rechazada? Si el individuo pide un descanso cuándo no es la hora, ¿Es que los empleados dice al individuo que no es el tiempo? o

¿Crean una lista visual de modo que el individuo sepa cuándo es la hora de descanso? Si la comunicación es ignorada, el comportamiento problemático puede resultar.

Resultados

Los resultados de la evaluación funcional de la conducta incluirán un informe sobre las observaciones objetivas, las entrevistas, la colección de datos, y resúmenes y análisis de los datos. Se pueden basar las conclusiones en los hechos objetivos, y las teorías posibles pueden ser declaradas si hay incertidumbre. El informe no debería asignar la culpa o contener asunciones subjetivas (inprobadas) sobre la voluntad del individuo o cualquier asunción (inprobada) sobre el estado interno del individuo.

El informe puede identificar problemas posibles que son la base de la conducta como:

- La necesidad de aprender una habilidad específica.
- Un nivel alto de ansiedad.
- Un problema de saber cómo relajarse o usar técnicas de relajación cuando son necesarios.
- Una dependencia en la rutina y la necesidad de tener más información sobre los cambios de rutina o interrupciones.
- La falta de la capacidad de predecir y esperar las acciones de otros.
- La falta de entendimiento de conceptos del tiempo y conceptos como «no aún,» «en un minuto» o «la semana próxima.»
- La falta de la capacidad de predecir acontecimientos fuera de la rutina ususal.
- Problemas de memoria.
- La necesidad de hacer un cambio en el ambiente físico o crear y usar una lista.
- La necesidad de tener información adicional para ayudar a la persona entender lo que pasa alrededor de ella, quizás proporcionado visualmente.
- La necesidad de stimulación sensorial adicional, apropiada.
- La necesidad de la repetición, demostrado por el disgusto por cambios de rutina.
- La adaptación usando acciones motóricos repetidos (como aletear las manos o

los brazos).

- Encontrar ciertas circunstancias como aplastantes.
- Sensibilidades o problemas sensoriales.
- La depresión (que podría explicar la «carencia aparente de la motivación. »)
- «La funcion ejecutiva, » problemas en planificación o realización de proyectos.
- La inhabilidad de comunicarse con eficacia tanto en enviar como en la recepción de información.
- Inhabilidad de comunicarse con eficacia en ciertas circunstancias.
- Una respuesta insuficiente de la gente en el ambiente a la comunicación del individuo.
- La necesidad de educación de familia y personal.
- Insuficiente control y influencia que el individuo tiene en su ambiente.
- Un síntoma de un trastorno físico, neurológico o médico.
- Otras causas subyacentes para el comportamiento problemático.

El informe contendrá también elementos de un plan, y describirá:

- La conducta nueva para enseñar al individuo y el tipo de recompensa para usarlo en vez del comportamiento problemático.
- Enseñanza de métodos y pasos para enseñar la conducta alternativa.
- Una descripción de cómo los padres y los empleados deben responder si la conducta problemática ocurra (estratégia reactiva).
- Una descripción de y práctica en cualquier técnica que será usada que implica el contacto físico con el individuo.
- Una referencia a cualquier profesional que debe examinar al individuo como un neurólogo o una enfermera.
- Un resúmen de los datos que se reunieron y el análisis de aquellos datos.
- Una lista de nueva información o datos para colecionar si es necesario.

- Planes de entrenar a los empleados/la familia.
- Planes para reuniones frecuentes hasta que la conducta problemática se elimine.

Véase la bibliografía del capítulo para más información para ayudar a familias y los profesionales dirigirse a la conducta problemática. Ofrecen otras ideas útiles y explicaciones a fondo sobre cómo cambiar la conducta.

HABILIDADES OCUPACIONALES Y EVALUACIÓN DEL PROCESAMIENTO SENSORIAL

Las tareas ocupacionales pueden ser descritas como «los empleos» de la vida diaria. Puede incluir las actividades y habilidades implicadas en jugar, de la casa, de la escuela, del trabajo, o las actividades de la comunidad. El procesamiento to sensorial se refiere a cómo un individuo tolera y responde a la entrada sensorial del ambiente diario (el gusto, el olfacto, el tacto, el oído). Los especialistas en este campo son a menudo entrenados en ambas áreas.

Objetivo

El objetivo de la evaluación es determinar la capacidad del individuo de funcionar físicamente en la vida diaria en varios sitios como la casa, la escuela, el trabajo o la comunidad. Las evaluaciones ocupacionales y de integración o procesamiento sensorial identifican las áreas de la necesidad que pueden ser mejoradas por actividades terapéuticas para individuos o pequeños grupos. La evaluación incluye un evaluación de:

- Las habilidades adaptables o prácticas y de cuidado de sí mismo.
- La independencia.
- Las habilidades de autoorganización.
- El control y tono de los músculos y el cuerpo.
- La coordinación del movimiento del cuerpo y de partes del cuerpo como las piernas, los brazos etc.

- La planificación de actividades motóras (movimientos).
- Las habilidades motóras finos (especialmente las manos).
- Las habilidades motoras «grandes» como movimientos de músculos grandes.
- Cómo la persona responde al ambiente físico.
- La autorregulación.
- Cómo los sentidos perciben y responden a los estímulos.
- Cómo el cerebro organiza y procesa la entrada sensorial.

Método

La evaluación ocupacional / de la integración sensorial puede incluir:

- Observaciones.
- Entrevistas con la maestra, el empleador, el empleado que cuida a la persona, etc.
- Pruebas estandartizadas.
- Encuestas.
- Tareas físicas y ejercicios.
- Observaciones clínicas.
- La finalización de la historia personal completada por la persona que cuida y/o una maestra; entrevistas más detalladas si son necesarias .

Instrumentos

- Evaluación de CDER Elementario (CDER Evaluation Element).
- El Cuestionario de Perfil Sensorial, completado por alguien que cuida a la persona, para niños de 5 a 10 años. (Sensory Profile Questionnaire).
- La Prueba de la Práctica de Integración Sensorial (Sensory Integration Praxis Test-SIPT) para niños de 4 a 10 años.
- La Prueba de Habilidades Motoras-Visuales Revisado (Test of Visual Motor Skills-Revised, TVMS-R) para niños de 3 años a 13 años, 11 meses.

- La Prueba de las Habilidades Visuales-Perceptuales, Revisado (Test of Visual Perceptual Skills-Revised, TVPS-R) para niños de 4 años a 12 años, 11 meses.
- La Evaluacion del Desarollo Motóra de Peabody-2 (Peabody Developmental Motor Scales-2) para niños desde el nacimiento hasta 6 años.
- La Prueba de Bruininks-Oseretsky de la Habilidad Motórica (Bruininks-Oseretsky Test of Motor Proficiency) para niños de 4 1/2 a 14 1/2 años.
- La Prueba del Desarrollo de la Percepción Visual (Developmental Test of Visual Perception, DTVP-2) para niños de 4 a 10 años.
- La Evaluación de Función Escolar (School Functional Assessment, SFA) para niños del kinder hasta el grado 6.

Habilidades

- Actividades de vida diaria- habilidades de cuidado de sí mismo, la capacidad de:
  - Usar el excusado (inoderado).
  - Usar el cepillo de pelo.
  - Manener la hígenica personal, incluso el cuidado de sí mismo durante menses.
  - Vestirse.
  - Darse la comida y comer.
- Auto-organización la capacidad de:
  - Cuidar a las pertenencias.
  - Conocer y decir su propio nombre, la dirección y el número de teléfono.
  - Organizar y usar materiales para la escuela o el trabajo.
  - Usar a planificadores, listas, listas de comprobación, calendarios, temporizadores, relojes, etc.
  - Trabajar independientemente en un clase o ambiente de trabajo.
  - Participar en actividades de un grupo pequeño.

- Responder al profesor, el padre, o peticiones del patrón.
- Seguir instrucciones.
- Usar las fuerzas personales para apoyar al aprendizaje de necesidades.

• Habilidades de trabajo – para prepararse para el trabajo o para la vida en la comunidad (como apropriada a la persona), la capacidad de:

- Hacer tareas or quehaceres de casa.
- Preparar o cocinar los alimentos.
- Hacer la cama.
- Lavar los platos.
- Comprender el valor de dinero.
- Calcular el cambio.
- Planear para los gastos.
- Preparar un presupuesto.
- Manejar un talonario de cheques y la cuenta bancaria.
- Usar una tarjeta de crédito.
- Gastar el dinero con responsabilidad.
- Hacer las compras.
- Pedir algo del menu en un restaurante.
- Usar el transporte público.
- Abrir varios tipos de contenedores.
- Abrir varios tipos de paquetes.

• Habilidades motoras finas - la capacidad de:

- Usar las manos.
- Usar los brazos.
- Usar varios herramientos corrientes.

  - Usar las tijeras.
  - Usar el asimiento apropiado que sostiene a un lápiz, una pluma, una creta, una brocha, las provisiones de arte, etc.
  - Usar los crayones y la pasta.
  - Usar materiales de la manera correcta.
  - Manipular objetos.
  - Copiar figuras geométricas como un círculo, cuadrado y triángulo.
  - Dibujar una figura simple.
  - Rastrar.
  - Letrear.
  - Escribir en la forma cursiva (escritura).
  - Usar un teclado / computadora.
  - Cerrar botones, broches a presión, ganchos y otros sujetadores.
  - Lazar los zapatos.
  - Reúnir y desmontar artículos.

- Habilidades motoras gruesas- la capacidad de:
  - Cruzar la «linea de medio» moviendo los brazos o piernas por delante del frente de centro del cuerpo.
  - Subir.
  - Andar a gatas.
  - Andar a hurtadillas.
  - Andar a la pata coja.
  - Andar de pie, pasear.
  - Pedalear.
  - Saltar.

  - Galopar.
  - Rollar, tirar y agarrar una pelota.
  - Usar el equipo del patio de recreo.
  - Llevar artículos mientras andando.
  - Agarrar varios artículos mientras inclinándose.
  - Usar la fuerza de cuerpo superior.
  - Levantar a un objecto.
  - Llevar algo de peso sustancial usando sólo una mano/brazo/lado y ser todavía capaz de andar, hablar, etc.
- Tener fuerza y resistencia para hacer actividades diarias:
  - Nivel de energía.
  - Tono de músculo.
  - Equilibrio.
  - Fuerza (extremedades superiores, manos).
- Autorregulación:
  - Ser conciente de la excitación y niveles de vigilancia.
  - Saber estrategias de adaptación y técnicas para tratar con sobrecarga y tensión.
  - Usar técnicas de relajación para calmarse.

Cuestiones Sensoriales: Determinación de Sensibilidades y Reacciones a la Entrada Sensorial

- Audiencia: sensibilidades auditivas, distracciones auditivas y defensivas auditivas:
  - Ser distraído o fascinado por los sonidos.

- Vocalizar o hacer sonidos demasiado a menudo, casi continuamente o de vez en cuando de un modo inusual.
- Considerar algunos sonidos dolorosos o fastidiosos.
- Tener problemas con identificar la fuente de un sonido cuando no se puede verla.
- Evitar o protegerse contra algunos sonidos.
- Dificultades en «ignorar» o no hacer caso del ruido de fondo.
- Dificultades en concentrar y enfocar en una voz cuando otra gente habla en el fondo.

• Visión

- Sentirse sensible a la luz.
- Buscar la entrada visual inusual.
- Mirar a objetos brillantes.
- Tener dificultad en distinguir una figura u objeto del fondo.
- Tener dificultad con percepción de la profundidad.
- Tener dificultades en iluminación baja o luz brillante.
- Sentirse sensible frente a algunos tipos de iluminación como tubería florescente.

• Olor:

- Disgustado por algunos olores.
- Muy sensible a los olores.
- Evitar o protegerse contra algunos olores.
- Buscar ciertos olores.
- Buscar olores que los otros encuentran desagradable o horrible.

- El Toque:
  - Oponerse a ser tocado menos cuando es iniciado por él.
  - Tener aversión de tocar ciertas cosas.
  - Pensar que algunas texturas y ropa son fastidiosas.
  - Evitar o protegerse contra algunas texturas o situaciones que implican el toque.
  - Ser hípersensible en cuanto al dolor o la presión.
  - Faltar la sensibildad esperada al dolor o la presión.
  - Buscar las sensasiones sensoriales por traer o llevar ciertos objetos.
- Gusto:
  - Alguna comida parece muy caliente o fría.
  - Tener disgusto de cierta comida debido a la textura.
  - Comer cosas no comestibles (a veces llamada «la pica»).
  - Evitar o protegerse contra alguna comida.
  - Tocar la boca, los labios, dientes o gomas con frecuencia.
  - Tocar o jugar con la saliva.
- Respuestas a movimiento:
  - No le gusta cuando sus pies no tocan la tierra.
  - Participa en el movimiento excesivo como hacerse girar, dar saltos y subir.
  - Se hace mareado cuando se mueve, como en un coche.
  - Prefiere actividades sedentarias.
  - Busca movimientos ásperos, estruendos, o golpeaduros.
  - Busca la presión, le gusta la envoltura apretada o la atadura.
  - Busca una entrada particular sensorial a menudo como columpiar o girar.

Resultados

Un informe escrito está preparado detallando los métodos, instrumentos y circunstancias de pruebas. Tanteos estandartizados pueden ser usados así como notas de observación e impresiones. Las recomendaciones deberían incluir sugerencias para tipos y frecuencias de ejercicios, tratamientos o terapias para dirigirse a cada déficit identificado en el proceso de evaluación. Una reunión es cumplida para explicar los resultados y ayudar a todos los miembros de equipo a entender la fuente sensorial u ocupacional de cualquier cuestión que puede verse con problemas de comportamiento. Los miembros de equipo necesitarán el apoyo en el informe y personalmente para prioritizar y aprender cómo crear las intervenciones y para empezar pensar y describir el comportamiento observable en términos de causas subyacentes sensoriales o motoras.

Las evaluaciones pueden revelar:

- Movimientos inusuales o «tics.»
- Problemas motóras finas o gruesas.
- Problemas con la planificación de tarea, como planear los moviemientos motoras.
- Dificultades en organizar los materiales.
- Cuestiones de fuerza y de resistencia.
- Dificultades en la realización de tareas diarias.
- Dificultades con el cuidado de sí mismo y las habilidades de autoayuda.
- Debilidad en algunos grupos de músculos.
- Cuestiones de procesamiento sensorial.
- Una necesidad aumentada o deseo de buscar algunas formas de entrada sensorial.
- La evitación de algunos estímulos, el «defensivo sensorial.»

LA EDUCACIÓN FÍSICA ADAPTADA

Las diferencias neurológicas inherentes en TEA pueden afectar el funcionamiento físico y la coordinación. Esto puede afectar negativamente la capacidad del individuo o el nivel de habilidad en muchas actividades típicas. Térapistas ocupacionales y físioterapistas examinarán muchas áreas de funcionamiento físico y de movimiento. También se puede evaluar la educación física adaptiva, o «APE» para niños escolares. (Recuerdese que la palabra motora se refiere al movimiento físico del cuerpo).

Todos los estudiantes que participan en la clase de la educación física reciben un tanteo por la participacion. Ellos reciben un tanteo para el esfuerzo que incluye la ciudadanía o la deportividad. El aspecto social de la participación en actividades de educación física es un componente importante para estudiantes con los rasgos de TEA. En el pasado, la educacion física adaptiva fue principalmente preocupado por la acomodación de las necesidades de los individuos con una discapacidad física. La identificación de cuestiones sociales como la deportividad y comunicación tal vez no están automáticamente relacionada con éste aspecto de la evaluación de APE pero debería ser considerada para estudiantes con TEA.

Esto puede significar que el asesor de APE trabajará con el terapista ocupaciónal, el patólogo de discurso y lengua, u otro personal. Juntos ellos pueden ver las cuestiones sociales y cuestiones de comunicación implicadas en la participación en la educación física. Si un distrito escolar no es acostumbrado a ver tanto aspectos físicos como sociales de la participación en PE, los padres pueden solicitar que esto sea hecho. O, la evaluación de lengua y discurso puede incluir la observación en la educación física, y sugerencias para mejorar las habilidades sociales en ese ambiente.

Objetivo

- Determinar la capacidad de un niño de participar en actividades de educación física.
- Determinar si las modificaciones son necesarias para permitir al niño participar en P.E.

- Identificar áreas de la necesidad que puede ser mejorada por actividades físicas puestas en práctica individualmente o en pequeños grupos.
- Determinar cómo el niño participa en juegos de grupo, incluso la deportividad, tomando señales de otros, entendiendo cómo funcionar como miembro de un equipo, tomando vueltas, esperando, y haciendo ovaciones para otros.

Método

Las actividades físicas son estructuradas para medir áreas de la habilidad como funciones motoricos-perceptuales, desarrollo de habilidades motoras, y el bienestar. Las encuestas y listas de comprobación pueden ser usadas también para relatar o registrar la actividad física. La observación con colegas en sitios naturales, y diálogo con padres y profesores pueden ser incluidos para identificar los aspectos sociales de la participación.

Instrumentos

Evaluación de Educación Física Adaptable. (Adaptive Physical Education Assessment Scales, APEAS).

Habilidades:

- Habilidades físicas:
  - El equilíbrio.
  - La imitación de posturas de cuerpo.
  - Saltar y saltos.
  - Agarrar, lanzar y dar una patada con una pelota.
  - Crucar la «linea central» moviendo los brazos o las piernas por delante del centro del cuerpo.
  - La fuerza del brazo.
  - La coordinación.
  - La resistencia.
  - La fuerza general.

  - Los reflejos.
  - La coordinación de la mano con el ojo.

- Habilidades sociales:
  - Tomando la vuelta.
  - Compartir.
  - Esperar.
  - Seguir las reglas.
  - Mantenerse cuando los otros no siguen las reglas.
  - Ser un buen deportista.
  - Aprender a iniciar y participar con otros.
  - Enfrentarse con ser excluído.

Resultados

Un formato de carta puede ser usado, poniendo las actividades físicas intentadas en una lista y el resultado y la fila de porcentaje correspondiente del estudiante. Esto compara el estudiante y el nivel de la habilidad con colegas. Un informe debería explicar las conclusiones, indicar áreas de fuerza, y áreas de necesidad. Las sugerencias pueden ser ofrecidas sobre actividades terapéuticas para desarrollar las habilidades motoras, las habilidades físicas y las habilidades sociales necesarias para participar en actividades de educación física. El reporte puede ofrecer detalles de adaptaciones y modificaciones requeridos para ayudar al niño a participar en P.E. Los resultados de encuestas y observaciones pueden describir los aspectos sociales de la participación en P.E. Cualquier área de dificultad será notada y los objetivos seleccionados para dirigirse a ellos.

AUDIOLOGÍA

Es importante estar seguro que los individuos oyen bien y que nada interfiere con la audiencia de vez en cuando, o siempre. Es importante estar seguro que los individuos no tienen condiciones de oído que les causan dolor constante o intermitente. Los individuos con TEA parecen tener más infecciones de oído medio y problemas de oído que la población general. Muchos tomaron antibióticos y/o le pusieron «tubos» en los oídos como chiquillos para ayudar o aliviar los problemas. En infancia, adolescencia o adultez, la gente con TEA puede seguir teniendo problemas del oído medio que interfieren con su capacidad de oír de día en día. Es importante para la gente con una historia de problemas de oído medio ser tasados por un audiólogo autorizado para determinar si el problema de oído medio está presente, o si los problemas de oído medio crónicos han causado daño permanente o la pérdida del poder oír.

Las pruebas de audiencia realizadas en las escuelas o agencias no son iguales a las pruebas de audiología completas. Las pruebas de audiencia de las escuelas no son tan precisas o controladas como una evaluación completa; tienen valor de identificar o indicar si un problema pudiera estar presente, pero no son específicas sobre la naturaleza del problema. Una prueba de identificar puede no descubrir problemas de los oídos suaves (pero significativos), problemas en sólo un oído, o una capacidad de audiencia inconsistente. Cada persona que falla una prueba de identifición de audiencia debería remitirse para pruebas completas de audiología.

Objetivo

El audiología es la ciencia que mide la capacidad de oír y discriminar sonidos y palabras. Las pruebas son hechas para excluír o identificar cualquier problema de audiencia que afecta a la persona con TEA. Este incluye la medición de la capacidad de:

- Distinguir sonidos similares, como gato y cabo.
- Oír y discriminar en la presencia del ruido de fondo.
- Repitir la secuencia correcta de sonidos oídos o dichos (elefante o «efelante»).
- Entender palabras y frases escuchadas.
- Oír igualmente bien con ambos oídos.
- Localizar sonidos: reconozcer de que dirección un sonido viene.

Método

Las pruebas de audiometria son hechas en una cabina insónora por un audiólogo autorizado. El audiólogo puede ver al individuo siendo evaluado por una ventana cerca de su panel de instrumentos. Para pruebas más precisas, el individuo lleva un audífono (auriculares), escucha a tonos, y responde cuando él oye cada tono. Los audiólogos prueban ambos oídos juntos, y prueban cada oído separadamente. El individuo puede ser pedido señalar al oído en el cual él oye los tonos. Llevando puesto el audífono, el audiólogo puede decir palabras y frases y pedir al individuo repetir lo que fue oído.

El audiólogo «condicionará» al individuo para pruebas. Este significa que el audiólogo enseñará al individuo cómo responder. Si el individuo no es capaz de dar respuestas consecuentes, o no puede tolerar aún un audífono, el audiólogo pondrá sonidos de varios niveles y tipos en la cabina insonora y mirará la reacción del individuo para tratar de determinar si los sonidos fueran oídos, o si las palabras dichas fueran entendidas. Eso se llamana **«sound field testing»** y puede determinar en general el nivel de oír del individuo y la sensibilidad a los sonidos. La prueba sin audífono no puede determinar cómo cada oído funciona separadamente.

Las pruebas para la función del oído medio son partes de pruebas de audiologica completas. Una prueba puede ser dada para mostrar la flexibilidad del tímpano y si es probable que el espacio de oído medio está claro u ocluido (por ejemplo, bloqueado por el fluido). La prueba es hecha por poner un pequeño instrumento en el canal de oído y enviar a un soplo de aire (esto no duele) contra el tímpano y grabar la acción del tímpano sobre un gráfico llamado **un timpanograma.**

Las pruebas de **«conducción de hueso»** (bone conduction) pueden ser hechas si la persona puede tolerar un pequeño audífono y responder a la petición de otra persona. Este es otro modo de determinar si haya un problema en el oído medio.

Instrumentos

- Pruebas de Audiometria (Audiometric tests) para medir la audiencia y la función de oído media.
- Emisiones Evocadas Otoacousticas (Transient Evoked Otoacoustic Emissions, TEOAE).
- Prueba de Habilidades Auditivas Perceptuales (Test of Auditory Perceptural Skills, TAPS).
- La Prueba de Escuchar (The Listening Test).
- Escala de Interpretación Auditiva de Niños (Children's Auditory Perception Scale, CHAPS).

Habilidades

- Reaccionar a los sonidos.
- Identificar la dirección de la cual el sonido viene.
- Dirigirse con cabeza u ojos a un sonido.
- Responder a voces.
- Reconocer palabras que suenan diferentes (gato y puerta).
- Reconoce palabras que suenan semejantes (gato y ratón).
- Entender el sentido de lo que es oído.

Resultados

Los resultados son por lo general proporcionados en la forma de un gráfico que se llama un **audiograma** que muestra cómo la persona respondió durante pruebas. A veces incluye un informe imprimido. El informe puede describir tanto lo que el individuo oyó como lo que él entendió. Los audiólogos hablan de sus conclusiones detalladamente con padres o profesionales.

Sobre el audiograma, niveles de oír serán descritos en **decibelios**, las unidades de la medida que cuentan qué ruidoso algo es. El umbral de la audiencia de la persona será descrito diciendo en qué nivel de fuerza (cuantos decibelios) la persona respondió. Un primer nivel de decibelio es usado para mostrar que ruidoso tiene que ser para la persona para ser consciente de un sonido de discurso. Un segúndo número indica que ruidoso tiene que ser para la persona para entender palabras que están siendo dichas. Las señales sobre el audiograma indican cómo el individuo respondió en cada frecuencia (el tono del sonido) de sonidos muy bajos a sonidos altos.

Si el individuo fuera capaz de usar el audífono y responder a tonos puros, marcas diferentes sobre el audiograma indicarán el nivel que oye para cada oído. Por lo general la gente oye algo diferentemente en cada oído. El audiólogo mencionará si haya cualquier necesidad de preocuparse.

Si una prueba de la flexibilidad de tímpano y el espacio de oído medio fuera hecha, el audiólogo tendrá un **timpanograma**, un gráfico que muestra los resultados. Si la línea sobre el tympanograma es bastante llana, puede haber fluido o infección en el oído medio, o un problema con la flexibilidad del tímpano. Si la línea sobre el timpanograma es muy encorvada (parece a la curva «de campana» tradicional) entonces el audiólogo puede asumir que no hay un problema con fluido o infección en el oído medio.

Para individuos evaluados quiénes tienen limitaciones en la capacidad de responder, el audiólogo debería dar impresiones generales sobre los niveles de audiencia y entendimiento, como:

- ¿Pareció que la persona usó un oído mejor que el otro?
- ¿En qué nivel de la fuerza (nivel de decibelio) reaccionó la persona?
- ¿Pareció que ciertos tipos de sonidos causaron una respuesta más sensible?
- ¿Había allí cualquier frecuencia a la cual se notó una respuesta negativa? ¿(Los sonidos muy bajos o altos parecieron molestar a la persona?)
- ¿Pareció el individuo oír voces machas o femeninas mejor?
- ¿Cómo podemos nosotros «entrenar» o preparar al individuo para tomar una mejor prueba de audiencia la próxima vez?

No Podía Probar

A veces los resultados serán las letras «CNT» sobre el audiograma. Este significa «no podía probar.» Si es posible que la pérdida de la audiencia pueda ser una preocupación por un individuo que tiene modos limitados de responder, tendrá que ponerse en contacto con la organización que licencia a los audiólogos en su estado o una asociación profesional de audiólogos. Algunos audiólogos se especializan en la evaluación de individuos difíciles de probar. Estos especialistas pueden sugerir métodos que el personal y la familia puede enseñar a la persona de mejorar las habilidades necesarias para aguantar y participar en una prueba en el futuro y tener más éxito. Para individuos con dificultad de responder, los empleados y las familias pueden proveer al audiólogo unas notas y observaciones sobre cuando el individuo parece oír o no oír en situaciones de vida diarias.

PROCESAMIENTO AUDITIVO

Incluso cuando la audiencia es normal y todas las partes del sistema de audiencia son funcionales, algunas personas tienen una capacidad limitada de procesar el sonido. Eso significa que mientras el sonido es oído, la persona puede tener la dificultad con reconocer o distinguir los sonidos. Otros problemas incluyen prestar la atención a sonidos y entender lo que es oído. Estos son problemas de procesamiento auditivo, e implican cómo el cerebro interpreta el sonido. La evaluación a fondo del procesamiento auditivo es por lo general sólo hecha cuando la audiencia es encontrada a ser normal, pero una persona no responde apropiadamente a sonidos or parece no entender lo que es dicho.

Objetivo

Un audiólogo conducirá Evaluaciones de Procesamiento Auditivas para determinar si una persona tiene un problema de procesamiento auditivo. Las evaluaciones examinan:

- La discriminación auditiva, reconociendo sonidos y palabras como iguales o diferentes.
- La memoria auditiva, recordando y contando la información que fue oída.

- La sequencia auditiva, recordando y reproduciendo sonidos en la orden que fueron oídos.
- La mezcla auditiva, reuniendo sonidos para formar palabras.
- La escucha a/ y entendimiento de discurso en la presencia de otros sonidos.

En casos cuando es necesario probar de la cóclea o nervio auditivo, se puede utilizar equipo especializado, como descrito debajo.

Método

Una evaluación de procesamiento auditiva es típicamente hecha usando un audífono. Puede ser también hecho en un cuartito de sonido, donde el sonido atraviesa a altavoces. Las pruebas implican cómo la persona responde a una voz humana. Las pruebas pueden ser hechas usando la voz del audiólogo, la voz paternal o una cinta grabada. Las pruebas pueden ser modificadas para incluír situaciones a las cual se sabe que la persona generalmente responde.

Las Pruebas de Emisión de Otoacoustica pueden ser hechas para medir el funcionamiento sensorial de la cóclea del oído. La persona probada lleva un micrófono diminuto que parece a un tapón para los oídos, y se sostiene tranquilo durante 20 o 30 segúndos

En algunos casos se requieren pruebas precisas y sofisticadas. Las pruebas llamadas «el potencial auditivo evocado» (AEP) o «respuesta auditiva cerebral» (ABR) son hechas por un profesional médico o audiólogo que se especializa en este área. El equipo de electrofisiologica (EEG) es usado directamente para medir la función de nervio auditiva, de la cóclea al tallo superior cerebral. Esto es un procedimiento indoloro, en cual la persona se lleva electrodos y auriculares, y descansa. Requieren a menudo la sedación porque la persona probada debe quedarse perfectamente tranquila durante aproximadamente 90 minutos, o irse a dormir. Estas pruebas son diseñadas para determinar si el cerebro reacciona a los sonidos y el discurso que los oídos «escuchen.»

Instrumentos

- Prueba de Realización Auditiva Continua (Auditory Continuous Performing Test, ACPT).
- Prueba Lindamood de Conceptualización Auditiva (Lindamood Auditory Conceptualization Test, LAC).
- Prueba para Desórdenes de Procesamiento Auditivo en Adolescentes y Adultos (Test for Auditory Processing Disorders in Adolescents and Adults, SCAN-A)
- Prueba para Desórdenes de Procesamiento Auditivo en Niños, Revisados. (Test for Auditory Processing Disorders in Children, Revised, SCAN-C). (Nota: las cuatro pruebas encima son también usadas en evaluaciones de discurso y lengua o pruebas de procesar el lenguaje).
- Respuesta Evocada del Tallo Cerebral (Brain Stem Evoked Response, BSER).
- Respuesta Auditiva del Cerebro (Auditory Brainstem Response, ABR).

Resultados

Un informe está preparado detallando los procedimientos usados y los resultados encontrados. Las cartas y los gráficos de niveles de respuesta son interpretados. El informe indicará si los signos de un trastorno de procesamiento son encontrados.

Una Nota Sobre la Audiencia y TEA:

Puede ser muy difícil probar a un individuo con TEA. El individuo puede necesitar un poco de «educación» o practica antes de pruebas para ayudarle a aprender los pasos implicados en tomar las pruebas. Muchos profesores de niños que son sordos saben cómo «condicionar» o preparar a un individuo para pruebas de oír y es posible ponerse en contacto con ellos por su ayuda. Las lecciónes discretas u otra forma de instrucción sistemática pueden ayudar a la persona que va a ser probada a entender qué hacer durante las pruebas.

¡Conocemos a individuos con autismo que respondieron como si ellos eran sordos durante pruebas del cerebro, y más tarde fueron encontrados a tener la audiencia normal! Conocemos a algunas personas con TEA que han usado audífonos durante años, sólo averiguar que su audiencia había sido normal desde el principio y ahora se deterioraba debido a tanta amplificación.

La gente con TEA puede ser más inclinada a tener infecciones de oído y fluido que a veces aumenta en el espacio de oído medio. Este no es sólo incómodo o doloroso, pero puede causar una diferencia severa en la capacidad de oír de un día al siguiente.

Los niños con la pérdida de oír pueden tener autismo. Los niños con autismo pueden tener la pérdida de oír. Debido a las dificultades en la administración de pruebas formalizadas, la observación objetiva en múltiples ambientes y la descripción objetiva de capacidades de oír hecho por personal y familias es sumamente importante. Es importante separar lo que fué observado objetivamente (Amy no alzó la vista cuando Victor gritó) de cualquier juicio subjetivo inprobado (porque Amy no se preocupa por sus pares). La información subjetiva e inprobada distraerá el equipo y puede perjudicar la capacidad del equipo de conseguir una evaluación de audiencia exacta.

VISIÓN

La visión es probada como parte de una evaluación completa para estar segura que los ojos son sanos y que persona ve correctamente. La evaluación de visión puede determinar si los problemas de ojo afectan a la persona con TEA.

Objetivo

Los exámenes de ojo son hechos para determinar:

- Agudeza visual, o la capacidad de los ojos para ver, y agudeza de vista.
- Si cada ojo ve bién.
- Si ambos ojos trabajan en armonía.
- Si hay cualquiera enfermedad de ojo.
- Si el individuo necesita lentillas correctivas (gafas) u otros ayudantes o aparatos.

Métodos

Un oftalmólogo certificado por bordo prueba al individuo en un cuarto oscurecido. A veces se ponen gotas en el ojo. Pide al individuo describir lo que se ve y responder a preguntas. Los ojos son examinados para buscar cualquier indicación de enfermedad o problemas.

Hay métodos que la familia o los empleados pueden usar para ayudar a las personas que no pueden responder fácilmente o tolerar los procedimientos de la prueba. Algunas estrategias descritas en el Capítulo Cuatro, el Proceso de Evaluación, pueden ser útiles. En la mayoría de los estados, algunos oftalmólogos se especializan en trabajar con gente con necidades especiales y han desarrollado métodos especiales de probar y tasar. Póngase en contacto con una clínica del desarrollo de niño de una universidad en su estado para una remisión.

Resultados

El médico hablará de cualquier conclusión con el individuo, el personal o la familia. Las recomendaciones serán hechas para el tratamiento si es necesario. Las lentillas correctivas serán prescribidas si son necesarias. Compartirá información sobre la salud del ojo.

PROCESAMIENTO VISUAL

Incluso cuando la vista es normal y los ojos son funcionales, algunas personas tienen una capacidad limitada de procesar lo que ellas ven. Esto significa que mientras la vista es exacta, la persona puede tener dificultad en reconocer o distinguir letras, números y palabras. Otros problemas incluyen prestando la atención al estímulo visual y entendiendo lo que es visto. Esos se llaman problemas del procesamiento visual o problemas de percepción visuales, y tratan de cómo el cerebro interpreta lo que ven los ojos. La evaluación a fondo del procesamiento visual es por lo general sólo hecho cuando la vista es encontrada ser normal, pero una persona no responde apropriadamente a lo que es visto, o no entiende a lo visto. Una cuestión relacionada es cómo la vista es usada para dirigir el movimiento del cuerpo entero y las manos.

Objetivo

Una evaluación de procesamiento visual mide:

- **La Discriminación Visual**, la capacidad de:
  - Reconocer objetos o símbolos, y distinguir uno del otro.
  - Distinguir un objeto del fondo.
  - Distinguir entre primer plano y fondo.
  - Distinguir entre números letras, formas, objetos o símbolos similares que se parecen, como p, d, b, y q.
- **El Cierre Visual**, la capacidad de:
  - Reconocer objetos o símbolos cuando sólo una parte de ello es visible.
  - Reconocer objetos o símbolos cuando se falta una parte.
- **Memoria Visual**, la capacidad de:
  - Reconocer objetos familiares.
  - Formar representaciones visuales de lo que es visto (memoria visual).
  - Hacer una conexión entre una memoria visual y un objeto visto.
  - Recuperar memorias visuales.
  - Integrar y sintetizar estímulos visuales en una forma completa.
- Ver relaciones de todo/parte, la capacidad de:
  - Reconocer una parte como un pedazo de un objeto entero.
  - Reconocer que un objeto entero es arreglado de pedazos separados.
- Coordinación visual con movimiento:
  - Integración visual de motor: usar la vista para dirigir movimientos.
  - Motor grande: movimiento de cuerpo, coordinación, y destreza.
  - Motor fino: la coordinación de ojo a mano.

Método

Un profesional con experiencia en desórdenes de procesamiento visuales puede conducir una evaluación.

Habilidades

- Explorar el ambiente mirando alrededor.
- Seguir objetos móviles.
- Buscar un objeto que desaparece de la vista.
- Responder diferentemente a objetos diferentes.

Resultados

El profesional médico o certificado escribirá un informe con una descripción de qué procedimientos fueron usados y los resultados del proceso. El informe indicará si hay un problema de procesamiento visual y puede recomendar terapias o ejercicios por dirigirse a ello.

EVALUACIÓN DE LA TECHNOLOGÍA FACILITANTE

¿Que es la Tecnología Facilitante? (Esta información es adaptada de la Junta de educación del Estado de Illinois Manual de Recursos de la Tecnología Facilitante, Sitio Web de www.isbe.state.il.us/Facilitante/general_at_evals y el Proyecto de la Tecnología Facilitante de Illinois: Sitio Web www.iltech.org. Usado con permiso.)

La Tecnología Facilitante o Tecnología Asistencial (AT por las siglas en inglés de «Assitive Technology») se refiere a una amplia variedad de aparatos, servicios, estrategias y prácticas que son diseñadas para aumentar las capacidades funcionales de personas que tienen una discapacidad. Una evaluación contesta la pregunta de ¿Qué tecnologías y estrategias pueden ser usadas para mejorar la función durante una actividad específica? La Tecnología Facilitante puede ser tecnología «baja» o tecnología «alta» y extenderse en el precio de unos dólares a miles de dólares. Hay muchos artículos y aparatos assistivos que pueden beneficiar a la gente con TEA y permitir que ellos tengan acceso al plan de estudios en la escuela y el lugar de trabajo.

Objetivo

Para encontrar una solución de Tecnología Facilitante (TF) apropiada, los padres, los profesores y los terapeutas deben ver a un niño o el adulto y sus necesidades de un modo nuevo y diferente. Generalmente un niño o adulto con una discapacidad recibe servicios que se concentran en la mediación y/o rehabilitación. Es decir, intentamos «arreglar» al individuo, haciendo a la discapacidad menos de un factor en su vida. Ese modo de pensar se llama el «modelo médico» de entregar servicos.

La TF no intenta arreglar al individuo. Trata de arreglar el ambiente, el espacio alrededor del niño o adulto, el lugar donde él trabaja, aprende, y hace cosas. «El ambiente» en este caso es cualquier lugar en que el individuo está: en su cama, en la barra, en el círculo de prekinder, en el autobús escolar, en el patio, en el trabajo, etc. El objetivo de la Tecnología Facilitante es facilitar al individuo participar, y tomar parte de cualquiera actividad pasando alrededor de él.

La Tecnología Facilitante para la gente con TEA puede permitir a la persona a comunicarse y participar más en las actividades alrededores. Puede ayudar a la persona a ser más organizada, o entender y seguir una lista o un plan. Puede permitir a la persona completar su trabajo.

Método

La mejor práctica se base en la consideración de muchos factores. Se incluye la evaluación en los mismos lugares donde la persona usará un dispositivo, las esperanzas del usuario en aquellos sitios, los apoyos necesarios de usar el dispositivo, y la preferencia individual en el uso del dispositivo. El evaluador debería comparar también los rasgos únicos de varios aparatos para decidirse cual dispositivo(s) podría cumplir con las necesidades del individuo.

El mejor procedimiento que cualquier evaluador puede escoger es averiguar si un dispositivo servirá mientras que el usuario participa en la actividad deseada usando el dispositivo en el sitio natural. El evaluador debería documentar con cuidado el grado al cual el dispositivo tiene el resultado deseado. Asi se hace una justificación casi irrefutable para la recomendación del dispositivo. Mientras los evaluadores pueden ceder alguna información de un evaluación estructurado, típicamente el hecho que el usuario tiene poco tiempo con un dispositivo y en un ambiente no muy natural hace los datos menos que óptimo.

La utilización de un dispositivo prestado o alquilado durante un tiempo más largo, como unas semanas, en un ambiente natural, proporciona datos poderosos para apoyar la necesidad y la eficacia de un dispositivo particular. Un evaluador que presenta observaciones de la vida diaria en una recomendación es mucho más persuasivo que uno que presenta sólo un racionamiento teórico.

Esté cauteloso si los evaluadores usan volúmenes de datos de pruebas estandartizadas en áreas como la cognición, la habilidad visual, la habilidad auditiva, la variedad de movimientos, las habilidades motoras finas y grandes, la lengua receptiva y expresiva, etc. como la base de su recomendación de aparatos. No se puede negar que las pruebas estandartizados en áreas tradicionales sean provechosos. Sin embargo, en evaluaciones de tecnología, no deberían formar la única base para una recomendación.

Si un distrito escolar va a pagar por un dispositivo, «el mejor» no es el estándar en el cual ellos tienen que cumplir. La IDEA, la ley federal que gobierna la educación especial, sólo requiere que escuelas proporcionen lo que es «apropiado. » De la misma manera, en un caso de la ley de ADA (el Acto de Americanos con Discapacidades) el estándar legal debe conseguir «comunicación eficaz. » En la rehabilitación profesional el estándar legal es «necesario para el empleo. » Para el programa estatal de asistencia médica para cubrir el dispositivo debe ser «necesario médicamente. » Asegúrese que su evaluador entiende el estándar legal sobre el cual su recomendación de dispositivo debe estar basada.

¿Quién Hace Evaluaciones de TF?

Alguien que es reconocido por agencias de financiación privadas o públicas como un abastecedor de servicios de TF puede proporcionar una evaluación formal.

Actualmente, no hay ninguna licenciación disponible para la evaluación de TF. Los proveedores de evaluación son a menudo licenciados en campos relacionados como Terapia Física, Terapia Ocupacional, y Patología de Discurso/Lengua. Los ingenieros de rehabilitación, mientras no certificados y licenciados, tienen fondos de tecnología o ingeniería. Otras personas que pueden hacer una evaluación incluyen especialistas de TF o practicantes que se han identificado de tener experiencia y el conocimiento de TF.

Los terapistas ocupacionales, los fisioterapistas, y los terapistas del discurso y lenguaje son profesionales que tienen la educación y la maestría en áreas clínicamente aprobadas. Todos los terapistas de práctica deben lograr pruebas estandartizadas y ser certificados o licenciados en su campo. Sin embargo, no hay ninguna exigencia especial para aplicaciones de Tecnología Facilitante y un terapista puede tener o no tener la experiencia y la maestría en evaluación y recomendación para TF. Usted tiene que preguntar si su terapeuta es calificado en el área de TF.

Los «ingenieros de rehabilitación» son proveedores que tienen fondos de ingeniería y/o tecnología y son muy familiares con aparatos de tecnología assistiva. Usted tendrá que preguntar sobre la experiencia y maestría para determinar si ellos son capaces de encontrar las necesidades de evaluación o recomendación. Los ingenieros de rehabilitación generalmente ofrencen servicios en áreas no médicas como modificar a la casa o sitio de trabajo, y hacer adaptaciones de computadora.

Los practicantes de Tecnología Facilitante o los especialistas son individuos que se han identificado como tener el conocimiento y la experiencia en la tecnología assistiva. Por lo general, tales personas tienen un fondo clínico en el funcionamiento con personas con discapacidades y se han especializado en aplicaciones de TF. Suelen proveer evaluaciones completas y entrenamiento con aparatos. Especialistas de TF por lo general cobran por sus servicios.

Aquellos haciendo evaluaciones necesitarán un conocimiento de las fundaciones de tecnología assistiva, aparatos, y aplicaciones, y ser capaz de completar una evaluación formal de TF. Si la evalución va a ser financiado por un distrito escolar o agencia, requieren a menudo que una evaluación formal sea realizada por individuos con credenciales particulares. Usted querrá preguntar sobre la experiencia del individuo y maestría para determinar si el proveedor es apropiado para sus necesidades y si tiene calificaciones que cumplen con cualquier exigencia puesta por la fuente de financiación.

Instrumentos

Aquí está una lista de instrumentos, recursos y contactos para la evaluación de TF.

- El SETT es una sigla que significa lo siguiente: S=Student (estudiante), E=Environment (ambiente), T=Tasks (tarea), T=Tools (instrumentos). Puede tener acceso al SETT vía el Internet en www2.edc.org/NCIP/workshops/sett3/index.html. Este es un taller en el Internet creado y facilitado por Joy Zabala. El objetivo es ayudar a profesores, especialistas, clínicos, y padres para trabajar de colaborar para seleccionar la Tecnología Facilitante para un estudiante o individuo con una discapacidad.
- *La Evaluación de las Necesidades de los Estudiantes de Tecnología Facilitante: un Manual de Recurso para Equipos de Distritos Escolares por La Iniciativa de Tecnología Facilitante de Wisconsin (WATI). (Assessing Students' Needs for Assisstive Technology: A Resource Manual for School District Teams by the Wisconsin Assistive Technology Initiative, WATI).* En línea en www.wati.org/. Éste es el primer manual desarrollado por WATI para ayudar a abastecedores de servicio de distritos escolares como profesores, patólogos de discurso/lengua, y terapeutas ocupacionales. La Evaluación de las Necesidades de la Tecnología Facilitante del Estudiante (ASNAT) es una colección de información sobre la tecnología facilitante. Está arreglado alrededor de las tareas que los niños tienen que ser capaces de hacer como escritura, comunicación, lectura, estudiar, etc.
- «Navegación del Proceso: Puntos de TECNOLOGÍA Educativos para Padres.» (Navigating the Process: Educational TECH points for Parents.) Este artículo de 1997 escrito por Gayl Bowser y Penny Reed adaptado de «Cerrar el Hueco.» Ayuda a los padres a trabajar con su distrito escolar a tasar la necesidad de AT y obtenerlo. En el Internet en www.ldonline.org/ld_indepth/technology/bowser.PM.pdf. (El documento está en el formato de PDF y se necesita el software de Lector de Acróbata de Adobe para leerlo o imprimirlo).

- «La Evaluación de Tecnología Assistiva: Más Que el Dispositivo» por Andrew R. Beigel («Assitive Technology Assessment: More Than the Device»). Éste artículo escrito en 2000 describe un proceso provechoso para la evaluación de AT que intenta mantener al estudiante como el centro del proceso. Disponible de LD en Línea: www.ldonline.org/ld_indepth/technology/at_assessment.html

- «Guía de Evaluación de Tecnología Para Estudiantes con Discapacidad de Aprendizaje.» (Technology Evaluation Guide for Students with Learning Disabilities). Esta guía en línea ofrece varios recursos para asistir con el proceso de evaluación: una forma que lista áreas para ser consideradas, una lista de preguntas críticas para considerar y una descripción de varios tipos de equipo e instrumentos de tecnología. (El artículo está en formate de PDF y se necesita el Lector de Acróbata de Adobe para leer e imprimir. Vease a: www.ldonline/ld_indepth/technology/evaluation.pdf.

- «Un Acercamiento Funcional a la Tecnología Assistiva.» («A Functional Approach to Assisstive Technology»). Universidad de Kentucky Proyecto de Tecnología Facilitante en línea en http://serc.gws.uky.edu/www/ukat/function.html»implications.

- «Lifespace Access Profiles: Evaluación de la Tecnología Facilitante y Planeando para Individuos con Discapacidades Severas o Múltiples» y «Acceso Superior para Individuos con Discapacidades Físicas.» (Lifespace Access Profiles: «Assistive Technology Assessment and Planning for Individuals with Severe or Multiple Disabilities,» and «Access Profile Upper Extension for Individuals with Physical Disabilities.») Los perfiles se enfocan en el cliente y incluyen recursos para ayudar al equipo para dirigirse a cuestiones físicos, cognoscitivos, emocionales y de apoyo de individuos que usan TF. Los perfiles vienen con un librito detallado de instrucción de cómo completar cada sección del perfil. Para comprar perfiles o para más información pongase en contacto con: lifespace40729@aol.com o Lifespace Access, Buzón 52724 Irvine, CA 92619. 949-733-2746 voz o 949-552-1348 fax.

- «La Tecnología Facilitante Forma B» («Assistive Technology Screener Form B»). Una muestra del Centro de Recursos de Tecnología de Texas, un proyecto de

Tecnología e Inclusión. Oficinas administrativas y centro de tecnología: Texas Technology Resource Center, Administrative Offices and Technology Center, 1715 FM 1626W Suite 106, Manchaca, TX 78652, o, Caja Postal 150878, Austin, TX 78715. http://www.taicenter.com/screener.html

Recursos

- Alliance for Technology Access (Alianza por el Aceso a la Tecnología, en español) http://www.ataccess.org/resources/fp
- «Estrategias Inteligentes de Tecnología - Ideas Para Guiar Sus Pensamientos.» («Smart Tech Tricks - Ideas to Frame Your Thinking»). En línea en http://www.ihdi.uky.edu/projects/tech_tools/tricks.htm.
- «Los Pros de Dover... Usando «los Expertos » para Justificar una Necesidad de Tecnología Assistiva.» («The Pros From Dover . . . Using «Experts» to Justify an Assistive Technology Need.») Del Proyecto de Illinois de la Tecnología Facilitante, Página Inicial de www.iltech.org.
- «Indicadores de la Calidad de Servicios Eficaces de la Tecnología Facilitante.» («Quality Indicators of Effective Assistive Technology Services.») En línea en http://sac.uky.edu / ~ jszaba0/tamkeynote.html.
- «Estándares para Servicios de Tecnología Facilitante.» («Standards for Assistive Technology Services.») En línea en: http://sac.uky.edu/~jszaba0/sampstandard.intervention.html.
- «Evaluaciones de la Eficacia: Estándares para Servicios de Tecnología Facilitante.» («Evaluations of Effectiveness: Standards for Assistive Technology Services.») En línea en http://sac.uky.edu /~ jszaba0/sampstandard.evaluation.html.
- «Cómo Selecciónar y Obtener la Tecnología Facilitante.» («Selecting and Obtaining Assistive Technology.») Programa de Iowa de la Tecnología Facilitante. En línea en http://www.uiowa.edu/infotech/SelectAT.htm.

RESUMEN CAPÍTULO 5

- Para objetivos diagnósticos y de evaluación, el comportamiento puede ser definido como habilidades y capacidades que la persona es capaz de demostrar, o habilidades que la persona no tiene o usa.

- El objetivo de pruebas y evaluación es identificar las habilidades que una persona tiene a lo largo de una serie continua de crecimiento. Eso ayuda a mostrar lo que una persona sabe y puede hacer, y lo que él o ella tiene que aprender. Varias áreas del desarrollo tienen que ser tasadas para conseguir una idea completa del progreso y funcionamiento de una persona.

- Se pueden hacer evaluaciones en estas áreas: psiquiátrico y/o neurológico, médico/físico, psicológica/educativa/aprendizaje, comportamiento/conducta, comunicación/lengua/discurso, habilidades sociales, funcionamiento físico, función ocupacional/motórico/sensorial, funcionamiento adaptable/habilidades cotidianas, la audiencia, la visión y la tecnología facilitante.

- Los profesionales pueden usar varios métodos, pruebas o técnicas para medir habilidades y capacidades específicas; los resultados de la evaluación serán resumidos como «conclusiones.»

- Los profesionales que conducen evaluaciones deben ser entrenados, calificados, y/o licenciados para conducir las evaluaciones que ellos realizan.

- Las pruebas estandartizadas son **«normed.»** Eso significa que los métodos científicos son usados para definir cómo las personas de una cierta edad deberían funcionar en la prueba. La estandarización permite que los resultados de cualquier individuo sean comparados con los resultados de otros de la misma edad.

- Algunas evaluaciones son **«criterio referido.»** Este significa que la evaluación es hecha para ver si una capacidad particular, habilidad o atributo está presente, o no.

- A veces, la información ganada del proceso de hacer o intentar actividades de prueba puede ser tan valiosa como un resultado.

- Los modos de probar informalmente para la presencia o la ausencia de habilidades son a menudo necesarios y pueden ser incorporados en el proceso de evaluación. Se pueden incluir entrevistas, observación en varios sitios, y encuestas para incluir informacion de parte los de padres, los profesores o los empleados.

- La gente con TEA puede tener el desarrollo que es desigual o «fuera de la sincronización» con lo esperado para una persona de una cierta edad. Por esta razón, varios métodos pueden ser necesarios para medir el rango completo de capacidad y necesidad.

- Los resultados de las pruebas estandartizadas pueden ser relatados de varias maneras. Es importante saber cómo el resultado está siendo relatado, y lo que significa «el número» o tanteo.

- Los resultados de subpruebas individuales pueden revelar fuerzas específicas y áreas de déficit.

- Precávase de tanteos promedios o «el rango medio.» ¡Hacer un promedio puede ser contraproducente al inteno de identificar claramente cualquier área de déficit por allanar los mismos picos y valles que tratamos de identificar!

- Las listas de habilidades proporcionadas en este capítulo pueden ser usadas para entender lo que mide o tasa una evaluación de un área particular. Las listas de habilidades pueden inspirar también otras ideas sobre que incluír en la información en un área particular.

- Se proveen en este capítulo varias listas de instrumentos de evaluación y pruebas para abrir el diálogo entre las personas que hacen las pruebas y la familia e individuo siendo evaluado. Eso ayuda a familias a saber qué esperar, dar el consentimiento informado, y ayudar a la familia en preparar al individuo para las pruebas.

- La discusión sobre las conclusiones y los resultados de las pruebas debería ser hecha cuando el niño no está presente. Los padres, los tutores y los empleados pueden incluír a un adulto con TEA como apropiado. Un adulto que se presenta para el diagnóstico puede querer traer a un amigo o miembro de familia a la reunión cuando los resultados de prueba son presentados y hablados.

Recursos en Español

«La Evaluación de Su Niño: Puntos Basicos para los Padres.» Centro Nacional de Deseminación de Información para Niños con Discapacidades-NICHCY Publicación BP1-SP, 2001. http://www.nichcy.org/pubs/spanish/bp1stxt.htm. Mucha información disponible en español, en www.nichcy.org/pubs/spanish/introduccion.asp incluso, «Le preocupa el desarrollo de su hijo?» Teléfono 1.800.695-0285; FAX 202.884.8441.

«Evaluación Psiquiatra Comprensiva». American Academy of Child and Adolescent Psychiatry (Academia Americana de Psiquiatría del Niño y Adolescente-AACAP). Publicación 52, 2001. www.aacap.org/publicaciones/apntsfam/fff52.htm «El Niño Autista.» www.aacap.org/publicaciones/apntsfam/autistic.htm

«El Desarrollo Normal de la Adolescencia.» Publicación 57, 1998. www.aacap.org/publicaciones/apntsfam/fff57.htm

Hojas informativas en español de CARD, Center for Autism and Related Disabilities (Centro por Autismo y Discapacidades Relatadas). http://ucf-card.org/factsheet/factsheet.html.

LDonline: Recursos para trastornos de aprendizaje. http://www.ldonline.org/spanish/index.htm

Recursos de Capítulo

American Academy of Neurology (2000) Practice Parameter: Screening and Diagnosis of Autism Spectrum Disorders. A Multi-Society Consensus Statement.http://www.guideline.gov/summary/summary.aspx?ss=15&doc_id=2822&nbr=2048. (Very technical language.) (Parámetros de Práctica: Identificación y Diagnóstico de Trastornos del Espectro de Autismo. Una Declaración Multisociedad de Consenso. Lengua muy técnica.)

American Academy of Child and Adolescent Psychiatry (1997). «Comprehensive Psychiatric Evaluation, Facts for Families.» «Evaluación Completa Psiquiátrica, Hechos para Familias.» En www.aacap.org/publications/factsfam/eval.htm (También en español).

Assitive and Adaptive Computing Technology in Education: Assessment Instruments. (Tecnología Assistiva y Adaptable de Computadora en la Educación: Instrumentos de Evaluación.) Sitio de web en
http://at-advocacy.phillynews.com/data/assessinfo.html y
http://www.flash.net/~brainwks/assess.html, and http://www.scilearn.com.

California Departments of Education and Developmental Services (1996). Recommendations of the Collaborative Task Force on Autism Spectrum Disorders: Best Practices for Designing and Delivering Effective Programs for Individuals with Autism Spectrum Disorders. (Recomendaciones del Equipo Colaboractivo sobre Trastornos del Espectro de Autismo: Mejores Prácticas para Diseñar y Entregar Programas Eficaces para Individuos con Trastornos del Espectro de Autismo.)

Center for Autism and Related Disabilities (CARD). «Diagnosing and Evaluating Autism: Part 1.» Fact sheet Number 3, 1999. («Diagnosticando y Evaluando Autismo: Parte 1.») Folleto Número 3, 1999 en español http://ucfcard.org/factsheet/FS3Spanish.pdf

Center for Autism and Related Disorders (CARD). «Diagnosing and Evaluating Autism: Part 2.» Fact Sheet Number 4, 1999. (Diagnosticando y Evaluando Autismo: Parte 2). Folleto Número 4, 1999. en español
http://ucf-card.org/factsheet/FS4Spanish.pdf.

Folse, Rene Thomas, J.D. PAUSE4KIDS Cursillo de la Abogacía de la Educación Especial, 2001. «Lifespan Development» y «Understanding the Math of Psychological and Educational Assessments.» («Desarrollo Durante la Vida» y «Entender las Matemáticas de Evaluaciones Psicológicas y Educativas»). www.childpsychologist.com.

Fouse, Beth. Creating a Win-Win IEP.(La Creación de un IEP Ganador-Ganador.) Arlington, TX: Future Horizons, 1996.

Illinois Assistive Technology Project, Springfield, Illinois. (Proyecto de Illinois de Tecnología Assistiva). Telefono/TTY 800-852-5110; Web: www.iltech.org .

Illinois State Board of Education Assistive Technology Resource Manual Website (Junta de Educación del Estado de Illinois Manual de Recursos de la Tecnología Facilitante). Sitio de Web, www.isbe.state.il.us/Facilitante/general_at_evals.

Isaacson, Stephen L. «Simple Ways to Assess the Writing Skills of Students with Learning Disabilities.» («Maneras Fáciles de Tasar las Habilidades de Escritura de Estudiantes con Trastornos de Aprendizaje»). The Volta Review, 1996, Volume. 98, No. 1, pp. 183-199.
http://www.ldonline.org/ld_indepth/writing/isaacson_assessment.html.

Macleod, A.K. «La Tecnología Facilitante y Adaptable en Educación: Evaluaciones, Varios Instrumentos de Evaluación de Lenguaje y Discurso.» Escrito por un padre para explicar el proceso de la evaluacion.

MEDLINEplus Medical Encyclopedia (2001) «BAER-Brainstem Auditory Evoked Response.» («Respuesta Auditiva Evocada del Cerebro»). En el web: http://www.nlm.nih.gov/medlineplus/ency/article/003926.htm. En español: http://www.nlm.nih.gov/medlineplus/spanish/ency/article/003926.htm

National Center for Learning Disabilities. «Visual and Auditory Processing Disorders» 2002. (Desórdenes del Procesamiento Visual y Auditivo). En el web: http://www.ldonline.org/ld_indepth/process_deficit/visual_auditory.html

Parker, Stephen J. and Barry Zuckerman. «Therapeutic Aspects of the Assessment Process.» In Handbook of Early Childhood Intervention, («Aspectos Terapéuticos del Proceso de Evaluación.» En el Guía de Intervención Temprana de Infancia). S. Meisels and J. Shonkoff Eds., pp 350-359. New York: Cambridge University Press, 1990.

Osterling, Ann, Speech and Language Pathologist, (Patólogo de Discurso y Lenguaje). Champaign, Illinois.

Rapin I. «Autism.» («Autismo»). New England Journal of Medicine 1997-337:97-104 Encontrado en Andolsek, Kathryn M., «Characteristics and Symptoms in Patients With Autism, Tips from Other Journals.» (Características y Síntomas en Pacientes con Autismo, Puntas de otros Diarios). American Family Physician, 15 Febrero de 1998, v.57, n4, p.809 (2).

Score! Educational Centers and Newsweek Magazine. *How to Help Your Child Succeed in School,* 1998, «Score! Grade-by-Grade Parent Guide» pp. 73-168. (Centros Educativos de Score! y la Revista de Newsweek. *Cómo Ayudar a Su Niño Lograr en la Escuela,* 1998, «Score! Guía de Padres grado-por-grado» paginas 73-168. Basadas en información de la Asociación Nacional de Niños, «Prácticas conforme con el Desarrollo de Programas Tempranos de Infancia-Desde Nacimiento a 8 años»). NAEYC 1509 16th St. NW Washington, DC 20036-1426. Phone 800.424.2460, FAX 202.232.8777. http://www.naeyc.org/

Tri-City Herald Online «Central Auditory Processing Disorders in Children.» («Desórdenes de Procesamiento Centrales Auditivos en Niños»), 1998. www.tri-cityherald.com/HEARNET/disorders.html.

Waterman, Betsy. «Assessing Children for the Presence of a Disability.» National Information Center for Children and Youth with Disabilities (NICHCY). («Tasando a Niños por la Presencia de una Discapacidad.») Centro Nacional de Información de Niños y Jóvenes con Discapcidades. http://www.kidsource.com/NICHCY/assessing.1.html.

Wiznitzer, Max, M.D. «Assessing the Assessment: An Approach to the Evaluation of the Individual With Autism/Pervasive Developmental Disorder.» (Handout in outline form, not dated). («Evaluación de la Evaluación: Una Estrategia Para la Evaluación del Individuo con Autismo o Trastorno Generalizado del Desarrollo.» Folleto no datada).

Wright, Peter W.D., and Pamela Darr Wright.(2000). «Understanding Tests and Measurements for the Parent and Advocate.» («Entender las Pruebas y Medidas para el Padre y Abogado.») http://www.wrightslaw.com/advoc/articles/tests_measurements.html.

Pierangelo, Roger y George A. Guiliani. *Special Educator's Guide to 109 Diagnostic Tests, (La Guía del Educador Especial a 109 Pruebas Diagnósticas).*

McLoughlin, James A. y Rena B. Lewis. *Assessing Special Students 4th Edition (La Evaluación de Estudiantes Especiales 4a Edición).*

Taylor, Ronald L. *Assessment of Exceptional Students 4th Edition (Evaluación de Estudiantes Excepcionales 4a Edición).*

«Functional Assessments for Students with Behavior Disorders.» («Evaluaciones Funcionales para Estudiantes con Desórdenes de Conducta»). www.ldonline.org/ld_indepth/special_education/quinn_behavior.html

Bransford, John D. y Barry S. Stein. «IDEAL: Identify, Define, Explore, Anticipate and Act» a method described in *The Ideal Problem Solver: A Guide for Improving Learning, Thinking and Creativity.* («IDEAL: Identificar, Definir, Explorar, Esperar y Actuar» una manera de solucionar a un problema como descrito en el libro, *Solucionista Ideal de Problemas: una Guía para Mejorar el Aprendizaje, Pensando y la Creatividad).* Segunda Edición, W.H. Freeman and Company, New York, 1993.

CAPÍTULO 6

«No tengas miedo de lo que sabes; tema lo que ***no sabes.****»*
Bárbara

DIFERENCIAS DE OPINIÓN EN EL DIAGNÓSTICO

Esta sección trata de las preguntas que resultan del proceso diagnóstico. Lea ésta sección que contesta cualquiera de las siguientes preguntas: ¿Qué puedo hacer si:

- ¿Un Trastorno del Espectro de Autismo no es diagnosticado y pienso que debería de ser?
- ¿Pienso que los resultados de la experimentación /evaluación no son precisos?
- ¿ El individuo ha recibido un diagnóstico del Espectro de Autismo y no estoy de acuerdo?
- ¿Me informan que la persona no tiene TEA y ahora lo dudo también?
- ¿Se descubre que la persona realmente tiene un trastorno diferente que autismo?
- ¿No estoy de acuerdo con cualquier diagnóstico dado?
- Un adulto que está bajo el cuidado de los servicios de adultos puede tener TEA no identificado ¿Quién puede cambiar el diagnóstico? y ¿Cómo se hace?

¿Por Qué Puede Haber Desacuerdo En el Diagnóstico?

Los Trastornos del Espectro de Autismo son diagnosticados por los comportamientos. El diagnóstico se hace por observar lo que hace la persona y cómo actúa desde pequeño y en el presente en varias áreas del desarrollo. Algunas veces no se hace un diagnóstico de TEA porque hay algún tipo de barrera. Como describimos en el Capítulo Dos, ciertas circunstancias son desafios a la exactitud. Considera si cualquiera de las siguientes situaciones es pertinente:

- Algunos médicos o diagnostas (personas que se especializan en encontrar un diagnóstico) pueden no tener entrenamiento reciente en el autismo y los trastornos relatados. Como consequencia no reconocen esos trastornos. Puede resultar en que se da un diagnóstico de un trastorno similar basado en un punto de vista influenciado por el entrenamiento, la experiencia y especialización en otra área.
- Las características de TEA pueden manifestarse de maneras diversas y pueden tener ciertas características en común con otros trastornos. Los empleados y las familias necesitan considerar si el diagnóstico dado «explíca todo» y parece tener en cuenta todas las características de interés. Sea consciente de si algunas características importantes no son incluidos en o «explicado por» un diagnóstico particular.
- Un niño muy joven, quien todavía desarrolla el discurso y las habilidades de razonar, es muy difícil de evaluar.
- Si el individuo ya tiene otro diagnóstico (como el Retraso Mental, el Trastorno Conductista, el Síndrome de Downs, el Trastorno por Déficit de Atención con Hiperactividad, el deterioro visual, el deterioro de oír, etc.) las características de TEA pueden ser atribuidas (equivocadamente) a otro diagnóstico.
- Los profesionales o las familias pueden tener conceptos equivocados acerca de lo que es TEA y cómo se ve en personas diferentes y en edades diferentes.
- Los profesionales pueden o no pueden reconocer las características de TEA a las cuales la familia se ha ajustado y que no les parecen inusuales. Los miembros

familiares pudieron haber apoyado al individuo tanto que la persona parezca ser «típica» en algunos trasfondos, especialmente al comunicarse con adultos en un ambiente tranquilo y estructurado.

- Algunas veces la inexactitud en el diagnóstico ocurre cuando un professional bien capacitado no tiene información suficiente. A veces, sólo aspectos limitados de un trastorno pueden ser observados mientras un individuo está en una clínica o una oficina durante la evaluación. Quiere decir que un diagnosta sólo verá una parte del problema, o no le bastará la información para sacar una conclusión apropiada. La misma cosa puede pasar si las oportunidades de observar en trasfondos diferentes son limitadas.
- Algunas veces los diagnostas usan clasificaciones por escalas para lograr un diagnóstico. Los padres y los empleados pueden «ensuavecer» las respuestas porque no quieren que el niño o adulto se vea mal. Como consequencia pueden contestar las preguntas con menos claridad que es necesaria. A veces las preguntas son confusas o ambiguas, y los padres no están seguros de cómo responder.
- Los padres o los empleados pueden tener dificultad de acordarse y pueden proveer información inexacta. En otros casos no se dan cuenta de cuáles de los acontecimientos en el desarrollo del niño son significativos y pertinentes al diagnóstico y como consequencia inadvertidamente no mencionan información importante.
- Los empleados o los padres no pueden saber cómo describir las características del individuo objetivamente para el diagnosta, resultando en compartir información inexacta o incompleta.
- Una suposición puede haber hecho que no hay «ningún problema» excepto la voluntad y el desafío de parte del niño o adulto, y la disciplina escasa y pobres habilidades de crianza de parte de los padres o el personal.

¿Qué Puedo Hacer Si TEA No Es Diagnosticado y Yo Pienso Que Debería De Ser?

A continuación verémos algunas cosas que se pueden hacer si empleados o los padres piensan que un trastorno es presente, pero no ha sido reconocido:

- Mire a las «Barreras para reconocer el autismo» descritas anteriormente en éste capitulo y en el Capítulo Dos. ¿Es que cualquiera de éstas barreras ha afectado el proceso diagnóstico para el individuo? Si es así, esas áreas necesitan ser vueltas a visitar.
- Insista en que sólo la información objetiva debería ser considerado en el proceso diagnóstico. Mira de nuevo en los registros e informes para ver si el individuo fue descrito de una manera objetiva. Asegúrese que si una opinión es dada que se identifica como una opinión. Mira a ver si las opiniones subjetivas han causado el prejuicio, la información errónea o las conclusiones falsas. Por ejemplo, un niño fué descrito en su evaluación de «no querer interactuar con los otros niños.» Más tarde cuando le preguntaron, el niño dijó que él quiso mucho interactuar cos los otros niños, excepto que no supo cómo hacerlo. La opinión de que él no quiso interactuar nunca debería haber sido declarado como un hecho. Todos los hechos pueden ser observados por más que una persona y se pueden ser verificados.
- Pregúntele a cada miembro del equipo diagnóstico, separadamente, lo que él piensa acerca de la exactitud del diagnóstico que fue dada. Si cualquier de los miembros está de acuerdo con sus impresiones, pídale que vaya con usted a conversar con los otros diagnostas para compartir su punto de vista.
- Pregúnteles a los diagnostas que relaten detalladamente todos los aspectos de TEA que fueron observados en el individuo. Pida ejemplos específicos. Pregunte al diagnosta a decirle por qué es un rasgo de TEA y no simplemente un rasgo de personalidad del individuo. Pregúntele al diagnosta que describa qué características de un Trastorno del Espectro de Autismo que el individuo no tiene. Pregunte qué fue lo que buscaron pero no encontraron. Pide a los diagnostas que incluyen las respuestas detalladas a esas preguntas en el informe

que proveen. Si el informe ya fue escrito, pida que escriba una carta explicando las respuestas a las preguntas específicas. La mayoría de los diagnostas querrán explicar su diagnóstico en detalle.

- Piense acerca de la explicación del diagnosta. Considere si cualquier de los pasos siguientes aclararían las cosas. Si es posible, pida que lo hagan. ¿Sería una ayuda si:

    1. ¿El diagnosta fuera invitado a observar al individuo en una situación cuando el individuo demuestra una característica particular? Algunas de las reacciones de conducta son más fáciles de ver en situaciones sociales y ambientes comunes y más dificiles de observar en una oficina o clinica tranquila o estructurada. Los comportamientos como escaparse en el centro commercial, arreglar todas las cosas en casa cuando algo se ha movido, no responder de una manera apropiada a su edad cuando un compañero inicia la amistad, tener problemas con el cambio, o cualquiera variedad de características se pueden ver mejor en las situaciones naturales.

    2. ¿El diagnosta fuera invitado a encontrar a más miembros familiares? ¿Puede ser de ayuda si se supone que las características observadas por el diagnosta son «iguales a todos nosotros de la familia?»

    3. ¿Si las fotos, las audiograbaciones, o las videocintas sean compartidas con el diagnosta? Puede ser una manera excelente de mostrar acontecimientos, características o comportamientos de interés. O, pida que el diagnosta haga entrevístas con más personas que conocen bién al individuo, como los hermanos, los maestros de años anteriores, parientes, etc. Pregunte si los otros pueden contestar a las preguntas, completar una encuesta o comentar de otra manera de las características que observan.

¿Qué Puedo Hacer Si Pienso Que Los Resultados De Las Evaluaciónes No Son Precisos?

Muchos padres y empleados reportan que no están de acuerdo con los resultados de la experimentación o las evaluaciones. Por ejemplo, se puede reportar que un niño no sabe contar hasta diez en la evaluación, cuando el padre le ha visto contar hasta 21 en casa. O, un estudiante puede tener resultados en el idioma verbal en «el rango normál» pero no sabe conversar con compañeros. Para las personas con Trastornos del Espectro de Autismo la experimentación estándar ¡puede falsamente identificar problemas que no están allí o no revelar problemas que están allí!

Como ha estado clarificado en detalle en otras partes de este libro, ésta dificultad puede resultar de las dificultades en hacer las evaluaciones con personas con TEA. A veces no pueden demostrar las habilidades verdaderas, sus respuestas pueden ser inconsistentes o sus fuerzas pueden camuflar áreas de necesidad. Cúando los resultados no son completamente precisos o convincentes, se pueden sacar unas conclusiones falsas acerca de las áreas de habilidad de la persona y áreas de necesidad. Tales conclusiones pueden ser un obstáculo al reconocimiento o el diagnóstico de TEA.

Si los padres o los empleados reciben resultados de las pruebas que no parecen tener sentido, no tengan miedo de expresarlo. Digan a las personas que hicieron la experimentación que la información de las evaluaciones no hace juego con lo que usted sabe de la persona. Dén información y ejemplos de por qué los resultados no parecen ser un reflejo preciso de lo que la persona sabe o no sabe hacer.

En respuesta, los profesionales pueden escoger otro tipo de evaluación para considerar unas áreas más a fondo. Se puede ayudar a medir las habilidades y las características de la persona más exactamente. Aún puede hacer una diferencia en reconocer las áreas de déficit que son características de TEA y afectar el diagnóstico.

En otros casos, los padres o la familia tendrán preguntas sobre la experiencia de la persona en cuanto a la competencia o la cualificación de hacer una evaluación o hacer un diagnóstico. Hay varias opciones referente al proceso de apelación depende de quién provea las valoraciones. Si un distrito escolar hace las valoraciones, puede haber el derecho de obtener una evaluación privada pagado por el distrito público que se llama «la **Evaluación Educacional Independiente**, IEE.» En tal caso es buena idea ponerse en contacto con una persona experimentada como un defensor educacional o un abogado.

Los padres también tienen la opción de obtener otra opinión profesional por su cuenta, o pagado para por la aseguranza. Los descubrimientos del profesional serían presentados al equipo y el equipo estaría obligado a tener en cuenta la información.

¿Qué Ocurre Si La Persona Ha Recibido Un Diagnóstico De TEA y No Estoy de Acuerdo? ¿Qué Ocurre Si Se Recibe un Diagnóstico de TEA y No Pienso Que Es Correcto?

Los padres o los empleados pueden estar en desacuerdo con el diagnóstico de TEA y pueden creer que es un error. Muchos maestros y empleados reportan que a veces ellos «no creen» ni están de acuerdo con que un estudiante tenga TEA. A los individuos que reciben un diagnóstico como adultos pueden encontrarlo difícil de aceptar o creer.

Considerando los hechos

La primera cosa por hacer es preguntar, «¿Por qué no estoy de acuerdo?» Trate de ser preciso si el diagnóstico no parece describir al individuo. Intente ser objetivo y piense acera de lo que ha observado. Usted puede saber algo de la persona que no parece ser consistente con TEA. En el caso de adultos, se puede tener preocupaciones específicas que le hacen pensar que el diagnóstico no es correcto. Hay que compartir tales pensamientos con alguien que sabe mucho de TEA para ver si tiene razón.

Por otra parte, esté preparado a considerar la posibilidad que las ideas equivocadas o una falta de información causa la reacción de que «no puede ser.» A veces los padres, los adultos y los empleados necesitan saber más, o recibir una explicación de algo más en detalle antes de poder estar de acuerdo si el diagnóstico es correcto. Los padres pueden conocer a su niño mejor que cualquier otra persona. Los maestros y empleados pueden tener oportunidades excelentes de ver cómo una persona aprende y funciona diariamente. Los adultos que puedan tener TEA pueden considerar que ellos mismos tienen mejor criterio que cualquiera «persona ajena.» Pero los padres, los empleados y la persona misma usualmente no son expertos en cuanto a TEA. Es importante que las dudas estén expresadas para que la información pueda ser compartida. El diagnóstico necesita tener sentido comparado con lo que los padres, los individuos y los profesionales observan y saben.

En un caso, una madre consideró que el diagnóstico de TEA fue equivocado debido a la característica de «la reciprocidad de emoción.» Fue la única cosa que le causó el fastidio a ella y no pareció tener sentido. Ella consideró que su hija tuvo buena reciprocidad de emoción con ella y que el entendimiento de sentimientos fue mutuo. Ella razonó que debido al hecho de que su hija tenía la reciprocidad de emoción, ella no podría tener un Trastorno del Espectro de Autismo.

Ella decidió hablar con un abogado experimentado. El abogado le ayudó a observar que la reciprocidad de emoción fue muy limitada; la relación entre la hija y la madre fue el único rasgo que pudo verse. Eso contrasta con el desarrollo típico en el cual las personas pueden identificar, entender y responder a los sentimientos de cualquiera, y no sólo una persona. La madre se dió cuenta que la falta de reciprocidad en las emociones fue una preocupación legítima.

Durante su conversación, el abogado se dió cuenta que la madre tuvo una idea equivocada acerca del diagnóstico. La madre pensó que su hija tenía que cumplir con todos los criterios posibles y cada característica para recibir un diagnóstico de TEA. Cuando le explicaron a la madre que sólo es necesario tener un cierto número y que ninguna persona tiene todas las características, ella aceptó de la validez del diagnóstico.

Dos Ejemplos de Parte de Bárbara

Encontré a un hombre que se estaba involucrado en el campo de autismo porque su hijo había recibido el diagnóstico. Al reconocer unas de las mismas características en sí mismo, el hombre fue a una clínica universitaria que se especializa en el autismo y fue diagnosticado con TEA. Aunque él reconoció las características en sí mismo, él no podía aceptar o creer el diagnóstico. Él tenía una carrera muy exitosa y un matrimonio feliz y la vida familiar contenta. Aunque él no tuvo muchos amigos, algunos miembros familiares cumplieron su necesidad para la amistad.¿Cómo pudo tener él autismo? «Todo el mundo sabe,» él pensó, «¡Que una persona con autismo no puede tener éxito en los negocios y tener una vida doméstica excelente!» Con el paso del tiempo, él se dió cuenta de que «lo que sabe todo el mundo» puede estar equivocado.

Él se acordó del pasado más objetivamente y pensó acerca de la soledad de los días en la escuela. Él pensó acerca de los nombres crueles que le habían llamado y la falta de una vida social espontánea, especialmente comparándose con sus hermanos. Él comenzó a pensar acerca de todo lo que su madre había hecho para ayudarle y como fue diferente de la manera en que ella ayudó a los hermanos. Él se dio cuenta de que él «se decidió» a una edad bastante joven que él fue «diferente» por ser muy inteligente, y no por tener una discapacidad social.

Aunque él no quiso pensar acerca de sí mismo tener una «etiqueta» él decidió usar algunas de las técnicas que él aprendió para enseñar a su hijo. Él estaba sorprendido y contento de ver que unas cosas que parecían pequeñas hacían una gran diferencia para los otros, como contar a otros de qué tema él quiso hablar antes de comenzar a discutirlo, informar a los otros de sus planes anticipados y dar más cumplidos. En vencer a su miedo de una «etiqueta» o «discapacidad» él pudo volverse más feliz y fue aceptado mejor por sus compañeros del trabajo y socialmente. Su familia continuaba queriéndole como siempre, pero ahora tuvo una comprensión mayor de lo que él necesitó y de quién fue.

En otra situación, una madre se enteró de TEA por sus niños. Cuando otros miembros familiares indicaron que ella tuviese características similares, ella se enojó. No quiso creer que hubo un nombre para la diferencia que ella siempre había experimentado. Su madre le había dicho a ella muchas veces que fuese simplemente más lista y más sensible que los demás. Seguramente eso explicó todo.

Con el paso del tiempo, la mujer no fue capaz de admitir que tuvo una necesidad especial que se podía dirigirse de una manera positiva. Ella se puso más enojada y deprimida y se aisló más de los amigos y los seres queridos. Eventualmente ella necesitó recibir servicios de la salud mental relacionados con la ansiedad y la cólera. Aquéllos de nosotros que la conocimos no le culpamos a ella e hicimos un intento de solidarizarnos con ella.

Las Barreras Emocionales

Un rango de emociones como el miedo, la culpabilidad, la cólera y la culpa pueden ser un obstáculo a que los padres y los adultos «creen» el diagnóstico que ha sido dado. Algunas veces los padres y los individuos no están listos a creer que el diagnóstico es correcto. Los padres, las personas diagnosticadas como adultos y los profesionales médicos les dirán que éste es perfectamente normal. Hay que tener tiempo suficiente para tratar con los sentimientos mezclados antes de poder ser objetivo de mirar la información que ha sido presentado.

Algunas veces la falta de confianza, o conflictos con las personas haciendo las evaluaciones pueden causar a los padres, los proveedores de servicios, o los adultos de ser escépticos con los resultados del diagnóstico. Muchas veces, los padres no se sienten a gusto porque nunca antes se habían encontrado con los evaluadores, pero están en la situación de tener que confiar en el bienestar de su niño por la intervención y sugerencias de personas pocas conocidas. Los adultos también pueden tener falta de confianza y sentirse dudosos acerca de las personas que hacen el diagnóstico. Esto puede causar dificultad para aceptar los resultados.

A menudo los maestros, el personal o familiares piensan que el diagnóstico no es más que una «excusa» para la escasa crianza de los hijos y la falta de la autodisciplina. Los administradores que piensan que la culpabilidad por los problemas cae a la familia pueden resistir de «creer» el diagnóstico. En otros casos, los empleados pueden estar preocupados de que demasiada gente está diagnosticado con TEA de una forma frívola y que TEA es «el trastorno de la semana.» Una reacción contraria puede ser esperada, especialmente teniendo en cuenta el alzo en la incidencia del diagnóstico de TEA que está siendo reportado en todas las partes de los EEUU y el mundo. A pesar del hecho de que es una parte de naturaleza humana, ningúna de estas actitudes es una razón legítima para rehusar de considerar los hechos.

Las Barreras Idiomáticas

En algunas situaciones, la dificultad de entender y estar de acuerdo con el diagnóstico relaciona al idioma. Primero, el lenguaje especializado que usan los profesionales en el proceso del diagnóstico puede ser una barrera para entender. Hay que aprender mucho a corto plazo y a la vez conocer y trabajar con una variedad de personas nuevas, cada una con su especialidad y el vocabulario que la acompaña. En el centro está un ser querido y un asunto serio y emocional. Algunas veces la combinación es demasiada y sobrecarga a los padres o la familia. Los malos entendidos pueden ocurrir, pero que no pueden ser obvios hasta más tarde.

En cuanto a este tema, la gente bromea de comunicarse con los profesionales, diciendo, «¿Puede usted repetirlo otra vez, pero en mi lenguaje ésta vez?» Cuando se trata de un asunto serio como la evaluación de una discapacidad del desarrollo, no es ningún chiste. Los profesionales necesitan recordar que los padres oyen la información por primera vez y les sirve bien usar el idioma más claro posible. A la vez los padres o el personal necesita tener la confianza de pedir que expliquen los términos que no son claros en el mismo momento o más tarde.

Muchas personas que no hablan inglés como el idioma primario pueden tener grandes dificultades con el proceso diagnóstico (especialmente si viven en un país donde se habla inglés). Posiblemente no pueden seguir el discurso o entender las palabras dificiles, la terminología, el vocabulario y los modismos aún cuando se traduce. Los padres, los individuos o los empleado sordos y los que usan el lenguaje por señas como su forma primaria de comunicar también pueden sentirse «perdidos» si no pueden seguir las conversaciones y tener acceso a toda la información que necesitan de una manera que puedan entender.

Ambos los aprendices del idioma inglés y personas que son sordas y usan el lenguaje por señas tienen derecho a los servicios de un intérprete para el debate y la planificación relacionado con la evaluación, el tratamiento, la educación y los servicios. El Acto de los Americanos con Discapacidades (Americans with Disabilities Act-ADA) también requiere que todos los servicios financiados públicamente deben ser accesibles a las personas con discapacidades. Eso incluye tener acceso a la información acerca del diagnóstico y los servicios, para el individuo o familiares responsables de hacer las decisiones. Los padres pueden pedir los servicios de un intérprete professional al personal o a los empleados de la escuela, o el personal puede oferecer el servicio de un intérprete, especialmente si los padres o las familias no se dan cuenta del derecho de tenerlo.

El idioma y las necesidades de comunicación vienen en adición a todo otro aspeto «traumático» que las familias experimentan en obtener un diagnóstico. Para evitar un desacuerdo o el mal entendido, puede ser aconsejable tener reuniones con el intérprete presente para explicarle y discutir las evaluaciones y los descubrimientos, y planear un tiempo para responder a preguntas y ofrecer clarificaciones, antes de que llegue la hora de hacer cualquier decisión.

¿Qué Puedo Hacer Si Me Informan Que La Persona No Tiene TEA, y Ahora Lo Dudo También?

Usted puede hacer una cita para hablar en privado con el diagnosta. Dígale qué temas o aspectos del diagnóstico son problemáticos para usted. Pida más explicaciones o más ejemplos. Puede ser más fácil de considerer tal información en una conversación individual que cuando los descubrimientos son presentados a un grupo o equipo entero.

Si una persona tiene **cualquiera** de las características del espectro de autismo, ocúpese de ellas; no las ignore. Por ejemplo, si una niña tiene problemas con las interacciones sociales, pero no tiene problemas en la comunicación verbal y no verbal o los intereses restringidos y repetitivos, no cumplirá con los criterios para TEA. Ella todavía tendrá problemas significativos que pueden ser ayudados con intervenciones como el entrenamiento de habilidades sociales.

Algunas veces cuando ningún diagnóstico formal es dado, los empleados y las familias llegan a ser más subjetivos y tienden a culpar al niño o el adulto, considerando sus dificultades como algo que la persona elige para hacer o como un rasgo de la personalidad. Esto es muy peligroso y los miembros del equipo necesitan ayudar el uno al otro para evitar esa actitud. En caso de duda, se puede asumir que cualquier individuo haría las cosas mejor si pudiera hacerlas. En vez de culpar al niño (o la familia, o maestros o el terapeuta, u otros estudiantes, etc.) comienza a enfocar la atención en las necesidades o los déficits vistos en el individuo. Piense acerca de los servicios que podrían ayudar con las necesidades. Gane la elegibilidad de cualquier manera legítima posible. (Por ejemplo en las escuelas la elegibilidad podría estar bajo «necesidades de discurso e idioma» o «un deterio de la salud»). Luego siga trabajando para enseñar las habilidades nuevas a la persona.

¿Qué Hago Si Encuentro Que La Persona De Verdad Tiene Un Trastorno Diferente?

Póngase a trabajar y enterarse de ese trastorno. Encuentre un grupo de apoyo de las personas y familias que están interesadas en ese trastorno. Pregunte al diagnosta si él tiene cualquiera información acerca del trastorno y los contactos que usted puede hacer para aprender más. Haga el esfuerzo de encontrarse con otras personas que han recibido ese diagnóstico para enterarse de lo que es eficaz y útil. El Internet es un recurso excelente. Si usted no tiene acceso al Internet en casa, puede usar el internet en la biblioteca pública local dónde le pueden ayudar a encontrar la información que usted necesita. No importanta tanto que clase de diagnóstica el individuo recibe porque es la misma persona que él fue antes de que el diagnóstico fuese dado. La ventaja de saber cómo se llama el trastorno y qué significa es que se puede encontrar algunas nuevas ideas y técnicas que ayuden mejorar a la persona. No tenga miedo; simplemente comience a aprender todo lo que puede.

¿Qué Hago Si No Estoy De Acuerdo Con Ningun Diagnóstico Dado?

Los padres o los empleados podrían enfocar en el diagnóstico que mejor parece describir las síntomas y que gane la elegibilidad a los servicios. Póngase a trabajar con los empleados de la escuela o la agencia para adultos y hacer un plan individualizado para enseñar las habilidades nuevas. Quizá se necesita posponer la búsqueda de encontrar el diagnóstico exacto por el momento. Ponga su energía en identificar las áreas de déficit que la persona tiene, listar sus necesidades, diseñar servicios e implementarlos para ocuparse de las necesidades tan pronto como posible bajo cualquiera elegibilidad legítima.

Quizá se puede tomar un breve «descanso diagnóstico» de demorar el diagnóstico preciso y enfocar la atención en obtener los servicios apropiados para que el niño o adulto no corran ningún riesgo. Durante el «descanso» se puede continuar aprendiendo, hablando con otros acerca de condiciones diferentes, leyendo y buscando por el Internet. Sería de mucha ayuda en este momento aprender a ser realmente objetivo con la persona, y tomar apuntes objetivos acerca de lo que la persona hace o no hace para ayudar a los diagnostas futuros.

Cómo Cambiar Un Diagnóstico Incorrecto de Un Adulto

Los empleados de servicios para adultos con necesidades especiales han hecho preguntas como los siguientes:

- Cuando un adulto que es cuidado por el sistema de servicos para adultos tiene un diagnóstico incorrecto, ¿Quién puede cambiarlo?
- ¿Cómo se hace?
- ¿Es importante cambiarlo si de todos modos ya recibe servicios?

En esta sección respondemos a esas preguntas y más.

Si un adulto ya es elegible para los servicios, cambiar el diagnóstico puede no ser necesario para la elegibilidad. Sin embargo, es muy importante que los empleados sepan si están trabajando con un adulto que piensa y aprende como una persona con TEA suele hacer. Saber que el individuo tiene TEA provee una perspectiva para entender a la persona de una forma nueva y más apropiada. Se puede probar unas intervenciones nuevas que han sido exitosas con otras personas con un trastorno del espectro de autismo. Las necesidades de comunicación pueden ser entendidas mejor y se puede aprovecharse de la oportunidad de diseñar programas más efectivos para la persona con TEA.

Igual que en los servicios de niños, «un tamaño no acomoda a todos,» es decir que es mejor dar los servicios según las necesidades individuas. Si los miembros del equipo saben que la persona tiene TEA, los miembros del equipo pueden hacer modificaciones y cambios en todos los aspectos de la programación que ayudarán al individuo a tener una mejor calidad de vida y más éxito.

Muchos de los cambios que están sugeridos que beneficiarían a los adultos con TEA que ya están en el sistema de la entrega de servicios para las discapacidades del desarrollo (DD) o no cuestan nada o no cuestan mucho. Varios modificaciones útiles para adultos con autismo en el sistema DD sólo requieren un cambio de la manera de pensar, la actitud, y sencillos cambios en el ambiente. La mayoría de los empleados están capacitados y dispuestos a aprender, pensar y comportarse diferentemente cuando tienen la oportunidad de entender el autismo y los trastornos relatados.

Un Ejemplo de Parte de Bárbara

Paul, un hombre de 38 años de edad con discapacidades del desarrollo (el trastorno epiléptico y el retraso mental) fue diagnosticado con autismo en una clínica. El directór de la clínica me invitó a proveer entrenamiento con los empleados donde vive Paul para ayudarlos a entender cómo el autismo afectó a ese individuo y cómo ellos podrían ayudarle. El personal había trabajado con Paul durante más que 20 años y lo querían. Fue agradable ver cómo los empleados interactuaron con él, participando pacientemente de su humor repetitivo y usando las técnicas amables y suaves.

Paul hizo mejor en la presencia de algunos empleados en particular. Eso fue atribuido al «hecho» que a él le gustó trabajar con esos empleados. Paul pudo accesar a algunos lugares en la comunidad, pero todos en la agencia de servicio supieron que él podría mejorar. Cuando le trajeron a la clínica, era para ayudarlo con algunos asuntos de conducta. ¡Ellos nunca pensaron que Paul pudiería haber tenido TEA hasta que lo descubrieron!

Proveí un día de entrenamiento enfocado en cómo Paul podría aprender mejor, qué ensenarle, y algunas ideas de comunicación que podrían ser eficaces. Nosotros teníamos mucho tiempo ese día para hablar de los asuntos conductistas.

A eso de tres meses más tarde, recibí una nota de los empleados. Quisieron agradecerme por la ayuda e informarme acera de Paul. Él ya no tenía los problemas de conducta que él tuvo en el pasado y no necesitaba tomar los medicamentos para la conducta. Paul había cambiado dramáticamente en reacción a los cambios que hicieron los empleados.

Los empleados habían comenzado a ser más visuales y concretos en comunicarse con Paul. Cuando él hizó preguntas repetitivas, pusieron por escrito las respuestas y usaron un fichero para las cosas que él «necesita saber» (en vez de repetirlos). Ponían un calendario en la cocina de la casa y apuntaron cosas que supieron serían de interés para Paul. Los empleados decidieron incrementar su acceso a las actividades y lugares preferidos. Establecieron unas rutinas solidarias que ayudaron a Paul a funcionar con menos apoyo personal.

Para la satisfacción de todo el mundo, Paul estaba hablando más y haciendo eco menos. Él producía más trabajo en el taller. Él tuvo menos problemas con sus compañeros de casa. Los empleados dijeron «¡Él simplemente parece más feliz!»

Paul había cambiado porque los empleados que sabían que él tenía autismo cooperaron y fueron capaces de cambiar sus ideas y sus intervenciones. Un miembro de la administración me dijo que su único arrepentimiento fue el no haber reconocido las características de TEA más pronto para implementar los cambios necesitados. Ella comentó que los cambios no fueron difíciles ni caros y el cambio más importante fue que todo el mundo comprendió mejor la manera de cómo Paul aprendió.

Los lectores podrían pensar que este caso suena como un «cuento de hadas» pero es una historia verdadera que ilustra el poder de:

- Aprender todo lo posible acerca de los Trastornos del Espectro de Autismo y cómo muchas personas con TEA suelen pensar y aprender.
- Usar el entendimiento de mirar a la persona de una forma nueva y más positiva.
- Estar animado por otros y apoyado por la gerencia que también quiere probar las intervenciones nuevas que no pueden dañar a la persona y realmente podrían ayudarlo.
- Tener empleados que están dispuestos a cambiar lo que hacen y cómo lo hacen.
- Tener empleados que quieren mejorar la calidad de la vida para las personas con TEA y se sienten alegres de celebrar las mejoras.

La historia de Paul nos demuestra los efectos poderosos de interacciones del personal en la calidad de la vida para las personas con autismo. Esperamos que un ejemplo como éste aliente a los empleados (de las escuelas y de la comunidad) y a las familias para ver las muchas oportunidades que tienen para mejorar el estilo de vida y hacer una diferencia verdadera. Hay un dicho, «Si usted siempre hace lo que siempre ha hecho, siempre obtendrá lo que usted siempre obtuvo.» Decimos, «si usted quiere lograr los resultados diferentes, haga algo diferente.» Es su elección.

RESUMEN CAPÍTULO 6

- Si usted no está de acuerdo con un diagnóstico, o cuándo TEA no es diagnosticado cuando piensa que debería ser, querrá considerar lo siguiente:
  - Los profesionales involucrados no han tenido entrenamiento reciente en los Trastorno del Espectro de Autismo.
  - Las características de TEA han sido (equivocadamente) atribuídas a otro diagnóstico.
  - Las personas interesadas tienen conceptos equivocados acerca de lo que es TEA y cómo se parece en personas diferentes y en edades diferentes.
  - A los diagnostas no les basta la información o tienen un punto de vista inexacto.
  - Las encuestas eran confusas o ambiguas para las personas que los completaron.
  - Una suposición falsa causó la opinión falsa que no hay ningún problema menos la voluntariedad del niño, el desafío y la falta de esfuerzo y/o la disciplina y la falta de habilidad de los padres para criar a sus hijos.
- Si cualquier de los «errores» citados anteriormente ha ocurrido, tome medidas para aclarar y volver a revisar el asunto.
- Si usted considera que las pruebas o los resultados de evaluación no son precisos, diga a los que hicieron las evaluaciones que la información no corresponde a lo que usted sabe de la persona. Dé información y ejemplos de por qué los resultados reportados no reflejan precisamente lo que la persona sabe hacer o no sabe hacer. Haga un plan para aclarar y resolver el asunto.
- En los casos de desacuerdo cuando las evaluaciones están hechas por agencias educativas, la ley de IDEA es específica de cómo apelar. En algunos casos de procesamiento, la agencia educativa puede estar obligada de pagar para una evaluación educacional independiente. Los padres pueden tener la opción de

obtener un diagnóstico o una segunda opinión de un profesional por su gasto o pagado para por la aseguranza.

- Los padres o los empleados pueden no estar de acuerdo con el diagnóstico de TEA y pueden sentir que es un error. Trate de precisar lo que es del diagnóstico que no parece apropriado para la persona.
- Esté preparado para considerar la posibilidad de que los conceptos equivocados o una falta de información puede dar lugar a la reacción de que «no puede ser.» Determine ya sea el rango de las emociones normales de miedo, la culpabilidad, la cólera y la culpa pueden prevenir a los padres y los adultos de «creerlo.»
- Si un diagnóstico es dado o no, cuando un individuo tiene cualquier característica en el espectro de autismo, dirígese a ella; no la ignore. Piense acerca de los servicios que podría ayudar a cumplir con sus necesidades. Busque la elegibilidad de cualquiera manera legítima posible.
- Si se encuentra con que la persona realmente tiene un trastorno diferente, entérase de ese trastorno y busque apoyo.
- Si un adulto ya es elegible para servicios, puede no ser necesario cambiar el diagnóstico para su elegibilidad. Sin embargo, es importante que los empleados sepan si están trabajando con un adulto que piensa y aprende como una persona con TEA suele hacer.
- Se puede hacer cambios no que son ni difíciles ni caros basados en la buena comprensión de cómo aprenden las personas con TEA y qué pueden aumentar la calidad de la vida incluso para los adultos.

CAPÍTULO 7

«Aceptación, es en realidad, el primer paso a una acción exitosa. Si no aceptas totalmente una situación tal como es, te será difícil cambiarla.»
Peter McWilliams, Life 101

REACCIONANDO AL DIAGNÓSTICO

Este capítulo se tratará de:

- La reacción de padres y empleados al obtener un diagnóstico para el niño o el adulto.
- El proceso de entender y creer en el diagnóstico (cómo definimos «aceptando») y poniendo manos a la obra.
- Las reacciones de hermanos y otros miembros de la familia al recibir el diagnóstico.
- Las reacciones de adultos que se acaban de identificar tener TEA.
- Los asuntos de familia que afectan a las familias con un hijo o una hija con TEA.
- Las reacciones de profesionales y empleados al diagnóstico.

Reaccionando al Diagnóstico

Esta sección considera la variedad de reacciones y emociones que experimentan los padres y los miembros de la familia que tienen un niño muy querido de cualquier edad que ha sido diagnosticado con TEA. Nosotros describimos algunas de las variadas reacciones y emociones en los adultos que han sido diagnosticados en edad adulta y como ésto afecta al resto de los miembros de la familia.

Los profesionales y empleados pueden tener una valiosa idea y perspectiva al leer acerca de cómo la familia ha llegado a entender y creer en el diagnóstico. La última parte de esta consideración describe la reacción de profesionales, tales como maestros y proveedores de servicios adultos. Los padres pueden beneficiarse de leer esta parte para entender mejor en cómo el diagnóstico afecta a las personas fuera del círculo familiar.

Los Padres Reciben la Noticia

Recibir un diagnóstico de autismo para su niño puede ser traumático, algo que usted jamás hubiera esperado o a lo que pudiera estar preparado para recibir. De hecho, lo puede dejar paralizado, confundido, o en estado de incredulidad. El autismo es una discapacidad «invisible.» Al nacer, los padres rebosan de gozo por tener un bebé nuevo, perfecto y precioso. Usualmente no hay ninguna indicación que algo esté mal. A medida que el niño crece y se desarrolla, él se parece a todos los otros niños. Es lo que dice (o no dice) y lo que hace (o no hace) lo que dá señales de una diferencia alarmante.

Cada padre nota las diferencias de su niño y comienza a preocuparse a varios niveles. Algunos no se preocupan tanto, y para otros es muy angustioso. Muchos padres no hacen nada porque piensan o son informados que el niño «lo perderá con la edad.» Algunos padres son referidos a una evaluación y diagnóstico sin ninguna idea de cuál podría ser el problema. Otras personas sospechan que el problema podría ser un Trastorno del Espectro de Autismo. Aún si los padres tuvieran algún indicio o idea de cuál es el problema que está causando las dificultades a su niño, no es suficiente para estar preparado a escuchar el diagnóstico que es ahora «verdadero.»

Darse cuenta de que su niño tiene TEA puede ser difícil y angustioso. La reacción traumatizante de incredulidad es comprensible. Los padres jamás soñaron que tendrían un niño con autismo. No estaban preparados para afrontar dificultades jamás imaginadas. No saben mucho sobre autismo. Temen lo desconocido y como será la vida en el futuro. Aún cuando el diagnóstico ya no es enteramente «nuevo» los padres continuarán teniendo dudas y reacciones por algún tiempo.

Los psicólogos reconocen las etapas de reacción que causa un diagnóstico muy parecidas a cualquier trauma emocional. Muchos padres experimentan un rango de emociones durante la etapa de entender y aceptar que su niño tiene TEA. Algunas veces ésto es llamado el **período de aflicción**, y algunas personas se refieren a ésto como el **período de hacer frente.**

Muchos padres expresan la necesidad de tener un período de aflicción después de recibir el diagnóstico. Algunas personas explícan que recibir el diagnóstico es como experimentar la «muerte» del niño que nunca será, o como si su niño está extraviado, o ha sido secuestrado. Otros tienen un sentimiento de pérdida por lo que pudo haber sido. Ésto significa darse cuenta de que tendrán una vida diferente para el niño y para ellos mismos de áquella que esperaban y tenían planeada.

Las etapas de aflicción pueden ser identificadas como rechazo, incredulidad, impotencia, culpabilidad, cólera, y finalmente, la aceptación. Mientras que «aceptación» es la meta, ésto no quiere decir que una etapa emocional es reemplazada por otra. Una variedad de emociones puede sentirse en cualquier «orden» o al mismo tiempo. Los padres pueden necesitar sólo un corto período de tiempo para dejar de sentirse emocionalmente sobrecargados y poder aceptar. O puede ser un proceso mucho más largo.

Igualmente, la intensidad de emociones puede ser diferente para cada padre. Cada persona resolverá sus pensamientos y emociones a su propio paso. Es importante no rechazar los sentimientos, y no sentirse culpable de tener sentimientos «negativos.»

La naturaleza individual de reaccionar a el diagnóstico pudiera significar que cada padre pueda encontrarse en una etapa emocional diferente en cualquier determinado tiempo. Ésto puede complicar la comunicación y la comprensión entre una pareja, o entre los padres. Cuando surgen los conflictos, puede ayudar el tomar en cuenta que su pareja experimenta emociones diferentes. Por ejemplo, si la madre se siente culpable y el padre está enojado en determinada ocasión, las cosas se pueden complicar. Puede ser útil que la pareja se «permita» cualquier emoción que el otro está experimentando y pueda sentirse seguro de expresarse libremente. Con el paso del tiempo, tal parece ser que al expresar las emociones es posible no sentirse tan apremiante como cuando se suprimen las emociones.

El «hueco de información» puede tener efecto en cómo cada padre reaccionará a el diagnóstico. Algunas veces ambos padres se sienten completamente a oscuras acerca de lo que TEA significa. A menudo, un compañero puede tener más conocimiento, mientras el otro compañero sabe menos. El tener información diferente puede afectar en cómo cada persona responde a el diagnóstico y al entendimiento mutuo.

Es importante darse cuenta que la realidad de tener que ayudar a su niño o adulto que tiene TEA se agrega a cualquier otra realidad que usted ya tenga en su vida. La noticia del diagnóstico es una cosa más a la que hay que hacerle frente. Es algo serio e impactante. No se trata de una simple revelación que viene a complicar su mundo ya perfecto. El diagnóstico es una «adición» a otros asuntos, tales como si usted es un padre soltero, o tiene problemas en su matrimonio, la tensión que se produce en el trabajo, problemas de dinero, problemas personales, asuntos de salud físicos o mentales, asuntos con otros hijos o con miembros de la familia. Tenga en cuenta que sus circunstancias personales afectan el proceso de reacción, comprensión y aceptacion del diagnóstico.

Su personalidad y su estilo personal también tienen que ver en cómo usted se enfrenta con el proceso. ¿Es usted un luchador? ¿Un solucionador de problemas? ¿Se abruma facilmente? ¿Tiene que leer todo lo que usted pueda tener a su alcance? ¿Busca comprensión y aprobación de otros, o se reserva todo y prefiere estar solo? ¿Cuánto tiempo y espacio cree que necesita para recobrase del trauma? ¿Puede darle lo mismo a su pareja? ¿Expresa o suprime sus emociones? ¿Le previenen sus emociones de ser objetivo? ¿Qué tan paciente es usted?

Puede serle de ayuda reconocer, identificar y explorar en qué fase del proceso usted se encuentra y comunicarlo ya sea a su esposo, un amigo, otro padre que tiene un niño con TEA, un terapeuta, un psicólogo o a un psiquiatra. No tema buscar ayuda y guía de un profesional para que le ayude con el proceso de recibir el diagnóstico, entendiendo el efecto que tendrá en la familia y preparándose para dar el siguiente paso.

Muchas familias han compartido los pensamientos que tuvieron después del diagnóstico, las preguntas que se hicieron y las muchas emociones que sintieron. Aquí hay algunos de esos pensamientos que ellos han expresado. Muchos lectores se identificarán con estas ideas y experiencias:

- ## Rechazo

  No puede ser cierto.

  Éste debe ser un error.

  ¿Cómo pudo ocurrir ésto?

  No yo, no mi niño.

  Tal vez cuando me despierta mañana, se habrá ido.

  Doctor, usted está equivocado.

  ¡No el autismo!

  No lo creo.

  Siento como que estoy en un sueño.

  Estas personas realmente no conocen a mi niño.

- ## Sentimientos de culpabilidad, reproche, y vergüenza

  ¿Porqué yo?

  ¿Porqué mi niño?

  ¿Qué hice para merecer ésto?

  He debido haber hecho algo malo.

¿Quién tiene la culpa?

¿Tengo yo la culpa?

Ésto es toda mi culpa.

Ésto es la culpa de ___________.

Debería haber sabido antes.

¿Por qué no hice algo antes?

¿Por qué no nos ayudó alguien /o nos dijo algo antes?

¿Es acaso castigo de Dios?

Apuesto éste es un trastorno heredado de la familia de él/de la familia de ella/de mi familia.

¿Qué pensarán otras personas de ésto?

¿Qué dirán los vecinos?

Las personas pensarán que hice algo malo.

- ## La cólera y el resentimiento

¡Ésto no es justo!

¡Éste es un niño inocente!

No pedí esta carga.

Mi vida sería tan simple si no tuviese que tratar con ésto.

Estoy atrapado en este problema.

¡Durante todo este tiempo, las personas no lo percibieron y ahora miren dónde estamos!

¿Cómo es que el pediatra no pudo darse cuenta de ésto?

No me diga que algo está mal con mi niño.

Te dije que algo malo sucedería si tu ___________.

- ## El miedo, la ansiedad y la preocupación

No estoy seguro de poder hacerle frente.

Me siento solo con esta responsabilidad.

¿Cómo será el futuro?

¿Qué es el autismo?

¿Qué le ocurrirá a mi niño?

¿Cómo será su vida?

¿Cómo será mi vida?

¿Cómo afectara ésto a nuestra familia?

¿Qué necesitamos hacer para tratar con ésto?

¿Cómo encontraré ayuda para mi niño y para mí?

¿Qué ocurrirá cuando yo ya no esté?

¿Cómo podrá ella tener ahora una vida adecuada?

- ## Los sentimientos de sentirse abrumado e impotente

Ésto es demasiado.

No le puedo hacer frente a ésto.

Ésto es un desastre.

Las cosas están fuera de control.

No sé qué hacer.

Seré responsable de mi niño con autismo por el resto de mi vida.

No puedo afrontar «el autismo.»

La Depresión y la Tristeza

Porque recibir un diagnóstico está asociado con el período de aflicción, los padres a menudo experimentan tristeza. Un sentido de pérdida puede causar depresión o sentimientos amargos. Sentirse preocupado o impotente para hacer frente puede causar sentimientos de depresión. Algunos padres se sienten tristes porque sienten que algo malo ha ocurrido en la vida de su niño y la de ellos. Los padres sienten una pérdida de control sobre la situación que les puede conducir a la tristeza o depresión.

Aún cuando usted acepta que su niño tiene autismo, usted puede esperar con ilusión cosas que posiblemente no ocurrirán. A pesar de que usted está adaptándose y está haciendo frente lo mejor que puede, cada día le hace un recordatorio de que su niño tiene TEA. Se espera que los momentos tristes serán balanceados con el progreso y las posibilidades para la vida de su niño.

La depresión como una fase del proceso de sentido de pérdida es normal y aún esperada. No obstante, frecuentes episodios severos o duraderos pueden ser devastadores. Cuando la depresión es un problema, puede ser difícil para una persona reconocerlo o admitirlo en sí mismo o en su pareja. La depresión es una condición que usualmente requiere ayuda profesional. Nadie debería sentir vergüenza para pedir ayuda. No hay culpa adherida. Restablecer el bienestar es una prioridad para ayudar al padre y a la familia a funcionar bien y prosperar. Recuerde, es improbable que usted pueda hacer todo lo necesario para su niño o adulto con autismo, si usted mismo no está bien y no tiene sus propias necesidades satisfechas.

Un Mensaje para los Padres:

Mientras es razonable tener en mente que nada de lo que usted hizo ha causado que su niño tenga un Trastorno del Espectro de Autismo, algunas veces los sentimientos de culpabilidad estan ahí, especialmente en el momento del diagnóstico. Una madre puede preocuparse de que los hábitos y el comportamiento durante el embarazo pudieron haber causado que el niño naciera con autismo. Sin embargo, no hay ninguna correlación establecida entre el comportamiento de la madre durante el embarazo y el autismo.

Si la causa del autismo es genética, los padres se pueden culpar por el autismo tanto como se pueden culpar por el color de los ojos. Nadie a sabiendas ha transmitido el autismo. La investigación genética está aún inconclusa. Existe cierta evidencia que ciertos miembros de la familia en particular pueden tener «síndromes ensombracedores» mostrando algunas características de autismo, pero no teniendo el trastorno. Sin embargo, teniendo miembros de familia «raros» no significa que ésto sea la causa de TEA en otros.

Si la causa resulta ser ambiental y si usted actuó sin conocimiento de cualquier peligro potencial, usted no debe tomar la responabilidad por haber sido expuesta. Si las vacunas resultan ser una causa, y usted no sabía que eso era posible, usted no se debe culpar por seguir las recomendaciones de los médicos profesionales.

Obtener un diagnóstico de TEA puede ser muy emocional y desconcertante. Es importante que usted se dé tiempo para aprender acerca de la discapacidad y aprenda a afrontarla. Le animamos a que encuentre un grupo de apoyo que pueda entender por lo que usted está pasando. Es importante evitar recriminarse a sí mismo por el tiempo que le tomó obtener ayuda; usted está haciendo lo mejor que puede con lo que sabe.

Aceptación

Los padres se preguntan si alguna vez aceptarán que su niño tiene una discapacidad – que tiene un trastorno del espectro de autismo. Existe a menudo un sentimiento surrealista a la idea, y se siente como si posiblemente no fuera cierto. Algunas veces es tan difícil, que los padres piensan que ellos no podrán seguir adelante. Los intensos y abrumadores sentimientos pueden ser paralizantes.

Aceptación es el resultado que se espera del penoso proceso. Después de experimentar sentimientos de incredulidad, cólera, culpa, vergüenza, miedo y tristeza, comenzar a entender y aceptar puede ser un punto crucial. Llegar a un acuerdo con el diagnóstico obtenido puede ser muy poderoso. Los padres ya tienen la motivación para seguir adelante, y es el amor por su niño. Los sentimientos de aceptación ayudan a los padres a encontrar la fuerza, el valor y la energía para ayudar a su hijo.

La aceptación es un proceso. Steve Meckstroth, padre de un niño con autismo, nos dá en perspectiva un punto de vista de las emociones paternales y la «aceptación.» El Sr. Meckstroth hizo un pequeño aparato para una presentación que impresionó profundamente a todos. Él usó el formato de una máquina de hilar para un juego de mesa. En lugar de números en las secciones de la máquina de hilar, él le puso emociones. Su máquina de hilar podría parar en eufórico, deprimido, aceptando, cólera, desesperación, alegría, dolor, culpabilidad, miedo, satisfacción y muchos otros. El Sr. Meckstroth dijo a su audiencia que ser padre de un niño con TEA significa que cada día es como otro giro de la flecha. Las emociones cambian constantemente.

Algunas veces los profesionales dan a los padres información (intencionalmente o no) de que éstos estados emocionales indican «falta de aceptación.» Sugieren que los padres «avancen» y que se ocupen más con todos pasos necesarios para obtener servicios útiles. Cuando los padres sienten que están haciendo algo «mal» al sentir emociones tan diversas, ésto simplemente aumenta su carga.

Es muy típico y normal que familias tengan variaciones diversas en cómo responden emocialmente día-a-día y hasta de hora-a-hora. Ésto no quiere decir que la familia no está aceptando el hecho de que el niño tiene una discapacidad. Si la aceptación es definida como «gustando» de la situación y nunca tener sentimientos negativos, la mayoría de personas no estaría aceptando. Los padres pueden aceptar el diagnóstico y continuar experimentando una variedad de emociones. Aceptación puede ser entender y creer que el diagnóstico es correcto y comenzar a tomar pasos en una dirección positiva. Eso no quiere decir que el dolor, la tristeza o la culpa simplemente desaparecerán.

Dos Pasos Hacia Adelante, Un Paso Hacia Atrás

A menudo, después de toda la preocupación y agitación que causa obtener un diagnóstico y obtener servicios, las familias pueden acomodarse a una buena rutina y la vida procede más serenamente. Los altibajos emocionales se nivelan y las cosas se resuelven con más tranquilidad. Sin embargo, aún los padres que entienden y aceptan el diagnóstico de su niño pueden sentirse emocionalmente sacudidos cuando ocurren cambios. Las transiciones, tales como cambiarse de la escuela preescolar a la escuela primaria, cambiarse de un distrito escolar o de un proveedor de servicios a otro, perder una persona que proveé apoyo, o el cambio de la vida escolar a la vida adulta, todo ésto puede ser causa de tensión. Cambios en servicios o proveedores de servicios pueden ser perturbantes. Los padres a menudo dicen que estas cosas pueden provocar emociones fuertes y similares a áquellas sentidas al inicio de la diagnosis. Usualmente, la crisis o la incertidumbre pasa y la familia restablece el balance más rápidamente que la primera vez.

Una pareja que toca en una orquesta sinfónica tiene una hija que es ciega y sorda. La madre dice que algunas veces cuando ella oye una bella pieza musical y sabe que su hija nunca la escuchará, ella llora. Dice que en ese momento ella «odia» que su hija sea ciega y sorda. Al mismo tiempo, la familia ha trabajado continuamente para ayudar a su hija a tener acceso a servicios de alta calidad. Ellos la aman y están planeando para su futuro sabiendo muy bien que lo más probable es que ella siempre será ciega y sorda. ¿Lo aceptan? No en algunos momentos. Ellos reconocen la realidad de la discapacidad y toman pasos efectivos para ayudarla.

Los padres pueden entender la situación y proceder aún sin realmente estar contentos con éste hecho. Ésto se basa en una definición de aceptación como «reconocimiento y acción.» Si la familia está en busca de servicios para su hijo o su hija, es probable que estén aceptando la situación hasta el grado necesario para continuar hacienda lo mejor que puedan hasta ese momento.

El Lado Positivo de el Diagnóstico

Un Sentido de Alivio

Los padres reportan que varias cosas positivas pueden resultar de recibir el diagnóstico. Cuando el diagnóstico parece realmente «adecuado» con las características y comportamientos que han visto, puede ser un gran alivio finalmente poder identificar y entender qué ocurre con el niño. Ésto es particularmente cierto cuando una persona ha tenido varios diagnósticos que no podian explicar todas las características que los padres veían. Un diagnóstico que tiene sentido puede ser una cosa positiva. Aún cuando el diagnóstico llega tarde como en la adolescencia, el obtener la información ayuda a ambos padres y al adolescente a entender e identificar sus necesidades. Los individuos diagnosticados cuando adultos pueden compartir un sentido de alivio descrito por los padres. Veamos unas ideas positivas que los padres han compartido:

- ### Una fuente de esperanza y dirección

  ¡Alguien sabe qué hacer con ésto!

  Hemos estado viviendo con «algo» por años. Ahora tiene un nombre.

  Usted piensa que está solo hasta que se dá cuenta de lo contrario.

  No estoy solo.

  No estamos solos.

  Otras personas entienden por lo que yo estoy pasando.

  Hay otros niños como mi hijo.

  Mi hijo puede tener una vida adecuada.

- ### Validando los sentimientos de los padres y entendimiento del problema

  ¡Finalmente, alguien me cree!

  Un experto en quien confié me escuchó.

  «Alguien que sabe» entendió lo que trataba de explicar.

Estaba en lo correcto acerca de mi niña.

Mi persistencia valió la pena.

Ahora podemos seguir adelante para obtener algún apoyo y progresar.

Siento alivio al saber que yo no causé el trastorno y que no soy culpable.

No estoy loca. Ésto no estaba solamente en mi cabeza.

Las personas pueden dejar de culpar a mi hijo por lo que él no puede hacer.

Las personas pueden dejar de culparme (o culparnos).

Algunas Cosas No son Realmente Diferentes

Una madre intuitiva dijo que el haber obtenido el diagnóstico no cambió realmente a su hija, a ella, o su vida. Vivir con su hija fue lo mismo como el día anterior de la diagnosis y el día después de la diagnosis. El diagnóstico sí dió un nombre y una explicación a sus experiencias y una idea de qué poder hacer después.

La Elegibilidad

Los padres pueden también sentir alivio al saber que al tener un diagnóstico oficial de autismo o TEA puede hacer a la persona elegible para educación especial y otros servicios. En tal caso, el diagnóstico sirve para un propósito y sostiene la promesa de poder tener acceso a lo que puede hacerse para ayudar a que la persona aprenda y mejore.

Lo Que Pueden Hacer los Padres y el Personal

Si obtener un diagnóstico es entumecedor y paralizante, no hacer nada no es una opción. Saber qué hacer y por dónde empezar puede ser abrumante. Aquí hay algunas ideas para ayudar a los padres a enfocarse y seguir adelante con el plan para su ser querido con autismo.

Tenga Esperanza Por Un Futuro Próspero

Tenga altas expectativas para el individuo con TEA. Diga a la persona que usted tiene sueños para él/ella y que usted le ayudará a alcanzar sus sueños. Asegúrese de hablar de un modo positivo a la persona con TEA aún si él/ella no parece entender todo lo que usted diga. Comparta sus esperanzas y sus sueños con amigos, personal profesional y con el resto de la familia.

Si alguien predice que el individuo con TEA «nunca»» podrá tener los resultados que desea para su vida, pida a ese pronosticador que le dé los números de la lotería del siguiente sábado. ¡Si la persona puede predecir qué ocurrirá en los próximos años, seguramente puede adivinar un par de números esta semana!

Ésta es una manera alegre para responder a las horribles predicciones que son dolorosas y que limitan al niño, la familia, y personal. Puede ayudar a todos el percatarse qué tan ridículo es pensar que alguien puede predecir el futuro. Nuestro lema es «donde hay vida, hay esperanza.» La esperanza puede conducir a la acción y la acción puede conducir a la realización de metas que ayudarán al individuo con TEA. Los padres no están equivocados, ni son poco realistas o tontos al tener muchas esperanzas. Nadie debería tratarlos comosi lo fueran, o quitar la esperanza de cualquier padre.

Anéctoda de Bárbara

Cuando enseñaba a los niños sordos al principio de mi carrera, conocí a Tim, un chico muy especial quien perdió su audición debido a la meningitis. Un día él era un niño «normal» de dos años de edad y al siguiente, él era profundamente sordo con un sistema de balance dañado.

Me encantó trabajar con la familia de Tim. No permitieron que ninguno disminuyera sus altas expectativas para Tim. Algunos de los miembros en la familia de Tim eran pilotos. Un día su padre me dijo, «me gustaría que algún día Tim pudiera volar un avión.» Pensé, «¡Ay, este papá es realmente poco realista! Tim apenas puede atravesar andando un cuarto sin tropezar y no puede oír. Además, no hay pilotos sordos.»

Sin embargo, un profesor sabio de la universidad me habia enseñado a honrar las esperanzas que los padres tienen para sus hijos. Así que decidí hacer lo que fuese para ayudar a alimentar esa esperanza. Sugerí que Tim aprendiera más sobre las matemáticas y la física y que su padre le enseñara todo lo que él pudiera. ¡Cuando él estaba es sus veintes, Tim se convirtió en el primer piloto sordo en su estado!

Un día el padre de Tim vino a mi una vez más y dijo, «Sabe, pienso que estas computadoras van a ser algo importante en la vida de las personas algún día. Quiero que Tim aprenda sobre ellas.» (Recuerde que ésto fue aproximadamente en 1975. Nadie tenia computadoras en sus casas y muy pocos negocios las tenían. ¡En áquel entonces, una computadora podía ocupar todo el espacio de un cuarto grande!) Otra vez mi primera reacción fue descartar lo que el papá de Tim dijo. En vez, apliqué mi criterio de «esperanza» y le dije que yo haría todo lo posible para que Tim aprendiera sobre computadoras. La familia compró e instaló una computadora enorme. Hoy, Tim se gana la vida como un gran profesional en computación gráfica, diseñando sitios de la red que han ganado reconocimiento, mientras cria a sus preciosos hijos con su bella esposa.

Quizá Tim no podría haberse convertido en un piloto. Durante el proceso de aprendizaje, él pudo haber aprendido lo suficiente como para poder hablar de aviación y aviones con los pilotos en su familia. Mientras aprendía acerca de las computadoras, Tim habría adquirido información muy útil que la visión anticipada de su padre había predicho ser importante, aún si él no hubiera usado las computadoras para ganarse la vida. Las esperanzas que fueron conservadas, honradas y promovidas dieron al padre de Tim energía nueva y una perspectiva visualizando hacia el futuro. Me gusta pensar que parte de la tristeza sobre la pérdida de audición de Tim fue «balanceada» con la esperanza de un futuro maravilloso. La creencia de esperanza que hubo para Tim pudo haber sido auto-realizada y como un efecto de dominó, y puede ser qué haya antepuesto el tono y dirección al porvenir.

TEA puede traer consigo algunas limitaciones para el futuro de las personas. Pero muchas personas con TEA tienen vidas productivas y felices. Su ser querido con TEA puede tener éxito.

Continúe Aprendiendo Todo Lo Que Pueda Acerca de TEA

Atienda conferencias, seminarios, o sesiones de entrenamiento. Solicite títulos de libros útiles y otros recursos. Renueve su tarjeta de la biblioteca, o aprenda a usar el Internet si usted no sabe cómo. Usted puede incrementar su destreza en un corto período de tiempo gracias a toda la información que está disponible y accesible de muchas maneras.

Algunas personas dicen que al comenzar a aprender sobre TEA es como beber de una manguera para bomberos – abrumador. Puede parecer así al principio. Necesitará algún tiempo para asimilarlo todo, pero el conocimiento es la clave para el progreso.

No rechace ninguna información útil solamente porque no se trata específicamente de TEA. Ideas de aprendizaje en general pueden ser de ayuda para personas con TEA. Información útil puede ser encontrada al investigar información con temas, títulos o palabras claves, tales como discapacidades, trastornos generalizados del desarrollo, abogacía, educación especial, modalidades de aprendizaje, etc.

Algunas veces las ideas que son de ayuda para la mayoría de la gente también pueden ayudar a un individuo con TEA. La persona con TEA es primero, y será siempre primero, una persona. El ejemplo de una idea «genérica» es un calendario planificador, la clase que tantas personas utilizan. Aunque no fue diseñado específicamente para ser utilizado por individuos con TEA, puede ser muy útil para ellos como para todos.

Deshágase del Sentido de Culpabilidad

Es perfectamente natural querer saber por qué la persona tiene autismo o quién le «hizo ésto» a él. Las causas del autismo y TEA son desconocidos. No se puede culpar a nadie por el autismo y otros trastornos relacionados. Puede ser un alivio deshacerse de la necesidad de culpar a alguien, incluyéndose usted mismo.

Las investigaciones demuestran que no hay prueba o razón para culpar a los padres por el TEA de su hijo. El comportamiento de los padres no causa autismo. Aún si las causas son descubiertas en el futuro, los padres no pueden ser culpados por hacer algo que no sabian podría ser dañino. Los padres no deben juzgarse severamente al hacer cosas que son ampliamente hechas por otros sin un daño aparente. Leer el Capítulo 10 sobre «Causa y Cura» puede ayudar a los padres a entender acerca de la ciencia relacionada con el TEA y a dejar de sentirse culpables, culpados o culpar.

La culpabilidad y reprocharse a sí mismo no sólo son una pérdida preciosa de energía mental, ésto puede ser dañino y destructivo. Los padres que se culpan a sí mismos son menos capaces de hacer lo qué el niño necesita. Pueden ser menos capaces de aprender y lograr lo que quieren y necesitan hacer. Los padres no deberían ser juzgados o culpados por otros. Los profesionales que culpan a las familias o a los miembros de la familia tienen menos probabilidad de ser lo suficientemente objetivos para proveer ayuda a la familia.

Emily dice que desde que Tom nació, ella ha pensado mucho sobre qué «hizo ella» para causar que Tom tuviera autismo. Hacer ésto es perfectamente natural. Con el transcurso del tiempo, ella pasó menos tiempo pensando sobre eso (aunque todavía se pregunta) y más tiempo pensando sobre lo que podía hacer para ayudar a Tom. Hasta cierto punto, no tiene sentido continuar buscando algo o alguien a quien culpar.

A medida que la investigación genética progresa, pudieramos encontrar que algunos de nosotros poseemos un código genético indicador de el autismo. Pudimos haber pasado un TEA a uno o más de nuestros niños. Sin embargo, tampoco nos podemos culpar por eso, así como un padre no puede ser «culpado» por la estatura o el color de pelo del niño. El padre de un niño con TEA reconoció en sí mismo muchas de las características de su hijo con autismo. Él dijo, «¡Dios mío, yo soy el causante! » Él estaba muy triste y tuvo que trabajar con un consejero para poder librarse de una culpa injustificada. La verdad es que la mayoría de los padres sólo desean pasar sus mejores características a sus hijos. Sin embargo, nadie puede controlar el material genético o el desarrollo fisiológico que determinará a quién se parecerá el niño.

Si como padre, usted continúa culpándose o culpando a alguien por la discapacidad de su niño, usted tiene que buscar la ayuda de un consejero. Como padre de un niño con necesidades especiales, usted tiene cierta cantidad de energía. Es importante canalizar sus esfuerzos en las áreas más productivas. Usted necesita preservar y proteger su propia salud mental para poder ayudarse a usted mismo y a su familia. Un buen consejero puede ayudarlo a encontrar una dirección positiva.

Encuentre a Otros Que le Puedan Ayudar a Elaborar un Plan

Por lo general, los padres no son expertos en discapacidades, educación especial, o servicios para adultos a menos que ellos trabajen en esa profesión. (¡Bárbara puede atestar sobre el hecho de que cuando se trata de una persona en su familia, aún siendo una profesional en la especialidad no es suficiente!) Es muy natural que los padres y empleados necesiten guía y ayuda para saber lo que necesitan hacer. Mientras que el autismo puede ser algo nuevo para usted, muchas personas con conocimiento y experiencia pueden proveer guía y apoyo.

Sépa que usted no está solo. Cada distrito escolar tiene un departamento de Educación Especial. El personal puede guiarle con el proceso de diseñar un programa para satisfacer las necesidades del estudiante. Todos los condados tienen agencias que proveen servicios de apoyo para adultos con discapacidades. El personal puede ayudarle a determinar a qué servicios es elegible y cómo obtenerlos. Pueden ayudar a completar cualquier papeleo necesario que se requiera y conectarlo con recursos en la comunidad.

La comunidad puede tener una variedad de organizaciones y recursos disponibles. Los grupos de apoyo son un recurso maravilloso que une a los padres, los empleados y las familias que viven en la misma área, a compartir información y a darse apoyo emocional. Muchas organizaciones locales y nacionales se dedican a proveer asistencia a las familias. Una manera de comenzar es encontrar a quién llamar y hacer la primera llamada. Si usted vive en una comunidad pequeña con recursos limitados o en una ciudad grande, el internet es también un buen lugar para conectarse con otros y encontrar la información y el apoyo que usted necesita. Al final de este capítulo y al final del libro, se localizan listas con medios informativos.

Use Terminología Precisa y Compasiva, y Pida a Otros Hacer lo Mismo

El lenguaje de «primero la persona» es un concepto nuevo para muchas personas que no están familiarizadas con asuntos relacionados con discapacidades. Sin embargo, es un tema central para muchas personas con discapacidades. De hecho, una sección en la ley federal de discapacidad anima el uso de lenguaje de «primero la persona.» Las personas con discapacidades son primero, y ante todo, personas. Sus discapacidades son sólo un aspecto de quiénes ellas son. Es importante usar un lenguaje que es respetuoso y preciso.

Las personas no son «autisticas. » Ellas son personas con autismo. No llamamos a las personas «retardadas» o «espásticas» y es horrorizante el sólo pensarlo aunque esa fue la terminología común en el pasado. En cierta forma, perdura el hecho de referirse a personas como «autisticas.» ¿Será acaso porque muchas personas con autismo no pueden comunicar su deseo de ser referidas con mas compasión y respeto? Tal vez no se reconocen la asociación sutil de la palabra. Los padres y los empleados pueden modelar el uso de un lenguaje respetuoso y pueden considerar pedir a otros que hagan lo mismo.

En este libro hemos evitado intencionalmente describir a las personas como «autisticas.» Usamos frases como «persona con autismo» «niño con autismo» o «adulto con autismo.» Consideramos ésto una pequeña, pero importante forma de enfocarnos en las personas y enfatizar el hecho que TEA es una parte significativa de quién es esa persona, pero no su ser completo.

Muchas personas describen la conducta de las personas con autismo con lenguaje crítico. Con cambiar simplemente el término usado para describir el acontecimiento puede llevarnos a pensamientos más compasivos y a intervenciones más apropiadas. Por ejemplo, cuando una persona con TEA tiene un episodio emocional extremo, algunas personas lo llaman una «rabieta.» La palabra «rabieta» insinúa un niño travieso, egocéntrico que solamente quiere «salirse con la suya.» Al responder a una «rabieta» se les recomienda a empleados y miembros de familia que ignoren el episodio, o que aún provean un castigo. Cuando personas que no tienen TEA u otra discapacidad tienen una crisis emocional, es raramente llamada rabieta si la persona tiene más de 2 ó 3 años de edad. Quitando el criticismo y la negatividad en las palabras que usamos es el primer paso a ayudar a descubrir la causa de la angustia, consolar a la persona y hacer arreglos para ayudarlos y enseñarlos.

Organícese

Mantenga un diario o una libreta sobre las actividades que lleve a cabo para el miembro de la familia con TEA. ¡Es demasiada información para guardarla toda en la memoria! Usted estará mejor organizado si tiene una libreta de apuntes o una carpeta de argollas en dónde pueda escribir nombres, fechas, números de teléfono y otra información importante. Será mucho más fácil localizar la información que necesite después.

Es buena idea tomar notas cuando esté hablando con proveedores educativos o de servicios, ya sea en persona o por teléfono. Escriba el nombre, posición y número de teléfono de la persona con quien habló. Si usted no está seguro de algo, pída que se lo repitan. En sus notas incluya la fecha y hora, cuál fue la razón de su conversación, y cuál fue la respuesta que recibió. Usted puede necesitar referirse a esas notas después para corroborar sus esfuerzos para obtener cambios o mejoras en la calidad de los servicios.

También necesitará organizar todos los registros y papeleo que se genere durante y después de el proceso de diagnosis. Muchas personas utilizan un encuadernador grande de 3 anillos en el cual mantienen los registros divididos por temas. A otras personas les gusta usar una archivo de acordeón y archivan también por tema. Si usted ya ha experimentado el proceso de diagnosis, de seguro tendrá muchos papeles para archivar. Algunos títulos para los temas, pueden ser:

Historia del Niño	Evaluaciones	Diagnósticos	Programas Locales
Tratamientos Médicos	Recursos/Apoyo	Psicólogos	Distrito Escolar
Derechos de los Padres	Personal	Notas	Habla/Lenguaje
Resultados de Exámenes			

Algunos padres y empleados prefieren usar un sistema cronológico, archivando los papeles según el orden que fueron recibidos y notas en el orden en que ocurrieron los acontecimientos. Estar organizado desde el principio le previene tener que buscar desordenadamente en un montón de papeles y perder tiempo buscando lo que necesite. ¡Encuentre un método que le sirve, y comience a organizarse! Nunca es demasiado tarde o temprano para comenzar.

Sea Un Consumidor Precavido

Cada cuantos años ocurren afirmaciones de la existencia de «cura» para los Trastornos del Espectro de Autismo. A veces, las personas afirman curas después de apenas haber trabajado con un reducido grupo de gente. Padres y otros interesados en TEA son ahora «un blanco» en este campo, y hay personas que están aprovechándose del deseo natural de los padres para querer aliviar la carga de TEA en sus niños. Para hacer dinero, algunas personas están dispuestas a usar procedimientos y métodos de productos experimentales que no han sido aprobados y a utilizarlos con su niño o adulto con TEA.

Existen métodos y técnicas efectivos que pueden ayudar a personas con TEA a que aprendan, mejoren y tengan una vida adecuada. Ninguno de ellos hará a la persona «normal.» No hay ninguna investigación que muestre que el uso de alguna droga en particular, técnica, método de enseñanza o programa de comportamiento conducirán a una «cura» para todos los que tienen autismo. Es sabio ser escéptico cuando se trate de «milagros» y la «cura.»

«Primero, no hacer ningún daño» debería aplicarse a cualquier técnica considerada, producto o servicio para el niño o el adulto con TEA. Los padres, guardianes y personas responsables necesitan considerar todas las consecuencias posibles antes de acceder a cualquier servicio o producto. Si hay algún riesgo, los padres deben considerarlo cuidadosamente. Los padres verán las consecuencias de sus decisiones años después de que la decisión fué tomada. Tendrán que vivir con las consecuencias aún mucho después que otros hayan olvidado el asunto.

Es importante que los padres y los empleados conserven un balance y no se conviertan en fanáticos o extremistas acerca de cualquier intervención que prometa una «cura.» Abra el diálogo y hable con las personas que tienen otro punto de vista ya que ésto puede ayudar a obtener una perspectiva más completa cuando se consideren opciones e intervenciones. Las decisiones tienen que ser cuidadosamente consideradas. Las familias y equipos deberían hacer lo que sirve bien para ellos, y cambiar los métodos y maneras de hacer las cosas cuando sea necesario.

Evite a las Personas Fanáticas.

Las personas que crean que existe sólo «una forma» de pensar sobre TEA puede que hayan dejado de aprender, crecer y evolucionar. Pueden sentir la necesidad de «convertir» a otros a que crean en lo que ellos prefieren. Puede ser agobiante y absorbedor de tiempo. Busque otros que sean mentalmente abiertos, y que esten dispuestos a compartir y dispuestos a aprender. Hacer investigación en el campo de TEA tiene mucha importancia. Como padre, usted necesitará tener criterio para poder distinguir entre las investigaciones y argumentos «válidos» y los «imperfectos.»

Invierta Tiempo y Energía en el Desarrollo de Relaciones Positivas Con los Profesionales y Empleados Quienes Estarán Trabajando con Usted, Su Hijo o Adulto, y Su Familia.

¡Las personas que escogen carreras en la educación, educación especial y servicios relacionados obviamente no están en esta profesión por dinero o por gloria! La mayoria de maestros, educadores especiales y empleados son a menudo personas que quieren ayudar a otros. Cada uno de ellos define como meta en su carrera el hacer algo satisfactorio y crear diferencia. Se merecen respeto y apreciación. Ellos traen experiencia y perspectiva a su trabajo, y pueden ser muy provechosos para usted y su familia.

Las emociones son a menudo el obstáculo que interfiere en establecer relaciones con los empleados. Aunque es natural que los padres se muestren emotivos acerca del niño o de el adulto a quién aman, algunas veces las emociones fuertes se interponen en el camino. Al tratar de desarrollar un servicio o plan de educación con otros, es importante enfocar la atención en el hecho de que la prioridad de todos es la persona que necesita ayuda. Cualquier cosa que se haga para ayudar a fortalecer las relaciones es en el mejor interés de esa persona. La divisibilidad y la negatividad debilitan el proceso. La solución para todos los envueltos es separar los sentimientos para poder ser objetivos con los hechos. Mientras que los padres, maestros, administradores y proveedores de servicios no siempre estarán de acuerdo, mantener su calma enfocando la atención en los hechos ayudarán a todos a ser más productivos.

Algunas veces los padres reportan sentirse frustrados cuando maestros y empleados no saben lo suficiente sobre TEA. Mientras que los padres aprenden lo que necesitan saber y tienen ideas sobre los servicios y el apoyo, algunas veces los empleados no parecen entender. Recuerde que muchas personas que enseñan o trabajan en la actualidad en escuelas han recibido muy poca educación sobre autismo y TEA. Aún hoy en día los graduados de la universidad en el ramo de educación pudieron haber tenido tan poco cómo unos sesenta minutos de discusión acerca del autismo durante un período de dos años de instrucción para maestros. Los «huecos de información» que existen dentro de familias existen también dentro de las escuelas y la comunidad.

Mientras que tiene sentido la frustración sobre la situación, es contraproducente sentirse enojado sobre el asunto. En cambio, los padres pueden compartir información y animar a los maestros y empleados a atender seminarios y entrenamientos con ellos. Juntos, padres y empleados pueden resaltar la necesidad de más información y animar a los distritos escolares o sus agencias de proveedores de servicios a que provean oportunidades de aprendizaje sobre el tema.

Hay un dicho que dice que usted puede atraer más moscas con la miel que con vinagre. Algunas veces empleados y personal de servicio tienen una actitud negativa sobre los padres que son extremadamente emotivos y quienes están «enojados» y son «agresivos.» Los empleados pueden intencionalmente o no, resistir a tal padre. ¡Los padres no tienen que aceptar «no» por respuesta pero pueden ser agradables mientras que al mismo tiempo, estén obteniendo lo que su niño necesita! A menudo los empleados tienen un gran respeto por los padres quienes están informados y son persistentes, pero que actúan con serenidad. Recuerde que todos tienen el derecho a ser tratados con cortesía.

Pida Ayuda

A veces vivir o trabajar con personas con TEA puede ser abrumante y pone la vida fuera de balance. Los padres y empleados necesitan reconocer cuando la ayuda es necesaria, y pedirla. No es probable que alguien se ofrezca a ayudar a resolver los problemas si ellos no saben qué es lo que está pasando. Los padres y empleados a menudo tienen que buscar y pedir ayuda.

El primer paso es identificar la necesidad, o cuál es el problema específico que tiene. Si se puede, identifique qué clase de servicio podría serle de ayuda. Luego busquea quién pedir, y pida ayuda.

Si la persona a quien usted pidió ayuda no puede ayudarle, pida que lo refieran a alguien que pueda hacerlo. Si le informan que no tienen ayuda para su problema, pida hablar con un supervisor, director u otra persona que se encargue de el sistema que provee los servicios. Hable con otras familias y pregunte cómo obtuvieron la ayuda necesaria y cómo usted podría obtener lo mismo.

Aquí hay algunos ejemplos de cuándo la ayuda puede ser necesaria:

- Cuando a menudo algún miembro de la familia o empleado está molesto, deprimido, agitado o agresivo.
- Cuando la comunicación es inificaz o reducida entre miembros de la familia o empleados.
- Cuando los problemas de salud física o mental parecen ocurrir, porque alguien en el grupo familiar está bajo demasiada tensión nerviosa.
- Cuando los hermanos de la persona con TEA están molestos, a menudo están fuera de casa, sus calificaciones han bajado, o demuestran cambios de actitud o personalidad.
- Cuando no hay recursos suficientes o dinero para satisfacer las necesidades de todos los miembros de la familia o de todos los consumidores de la agencia.
- Cuando la presencia o el comportamiento de la persona con autismo interfiere con las necesidades de otros en la familia o del hogar, o limita a la familia de oportunidades disponibles.

- Cuando una persona es la única responsable de la persona con autismo.
- Si algún aspecto de la situación familiar es crítico y domina la vida cotidiana.

Recibiendo un Diagnóstico en Edad Adulta

Algunas personas no obtienen un diagnóstico de Trastorno del Espectro de Autismo hasta la edad adulta. De hecho, muchos adultos ahora reconocen las señales de TEA que siempre han estado presentes en ellos mismos y buscan una opinión profesional. Muchos padres reconocen características de TEA en ellos mismos cuando sus hijos están pasando por el proceso de evaluación y diagnóstico. Otros adultos se están informando sobre TEA y considerando si la información se refiere a ellos, si los describe, o explica mucho sobre cómo son ellos ahora y en el pasado. En otros casos, los adultos se dan cuenta de ésta posibilidad cuando seres queridos, amigos o empleados lo mencionan, o ven un programa de televisión, o leen un artículo sobre el autismo o el Síndrome de Asperger. Talas escenas son más comúnes dado a la creciente publicidad sobre el espectro de TEA y la extensión de sus efectos. Éste alzo de conciencia sobre TEA puede ayudar para que programas académicos, programas de desarrollo y salud mental identifiquen a las personas con TEA más temprano y eficazmente.

Cómo Un Adulto Puede Reaccionar al Recibir Un Diagnóstico

La extensión es muy amplia en las reacciones de adultos que se enteran de tener TEA. Los sentimientos de pena y llegar a aceptarlo pueden ser parecidos a lo que los padres experimentan con una intensidad personal. Algunos resultados más inmediatos son a menudo rechazo, reproche, tensión nerviosa, ansiedad, cólera, enojo y lamentación. Tres de los resultados a más largo plazo son a menudo el orgullo, la gratitud y la determinación. Aquí hay algunos pensamientos sobre estos temas que han sido compartidos por algunos adultos con TEA:

Rechazo

Nadie quiere pensar que algo está «mal» con él. Es duro para cualquiera aceptar las noticias de que él tiene TEA. Cuando un doctor, un miembro de la familia, o empleados lo mencionan, puede ser una gran sacudida. Algunas personas se sienten ofendidas con tal sugerencia. Es difícil creer que ésto sea cierto. Después, necesita tiempo entender y admitir que es cierto.

En otros casos, los adultos piensan que algo podría estar «mal.» Pueden preguntarse por qué algunas cosas siempre han sido tan difíciles para ellos. Pueden pensar sobre problemas que han continuado por años y preguntarse «¿qué está pasando?» Puede tomar algún tiempo antes que la persona esté lista para hablar sobre el asunto, que se dé cuenta de lo que está ocurriendo y que obtenga ayuda.

Reproche

Algunas personas se han pasado la vida culpando a otros por los problemas que han tenido. Pueden culpar a sus padres por lo que parece ser un pobre esfuerzo en su crianza. Pueden reprochar de sus maestros el no haber reconocido una necesidad de toda la vida. Se pueden culpar a sí mismos y pueden sentirse inadecuados, estúpidos o antisociales. Estos sentimientos de culpabilidad pueden ser vistos como naturales al reaccionar a tan importante información de uno mismo. En la mayoría de los casos, estos sentimientos de culpabilidad disminuyen a medida que el individuo comienza a entender el diagnóstico y trabaja en aprender y enseñar a otros.

Tensión Nerviosa y Ansiedad

Algunos adultos se sienten muy tensos cuando se dan cuenta que tienen TEA. Se preocupan si estarán bien. Podrían preocuparse de que no estarán bien. A los adultos les concierne cómo TEA afecta su vida personal, el éxito en su carrera y su futuro. Cuando las personas se dan cuenta por primera vez, puede preocuparles si es que las cosas van a salir bien.

Algunos adultos se preocupan que otros les juzguen o que piensen que no son importantes. Se preocupan de cómo ellos son «diferentes.» Algunos adultos consideran que el diagnóstico les distingue y se preocupan que otras personas le tratarán diferentemente si se enteran. Algunos adultos se sienten abrumados de hacerse cargo de la información sobre el diagnóstico.

Puede sentirse como una gran responsabilidad tener que tomar decisiones sobre cómo obtener ayuda. Ellos desean saber que otras personas pueden ayudarles a encontrar qué hacer.

Cólera y Lamento

Muchos adultos se sienten furiosos cuando se enteran que tienen TEA. A veces, ellos culpan a otras personas, ya sea por el hecho que lo tienen, o por el hecho que tomó tanto tiempo para darse cuenta de ello. La persona con TEA pudo haber tenido dificultades durante toda su vida, pero nadie sabia lo que estaba mal o hizo algo al respecto. Ésto puede causar sentimientos de lamentación por todo el tiempo que se perdió o se desperdició antes de reconocer las necesidades de la persona.

El Orgullo

Algunas personas se sienten orgullosas de sí mismas después de una diagnosis. Se enorgullecen de lo bién que han afrontado a pesar de no saberlo. Tener una discapacidad puede ser como un obstáculo, y sobrepasarlo puede hacer que una persona se dé cuenta de cuánto tiene a su favor.

Obtener un diagnóstico puede ayudar a una persona a darse cuenta de lo que le es más fácil y lo más dificil. Después ella puede pedir ayuda cuando lo necesite; ésto se denomina auto-abogacía. Aprendiendo sobre las características de TEA puede ayudar a los individuos a hacer cambios positivos que resulten en tener mejores relaciones, estilo de vida y productividad.

La Gratitud

Algunas personas que reciben el diagnóstico se sienten agradecidas con las persona que les han brindado ayuda a través de los años. Muchos padres hicieron tanto como pudieron para su niño sin alguna vez saberlo o haberse preguntado, «¿Por qué?» Algunos amigos, vecinos y maestros ayudaron por instinto. Las personas quiénes alcanzan la edad adulta antes de que sean diagnosticados probablemente tuvieron un buen círculo de apoyo de personas compasivas que les ayudaron a llegar tan lejos. Eso es algo para apreciar.

La Determinación

Algunas personas actuan con determinación. Deciden que quieren tener éxito en lo que hacen en sus vidas a pesar de sus dificultades. Se sienten seguros que pueden sobrepasar los obstáculos. Desean usar sus talentos para compensar sus dificultades. Entienden que una discapacidad es sólo una parte de lo que una persona es–no la persona entera.

Algunos adultos se dán cuenta que tienen la habilidad y la oportunidad de ayudar a otros. Muchas familias con hijos pequeños con TEA se preguntan cómo es la vida para los adultos con TEA. Los padres se preguntan qué depararà el futuro. Los adultos con TEA pueden hablar de sus sentimientos y experiencias. Pueden describir lo que experimentaron al ir creciendo y lo que les pudo haber ayudado. Esto es ayuda para todos a entender mejor.

Algunos adultos con TEA han escrito libros en donde comparten sus historias y experiencias. Temple Grandin, John-Paul Bovee, Sean Barron, Donna Williams y Jerry Newport son algunos autores y oradores reconocidos. Otros adultos con autismo han escrito artículos en revistas, aparecido en la televisión, dado conferencias o tienen sus propios sitios en el internet. Muchos adultos con TEA están contentos de saber que no están solos y que no son los únicos con TEA. Otros adultos encuentran que los grupos de apoyo son muy útiles. En un grupo de apoyo, se puede encontrar a otros adultos que viven en su comunidad y que también tienen TEA. El uso del internet es otra manera de hacer contacto con otros y obtener apoyo e información de personas en todo el mundo.

Necesidad de Apoyo

Comprensión y apoyo son esenciales para ayudar a un individuo que ha sido diagnosticado en edad adulta. Consejo psicológico puede ser inestimable. Los materiales educativos son importantes para estos individuos, sus esposos, sus familias, maestros y para sus empleadores. Juntos, el individuo y las personas en sus vidas pueden encontrar servicios de apoyo específicos para las necesidades de los adultos.

Recibiendo un Diagnóstico en la Adolescencia

Típicamente los adolescentes luchan con asuntos relacionados con su crecimiento. Es como estar atrapado entre el mundo de niño y el de adulto; luchan con la independencia e identidad individual, tratando de encontrarse a sí mismos y sentirse en su ambiente. La vida para los adolescentes está a menudo llena de incertidumbres y emociones. Los adolescentes mencionan que es un gran golpe obtener un diagnóstico en esa etapa de la vida. Algunas reacciones de los adolescentes son infantiles; algunas otras son similares a las que experimentan los adultos, y otras reacciones pueden ser exclusivos para áquellos en esa etapa.

Los adolescentes, empleados y familiares reportan que los adolescentes diagnosticados con TEA en los años de adolescencia a menudo:

- Se vuelven más conscientes de sus areas de potencia y sus áreas de necesidad.
- Se sienten frustrados con los intentos de tener éxito socialmente.
- Se dan cuenta que son «diferentes» cuando mezclarse es valorado.
- Se sienten tensionados o ansiosos en un ambiente social con adolescentes.
- Se preocupan que otros los juzguen o los rechacen si se dán cuenta del diagnóstico.
- Sufren cuando son tratados cruelmente.
- Sienten presión para tener éxito académicamente, pero se sienten limitados en sus habilidades para alcanzar al grupo.
- Se preocupan por el futuro.
- Se sienten aislados.
- Pueden culpar y sentir desconfianza de otros adultos.
- Desean tener una novia o novio, pero no entienden las relaciones.
- Están confundidos con la emergente sexualidad, identidad sexual y deseos sexuales.
- Se sienten tristes y deprimidos sobre su situación.
- No pueden imaginar un futuro féliz para ellos.

Las reacciones de cada adolescente diferirán dependiendo de su edad, su habilidad para entender lo que es TEA y cómo les afecta personalmente. Su autoestima, su concepto propio, y su conciencia serán también factores a considerar. La manera en que se le deja saber a un adolescente, la informacion que se comparte y las palabras que se usan tienen mucha importancia. Por esa razón, la idea de «decirle» al adolescente y anticipar las posibles reacciones se tratan en detalle en el Capítulo 9. También hay que estar consciente de la necesidad de apoyo o consejo profesional para tratar con el asunto.

La Reacción de los Niños al ser Explicados de el Diagnóstico

Cuando se les dice a los niños sobre su discapacidad, hay muchas reacciones possibles. Las reacciones diferirán de niño a niño, dependiendo de su edad, su habilidad de entendimiento, y su nivel de amor propio y concepto propio. La manera en que se le deja saber a un niño, la información que se comparte y las palabras que se usan tienen mucha importancia. Por esa razón, la idea de «decirle» al niño y anticipar las posibles reacciones se tratan en detalle en el Capítulo Nueve.

Otros Miembros de la Familia y Hermanos

Así como los padres, los miembros de la familia también necesitan tiempo para aceptar el hecho de que el niño o el adulto tiene TEA. Al principio, los hermanos y hermanas, los abuelos, las tías, los tíos y otros parientes pueden experimentar rechazo a no querer ver los hechos. El rechazo puede ser basado en el hecho que los parientes pueden estar malentendidos y necesitan aprender más sobre TEA. Una niñita, hermana de un niño con autismo, dijo, «Mamá, usted espera que yo entienda cómo usted entiende. Pero yo soy solamente una niña.»

Algunas veces los conflictos surgen cuando algunos miembros de la familia no «creen» que el diagnóstico es correcto, o no pueden creer que el miembro de la familia tenga en verdad una discapacidad. Pueden continuar culpando a los padres por los problemas del niño. Los hermanos y otros miembros de la familia se pueden sentir culpables o avergonzados, pueden sentirse abrumados o sentirse que no son tomados en cuenta en el proceso. La dinámica familiar puede estar desordenada por algún tiempo hasta que todos los miembros de la familia comiencen a aprender y entender la situación.

Ésta situación impacta a los abuelos así como también a otros parientes. Algunos abuelos son susceptibles al hecho que el niño que aman, y el nieto que aman, ambos están luchando para afrontar y vivir con TEA. Ésto puede intensificar su propia reacción. Existen ya grupos de apoyo para abuelos con nietos con TEA lo cuál es un gran paso adelante.

Los padrastros pueden encontrarse atrapados en un acto de balance, aprendiendo a comprender y a satisfacer las necesidades del niño con una discapacidad. En los casos de custodia compartida, varias personas puedieran cuidar del niño en más de un lugar. Los padrastros se encuentran en un dilema entre qué se necesita hacer y las muchas personas quiénes necesitan estar envueltas en la toma de decisiones.

Los matrimonios y parejas de padres y padrastros, de repente se encuentran formando un equipo, teniendo que obtener información, hacer decisiones y ser consistentes en el cuidado del niño. Los padrastros que son responsables del cuidado diario del niño a menudo sienten que los padres biológicos cuestionan su papel y su autoridad. Los padrastros pueden amar al niño con TEA como a su propio hijo y se sienten frustrados cuando su autoridad o «conexión» es cuestionada, abiertamente o en una forma sútil. Otros padrastros pueden sentirse presionados por la responsabilidad de cuidar de un niño con discapacidades que no es realmente «suyo.»

La Reacción de Maestros Cuándo un Estudiante es Diagnosticado

Puede ser una gran sacudida para un maestro de educación general darse cuenta que un estudiante con TEA se unirá a la clase o está ya allí. Las opiniones preconcebidas, y la falta de experiencia o entrenamiento, pueden afectar a los maestros tanto como a los miembros de la familia, dejándoles un sentimiento de incompetencia y preocupación. Si un estudiante con TEA va a ser incluido en la clase, como sucederá con más frecuencia en los años venideros, es normal que un maestro se pregunte si podrá enfrentar la situación. ¡Autismo y TEA pueden ser «etiquetas» que atemorizan a las personas!

¡Para hacer que la experiencia sea exitosa para todos los involucrados, los maestros tendrán que abogar por ellos mismos! Los maestros merecen ayuda y apoyo.

Aprendiendo lo que necesitan saber incluye enterarse de cómo ayudar a el niño con TEA a comunicarse, a socializar y a compórtarse apropiadamente.

Los maestros colaborarán con los diversos especialistas que proveen servicios para el estudiante. Estos mismos especialistas pueden proveer apoyo a los maestros compartiendo información y estrategias. Los maestros de la clase pueden aprender una cantidad extraordinaria contactando y reuniendose con los maestros y los empleados que han trabajado con el estudiante en los años anteriores. Los maestros pueden solicitar al districto escolar que los prepare enviándolos a recibir entrenamiento pagado. Los padres del niño pueden ser una excelente fuente de apoyo e información, ya que quieren que la experiencia sea exitosa y tan provechosa como sea posible, no sólo para su niño, sino para todos los involucrados.

Algunas veces maestros y empleados «resisten» el diagnóstico como si fuera una «excusa» por la falta de disciplina, y/o crianza inefectiva de parte de los padres. En otros casos, los empleados pueden estar preocupados de que muchas personas están siendo diagnosticadas de una manera frívola con TEA, tomándose como «la enfermedad de la semana.» El contragolpe es de esperarse, especialmente con el alzo de incidencias y diagnósticos de TEA que están siendo reportados en todas partes de los Estados Unidos y el resto del mundo. Por mucho que sean parte de la naturaleza humana asi como son, ninguna de estas actitudes es una razón legítima para rehusar la realidad. Los maestros y empleados necesitarán más información y un entendimiento más completo de TEA para sentirse cómodos con el diagnóstico; sobrepasar la reacción inicial de rechazo, culpabilidad o reproche, y llegar a entender y tomar una acción positiva.

Si un maestro no «cree» que el estudiante con diagnóstico de TEA ha sido correctamente diagnosticado, ella puede pedir hablar por teléfono o entrevistarse con la persona que dió el diagnóstico. (Ella necesitará el permiso de los padres para hacer ésto si la persona que dió el diagnostico no es es un empleado de la escuela). ¡Existen demasiados mitos en nuestra cultura sobre lo que es, o no es TEA! Puede ser muy útil expresar abiertamente sus ideas a una persona con conocimiento especializado en esta área y escuchar cuidadosamente sus respuestas. Los maestros y personas que diagnostican pueden trabajar en conjunto y ayudarse mutuamente a entender y proveer el apoyo apropiado. Pedimos a los maestros que pregunten hasta entender para que puedan estar listos a tomar una acción positiva. ¡Pedimos a los maestros que no se asombren y que no esperen! Los maestros merecen tener toda la información que necesiten para llevar a cabo su vocación: enseñar eficazmente a **todos** los estudiantes en sus clases.

RESUMEN CAPÍTULO 7

- Los padres y miembros de la familia experimentan una variedad de reacciones y emociones cuando un ser querido es diagnosticado con TEA. Las primeras reacciones son a menudo una gran sacudida e incredulidad.
- La variedad de emociones al reaccionar a un diagnóstico puede ser similar a la manera en que se responde a cualquier trauma emocional de la vida. Ésto se llama el **proceso de aflicción o el proceso de hacer frente.**
- Las etapas de aflicción pueden ser identificadas como rechazo, incredulidad, impotencia, culpabilidad o reproche, cólera, y finalmente, aceptación. Los sentimientos pueden sentirse en cualquier «orden,» al mismo tiempo, o una y otra vez.
- El estilo y la personalidad del individuo, la cantidad de información que la persona tiene, su capacidad para afrontar las situaciones difíciles, conjuntamente con otros asuntos y realidades de la vida, afectarán cómo alguien reacciona y hace frente al diagnóstico.
- Aún cuando el diagnóstico ya no sea tan «nuevo,» los padres y otros miembros de la familia continuarán teniendo reacciones y sentimientos diversos durante algún tiempo, o etapas de emociones que llegan a un punto culminante y después se calman. Es importante darse tiempo para hacer frente. Usted hace lo mejor que puede.
- No tema buscar consejo de un profesional para que le ayude con el proceso.
- Después de experimentar los sentimientos de rechazo, cólera, culpa, vergüenza, miedo y tristeza, comenzar a entender y aceptar puede ser un punto clave emocional.
- Llegar a aceptar el diagnóstico puede ser muy poderoso. Los resultados positivos pueden incluir un sentido de alivio al finalmente poder entender al niño e identificar sus necesidades, un sentido de esperanza y dirección, y validación a la perspicacia y persistencia de los padres. Un diagnóstico oficial puede hacer a la persona elegible para educación especial y otros servicios.
- Los padres pueden enfocarse y seguir adelante con el plan para sus seres queridos con autismo, soñando y planificando, aprendiendo, deshaciéndose de

la culpabilidad, encontrando a otros que pueden ser una guía, utilizado el lenguaje de «primero la persona» y términos precisos, organizándose, siendo un consumidor cuidadoso y evitando las personas fanáticas.

- Los padres y los profesionales que estarán trabajando juntos se beneficiarán si apartan tiempo y energía para desarrollar relaciones positivas, reconociendo lo que no saben y pidiendo ayuda cuando la necesiten.
- Hay reacciones variadas para adultos que se enteran tener TEA, incluyendo sentimientos intensos de aflicción, teniendo que hacer frente y llegar a aceptar. Algunos de los sentimientos más inmediatos pueden ser rechazo, culpabilidad, tension nerviosa y ansiedad, cólera y pena. Tres resultados positivos de larga duración son a menudo orgullo, gratitud y determinación.
- Para los adolescentes puede ser un golpe fuerte y emocional obtener un diagnóstico en esa fase de su vida. La comprensión, el apoyo y ayuda psicológica pueden ser inestimables.
- Como los padres, otros miembros de la familia como abuelos, los padrastros y hermanos necesitan tiempo para aceptar el hecho que el niño o el adulto tiene TEA. La dinámica familiar puede ser fuera de balance durante el período en que los miembros de la familia aprenden, comprenden y trabajan en sus emociones.
- Las reacciones de los niños al enterarse que tienen TEA pueden diferirir, dependiendo de su edad, su capacidad de entender, su autoestima y su concepto propio. La manera cómo se le deja saber a un niño, la información que se comparte y las palabras que se usan tienen mucha importancia.
- Los profesionales y empleados pueden ganar valiosa perspectiva y comprención al leer sobre el proceso que la familia experimenta para aprender, comprender y creer en el diagnóstico.
- Puede ser una gran sacudida para un maestro de educación general enterarse que un estudiante con TEA se unirá a la clase o ya está allí. Las ideas preconcebidas, los mitos sobre TEA y la falta de experiencia con niños con TEA pueden causar que los maestros se sientan que no están preparados y que se sientan preocupados. Los maestros tendrán que abogar por sí mismos para obtener la información y el apoyo necesarios para tener éxito con todos los estudiantes en sus clases.

CAPÍTULO 8

«Para el mundo tú puedes ser una persona, pero para una persona tú puedes ser el mundo.»

APOYANDO LA FAMILIA DE UNA PERSONA CON TEA

Este capítulo se tratará de:

- Cómo reconocer las necesidades emocionales de padres, hermanos y otros miembros de la familia.
- Los servicios y apoyos para ayudar a familias a seguir adelante.
- La necesidad de apoyos en todos los ambientes y a través de toda una vida.
- Pasos prácticos para prepararse para el futuro.
- Cómo pueden ayudar los educadores y los profesionales de soporte a las familias.
- Educación y entrenamiento para empleados y padres.
- Por qué los padres y los empleados necesitan mantenerse al dia políticamente.

Asuntos Emocionales y Necesidades

Tener a un niño con autismo afecta a la familia entera ya sea una familia tradicional o una familia no muy tradicional. Todas las familias tienen una variedad de cuestiones y dificultades. A las familias con una persona con autismo se les añaden varios niveles de problemas, tensión y ansiedad. La relacion entre parejas, padres a hijos, y entre hermanos pueden ser seriamente desequilibradas dado a las dificultades de vivir y cumplir con las necesidades de una persona con autismo. El proceso de obtener un diagnóstico, entender el diagnóstico y obtener apoyo y servicios apropiados pueden ser muy traumáticos. Las familias afrontan problemas prácticos, emocionales y comportamientos que pueden dejarlos sintiedose en crisis la mayor parte del tiempo.

Muchas familias tratan de encargarse de todas las necesidades de la persona con TEA sin ninguna ayuda. En algunas culturas, a los padres se les ocure esconder al niño con la discapacidad, o pretender que nada está mal. En algunas culturas, los padres son culpados por los problemas del niño. En algunos casos, una sola persona (principalmente la madre) se encarga de la mayor responsabilidad por el cuidado completo, el entrenamiento, la supervisión y el apoyo del niño con la discapacidad. En tales casos, es probable que el niño que tiene una discapacidad, la madre y la familia entera tengan dificultades y sufrirán.

Está en el mejor interés de todos los participantes de hacer lo que se requiere para conservar a la familia unida y ayudar a la familia a hacer frente mientras ayudan al miembro de la familia con TEA. Las familias de una persona con TEA necesitan apoyo para poder funcionar de una forma saludable y tener éxito. Esta sección describe los tipos de problemas que muchas familias enfrentan y los apoyos que son esenciales para ayudarlos. No todas las familias necesitan todos los servicios, pero es importante saber cuales son las posibilidades y cómo buscar lo que la familia necesita.

Padres o Parejas

Hay algunos sentimientos intensos e inesperados que los padres pueden tener cuando tienen a un niño con TEA (o cualquiera discapacidad) que puede ser un obtáculo en la vida cotidiana. Las emociones fuertes pueden ser un gran desafio a la capacidad de los padres a hacer frente a las demandas de cada dia. La tensión y sufrimiento personal que pueden resultar en las relaciones puede ser inestimable. Padres pueden necesitar buscar ayuda psicológica para resolver los sentimientos. Ellos pueden necesitar ayuda a reconocer sus capacidades, encontrar esperanza y sentirse empoderados a actuar.

El consejo para matrimonios es importante y puede ser necesario. El indice de matrimonios que fallan es superior cuando un miembro de la familia tiene una discapacidad como TEA. Cuando una persona con una discapacidad es parte de la familia, asuntos en el matrimonio que no pudieron haber sido un problema antes pueden llegar a hacerlo. Esto no es por la culpa de la persona con la discapacidad. Es porque estar viviendo con problemas del desarrollo crea demandas y la necesidad de tomar decisiones que ningun padre esperaba.

Ambos padres tienen que hacer muchas decisiones que no se sienten calificados para hacer. Al buscar información y servicios, los padres son repentinamente requeridos a comunícarse eficazmente acerca de temas que son emocionalmente fuertes y poco familiares. Si en la vida cotidiana los pequeños problemas en el matrimonio fueron camuflados, estos problemas serán aparentes cuando los padres tengan que hacer frente, aprender, decidir e interactuar rápidamente a favor de su niño.

Los problemas pueden surgir entre parejas cuando un padre «cree» que el individuo tiene la discapacidad y el otro no. Si un padre no entiende o cree que la causa de las dificultades del niño es TEA, él puede pensar que su pareja está buscando excusas. Un compañero puede culpar al otro de los problemas. Puede pensar que los problemas son realmente por falta de disciplina, el resultado de algo que hizo el otro compañero, o heredó del otro lado de la familia. Ninguno de los padres puede estar consciente de que él o ella albergan tal culpa en el profundo interior.

Las parejas necesitan estar en común acuerdo y tener una relación unida en su apoyo de el uno por el otro. Necesitan unirse en su comprensión de TEA, el enfoque para el miembro de la familia con autismo y para el resto de familia. La mayoría de las familias no podrán manejar todo esto sin respaldo y consejo de otros. Cuando estos servicios no son ofrecidos o usados para la ventaja de la familia, el matrimonio y la familia pueden desintegrarse cada día poco a poco.

Una Nota de Emily

(Tengo el permiso de las personas involucradas de compartir esta historia y he cambiado los nombres y otros hechos que les identifiquen).

Una pareja, Dan y Lori, pasaban por el proceso de diagnóstico para ambos de sus hijos, de edades 7 y 13 años. Habían estado teniendo dificultades con los síntomas y el comportamiento por años, y por resulto natural, había sido una tensión en el matrimonio y en la familia. Lori comenzó a buscar información, dirección y apoyo y hizó progreso. Ella compartía la información con Dan regularmente, contándole sobre las cosas más nuevas que ella había aprendido, alguna persona que conoció, o un servicio o terapía que podrían ayudar a uno o ambos de sus hijos. ¡Lori estaba muy entusiasmada de encontrar un grupo de apoyo local, porque lo necesitaba y estaba lista para ir! Ella pidió a Dan que la acompañara y aunque él estaba algo renuente, él comenzó a asistir al grupo con Lori regularmente.

En una reunión, cada miembro fue invitado a hablar acerca de lo que estaba en su mente y los demás escucharían activamente. Cuando fue el turno de Dan, él dijo que primeramente en su mente estaba lo duro que Lori estaba trabajando para ayudar a sus niños y su familia y lo mucho que eso significa para él. Él estaba preocupado por ella que tenía tanta responsabilidad. Él queria hacerle saber que él apreciaba todos sus esfuerzos y sabía que ella era la que conservaba a su familia unida. A los que escuchabamos se nos recordó lo tan significante e importante que es expresar nuestro aprecio a nuestras parejas. Lori estaba muy contenta cuando Dan dijo que él la apreciaba, y el saber esto la ayudaría seguir adelante. Cuando él expreso su preocupación, ella entendió que él queria ayudar, y que ella podia sugerir formas en las que él podría compartir más el trabajo.

A pesar de los desafíos que estaban pasando y el estado exhausto en que a menudo se encontraban, Dan y Lori hicieron muchas cosas bien. Estaban aprendiendo juntos; ambos estaban dispuestos a poner de su parte e hicieron muchos esfuerzos para mantener la comunicación abierta. Juntos acudieron por ayuda y pidieron apoyo de personas a quienes les importaba y sabían cómo ayudar. Éstos pueden ser retos muy difíciles para una pareja, pero puede hacer una gran diferencia para fortalecer el matrimonio o la pareja y conservar la familia unida.

Los Hermanos

Los hermanos y hermanas de la persona con TEA afrontan sus propios asuntos emocionales. Más allá de los desacuerdos típicos, los hermanos y las hermanas de una persona con TEA pueden que tengan otros problemas. Estos pueden incluir sentirse furiosos o celosos que la persona con TEA es el centro de atención y enfoque de la energía de los padres. Otros niños en la familia pueden sentirse resentidos cuando las necesidades de la persona con la discapacidad son atendidas primero. Los hermanos pueden considerar que la disciplina en la casa no es justa, y que los padres favorecen el niño con TEA.

Los hermanos y hermanas pueden resistir al hacer acomodaciones para la persona con autismo. Ellos posiblemente no pueden entender o creer que los comportamientos y los problemas en casa son relacionados con la discapacidad. Pueden pensar que el niño con autismo tiene control sobre su comportamiento y podría cambiar si él quisiera. Pueden observar la variedad de cambios en la manera que se desenvuelve día a día el cual es característico de personas con TEA y creen que su hermano o hermana está «aprovechándose» de su discapacidad.

Los hermanos pueden sentirse decepcionados, tristes, avergonzados o pueden pasar por humillaciones cuando el comportamiento de su hermano/a no es como el de otros chicos. Pueden desear que el hermano/a fuese como cualquier persona. Pueden preocuparse que otros piensen que ellos también están discapacitados. Algunas veces chicos tienen conceptos equivocados, tal como que ellos también pueden contajiarse con TEA. Ellos posiblemente no tienen la información suficiente para entender la discapacidad. Es posible que no tengan las palabras adecuadas para explicar la discapacidad de su hermano o hermana a otros de una manera que ellos puedan entender. Pueden sufrir ridículez por su hermano y ser dichos por sus padres que no se quejen, sino estar contentos que ellos «están bien.»

Los hermanos pueden sentirse culpables pensar que ellos están bien y que su hermana o hermano no lo está. Ellos pueden experimentar un sentido de pérdida porque no tienen una relación con «un hermano mayor» o «una hermana pequeña» como los otros que ven. Pueden estar desilusionados o lastimados al ver que su hermano con autismo no tiene una relación cercana con ellos.

Los hermanos y las hermanas de niños con Trastornos del Espectro del Autismo pueden pasar por burlas o ser intimidados porque su hermano es «diferente.» Al mismo tiempo, los hermanos y las hermanas pueden tener intensos deseos de proteger y defender a su hermano. Pueden sentirse derrotados o avergonzados si no pueden hacer eso.

Los hermanos pueden sentirse verdaderamente angustiados o socumbidos por las acciones de la persona con TEA que sienten que no hay remedio y que no hay nadie a quien pueden acudir. Los hermanos y hermanas necesitan sentirse seguros y protegidos de cualquier daño. Mientras los hermanos necesitan tener tolerancia, debería haber un límite a lo que están obligados a tolerar. **Ningún niño debería tener que soportar golpes u otra violencia física de su hermano con TEA o que tenga su propiedad destruida.** El comportamiento fisicamente dañino no es el único comportamiento que afecta a los hermanos. Un niño que se sentía traumado dijo a sus padres, «¡no puedo ser paciente y acepto cuando ella me molesta tanto!»

Las impresiones de los hermanos deben ser consideradas al tratar con el comportamiento del miembro familiar con TEA. Los hermanos y las hermanas a menudo reciben instrucciones de «aceptar» y «ayudar» su hermano o su hermana. Esta expectación puede causar que un hermano no discapacitado llegue a ser «el buen niño.» El «buen niño» trata de restablecer balance en la familia al nunca ser ningún problema para nada. El buen niño puede reprimir sus necesidades y sus sentimientos para salvar a los padres de cualquier dolor o carga más. Esta armonía viene con un costo muy alto para ese niño.

Algunos niños se comportaran mal para recibir atención – llegando a ser «el niño malo.» Los padres necesitan estar conscientes si uno o más de los niños están reaccionando en esa forma y debe búscar ayuda para entender y apoyar a ese niño.

Al paso del tiempo, los hermanos pueden ser la mejor fuente de apoyo de toda la vida para el niño con autismo. Con el paso del tiempo, los hermanos tienen un nivel de comprensión, compasión y experiencia que no puede ser duplicada. Los hermanos y hermanas hacen maravillosas contribuciones para el bienestar de su miembro familiar con TEA, toda la familia y la comunidad.

Muchos hermanos quieren participar en la responsabilidad para su hermano o su hermana con TEA. Sin embargo, los hermanos nos dicen, ***que es importante que los padres no «lo esperen» o lo «requiéran» de ellos.*** Los hermanos necesitan crecer sintiendose confortados y cuidados como cualquier niño. Necesitan satisfacer sus necesidades sin sentirse sobrecargados con responsabilidades a una temprana edad. No se debería esperarse que los hermanos actúen como una «segunda madre» u «otro padre» de su hermano o su hermana.

Aseguren a los hermanos que sepan que no tendrán que ser responsables de su hermano o hermana con TEA cuando los padres mueran o si llegaran a estar discapacitados. Una chica de once años de edad que que tenía un hermano con autismo dijo que ella no podría casarse cuando ella creciera. Al preguntarle sobre eso ella dijo, «¿Qué chico va a quererme a mí y a mi hermano?» Sea o no que los padres hubieran dicho a ella que era responsable de su hermano, la niña lo creyó como si fuera así. Es importante saber qué piensan los hermanos y «libérarlos» a ser niños, con planes independientes para sus futuros.

Los padres pueden ayudar a los niños de la familia a entender y hacer frente al vivir con un miembro de la familia con TEA. Es importante que los niños sepan que pueden hablar libremente con sus padres, aun acerca de sentimientos «negativos.» Los hermanos necesitan saber que sus problemas son reales y que se les escucha. Ayuda si hermanos y hermanas saben que pueden preguntar a cualquiera de los padres u otros adultos de confianza. El compartir las ideas e información ayuda a las familias a reconocer e incluir las necesidades de todos los familiares. Más información debería ser compartida con el paso del tiempo cuando los hermanos sean mayores y puedan entender mejor. Usualmente es mejor compartir información y sentimientos cuando el hermano del niño o adulto con TEA no está presente, aun si ella no parece entenderde lo que se habla.

Los hermanos de personas con TEA pueden beneficiarse de recibir consejo individual o como familia. El consejo en familia es un foro para identificar los problemas específicos que alteran el balance familiar y encontrar formas prácticas y efectivas para ayudar a resolverlos. Asesoramiento individual puede ayudar a cada hermano a reconocer y entender los asuntos emocionales que les efectan y cómo tratar con ellos. El asesoramiento está disponible en la mayoría de las comunidades a través de escuelas o los centros de salud mental de la comunidad. Los servicios son usualmente disponibles gratis, a bajo costo o de cuota por escala.

Una Nota Personal de Emily

Satisfacer a las necesidades especiales de uno (o más) niños, mientras se conserva la familia intacta y saludable, es una lucha diaria que requiere esfuerzo continuo. En dos difíciles ocasiones en particular, nuestra vida familiar estaba seriamente fuera de balance y pedimos ayuda. En ambas ocasiones fuimos elegibles y recibimos terápia familiar.

En una sesión, cada uno de nosotros recibió instrucciones de dibujar un cuadro de nuestro papel en la familia y explícar lo que significaba. Dibujé un cuadro de mí misma como la persona que da vueltas a platillos sobre largos palillos en el circo. Sentía que mi trabajo era el de constantemente asegurarme que cada persona dentro de la familia estuvierá «bién.» ¡Gasté tanta energía para satisfacer las necesidades de cada niño y mi esposo (conservar los platos girando sin parar para que ninguno «choque») que quedé sintiendome exhausta! Nunca realmente había descrito mi perspectiva hasta que se me preguntó. La terapeuta pudo ayudar a cada miembro familiar a reconocer la situación y decidir qué hacer sobre ello. ¡Me sentí animado a hablar por mí misma, pedir ayuda y decir a todos cuado estaba en mi límite! Fue gratificante ver como cada miembro de mi familia vino para ayudarme y comenzaron a proveer apoyo – cada uno en su forma individual.

Digo esta historia a muchos otros padres que encuentro que tambien «hacen girar platos» y compartimos una risa empática. Trás la sonrisa está la sabida entendimiento del hecho que los padres son sujetos a grandes demandas y responsabilidades. Algunas veces podemos manejar las cosas mejores que otras veces. Algunas veces necesitamos ayuda para continuar.

La segunda ocasion que tuvimos sesiones de terapia, enfocamos la atención en las relaciones de hermanos. Los conflictos eran más complicados y preocupantes que los «típicos» asuntos que los hermanos y las hermanas experimentan. Cada semana, por varios meses, tuvimos sesiones domésticas que duraron horas. Nuestro terapeuta, quien fue un conductista, en efecto «sujeto un espejo hacia nosotros» que nos ayudó a entender las cosas que hacíamos y por qué. Cada uno de nosotros tuvo un «adelanto» de alguna forma y «pensabamos y tuvimos nuevas ideas.» Esto fue seguido por aprender nuevos métodos de hacer las cosas, que restauraran balance y promueven armonía.

Estamos agradecido por las dos terapias y terapeutas. Tuve que investigar para entérarme de que cosas como la terapia familiar existían y aprender cómo aplicar por tal ayuda. Tuvimos que ser evaluado para ver si nuestra necesidad era «lo suficientemente grande.» Después, tuvimos que esperar varios meses para que un terapeuta estuviera disponible. Por supuesto, el progreso en la terapia fue gradual y tomó meses, no días. Me estremezco pensar dónde estaríamos sin ello y estamos agradecidos con los profesionales que nos ayudaron a aceptar, entender y apreciar uno a otro y hacer lo que podamos para conservar a nuestra familia fuerte.

Otros Miembros Familiares

Las tías, los tíos, los primos y los abuelos (la familia extendida) pueden tener preocupaciones y necesidades que deberían ser consideradas. A veces las familias extendidas no reconocen que la ayuda es necesaria. Sus opiniones pueden ser anticuadas. En sus años de experiencia pueden haber visto que las personas con discapacidades «mejoran» con métodos que ya no son considerados apropiados o ya no son lo más avanzados. Pueden ser escépticos, críticos, o estar enojados y necesitan ayuda para llegar a términos con el diagnóstico y poder apoyar a la familia.

Algunas veces los abuelos ven que «hay algo» con un niño en la familia, pero están en una posición muy difícil al no poder convencer a su hijo o su hija de la necesidad de actuar. No pueden saber cómo ayudar a su hijo o su hija. Miembros de familia extendida pueden saber de otros niños y otros adultos con TEA y pueden querer hablar a los padres acerca de esto, pero temen hacerlo.

El gobierno nunca podrá pagar por todos los servicios necesitados de cada persona con autismo. La familia extendida puede proveer apoyo de por vida para las personas con autismo. Los familiares extendidos están a menudo dispuestos a ayudar y permancer en la vida de la persona con la discapacidad pero no saben cómo ayudar. Estas personas importantes pueden beneficiarse de información y apoyo profesional.

Servicios y Apoyos Para Ayudar a Familias a Afrontar

Grupos de Apoyo

Los padres, los hermanos y la familia extendida pueden beneficiarce de grupos de apoyo. Muchas familias se sienten aísladas cuando tienen un miembro familiar con TEA. Grupos de apoyo proveen un servicio excelente. Las familias pueden compartir ambos sus problemas y sus soluciones con otras familias con circunstancias similares que pueden entender en cierto modo que otros no pueden. Las personas que atienden grupos de apoyo usualmente sienten un gran sentido de alivio al encontrarse con que no están solos y que a otros les importa y saben «como es.» Muchos padres y madres nunca olvidan el primer grupo del apoyo que asistieron y el impacto positivo que tuvo en ellos.

Un grupo de apoyo ofrece la oportunidad de establecer una red. Los participantes llegan a conocer otras familias con niños o los adultos con TEA. Esto presenta oportunidades para socializar y hacer nuevos amigos que entienden sus asuntos. Las familias pueden planear salidas divertidas y actividades que pueden incluir a los individuos con TEA. Los grupos de apoyo a menudo enfocan la atención en compartir información práctica, usualmente con personas que viven en la misma área. Los miembros del grupo hablan de los servicios que reciben y los proveedores de servicios que han sido receptivos. Las familias tiendan se estar ansiosas para encontrar a los doctores, dentistas y otros proveedores médicos que trabajan bien con personas con TEA. Los padres comparten sus experiencias sobre los distritos de escuela, y los servicios de adultos y educativos. Los participantes describen las necesidades de la familia del niño, y los miembros del grupo de apoyo pueden sugerir ideas útiles y recursos locales.

Los miembros familiares extendidos y los amigos intersados pueden y deberían atender el grupo de apoyo que los padres asisten u otro si eso es más apropiado. A menudo la familia extendida puede proveer una tremenda ayuda a las familias, pero no saben cómo. Dentro de un grupo de apoyo, los miembros pueden compartir formas efectivas para proveer ayuda y beneficiar a todos.

Muchos grupos de apoyo son organizados y dirigidos por padres. Algunas veces escuelas y/o agencias proveen un tiempo y lugar, invitaciones y un coordinador. Eso puede ser todo lo que es necesario para que las familias encuentren consuelo y apoyo. Algunas organizaciones que apoyan a las personas con TEA y sus familias ofrecen grupos de apoyo o puedan recomendar uno en su área.

Cada dia, más y más familias obtendrán un diagnóstico de autismo para algún miembro de la familia. El apoyo en la comunidad puede hacer la situación más tolerable. Información puede ser compartida para ayudar a a personas a ser más conscientes de lo que pueden hacer para ayudar a sus niños de cualquier edad.

Un Nota de Emily

Soy muy activa en mi grupo de apoyo y he encontrado a los padres de niños con TEA de todas las edades y de todas las partes de «el espectro.» He asistido a reuniones del grupo de apoyo por años y creo que vale la pena todo el tiempo. El «grupo» consiste de cualquier de nuestros 175 miembros que pueden asistir a una reunión a un tiempo y lugar regularmente programado. Usualmente la reunion es de 12-15 personas.

La composición del grupo varia de mes a mes. Consideramos las personas y sus horarios de trabajo y la necesidad de encontrar cuidado de los niños. Tenemos más que un reunión al mes incluyendo una dónde los niños son bienvenidos. Animamos a las parejas a atender nuestras reuniones en juntos. Todos los grupos son diferentes, pero nuestro grupo enfatiza el permiter a todos a decir cuálquier cosa que esta en su mente, siendo buenos oyentes y «uniendonos» en apoyo.

Algunas veces hablamos sobre por qué nuestro grupo de apoyo significa tanto para nosotros. Hay un tremendo sentido de alivio estar con otras personas que comparten nuestra experiencia. Cuando alguien que nos necesita nos encuentra, nos alegramos por ellos. Se sienten tan aliviado de encontrar a personas que los entienden sin tener que sea necesario hacer explicaciones extensivas. Algunos dicen que sus amigos en nuestro grupo de apoyo los entienden y los aceptan a ellos y a sus niños con autismo mejor que sus propios familiares. Conservar nuestras conversaciones confidenciales contribuye al sentimiento de consuelo y confianza.

Sentirse que está en el lugar correcto con personas «seguras» usualmente conduce al siguiente paso: descargarse. No lo planeamos, pero ocurre que la mayoría de la gente tiene un buen llorar la primera vez que vienen a nuestro grupo, y tenemos los pañuelos disponibles. Puede ser un llanto desconsolador lleno de emoción, y algunas veces eso es todo lo que la persona puede hacer en su primera reunión. La mayoría de veces, la persona quiere, necesita y en cierta forma se ingenia, para contar su historia a los oyentes empáticos. Mientras confortamos a la nueva persona, cada uno de nosotros recuerda lo que sintió cuando fuimos la persona nueva, hablando por primera vez sobre el diagnóstico de nuestro niño y comenzando en nuestro trayecto con TEA.

Otro beneficio de estar en un grupo de apoyo es obtener un «camino.» Las personas que apenas están aprendiendo acerca del diagnóstico de su niño y necesitan guianza y dirección para saber qué significa, qué hacer y dónde obtener ayuda. El valor de nuestro grupo es compartir información y recursos para ayudar el uno al otro. Esto es importante para familias recién diagnosticadas y tambien para familias que afrontan nuevos retos y etapas de la vida a medida que nuestros niños crecen o pasan através de «territorios pedregosos.»

Cada persona trae su experiencia y su habilidad al grupo, y somos nuestra propia «red.» Algunos de nosotros tomó clases de un abogado y entiende la ley educativa. Otros saben mucho de servicios y proveedores locales – los buenos y los no tan buenos. Algunos saben de intervención y servicios preescolares, mientras que alguien más puede saber mucho de servicios de transición o vida de adultos. Algunas personas siguen acontecimientos del día, legislación, y otros temas y nos mantienen informados. Nuestro «conocimiento colectivo» es considerable, y lo compartimos en un boletín y un sitio de la red.

No podemos solucionar los problemas de toda persona, pero podemos tener conversaciones productivas para sugerir estrategias, ideas y recursos. ¡Para aquellos con sugerencias, que se sienten bien ser útiles y saber que compartir sus experiencia o consejos podría hacer la vida de alguien más fácil o mejor! Aquellos siendo apoyados a menudo están abrumados en un buen sentido con posibilidades y perspectivas de personas que han «estado allí» y «haberlo hecho» y les importa lo suficiente como para ayudar. Las personas parecen «tomar turnos» ofreciendo apoyo en una reunión y necesitándolo en otra. Tomamos el tiempo para compartir historias de éxito que son edificantes y a menudo nos mantienen adelante.

La companiá es otro beneficio de nuestro grupo de apoyo. Muchos miembros han establecido amistades y se reúnen socialmente en otras ocasiones y lugares. Muchas familias hacen intercambio del cuido de niños y lugar de jugar para los niños con TEA y para los hermanos. Tenemos acontecimientos y fiestas donde las cosas que podrían causar molestia a los «de afuera» no nos conciernen. Jóvenes y otros niños llegan a conocerce mejor. Hermanos conocen otros chicos quienes comparten la experiencia de tener a un hermano o una hermana con necesidades especiales. Además, todas estas cosas crean oportunidades para ayudar que nuestros niños lleguen a conocerse mejor y sentirse más cómodos con familias que podrían ser designadas para ayudar en caso de una emergencia.

Llegar a conocer a niños de miembros del grupo de apoyo ha sido un gran placer. Hemos aplaudido en nuestras reuniones cuando buenas noticias son reportadas acerca de niños que hemos llegado a conocer y quienes nos importa. Otros miembros me han contado que gozan de haber conocido a mi hijo, Tom, quien es mayor que muchos de sus niños. Les gusta hablar con él y oír su perspectiva. Algunas veces preguntan si él puede explicar lo que su niño podría estar pensando y sintiendo en ciertas situaciones. Los miembros disfrutan de encontrar y aplauden el envolvimiento de otros miembros familiares, abuelos interesados, tías, tíos y hermanos quienes demuestran que les importa al tomar una parte activa.

Animamos a los padres a encontrar un grupo de apoyo para ayudarles a través «el proceso.» ¿Por qué hacerlo sólo usted cuando hay personas maravillosas con quién compartir el trayecto? Con frecuencia los grupos están asociados con organizaciones de autismo u otras discapacidades y grupos de defensa. Distritos escolares locales, universidades y hospitales pueden patrocinar los grupos. Los grupos pueden ser formales, con un moderador como un profesional de salud mental o un trabajador social, o grupos informales conducidos por padres. Usted puede necesitar preguntar para encontrar uno o buscar en los periódicos bajo «grupos de apoyo.» Si un grupo existente no satisface sus necesidades, usted siempre puede formar su propio grupo comenzando con una membresía de dos personas con pensamientos parecidos. Nuestro grupo de apoyo tiene la forma y función que tiene, porque nuestros miembros lo formaron y lo crearon para cumplir a nuestras necesidades.

Maneras de Ayudar A Un Grupo de Apoyo a Crecer

A veces las reuniones de grupo de soporte tienen con el tiempo poca asistencia o que sólo las mismas familias asisten cada vez. Aquí hay algunas ideas para aumentar la asistencia en las reuniones de grupo de apoyo:

- Pidale al distrito escolar que envíe un anuncio del lugar de reunión con cada estudiante de educación especial. Es posible que el distrito no pueda darle los nombres y direcciones de familias, pero ellos pueden permitir enviar a casa un anuncio para las familias de niños en sus programas de educación especial.
- Pida al periódico local que publique la fecha, la hora, lugar y tema de reunion, un día o dos antes de la reunión programada. Pónga un anuncio en la estación televisora de acceso local de cable. Muchos anunciadores de la radio local harán anuncios de su reunión gratis como parte de su «calendario comunitario.» Algunos grupos religiosos pueden anunciar su reunión o lo pueden poner en su folleto semanal.
- A principios de la formación del grupo, escoja un lugar y tiempo que les conviene a los miembros del grupo. Luego manténgase con el mismo lugar, día del mes, y hora. Cuando las reuniones se convierten previsibles, miembros familiares pueden atender al último momento sin tener que tratar de encontrar el folleto con un lugar y tiempo diferente.
- Analize a las familias para identificar los obstáculos en atender. Trate de superar los obstáculos como se pueda. Algunas veces los padres necesitan que alguien los recoja si no tienen transporte. A veces los padres no pueden dejar a su hijo o hija con autismo en casa y necesitan que se les provea cuidado. Otros obstáculos podrían incluir el no poder pagar a una niñera. Pregunte a padres e investigue que podría hacerse para ayudar a más padres a atender.
- Trate de proveer cuidado a ninos. Muchas escuelas secundarias y universidades tienen clases para el desarrollo de niños. Puede pedir ayuda de esos estudiantes. Los estudiantes pueden recibir créditos por algunas clases que tomen o usar el cuidado de los niños con TEA durante una reunión como tema para una asignación de clase. Los padres pueden querer hacer una colecta al final de la reunión para proveer un poco de pago para los trabajadores que cuidadan de los niños. Algunas veces los hermanos de niños con TEA pueden ayudar con el cuidado de los hijos durante las reuniones y pueden ser recompensados con tiempo especial con sus padres u otras recompensas.

- Escoja una lugar conocido y fácil de encontrar en su municipio o ciudad. Asegúrese que sea un local seguro en áreas con estacionamiento adecuado y bien iluminado. Sabemos de muchos grupos religiosos que han permitido que grupos de apoyo familiares se reúnan en las áreas destinadas «escuela dominical» o de otros servicios para niños. Algunas iglesias tienen aulas con juguetes y videocintas a los que pueden tener acceso los niños y las personas que cuidan de ellos mientras los padres se están reuniendo.
- Invíte a los participantes a traer bocadillos «un poco cada uno» como una manera económica de proveer refrescos.
- Asegurese hacer saber a los padres que son bienvenidos y que otros hombres estarán allí. Algunas veces los grupos de apoyo pueden parecer como una reunion «de mujeres.» Padres se benefician de las reuniones del grupo de apoyo y disfrutan conocer a otros hombres quienes comparten algunas experiencias y preocupaciones.
- Establezca un tono para las reuniones del grupo de apoyo. No permita que llegue a ser sólo una oportunidad para quejarse del distrito escolar u otros proveedores. Los padres necesitan expresarse y compartir sus cargas, pero todos deben saber que el grupo de apoyo habla de todo con respeto, intentan tomar la perspectiva de otros y proactivamente trabajan para solucionar los problemas en vez de asignar culpa.
- Una vez que usted está organizado, puede invitar a los miembros de administración del distrito escolar, la junta de la escuela o la junta o la gerencia de proveedores de adultos para hablar con ellos sobre la perspectiva y las necesidades de las familias en su comunidad. Estas charlas informativas pueden atraer a nuevos miembros que pueden ayudar a los administradores a estar mejor informados de la política y en tomar decisiones.

Invitándo el Personal Profesional al Grupo de Apoyo

A menudo, los grupos de apoyo tienen reuniones e invitan a oradores de compartir información y estratégias. Los miembros del grupo puede que quieran invitar a atender a los empleados que trabajan con el miembro de su familia. Aquí hay algunos posibles beneficios de tener padres, miembros de la familia, y empleados que atiendan juntos los entrenamientos de grupo de apoyo o sesiones de información fuera de la escuela o del lugar de trabajo:

- Los padres y los profesionales pueden llegar a darse cuenta uno al otro lo complejo que son los seres humanos y que están generalmente haciendo lo mejor que pueden.
- Los padres y los profesionales pueden aprender juntos, pueden desarrollar buenas metas comúnes y usar términos y lenguaje con el cual todos están familiarizados, para mejorar la comunicación en las reuniones del «equipo.»
- Los profesionales pueden enterarse cúanto los padres saben y viceversa.
- Los profesionales pueden escuchar y pueden enterarse de los asuntos y obstáculos que las familias tienen en un ambiente que no requiere que los profesionales tomen decisiones inmediatas.
- Los padres y los profesionales pueden hablar sobre las decisiones que necesitan tomar.
- Juntos los padres y los profesionales pueden participar en una reunión creativa para resolver problemas en grupo y positivamente cambiar el sistema y aumentar el uso de recursos limitados.
- Los profesionales pueden compartir información sobre recursos con los cuales los padres no puedan estar familiarizados.
- Los profesionales pueden compartir lecciones valiosas y la información aprendida de otros padres (con permiso cuando sea necesario).
- Los padres pueden compartir sus preocupaciones y sus asuntos más libremente en una reunión de un grupo general a querer hacerlo en una reunión de solamente con el equipo del niño.
- Los padres algunas veces son profesionales en el campo; ya pueden estar asistiendo regularmente a las reuniones del grupo de apoyo y pueden compartir sus habilidades y perspectiva única.

Grupos de Apoyo de Hermanos

Los grupos de apoyo de hermanos pueden ser una fuente excelente de apoyo para hermanos y hermanas. Los hermanos de personas con discapacidades pueden compartir sus experiencias con otros que entiendan, y enterarse de que sus diversas reacciones emocionales son «normales» y compartidas por otros. Los hermanos descubren que no están solos en sus esfuerzos a entender y ayudar a la persona con TEA. Se dan cuenta que otras personas tienen las mismas preocupaciones que ellos tienen. Los hermanos pueden compartir ideas de cómo hacer frente y aprender a reconocer y enorgullecerse por sus contribuciones útiles y esfuerzos cariñosos.

Los grupos de apoyo de hermanos deberían ser supervisados por un entrenedor profesional de salud mental. Los niños o los hermanos adultos pueden ser invitados a compartir sus preocupaciones o simplemente escuchar. El énfasis debería ser en la expresión honesta de emociones y planes positivos de acción. Se puede organizar actividades y paseos apropiados para la edad para establecer confianza en las relaciones con líderes profesionales y relaciones interpersonales entre los diversos participantes. Grupos de apoyo para hermanos pueden llevarse a cabo únicamente con los hermanos o algunas veces con los padres presentes. En ocasiones algunos grupos de hermanos incluyen a los hermanos con TEA para que los niños puedan conocer a otros niños con TEA.

El Relevo y Descanso

Tener a un niño o un adulto con TEA en casa puede ser agotador. Dependiendo del nivel de funcionamiento de la persona y las cuestiones de comportamiento, la crianza de los hijos puede tomar cada onza de energía que una persona tiene. Los padres necesitan pausar y descansar. Necesitan saber que una persona entrenada que cuida de otros puede venir a casa regularmente. Los padres pueden ser relevados de alguna responsabilidad por un rato. El tiempo puede usarse para hacer asuntos importantes, pasar con los otros niños de la familia, para apoyo espiritual, dormir, descansar o tener algun recreo o ejercicio físico.

¡Nadie quiere hacer un trabajo que nunca tiene un día de descanso! La crianza de un niño con autismo quien no puede ser dejado con «cualquiera» quiere decir que los padres nunca pueden descansar. No tener a personas entrenadas en quién contar para ocuparse, muchos padres se sienten atrapados en sus propias casas. Cuando un padre se despierta en la mañana es probable que piense acerca de su niño con necesidades especiales y el cuidado y apoyo que el padre debe proveer ese día y todos los días. Sabiendo que un trabajador de relevo, quien sabe qué hacer, viene a ayudar durante ese día o la semana puede ser un gran alivio para cualquier padre.

Dos Tipos de Servicio de Sustitución:

- El **relevo de casa** quiere decir que un trabajador de relevo viene a su casa. El trabajador de relevo puede hacer tareas diarias, enseñar o simplemente puede «estar» con la persona con TEA. Los padres u otros miembros de la familia tienen la libertad de encargarse de tareas en casa o fuera de casa.
- El **relevo fuera de casa** quiere decir que el individuo con TEA pasa un rato en un ambiente autorizado y certificado. El sitio fuera de casa puede ser una casa familiar, una casa de grupo o hasta un campamiento. Los familiares pueden descansar, pueden hacer sus actividades fuera de casa o cumplir quehaceres.

El relevo no es lo mismo que cuidar niños o estar en la guardería infantil, porque el trabajador de relevo es responsable sólo por el niño o el adulto con TEA, y ningún otro hermano u otro miembro de la familia. El cuidado de relevo puede ser arreglado privadamente, con una persona que usted conozca, escoja, entréne y pague. Algunas agencias de servicio proveen ayuda de relevo. Algunas agencias se encargan de entrenar y pagar empleados de relevo que usted encuentra, aún si son sus parientes, o tienen personel disponible de la agencia. Algúnos servicios y agencias gubernamentales pueden pagar por servicios de relevo dependiendo dónde usted viva.

Contratar con una niñera es otra cosa que los padres pueden hacer para hacer tiempo para ellos mismos. El grupo de apoyo puede ser una avenida para encontrar a alguien que ocasionalmente se encargue de su niño. Después de pasar un tiempo con una familia que tiene a un familiar con TEA, usted puede comenzar a intercambiar el cuidado de los ninos. Los hermanos mayores de niños con TEA pueden proveer servicios de cuidar niños una vez que llegan a conocer a su niño y a su familia. Lo mismo de intercambio puede funcionar para adultos y niños mayores que pueden necesitar alguien que los acompañe o en ocasiones necesita un lugar dónde pasar la noche.

Debido a la publicidad e informes de abuso y negligencia, la mayoría de padres son conscientes de que necesitan ser cuidadoso y selectivo acerca de las personas en quienes ellos confian para cuidar a sus niños o hijos adultos con necesidades especiales. Ésta es una consideración muy importante al encontrar a personas que cuiden de un familiar con autismo. Las personas con TEA, aun como adultos, pueden ser particularmente vulnerable al abuso o descuido, especialmente cuando están al cuidado de una persona que es inexperta o esta abrumada por los comportamientos problemáticos u otros retos. La situación puede empeorar si la persona con TEA no entiende cuando algo «mal» está pasando, o es incapaz o no ha sido enseñado como decirlo a otros.

Urgimos a los padres y otras personas que se preocupan a tomar precauciones al hacer una investigación de la persona que cuida de otros, como verificar las referencias o revisar por récord criminal. Los padres pueden desear ser vigilantes «visitando» inesperadamente un centro de cuidado o volviendo a casa temprano para ver qué está pasando. En algunas casas, algunas personas pueden desear usar aparatos que monitoran, grabadoras o cámaras para asegurar que su ser amado está bién cuidado y seguro. Es triste decirlo, pero estas precauciones pueden ser aconsedoras aún cuando la persona con TEA es atendido por un amigo o miembro de la familia.

Las familias pueden hablar claro y hacer constar que necesitan relevo. Los educadores y los proveedores de servicio comunitario pueden estar más concientes de la necesidad de relevar durante una visita de casa, o una entrevista cuidadosa, y pueden ayudar a las familias a determinar cuales recursos en la comunidad son apropiados para asitirlos. Cualquier padre puede necesitar apoyo, ayuda o relevo aún si ellos:

- Tengan niños de gran desempeño (o hijos adultos) con TEA.
- Tengan algunos recursos monetarios.
- No se quejen.
- No pidan ayuda.
- Parezcan poder «manejar» todo bien.

Una Nota para las Familias

¡Si usted necesita ayudar, pidala! Si usted no pide ayuda, nadie puede ofrecerle cualquier ayuda. Ningún padre necesita ser solamente responsable por toda la vida de una persona con TEA. Padres que tratan de hacer demasiado sin ayuda a menudo terminan encontrándose agotados, deprimido o enfermos.

Apoyos a Través de Todos los Ambientes

El propósito de la educación para todos los estudiantes es preparar a los niños para ser ciudadanos competentes, felices, útiles y miembros de la fuente de trabajo. La educación es ambos académica y social. En casos de estudiantes con TEA, lo que se instruye en la escuela debe ser enseñado en el hogar y en la comunidad. Esto es porque las personas con TEA usualmente no «generalizan» lo que han aprendido en un ambiente a otro ambiente diferente. Los problemas en casa y en la comunidad son obstáculos para la educación. Cuando los padres y los educadores diseñan programas educativos efectivos para la escuela, la casa y la comunidad no deben ser pasados por alto.

A veces equipos sugieren que algo qué es un problema en casa o en la comunidad no es la responsabilidad de la escuela o la agencia. Un problema que el individuo experimenta dondequiera que sea, es un problema que el entero equipo necesita abordar. Los proveedores de servicios educativos y servicios de adultos necesitan tomar responsabilidad por la calidad de vida de la persona en general – no sólo un cierto número de horas al día.

Por ejemplo, un niño con autismo puede tener un régimen de dieta restringido que podría comprometer su salud. Éste es un asunto educativo, aún si el niño come suficiente comida para pasar el día en la escuela. La intervención en casa de un empleado profesional puede ser requerida para establecer hábitos de comida que sustenta al niño en casa, en la escuela y en cualquier parte de la comunidad.

Un adulto viviendo en una casa de grupo puede tener sólo uno o dos lugares en la comunidad dónde ella puede socializarse exitosamente. Esto se convierte en una preocupación para el equipo entero, aún esos quiénes apoyan la persona en su trabajo apoyado. El equipo entero puede planificar y puede implementar programas para hacer más ambientes accesibles para ésta persona por enseñarle nuevas habilidades y estratégias.

Si un estudiante puede realizar una habilidad, una tarea o un comportamiento en la escuela, pero no en casa, entoces proceso de aprendizaje no es completo. La intervención de empleados entrenados en la casa puede ser necesario para mejorar el funcionamiento y asegurar que las habilidades se mantengan en todos los ambientes. Si un adulto puede realizar una habilidad, una tarea o un comportamiento en un ambiente, pero no puede demostrarlo en otro ambiente, entoces el aprendizaje y la programación no son completos o suficientes.

Se puede proveer una parte del apoyo necesario por hacer una videocinta del individuo funcionando exitosamente en la escuela o en el trabajo y enviando estas videocintas a la casa para que las familiares lo observen. El personal puede invitar a los padres o personal de apoyo de otros ambientes de venir a la escuela o el trabajo para observar las estratégias educativas que son usadas que pueden ser de ayuda. Hacer demostraciones por modelar y practicar papeles, cuando el individuo con TEA no está presente, es un método que las familias pueden usar para compartir técnicas exitosas a través de ambientes.

Otra forma de ayudar a familias con los asuntos y habilidades sociales es de enseñar en el sitio actual o ambiente dónde la persona con TEA tiene dificultad. El personal podría acompañar a la persona con autismo a los acontecimientos sociales, como las actividades de deportes, la exploración y la iglesia hasta el individuo demuestra un comportamiento aceptable y una conexión social en la comunidad. Simplemente decir a la persona que haga algo, en un ambiente como una clínica, una agencia o en una escuela, no resulta en que la persona con TEA pueda ser capaz de llevar a cabo el comportamiento correcto en el ambiente natural. Simplemente decir a los padres lo que deben hacer no resulta automáticamente en saber cómo aplicar la información en otro contexto no importa qué tan capazes y motivados los padres puedan estar.

Si una persona con TEA es físicamente capaz de jugar béisbol, por ejemplo, puede que él no sea aceptado o incluído en el equipo. Esto puede ser debido al hecho que el jugador con TEA no sabe las reglas sociales y los pasos de cómo ser un jugador de equipo y cómo relacionarse con sus compañeros. La persona necesita aprender y practicar habilidades necesarias en ambientes educativos y clinicas, aprender habilidades sociales para usar en las prácticas y juegos de béisbol, y ser enseñados y apoyados a usar tales habilidades en los ambientes naturales. La necesidad de enseñar al individuo en el ambiente natural es basado en la capacidad que tiene de desempeñarse en ese ambiente, y no el modo en que el individuo practica en la clínica o el cuarto de terápia.

Apoyo para la Gente con Autismo a Traves de la Vida

Una vez la educación formal se termina, y la persona con TEA alcanza edad adulta, él o ella debería estar preparado a ser un miembro productivo de la comunidad. Debería tener habilidades funcionales necesarias para la vida diaria, habilidades vocacionales para hacer un trabajo productivo usando sus capacidades en un lugar seguro, y un lugar cómodo donde vivir. Debería tener oportunidades de participar en actividades y pasatiempos y tomar parte en las actividades de la comunidad. Algunas personas con TEA puede que quieran ir a la universidad. Ellos pueden ser capaces de hacerlo, si son apoyados socialmente y académicamente y en cualquier otra forma conforme con sus necesidades.

El TEA no se crece y no desaparece. El funcionamiento, las habilidades y los comportamientos pueden ser mejorados a lo largo de la vida si los apoyos y servicios sean apropiados. Depende de la severidad de los efectos de TEA, los individuos pueden continuar necesitando diversos niveles de apoyo como adultos. Este hecho debe ser tomado en cuenta para planificar servicios y apoyos apropiados para la duración de la vida la persona que lo necesita. Esto es especialmente importante porque los padres envejecerán, se enfermarán o morirán. Cuando esto suceda, el apoyo más importante que siempre se han dado al individuo se termina.

Se sabe bién que los servicios de desarrollo de adultos con discapacidades están en un estado de crisis en muchas partes de nuestro país y en otros paises. Patrocinar a los servicios de adultos no es una prioridad en la mayoría de estados. No hay tantos derechos para adultos que para niños y no hay un nivel de fondos que tengan que mantener por ley. Los miembros interesados de cada comunidad necesitan trabajar juntos para encontrar fondos adicionales y para hacer el mejor uso posible de fondos públicos y dinero privado. Recuerde que los legisladores necesitan ganar su voto. Las personas intersadas en los servicios humanos de adultos necesitan estar seguros que sus legisladores le escuchan y son receptivos.

Pasos Prácticos para Prepararse para el Futuro, Comenzando Ahora

1. **Asegúrese que, desde tan temprano como sea posible, su niño puede ser dejado al cuidado de adultos de confianza (de confianza para usted y el niño) a quien usted ha entrenado para proveer cuidado.** No beneficiará a su niño pensar que sólo puede estar bien si él está con uno de los padres o sólo una o dos otras personas. Traiga candidatos potenciales a su casa para pasar tiempo con usted y con su hijo o hija con TEA cuando usted se queda en casa. De ese modo, la persona de confianza puede observar la interacción con su niño, aprender sobre asuntos como la comunicación, la comida, la televisión, los vídeo juegos, los hermanos, etc., y enseñarle cómo le gustaría a usted que ellos intervinieran. Al dejar por primera vez a la persona con TEA al cuidado de un proveedor nuevo, asegúrese de llevar consigo un teléfono mobil o un localizador de personas, o llame por teléfono regularmente. Salga sólo por un corto tiempo las primeras veces. Más tarde, gradualmente puede aumentar el tiempo que usted puede pasar comodamente fuera de casa.

2. **Haga planes para el cuidado de emergencia de su niño antes que una emergencia ocurra.** ¿Qué si usted es hospitalizado mañana? ¿Cuál es el plan para su niño con TEA? ¿Dónde iría él o ella? ¿Se iría a la casa de otra persona o permanencería en su propia casa? ¿Quien se

quedaría con el niño con TEA? Estos tipos de planes necesitan ser organizados antes de que cualquier cosa ocurra.

3. **Haga planes cómo evitar situaciones peligrosas.** Si su hijo o su hija tiene el comportamiento sumamente peligroso, como agresividad o golpearse a sí mismo severamente, pida a profesionales de ayudarle a hacer un plan a fin de saber qué hacer y cúando hacerlo. Identifique comportamientos peligrosos, planee formas para deescalar y evitar situaciones de crisis y haga un plan de intervención para la crisis en una emergencia.

   Una clase de planes de emergencia se llama una «Estratégia Reactiva.» Es un plan para el personal y/o la familia que les dice qué hacer cuando un comportamiento seriamente problemático ocurre. Para crear una Estratégia Reactiva, los empleados y miembros de la familia necesitan decidir cúal es la reaccion más apropiada y más segura de respoder al comportamiento problemático. Todos llegan a un acuerdo de qué exactamente será dicho y hecho cuando el comportamiento problemático ocurre. La Etratégia Reactiva es diseñado para proveer protección, prevenir daño y «arreglar» la situación tan pronto posible. Todas las personas, quienes probablemente usarían la Estratégia Reactiva, necesitarán tener una copia escrita y ser permitidos de practicar los pasos (cuando el niño o el adulto con TEA no está presente).

   La prevención de los comportamientos seriamente problemáticos y peligrosos debería ser de máxima prioridad para todos. Cuestiones de seguridad deberían sobrepasar otras metas como la conformidad y la disposición. Los padres y empleados que apoyan a las personas con TEA pueden necesitar entrenamiento intensivo sobre las técnicas de desescalar y el uso seguro de intervenciones en emergencias.

   Las personas con TEA necesitan ser enseñadas habilidades para calmarse y auto-regularse como alta prioridad en cualquier plan educativo individualizado o de entrenamiento. Puede ser una buena idea llegar a conocer a las personas en la línea de crisis de emergencia del centro de salud mental de su comunidad y poder llamarlos, cuando sea necesario, en vez de hablar por teléfono con «un desconocido» durante una crisis.

Algunas veces es mejor llamar a la policía que permitir que algo realmente terrible ocurra que no puede deshacerse. Cuando hay un peligro inmediato, una crisis o una verdadera emergencia, llamar al 911 puede ser la única opción. Al menos en situaciones cuando las personas y la propiedad no corren riesgo, llamar a la policía para intervenir puede ser considerado sólo como último recurso después de que todas otras intervenciones para evitar problemas, aminorar o calmar la situacion hayan sido probadas.

Muchas veces los padres están «al fin de sus cuerdas» y piensan que llamado la policía ayudará. Los padres esperan que la policía o sheriff tenga la capacidad de manejar los tipos de crisis que experimentan algunas personas con TEA. Piensan que la policía podría «enseñarle al niño una lección» y ayudarle a «ver las consecuencias de sus acciones» o aprender técnicas especiales para intervención de crisis.

Los oficiales de policía responderán lo mejor que les sea posible y usarán las capacidades que tienen del mejor modo y efectivamente al mayor grado posible. Algunas veces el resultado estará bién. Sin embargo en la mayoría de las comunidades, los oficiales de la policía no han tenido entrenamiento específico sobre TEA. Como resultado, pueden usar técnicas que pueden trastornarlo o hacer escalar a la persona con TEA. Los oficiales pueden mal interpretar el estilo de procesar más lento u otras características de comportamiento como desafío o desobediencia a lo que demanda la policia. Es un hecho desafortunado llamar la policía algunas veces tiene un resultado indeseable, como daño corporal o un registro de policia que no puede ser borrado. «Directrizes para Tratar con Conflicto» una sección en el libro Navegando el Mundo Social por Jeanette McAfee, también puede ser de ayuda para enseñar comportamientos y habilidades importantes para evitar problemas y aminorar conflictos.

4. **Haga un plan para la tutela de su niño en el caso que algo inesperado le ocurra a usted o su pareja.** Asegúrese de atender a los requisitos que son necesarios para hacer que sus deseos esten legalmente respectados. Aun si su niño con TEA sea solo un niño que empieza a andar, es mejor decidirse ahora quién cuidaría de él si algo le ocurra. Hable de esto con la persona o las personas a quienes usted le gustaría dar la tutela. Asegúrese que está de acuerdo con aceptar la responsabilidad. Ponga por escrito sus deseos para la vida del niño y cualquier cosa que usted quisiera que el guardián considere.

   Muchas organizaciones, incluyendo la Sociedad de Autismo de América, le pueden proveer dirreciones para prever el cuidado de su hijo o su hija con TEA después (no si) que usted muere. Acuérdese que si sus deseos no son sabidos, un tribunal puede decidir qué le pasará a su hijo. El retraso, el conflicto y el sufrimiento del hijo pueden ser evitados al hacer un plan.

5. **Haga una planificación cuidadosa de los bienes para asegurarse que la elegibilidad de servicios no sea afectada al dejar dinero o propiedad al niño con discapacidades.** Un grupo local, a nivel estatal o nacional le pueden dar referencias de personas o grupos que están en la comunidad dónde vive y le pueden ayudar con esto. La idea aquí es que poseción de una cierta cantidad de dinero o propiedad puede interferir con que un adulto con TEA tenga acceso a servicios financiados públicamente. No espere hasta que usted esté enfermo o muy viejo para hacer esto. Después que usted haga su plan, asegúrese que los miembros de la familia y amigos de confianza entiendan el plan, sepan dónde estan los documentos y cuales son sus deseos.

Cómo los Educadores y Personal Profesional Pueden Ayudar a las Familias

Las familias tienen mucho que pensar. Muchos de estos mismos asuntos conciernen a los educadores profesionales de apoyo. Hay muchas formas de que los empleados pueden ayudar a las familias. Las familias aprecian a los empleados que entienden los asuntos emocionales y complicados en la vida familiar. La sensibilidad, el apoyo y la asistencia de empleados pueden dramáticamente mejorar la calidad de vida de las personas con TEA y sus familias.

Los profesionales y los empleados pueden tener oportunidades para usar la información en este capítulo para tratar temas difíciles si parece que las familias están teniendo dificultades. Si las familias son resistentes, es probable que tengan miedo o tengan dudas. Déles a saber que usted está dispuesto de hablar con ellos acerca de estos asuntos en el momento «cuando se sientan listos.»

Muchas conversaciones entre padres y empleados «plantan una semilla» en la mente de los padres. Por ejemplo, un maestro puede mencionar un comportamiento que le concierne. El padre no puede actuar inmediatamente con esa información. El padre puede necesitar tiempo para pensar sobre eso o tener su propia evidencia y comprensión de la situación para entenderlo bién. Algunas veces el padre regresará bastante despúes de la conversación inicial y apreciará su disposicion de ayudarle cuando esté listo.

Maneras en Que Profesionales Pueden Asistir a las Familias

1. **Remueva la carga de la crítica de usted mismo y de las familias que usted apoya.** Suponga que las familias hacen lo mejor posible que pueden con los recursos y demandas que existen. Es probable que cualquier de nosotros estaríamos sobrecogidos por las situaciones en las cuales muchas familias se encuentran. Si usted ve que una familia no está bién, no la culpe. Es mejor preguntar y hablar. Pregunte lo que está ocurriendo y si hay cualquier cosa que usted puede hacer para

ayudar. Hable a la familia sobre recursos, haga referencias o pongalos en contacto con otros para ayuda e información.

2. **Esfuércese por entender el sistema familiar entero.** Si usted puede, ayude a los padres identificar recursos para otros asuntos en la familia, aunque no este directamente relacionado con las necesidades del individuo con TEA. Los individuos con TEA tendrán una mejor vida si las necesidades de todos los miembros familiares son satisfechas o bién cuidados.

3. **Familiarícese con todos los servicios en su comunidad, no sólo los del grupo que le emplean.** Esto puede incluir apoyos de salud mental, como consejo y terapía, y otra ayuda a fin de que la familia se comuníque, solucione problemas, trate con asuntos emocionales, y planeen. Usted también puede compartir información sobre los servicios sociales diseñados para ayudar a familias a encontrar la ayuda que necesitan dentro de sus comunidades, encuentrar ayuda financiera y resolver asuntos y necesidades familiares. Los profesionales pueden ayudar a los padres por informarles sobre la tutela, planificación de bienes y otros temas importantes. Si usted no tiene acceso a esta información, trate de obtener la información de por lo menos un contacto de una organización local o personas que pueden tener conexiones de proveer la información que los padres necesitan.

4. **Ayudar a la familia a identifican fuentes de estrés.** Escuchando cuidadosamente usted puede identificar los efectos que el estrés está produciendo en los miembros de la familia y las posibles opciones para tratar con el estrés.

5. **Ayudar a las familias a poner prioridad en las metas y actividades.** Ninguna familia puede hacer todo bién todo el tiempo. Ayude a las familias a darse permiso de poner en prioridad primera las necesidades de los hermanos algunas veces. Ayude a las familias a reconocer que relajándose con familiares es tan importante para cada miembro de la familia que otras actividades prácticas.

6. **Conserve el papel de padres como padres de todos los niños en la familia.** No pida a los padres que implementen programas poco realistas que no toman en consideración las demandas del tiempo puestas en los padres por otros niños y otras responsabilidades.

7. **Concéda «permiso» a los padres a hacer lo que les sirva bién, aun si es algo poco convencional.** Por ejemplo, algunas familias no siempre atienden fiestas o funciones juntos. Algunas veces, un padre toma al individuo con TEA a una actividad, mientras que alguien más toma los otros niños a un lugar diferente. Algunas personas desaprueban de ésto, diciendo que la familia «debería» siempre estar todos juntos. De otro punto de vista, puede ser mejor hacer las cosas por separado algunas veces, para que cada miembro de la familia satisfeche sus necesidades más plenamente. De esa manera puede volverse más facil de acomodar al individuo con TEA en otras ocaciones.

8. **Permita y promueva una actitud «de esperanza» en los miembros de la familia con respecto a la persona con TEA.** No califique a las familias como «poco realistas» o «que se niegan» si tienen esperanzas para una vida activa y exitosa para el niño o el adulto con TEA. Ayúdelos a tomar todos los pasos necesarios hacia las metas que han escogido para la persona. Si la metas resultan a ser poco realistas, las familias reconocerán esto ellos mismos con el paso del tiempo.

9. **Los padres y los profesionales necesitan tener metas para el futuro de cada individuo.** Una sesión de planificación de metas para el futuro podría ser un acontecimiento anual para los equipos que trabajan con personas con TEA. Por supuesto, el individuo debería ser incluído en el proceso de planificación hasta el mayor grado posible. En las reuniones de planificación, todos intercambian opiniones sobre los intereses, las habilidades, las preferencias y los deseos de la persona con TEA y visualizan el mejor resultado posible para la vida del niño y la familia. Un plan del futuro da a los padres y empleados una base sobre la cual pueden intercambiar opiniones y tomar decisiones acerca

del contenido curricular, tipos de actividades, estrategias de intervención, metas de comunicación y entrenamiento de habilidades.

Con el tiempo, planes para la vida cambiarán naturalmente. Se puede usar varios guías como el Modelo de Planificacion del Futuro Personal del Estado de Minnesota para planificar para el futuro del individuo.

10. **Los profesionales necesitan modelar una interacción positiva cuando están con la persona con TEA.** Los miembros familiares necesitan ver a los profesionales modelar su receptividad y flexibilidad y la sensibilidad a la comunicación no-verbal. Los esfuerzos para entender la conducta de la persona como forma de comunicación ayuda a la familia a hacer lo mismo. Demostrando el entendimiento de los desafios únicos de procesar la información sensorial y las necesidades de cada persona con TEA ha ayudado a las familias de ser más sensibles y conscientes. La interacción profesional debería modelar el respeto y la aceptación incondicional.

11. **Los profesionales necesitan demostrar que el desarrollo de relaciones personales es la meta primaria de interactuar con personas con TEA.** No saber cómo relacionar y cómo comunicar con otros son las déficiencias esenciales de TEA. Las relaciones necesitan ser cuidadosamente desarolladas y protegidas. Las cualidades básicas en la edificación de relaciones son la confianza, saber escuchar, la comprensión de otros, ser de ayuda, prestar atención y aceptar a otros. Éxito en la vida puede tener más que ver con tener relaciones de calidad que con conformidad simple y conocimiento académico. Esto es algo que los equipos deben considerar.

12. **Los profesionales necesitan compartir información realistica y precisa sobre las leyes que afectan la institucionalización de personas con discapacidades.** Actualmente, en muchos estados y en otros países, los criterios para la institucionalización son, «el peligro a sí mismo» y/o «el peligro para otros.» Para asegurar un lugar de toda

la vida dentro de la comunidad para cada persona con TEA, el comportamiento peligroso debe ser entendido y eficazmente tratado hasta extinguirlo. Los profesionales pueden ayudar a los padres y empleados a reconocer los comportamientos peligrosos y potencialmente peligrosos que pueden correr riesgo a la persona con TEA y otros. Los profesionales pueden enseñar a los padres y empleados formas efectivas para anticipar e impedir comportamiento peligroso, aminorando problemas y manejando la crisis.

13. **Si usted es un empleado profesional, usted tiene tremendo poder para mejorar las vidas.** Sea instrospectivo y aprenda sobre sus propias motivaciones y necesidades. Conviértase en el mejor oyente y comunicador que usted pueda ser. Cultive la objetividad y use lenguaje y pensamientos sin ser crítico. Es un momento maravilloso cuando un miembro de la familia se dirije a usted para expresar gratitud por lo que usted ha hecho, por su comprensión, o por su bondad y cortesía.

14. **Recuerde las sabias palabras del maestro Haim Ginott:** «He llegado a la atemorizante conclusión de que soy el elemento decisivo en la clase … como un maestro, poseo un tremendo poder para hacer la vida de un niño miserable o feliz... En todas las situaciones, es mi respuesta la que decide si una crisis escalará o aminorara y si el niño será tratado humanamente o deshumanizado.»

Nadie puede hacer todo lo que sea necesario para ayudar a todas las familias. En el pasado no fue siempre claro qué servicios necesitaban estar disponibles y cómo mejor presentar estos servicios a las familias. Ahora las familias de niños y adultos con autismo y otros trastornos nos han contado lo que necesitan. Nosotros sabemos qué hacer y cómo hacerlo, y podemos tener un impacto tremendo y positivo en las vidas de personas con TEA y sus familias.

Un Caso de Ejemplo de Bárbara

Teníamos mucho éxito en la escuela con la enseñanza de Ahmed R. para usar el baño. La señora R., su madre, honestamente dijó al equipo que ella no tenía ningún éxito en la casa y lo mantenía en pañales. Ella dijó que no pudo «hacer» que se sentarse en el inódoro. El equipo no la juzgó y simplemente aceptó los hechos de su historia, aunque no estábamos teniendo la misma situación en la escuela. Se decidieron juntos de hacer un plan de tres pasos:

Primero, la señora R. vendría y observaría calladamente lo que hacíamos en el cuarto a la hora de usar el inódoro. Sabíamos que Ahmed se inquietaría inicialmente con su presencia pero esperabamos que con el paso del tiempo él se acostumbraría. (¡Y así paso!)

Segundo, videograbamos la rutina del uso del inódoro y enviámos la cinta a la casa (marcado con el nombre de Ahmed, la dirección de la escuela y la palabra «confidencial»). Pedimos a la señora R. que lo observara cuando Ahmed durmiera y nos hiciera cualquier pregunta.

Tercero, después de cumplir los primeros pasos, los empleados se ofrecían voluntariamente de hacer una visita a la casa. Mientras en el hogar, los empleados observan cómo a la senora R trabajó con Ahmed y proveían entrenamiento a la señora R., mientras ella pusó a Ahmed al inódoro.

Los resultados de nuestro plan de tres pasos fueron maravillosos: Ahmed se convirtió completamente capaz de usar el inódoro en la escuela y en la casa antes del fin de su año preescolar. La señora R. expresó mayor confianza en su habilidad para enseñar nuevas habilidades a Ahmed. ¡La señora R. expresó su gratitud a los empleados de muchas formas, incluso por llevarnos unos bocadillos maravillosos!

El sistema de la entrega de servicios actual para niños y adultos no siempre provee los servicios que son más necesitados. Una razón es la suposición que alguna otra entidad lo hará. Los proveedores de servicios de la comunidad necesitan trabajar en conjunto para asegurarse que los servicios que los padres nos dicen que son importantes y útiles son provistos. Para planificar, diseñar e implementar servicios necesarios, agencias y escuelas pueden crear grupos de profesionales y miembros familiares para trabajar en conjunto. Ninguna escuela o agencia debería tener planificación de servicios y grupos de desarrollo que no incluyen a los padres, los hermanos y los miembros familiares extendidos.

Entrenamiento y Educación para Padres y Empleados

Los padres pueden ser el mejor elemento en la vida de una persona con autismo u otra discapacidad, por comprometerse al bienestar de él o ella. «El conocimiento es poder» es cierto en casos de las familias con una persona con TEA. Los padres necesitan información sobre las características del autismo, ópciones de tratamientos y educación y estratégias para mejorar la vida diaria.

Los padres quieren saber qué servicios son los más apropiados para su niño, cómo obtenerlos y cúal será su papel en asegurar progreso. Los padres necesitan ayuda para planificar para el futuro, obtener servicios y encontrar a empleados que les apoyen.

Empleados y Padres Aprendiendo en Conjunto

A menudo oímos quejas de empleados que los padres no saben lo que necesitan saber. Escuchamos de padres que los empleados no saben lo que necesitan saber. Oímos a ambos empleados y padres quejarse de no entenderse el uno al otro y de no usar la misma terminología o tener la misma base de conocimiento. ¿Por qué es esto una sorpresa? Por todas partes del país hemos visto la práctica de separar a los padres y los empleados durante el entrenamiento. ¡Ya es hora de hacer las cosas diferente!

En cuanto al tema de TEA, los empleados a menudo necesitan saber la misma información que los padres necesitan saber. La práctica de entrenar a padres, maestros, asistentes, trabajadores de relevo, empleados de agencias de adultos, y otros en conjunto tiene sentido. Entrenamientos que se sostienen para profesionales y empleados deberían ser disponibles a los padres. Desde que ambos padres y profesionales están trabajando en el mejor interés del individuo, se aprovechan igualmente las oportunidades de aprender más y trabajar en conjunto.

Los padres son los líderes verdaderos del equipo. Los padres necesitan ser animados y enseñados a cómo ejercer su papel de líder dentro de los equipos. El entrenamiento entre ambos profesionales y familias ayuda a desarrollar un vocabulario y unas habilidades compatibles para poder trabajar efectivamente en equipo. Los padres y los profesionales pueden practicar la cortesía y las habilidades de escuchar activamente, proveyendo la opinión y percatando la intención y la comprensión durante el proceso de comunicación.

Algunas veces los empleados objetan que no se podrán «expresarse completamente» en la presencia de los padres. Ese puede ser un síntoma de un problema más profundo de la comunicación. Si los empleados no pueden hacer preguntas o pueden hacer comentarios en la presencia de los padres, necesitarán encontrar una manera más aceptable de expresar sus ideas y sus cuestiones. Esto no significa evadir la verdad. La presencia de los padres puede causar que todos digamos lo que queremos decir, ser claros con lo queremos decir, y decir lo cuál es justificable. Si los empleados y los padres tienen problemas en la comunicación, el entrenamiento en conjunto puede enfocar la atención en temas tales como reconocer los emociones subyacentes, quitar las palabras emotivamente fuertes de la comunicación, y mejorar las habilidades de escuchar activamente, resolver los conflictos, etc.

Aquí hay algunas ópciones de cómo las escuelas y las agencias puedan proveer oportunidades para entrenamiento inclusivos a los padres, otros miembros de la familia y los empleados:

1. Pregunte a los padres y empleados en la comunidad cuales son los temas más importantes para ellos para entrenamiento. Use la información para planificar entrenamientos y eventos y para seleccíonar a los oradores.
2. Evalúe y satisfaga las necesidades de familias relacionadas con el entrenamiento tales como el transporte, el cuidado de los niños o la necesidad de proveer entrenamientos durante el fín de semana o por la tarde.
3. Video grabe cada sesion de entrenamiento (con permiso) y crea una biblioteca de recursos de videos de entrenamiento disponible a los empleados, las familias, los estudiantes y otros.
4. Audio grabe cada oportunidad de entrenamiento (con permiso) y crea una biblioteca de recursos de audiocassette.

5. Cree bibliotecas circulantes en los diversos temas de interés para los padres y empleados.
6. Arregle para que padres y empleados participen en entrenamiento por video teleconferencias.
7. Encuentre fondos de recursos privados o públicos como centros regionales, servicios de transición, fundaciones o concesiones para pagar a los entrenadores.
8. Ofrézcase a no recibir la cuota de pago o ofercer un beca para que algunos padres atiendan conferencias sobre TEA y otros temas.
9. Sostenga sesiones de entrenamiento con profesionales locales adiestrados de las escuelas o agencias.
10. Pida a las personas de venir a «reuniones abiertas» y compartir lo que han aprendido de sus entrenamientos.
11. Ofrezca salas de reunión o de conferencia dónde tener el entrenamiento.
12. Haga preparativos para ofrecer cursos especiales en las universidades regionales cercanas o centros de educación de adultos.
13. Invíte a expertos locales y profesores de universidades en el área de hablar a los padres y los empleados.
14. Enseñe a los padres y empleados a cómo usar la Internet, o pedir a su biblioteca pública que provea entrenamientos de Internet y permitirles tener acceso al equipo si se necesita.
15. Provea entrenamiento individual específico. Esto tiene importancia en casos, como cuando un conductista está obligado a intervenir en casos de propio daño fisico o comportamiento peligroso. El padre debe estar enseñado individualmente en qué hacer y cómo hacerlo para reforzar y responder de manera consistente.
16. Establezca sesiones de «padres enseñando a padres» dónde los padres pueden compartir técnicas y estrategias el uno con el otro.

Un Caso Ejemplo de Bárbara

Trabajo con una fantástica directoria de servicios de educación especial, la señora White. La señora White es una persona dedicada quien exige a sí misma y a sus empleados de proveer los mejores servicios posibles. Ella es sumamente creativa en encontrar y usar los recursos, incluyendo los recursos que los padres traen al distrito. El entrenamiento en su distrito es casi siempre abierto a ambos empleados y familias. Las peticiones de padres para programas específicos o estratégias para sus niños con TEA no son juzgadas como imposibles, más bien como algo posible de conseguir.

Cuando Johanna primero comenzó a trabajar como directora de educación especial, con su franqueza y su voluntad de aprender y cambiar ¿iy causar a los empleados a hacer lo mismo!), habia un poco de resistencia. «¿Cómo podríamos expresarnos,» dijeron los empleados, «si los padres estuvieran presentes?» ¿Cómo podrían expresarse los padres si los empleados estuvieron allí? ¿Cómo podrían esperar que los empleados sobrecargados y abrumados podrían aprender más y hacer más de lo que ya estaban haciendo? Hubieron debates acalorados, siempre dentro los limites de la cortesía, en los cuales todos se «reagruparon» y aprendieron a pensar más abiertamente sobre los papeles a desempeñar y las responsabilidades.

Con el paso del tiempo, la resistencia se aminoró cuando los padres fueron reconocidos como expertos, como contribuyentes capaces, y cuando los empleados recibieron oportunidades para aprender, crecer y compartir su conocimiento extensivo. A medida que la señora White aprendió de sus padres y empleados, ella planificó programas aún más innovadores y excepcionales para ser implementados, sin gastar más que el presupuesto impuesto por la gerencia. Ella demuestra que los padres no son «ellos» más bien simplemente otra clase de «nosotros.» Es un placer para los padres y empleados vivir y trabajar en su distrito. Una madre me dijo, «La señora White me salvó mi salud mental. No fue tanto los cambios que fueron implementados si no más bien la forma en que ella verdaderamente me reconoció como una persona que podría saber algo de valor y como una madre con grandes esperanzas, no las síntomas de la niega. Ella ayudó a los empleados a entender mi perspectiva y ese fue un tremendo alivio para mi familia entera.»

La Necesidad de Edificar la Conciencia Politica

Una última idea importante para los padres, profesionales y otras personas significativas que apoyan a una persona con TEA: Contacte a sus representantes elegidos. Déjeles saber cómo los servicios son dados o no dados donde usted vive. Dígales lo que sirve bién y lo que no. Infórmeles de las barreras al reparto de servicios. Déles sus ideas e impresiones sobre lo qué tendría mejor efecto. Si usted quiere, ofrézcase a ceder testimonio en las audiciones legislativos acerca de niños o adultos con discapacidades.

Los oficiales elegidos pueden usar su influencia en nombre de sus constituyentes. De hecho, muchos de ellos quieren realmente servir a las familias en su área. Váya con sus problemas y asuntos y proponga soluciones para ambos su familia y para el sistema en general. Usted puede llevar a su hijo o su hija con TEA a conocer a sus representates elegidos si es posible. Los oficiales necesitan pensar de las necesidades y acordarse de las caras de personas reales cuando hacen leyes y reglas, no simplemente números o descripciones.

Manténgase al día con las leyes que afectan servicios y educación especial para niños y adultos con discapacidades. Contacte a los legisladores para dejarles saber que tan importante son estos asuntos y que son responsables a los electores de tomar las mejores decisiones posibles. A medida que la política y el presupuesto afectan a todos, motivar a la política por contactar a los politicos es una forma importante para hacer una diferencia en la vida de la persona que a usted le importa y millones de otros.

Muchos grupos de ayuda y organizaciones nacionales tienen comités políticos de acción para dar una voz a la gente con discapacidades, sus familias, sus educadores y los empleados que proveen apoyo. Está en el mejor interés de todos para apoyar a los esfuerzos en cualquier modo posible que pueda.

RESUMEN CAPÍTULO 8

- Las familias de personas con TEA necesitan apoyo para funcionar de un modo saludable y de forma exitosa. Está en el mejor interés de todos de conservar a las familias en conjunto y ayudales a hacer frente a los asuntos que se preocupen.
- Los padres pueden necesitar asesoramiento psicológico para resolver sus sentimientos y obtener ayuda para reconocer sus capacidades, encontrar esperanza y sentirse fuertes para actuar.
- El consejo de matrimonios puede ser necesario. Las estadísticas muestran una alta indicación de matrimonios que fallan cuando un miembro familiar tiene una discapacidad como TEA.
- Hermanos y hermanas de la persona con TEA afrontan sus propios asuntos emocionales. Pueden necesitar asesoramiento, así como también información, para entender y relaciónarse con su hermano.
- El consejo de familia es un foro para identificar los problemas específicos que alteran el balance familiar y puede resultar en maneras prácticas y efectivas para resolverlos.
- Padres, hermanos y familia extendida pueden aprovecharse de los grupos de apoyo grandemente. Las familias pueden compartir ambos sus problemas y sus soluciones con otros con circunstancias similares que pueden entender de un modo que nadie más lo puede hacer.
- Hay muchos beneficios potenciales de tener padres, miembros familiares y empleados que atiendan en grupo las sesiones de información del grupo de apoyo fuera de la escuela o el trabajo.
- ¡Nadie quiere hacer un trabajo que nunca tiene un día de descanso! Las familias pueden necesitar cuidado de relevo para tomar un descanso de las responsabilidades mientras una persona entrenada asume el control por un tiempo.
- ¡Si usted necesita ayudar, pidala! Si usted no pide ayuda, probablemente nadie le ofrezca ninguna.

- Ningún padre debería tratar de ser solamente responsable de la vida de una persona con TEA. Los padres que tratan de hacer con exceso sin ayuda pueden terminar exhaustos, deprimidos o enfermos.

- Puede ser necesario enseñar a los estudiantes con TEA de cómo hacer lo que es aprendido en la escuela «a través de varios ambientes» en casa y en la comunidad. Eso se debe incluir en el plan educativo.

- Una vez que la educación formal ha terminado, y la persona con TEA alcance la edad adulta, ella debería estar preparada a ser un miembro productivo de la comunidad. Dependiendo de la severidad de los efectos de TEA, los individuos pueden continuar necesitando diversos niveles de apoyo como adultos. Servicios y apoyos deberían ser planificados para la duración de la vida del individuo.

- Tome pasos prácticos para prepararse para el futuro, empezando desde ahora. (Sugerimos 4 ideas).

- Educadores y profesionales pueden ayudar a las familias. La sensibilidad, el apoyo y la asistencia de empleados pueden mejorar dramáticamente la calidad de vida de las personas con TEA y sus familias. (Sugerimos 13 maneras de cómo ayudar).

- Los padres necesitan entrenamiento e información sobre las características del autismo, ópciones de tratamiento y educación y estratégias para mejorar la vida diaria. Los padres necesitan aprender qué servicios son más apropiados para su niño, cómo obtenerlos y que papel desempeñarán para asegurar el progreso. Los padres necesitan ayuda para planificar para el futuro y encontrar apoyo.

- Los empleados a menudo necesitan saber la misma información sobre TEA que los padres saben. La práctica de entrenamiento en conjunto de padres, maestros, asistentes, trabajadores de relevo, empleados de agencias de adultos y otros tiene sentido. (¡Sugerimos 16 maneras de cómo hacer esto!)

- Los padres, los profesionales y otras personas significativas que apoyan a la persona con TEA necesitan mantenerse al día con las leyes que afectan la educación especial y los servicios para niños y adultos con discapacidades.

- Contacte a sus representantes elegidos para dejarles saber lo que le es importante para usted.

FUENTES

Berli, Shane. «A Book for Families of Children with Disabilities from a Counseling Perspective.» («Un Libro para Familias de Ninos Con Discapacidades de la Perspectiva del Consejo.») (Tésis de Maestro). Publicado por El Consejo de Desarrollo de Discapacidades del Estado de California, 2000 O Street, Suite 100 Sacramento, California 95814 - Telefóno 916-322-8481 - Fax 916-443-4957 - TDD 916-324-8420

Powers, Michael D. Psy. D. Editor *Niños con Autismo: Un Guía para Padres.* Bethesda: Woodbine House, 1989. Capítulo Cinco, (Niños con Autismo y Sus Familias.) Disponible en español.

RECURSOS

Andron, Linda, Editor. (2001) *Our Journey Through High-Functioning Autism and Asperger Syndrome: A Roadmap. (Nuestro Viaje a Través del Autismo de Gran Desempeño y el Síndrome de Asperger: Un Mapa de Rutas)*. Filadelfia: Jessica Kingsley

Harris, Sandra L. (2003) Siblings of Chidren with Autism: *A Guide for Families.* (Topics in Autism). *(Los Hermanos de Niños con Autismo: Un Guía para Familias.* Los Temas en Autismo).

Lavin, Judith Loseff. (2001) Special Kids Need Special Parents. *(Los Niños Especiales Necesitan Los Padres Especiales.)* Berkley Books.

McAfee, Jeanette. (2002) *Navigating the Social World: A Curriculum for Individuals with Asperger's Syndrome, High-Functioning Autism and Related Disorders. (Navegando el Mundo Social: Un Curriculum Para Las Personas con el Síndrome de Asperger, Autismo de Gran Desempeño y Los Trastornos Relacionados)*. Arlington Texas: Future Horizons Publishers.

Meyer, Donald J., Editor. (1997) *Views From Our Shoes: Growing Up With a Brother or Sister With Special Needs. (El Punto de Vista Desde Nuestros Zapatos: Creciendo con Un Hermano o Una Hermana Con Necesidades Especiales).*

Woodbine House. Para lectores de la edad de 9 a 12 años. Las historias de las experiencias de 45 niños. Un libro para hermanos que trata de las discapacidades en general.

Meyer, Donald y Patricia F. Vadasy. (1994) Sibshops: Workshops for Siblings of Children with Special Needs. *(SibShops: Talleres para Los Hermanos de Ninos Con Necesidades Especiales)*. Baltimore: Paul H. Brookes Publishing Co. También hay un sitio del web, para encontrar 200 lugares donde hay Sibshops: www.chmc.org/sibsupp/sibshoppage.htm.

Myles, Brenda Smith y Richard L. Simpson. (1998) Asperger Syndrome: A Guide for Educators and Parents. *(El Síndrome de Asperger: Un Guia Para Educadores y Padres)*. Austin Texas: Pro-ED Publishers. (Véase el Capítulo 6: «Entender el Síndrome de Asperger y Su Impacto a la Familia» para unas perspectivas de familias.)

Naseef, Robert A. (1996). *Special Children, Challenged Parents: The Struggles and Rewards of Raising a Child with a Disability. (Los Niños Especiales, Los Padres Desafiados: Las Luchas y Recompensas de Criar a Un Niño Con Una Discapacidad.)* Secaucus, New Jersey: Birch Lane Press, Carol Publishing Group.

Nollette, C.D., Lynch, T. et al. (1986) *Having A Brother Like David. (Tener Un Hermano Como David.)* South Minneapolis Minnesota: Minneapolis Children's Medical Center. Para hermanos, sobre el autismo.

Siegel, B. and S.C. Silverstein. (1994) *What About Me? Growing Up with a Developmentally Disabled Sibling. (¿Qué Acerca de Mí? Creciendose Con Un Hermano con Una Discapacidad del Desarollo)*. New York: Plenium Press.

RECURSOS EN ESPANOL

Algunos *Títulos Disponibles En Español* que se puede encontrar en La Libreria de Necesidades Especiales de Santa Bárbara CA (Special Needs Project) http://www.specialneeds.com; teléfono gratis en los EEUU 1.800.333.6867

Convivir Con El Autismo Una orientación para padres y educadores por *Mike Stanton*

Golpes y Gritos y Como Evitarlos. Video de Cuatro Partes. Actores hispanos profesionales presentan situaciones familiares difíciles. Se pueden usar los videos para entrenamiento de padres y grupos de apoyo.

Mentes Diferentes, Aprendizajes Diferentes. Un modelo educativo para desarrollar el potencial individual de cada niño por Mel Levine. Traducido por Genís Sánchez Barberán.

Ideas y Herramientas para los Padres Comprendiendo a los Niños (Traducción de Parenting Tips & Tools: Understanding Young Children) por Elizabeth Crary. Ilustraciones por Karen Pew, traducido por Anita Ayala.

CAPÍTULO 9

«El entendimiento puede superar cualquier situación, no importa que tan misterioso o insuperable parezca.»
Norman Vincent Peale

CÓMO COMPARTIR INFORMACIÓN SOBRE LOS TEA

Este capítulo tratará de:

- Los factores múltiples para considerar cuando comparte información sobre el miembro de su familia, un estudiante, o un adulto a su cargo que tenga un Trastorno del Espectro de Autismo (TEA).
- Cómo distinguir entre información personal, lo privado, la confianza y el secreto y cómo interpretar las leyes de la confianza.
- Ideas para ayudar a decidir quién necesita información, qué decirles y cómo decirlo.
- Ideas para ayudar a explicar el TEA al mismo niño o adulto que lo tiene.
- Ideas para ayudar al individuo que tiene TEA compartir información con otra gente.

Este captíulo habla de cómo compartir información de los Trastornos del Espectro de autismo (TEA). Puede ser un tema muy sensible para muchas personas. Decidir si va a compartir información con otros, con quién debe hablar, que decir y cómo decirlo pueden ser decisiones muy difíciles. También son decisiones muy personales y las decisiones tendrán mucho que ver con las experiencias y situaciones personales de cada individuo.

Muchos padres nos cuentan que se sienten muy confusos y nerviosos con este tema. Se preocupan de las reacciones de otras personas cuando estos «se enteren.» Otros padres no reconocen ninguna necesidad de decir nada a nadie. Según cómo un padre comprenda y acepte el diagnóstico, afectará si el padre va a querer hablar del asunto con otros. Es necesario considerarlo a lo largo del tiempo. Los padres y el personal pueden considerar el tema durante el tiempo que necesiten. Sugerimos que equipos se enfrenten a este tema y no lo evitan.

Muchas veces, cuando se decide hablar del asunto, los padres o el peronal no están seguros con quién hablar o qué decir. No están seguros de quién debe tener la información. También es difícil decidir cómo y cuándo hablar al mismo niño o adulto que tiene TEA. Hay que considerar varios puntos de vista. La situación de cada persona es única, y usted va a querer buscar el apoyo y consejo de otra gente que lo conoce bien a usted y a su hijo de cualquier edad, o al cliente. Todo esto puede ayudar en decidir qué información va a compartir con quién, y cómo. También sugerimos una variedad de ideas en este capítulo. El discurso y los ejemplos que ofrecemos pueden ser útiles como opciones en su plan personal.

Decidir cómo compartir la información puede ser complicado por el hecho de que puede ser muy delicado abrir el tema o confiar en otra persona. ¿Por qué puede ser tan difícil o incómodo hablar del autismo o TEA? Una parte de la respuesta a esta pregunta tiene que ver con la opinión general del autismo, ideas que han durado hasta la actualidad. La mayoría de las personas que hoy son adultos se han criado con la idea que el autismo y las discapacidades en general son algo para guardar en secreto u ocultar, algo vergonzoso, o la culpa de alguien. Cuando nosotros creciamos, las personas con discapacidades se educaron separados y muchas vivieron fuera de la casa de la familia. Nosotros no nos enterabamos de ellos, ni nos conocíamos. A muchos padres les sorprende mucho darse cuenta que su hijo o hija con TEA es la primera persona que conocen con autismo.

Muchas ideas preconcebidas y generalizaciones sobreviven en cuanto al autismo y refuerzan las ideas limitadas e incorrectas. En los años cincuenta y sesenta, se creía que el autismo era la culpa de una «mamá refrigorífico,» una mujer fría que no quería al hijo y causó al niño tener el autismo por no relatar con él or ella. Este idea equivocada apenas sigue hoy pero todavía no ha sido descartado en todos los paises y comunidades.

La verdad es que la mayoría de la gente sabe muy poco del autismo y TEA, aun si ellos creen que sí saben del asunto. A veces lo que se cree o se sabe es absolutamente incorrecto. Si escogemos decir poco o nada del niño o adulto que tiene TEA, las ideas equivocadas y las limitaciones pueden seguir. Guardar el misterio sobre el autimo previene que los demás puedan informarse, o que sean sensibles y conscientes. Compartir la información es una oportunidad para cambiar la ignorancia al entendimiento. Ayuda a quitar el prejuicio, conceptos preconcebidos e información incorrecta.

TEA es una discapacitad «invisible.» La mayoría de la gente que tiene TEA se parece a todo el mundo. Hay pocos aspectos físicos, si es que las hay, para indicar una diferencia. Al mismo tiempo, uno puede observar algúnas diferencias claras. La conducta, la comunicación o el estilo de reaccionar se puede observar fácilmente. Estas cosas no tendrán sentido para la gente que las ve cuando no se les explica cómo son causados por y parte de TEA.

Cuando la gente no sabe la causa o la razón verdadera por algo que observan, muchas veces van a concluir algo que es equivocado. Ver o sentir una diferencia sin entenderla puede apartar un grupo de personas de los demás. Sin el entendimiento de por qué un niño o adulto se comporta de una manera particular, los niños y adultos en el ambiente no van a comprender ni intentar ayudar de ninguna manera.

Entender las diferencias ayuda a la gente a aceptar. Le ayuda a superar el obstaculo de «diferente» para descubrir lo que tiene en común con la persona con TEA. Se entera que puede ser amigos, trabajar juntos, y divertirse con personas que tienen TEA. El entendimiento le ayuda a ser sensible y tener empatía.

Para muchas personas, recibir y entender la información les afectarán mucho. Les ayudarán a saber «por qué» y cómo apoyar a la persona con TEA. Pueden pensar de una manera nueva y como resultado, pueden sentir nuevas emociones y comportarse con comprención y aceptación. No importa si la gente que «escucha» ésta información es la minoría or la mayoría del grupo; su entendimiento puede contribuír mucho.

Hay el riesgo y la probabilidad que cuando se ofrece la información, no todos van a escuchar el mensaje. Algúnas personas no van a ser ni empatéticos ni le apoyarán con o sin información. Esto no tiene que ver con usted, con el miembro de su familia o con su cliente. Ni tiene que ver con lo que Ud. hace o dice. Hay personas, incluso padres, que «no quieren saber.» Para ellos, la información no es bienvenida, y no quieren saber nada.

A veces, proveer información de TEA puede causar una reacción negativa para algúnas personas. Tal vez ellos le evadirán a Ud. y a su familia porque no están listos de aconfrontarse con la información, o no quieren hacerlo. No hay que perder mucho tiempo en preocuparse de éstas personas. Ud. no tiene responsabilidad de las reacciones de otra gente. Dejeles tiempo para aprender más y crecer un poco si pueden. Mientras tanto, siga buscando a gente que sea receptiva y positiva, que intente comprender.

Tal vez algúnos amigos y familiares quienes normalmente le apoyarían pueden sentirse incómodos cuando la familia progresa en el proceso del diagnóstico de TEA. Muchas veces se preocupan de decir o hacer algo que ofendería. Por eso se alejan de Ud. y su familia. Al darse cuenta de ésta situacion, las familias necesitan asegurarse de invitar a los demás a reunirse con la familia. Puede ser necesario llamar a los amigos y familiares para decirles que se necesitan y que juntos todos pueden aprender del TEA.

Confidencial vs. Secreto

Cuando definimos lo confidencial en el contexto de la educación especial, los servicos para adultos o el diagnóstico, se puede describir como «proteger lo privado.» Si algo es confidencial, ésto significa que otra persona no puede compartir o hablar de la información sobre el diagnóstico ni de la información personal sin permiso. Cuando los niños son « menores,» es decir menores de 18 años, los padres tienen los derechos de:

- Compartir información sobre el niño con otras personas.
- No compartir información sobre el niño con otras personas.
- Dar permiso a otras personas para compartir la información sobre el niño.
- Negar el permiso a otros para compartir información sobre el niño.
- Ser específico en cuanto la información que se puede compartir.
- Decidir si no va a compartir información específica.
- Tener un papel activo en decidir cómo compartir información sobre el niño.
- Prevenir que otros identifiquen al niño como una persona que tiene una discapacidad.
- Guardar como privados todos los archivos medicos, educacionales y legales, o escoger con quién compartir estos archivos parcialmente o totalmente.

Personas que cumplen los 18 años son adultos, y como adultos tienen el derecho de hacer las decisiones y son responsables para escoger lo que van a compartir o mantener privado. La excepción es cuando el adulto que tiene más de 18 años es parte de un «conservatorship.» Ésto es un acuerdo legal en el cual los padres, el tutor u otra persona específica mantiene el derecho de tomar decisiones por una persona con una discapacidad.

Les toca a los padres, el tutor, o el mismo adulto con TEA decidir cuándo y cómo compartir la información sobre el diagnóstico con otras personas, incluso el individuo, los hermanos u otros. Muchas veces, las circunstancias cotidianas exigerán que tomen una decisión en este asunto. Por ejemplo, cuando la gente ve que la persona con TEA usa gestos en vez de hablar, van a preguntar, «¿por qué? » O, si la persona con TEA no responde cuando le hablan los colegas o compañeros van a preguantar, «¿Por qué no?» Cuando la hermanita pregunta, «¿Por qué es que Roberto no quiere jugar conmigo?» ¿Cómo va a responder Ud.? Si su niño se comporta de una manera fuera de lo esperado en la escuela y los colegas preguntan al maestro, «¿Por qué hizo esto?» ¿Qué quiere Ud. que el maestro les responda? ¿Quién más debe responder, y que quiere Ud. que diga?

La reacción de muchos padres a estas preguntas es no decir nada, y guardar «el secreto.» Así no se explica por qué la persona es diferente o tiene una experiencia difícil. Una causa de este silencio es que parece difícil explicar el autismo y TEA. Otros opinan que los demás no tienen ningun derecho de saber y que no tienen ninguna obligación de explicar nada a nadie.

El hecho es que la gente va a pensar y hablar de su hijo basado en las acciones recíprocas y experiencias que tienen con él o ella, o como respuesta a lo que observen. Es verdad que habrán muchas situaciones que merecen el entendimiento y una explicación. Puede ser buena idea prepararse para estar más a gusto al hablar, idenficar lo que necesitan saber los demás y decidir cómo quiere hablar del asunto. Esto también incluye enseñar a los profesores, el personal y otros en la escuela o en el entorno para que sepan cómo Ud. quiere que ellos deban responder a varias situaciones y las palabras que Ud. prefiere que usen cuando Ud. no está presente para explicar personalmente. Los padres y el personal tendrán que tener un plan que puede cambiar con el tiempo cuando crece y cambia la persona con TEA.

Compare la situación de una persons con TEA con gente con otros trastornos. Nadie va a dar una inyección de insulina y cambiar la dieta de una persona sin explicarle que tiene la diabetes. Si una persona con diabetes va a una fiesta y no puede comer dulces ¿Tiene sentido informar a la gente alli? Si nadie dice nada, la gente en la fiesta ofrecerá cosas que contienen azucar continuamente. Guardar este información como un secreto puede causar la confusión o un daño. No se le occuriría a nadie guardar el «secreto» que una persona completamente ciega va a estar incluido en la clase de la escuela. Nadie ocultaría el hecho de que un niño o adulto con una discapcidad visual va estar en el ambiente. Guardar tal secreto seguramente causaría problemás de interacciones, confusión interpersonal y quizás situaciones peligrosas.

La mayoría de la gente no tiene dificultad en hablar de trastornos cómo el diabetes. Es bastante fácil comprender y explicar los hechos del trastorno. Se considera algo físico. No se associan ni confusión, ni culpa.

Es verdad que muchas veces no es cómodo hablar del autismo, de algúna manera distinto de otros trastornos. Pero también es verdad que TEA es un trastorno físico. TEA se relata al funcionamiento del cerebro, el sistema central de los nervios y otros sistemas físicas del cuerpo. Se puede tratar de TEA en cuanto a los hechos como si fuera cualquier diferencia del sistema físico. Al tener la información y enfocar en la causa física puede quitar la vergüenza y el estigma que se asocia con el autismo.

La mayoría de los distritos escolares y los proveedores de servicos para adultos no van a invitar a los padres a compartir información sobre el niño o el adulto. Algúnos lugares requieren que los padres firmen un acuerdo de confianza antes de compartir información con personas fuera del equipo personal del estudiante o adulto. Esto demuestra que el distrito protege los derechos de la confianza.

Puesto que la confianza es un derecho, el personal piensa que compartir información es pedir que los padres pierdan su derecho. No es así. La confianza no significa que todo tiene que ser un secreto. La confianza significa que nadie fuera del equipo del individuo tiene el derecho de saber, excepto cuando y hasta se da el permiso para compartir información.

Generalmente, se comparte la información con permiso, cuando otros en el entorno «necesitan saber.» Estar de acuerdo y planear cómo, cuándo, dónde y con quién compartir información con respeto a los derechos de los padres, apoya la ley y permite que la información esencial sea compartida de una manera específica.

Cuestiones Sobre Etiquetas Diagnósticas

A veces el lenguaje es un obstáculo para compartir información. Este puede incluir elegir usar o no usar el término diagnóstico (el Autismo, el Trastorno Generalizado del Desarrollo, el Síndrome de Asperger, el Trastorno del Espectro de Autismo, etc.). Los padres y profesionales pueden no estar de acuerdo en cuanto a si puede haber algún beneficio usar tales palabras para describir una persona. Hay argumentos en favor de y en contra el uso de etiquetas o descripciones diagnósticas. Aquí presentamos varias opiniones.

«¡No me gusta la palabra autismo!»

Puede ser difícil para los padres y familiares sentirse bien con la palabra «autismo» aún cuando están de acuerdo con el diagnóstico. Muchos padres prefieren evitar las palabras «autismo» o «Trastorno del Espectro de Autismo» porque ellos saben cómo la gente reacciona a tales términos. Usar la palabra «autismo» a veces abre un discurso muy largo de un tema complejo.

Puede ser un alivio para padres y empleados saber que pueden usar cualesquier palabras que quieran. No tienen que usar «autismo,» «Síndrome de Asperger,» o «Trastorno del Espectro de Autismo.» No hay la necesidad de usar un término diagnóstico menos cuando se necesita para situaciones practicas u oficiales, cómo la eligibilidad para servicios.

Para dirigirse al propósito de ayudar a otros a comprender, las familias y personal pueden explicar **lo que significa el diagnóstico**, usando los términos y el lenguage que consideren apropriados. Al discutir el tema con amigos y familiares, escoga el término diagnóstico, descripciones o palabras que más prefiera. Algúnas familias prefiern usar «TGD» que representa «Trastorno Generalizado del Desarrollo» (Pervasíve Developmental Disorder-PDD) o «una discapacidad compleja y multiple de aprendizaje.» Una versión más corta puede ser, «Ella aprende de una manera distincta,» o «Él tiene necesidades especiales para aprender.»

Al principio en nuestra familia, Emily no se sentía bien con la palabra «autismo» para explicar cómo Tomás aprendía y se comportaba. Ella se dió cuenta que fue necesario inmediatamente explicar las ideas equivocadas que tenía la gente sobre el autismo. Emily veía más fácil decir que Tom tenía el Síndrome de Asperger porque la mayoría de la gente no sabía nada de eso. Así ella podía explicar ***lo que es*** el Síndrome de Asperger en vez de explicar ***lo que no es*** el autismo. Despues de meses o años, Emily se sentía más a gusta en usar la palabra «autismo.» Siempre lo usó como el diagnóstico oficial para todos los propósitos educacionales, porque le ayudó para conseguir los servicos que Tom necesitaba.

Hoy en día, la frase «Trastorno del Espectro de Autismo» o «TEA» es más popular y aceptado en varios partes del mundo. También, la población en general se entera más del asunto debido a los artículos en revistas, periodicos, y programás en la television o películas del cine que trata del tema, más ahora que en el pasado.

Muchos padres tienen una estratégia para responder a las preguntas difíciles de sus niños, como cuestiones de «las abejas y las aves,» los hechos de la vida: contarles sólo lo que necesitan saber, cuando necesitan saberlo. Este método puede servir bien en varias situaciones cuando sólo quiere compartir información limitada sobre el miebro de la familia que tiene TEA. Esto es especialmente práctico en encuentros casuales o con gente que no se conoce muy bien. Los padres no siempre tienen la necesidad, el deseo ni la energía para contar «la historia entera» a todo el mundo.

En lugar de ésto, se puede explicar el comportamiento de la persona o sus necesidades usando palabras preferidas. Use frases cómo, «Mi hijo tiene dificultad en entender lo que le dicen los demás» o «Mi hija quiere jugar pero todavía está aprendiendo cómo entrar en el juego.» Éstas son ideas prácticas y objetivas para explicar las diferencias y necesidades. Frases sencillas como éstas pueden ser relevantes a la situación específica y pueden ayudar a otros a saber cómo reaccionar con el niño. Muchas veces la gente responde a esas frases claras por preguntar, «Qué puedo hacer para ayudar?» Esto presenta la posibilidad de educar un poco a la persona en una manera positiva.

Ejemplos

David fue un alumno del quinto grado escolar en el proceso de recibir un diagnóstico de Síndrome de Asperger. Se dieron cuenta las colegas de sus diferencias e hicieron mucho caso de ellas, de una manera que causaba vergüenza y tristeza para David. Él fue atormentado, perseguido y excluído. David se sintió muy mal y cada día fue difícil para él. Lloraba mucho en casa. También causó mucho dolor para su mamá y papá verle así.

Nadie había pensado de educar e informar a los alumnos. David no tenía las habilidades de comunicarse efectivamente con los estudiantes, ni las habilidades sociales para defenderse. No tenía ninguna manera de explicarse a sí mismo ni a otros. Luego, la mamá de David dijo que lo que más le dió pena es que nadie ayudó a David explicarse ni a explicarle a los alumnos. Si ella pudiera cambiar una cosa en su vida, sería mejorar la vida de su hijo por ayudar a los alumnos a entender y aceptar a David en vez de rechazarle y ser crueles. Esto pudiera haber afectado un elemento esencial en la vida de David: ayudar a los niños a hacerse amigos con él en vez de dejarle triste y solo.

Kristal era una niña del kinder con un diagnóstico de autismo. Los padres que ayudaron en la clase preguntaron a la maestra, «Qué pasa con esta niña?» y «¿Si ella no tiene que terminar el trabajo, por qué es que mi hijo tiene que hacer todo su trabajo?» La maestra no respondió a esas preguntas para guardar el derecho de la confianza para Kristal y su familia. De todos modos, en no tener una respuesta de la maestra, los ayutantes crearon sus proprias explicaciones y sacaban sus proprias conclusiones: que la niña fue mimada y fuera de control y que sus padres no eran capaces en la disciplina de tal criatura. Los que ayudaron en la clase no dejaron que sus niños juegaran con Kristal porque habían juzgada a la niña. También formaron más opiniones de los padres de Kristal.

Los padres de Kristal se enteraron de estas ideas equivocadas. Escribieron una carta a las familias en la clase de Kristal para explicar las diferencias de Kristal en lenguaje muy sencillo y claro. Pidieron el apoyo y amistad de los otros padres y las colegas. Los padres de Kristal solicitaron la ayuda de la especialista de inclusión del distrito escolar (inclusion specialist). La especialista habló con los niños en la clase, enseñdadoles cómo entender, aceptar y jugar con Kristal. La reacción fue positiva y animó mucho a la familia. Una mujer llamó por telefono a la mamá de Kristal para decirle que también tenía un hijo en el proceso de recibir un diagnóstico de TEA.

Una niña de cinco años contestó una pregunta de lo que ella pensó de un alumno en su clase, Antonio, que tenía TEA. (Nadie había hablado a los niños de Antonio). La niña sacó sus proprias concluciones diciendo, «me parece que él no tiene una buena mamá.» Otro estudiante contestó diciendo, «Me parece que a Antonio no le gustan los niños.»

Unos estudiantes del sexto grado conocieron a un alumno, Miguel, (quien tiene el Síndrome de Asperger) desde el primer grado. Ellos respondieron a una pregunta de contar sus ideas de por qué era que Miguel fue tan diferente que los demás. Un poco avergonzada, una chica respondió que los alumos habian discutido éste tema varias veces. Habían decido que era probable que cuando fue muy pequeno, Miguel recibió un golpe de una piedra en la cabeza. También ellos pensaron que él no tenía la culpa por sus diferencias y que el no podía hacer mejor.

Un día Bárbara fue a una residencia donde vivieron un grupo de adultos con discapacidades. Estaba allí para consultar sobre un hombre con autismo que vivía allí. Cuando abrieron la puerta, otro residente la saludó diciendo, «¿Estás aquí por Gregorio?» Cuando Bárbara dijo que sí, la mujer continuó, «¡Él esta destrozando nuestras vidas. Sácalo de aquí!» El personal de la casa no se daba cuenta que Gregorio era diferente de otra gente en la casa, que tenía otras diferencias del desarollo. No adaptaron sus estratégias para él ni explicaron sus diferencias a los compañeros. Él fue una persona desconocida en su propria casa.

La información es el poder, y sin la información de por qué un niño o un adulto se comporta de cierta manera, los niños y adultos en el ambiente no van a tener el poder para ser conscientes, aceptándolo para ayudar.

«Si mi hijo, o el adulto que cuido tiene una etiqueta para describirle, la gente va a saber que él es diferente.»

Las caracteristicas de TEA se ven por el comportamiento. Se ve en lo que hace el niño o adulto los «señales» que tiene. La gente alrededor del individuo puede ver y oír las diferencias, tal cómo Ud., aún con tener sólo cuatro o cinco años de edad. Describir cómo el trastorno afecta al individuo puede aclarar por qué hace lo que hace.

Considere este ejemplo: Se encuentra con un hombre. Ud. extiende la mano para saludarle, pero el hombre no la acepta. El hombre mira fijamente en la distancia, y no le mira a los ojos. Cuando Ud. indica la mesa donde quiere sentarse con él, él no responde. Ud. piensa, «Éste hombre no tiene modales. Ni le importa lo que digo ni que quiero.»

Si Ud. hubiera sabido que el individuo era ciego antes de conocerle, sabría cómo interpretar las cosas que él hizo que fueron inesperadas o diferentes. Ud. no se hubiera confundido ni desprevenido. TEA causa que los individuos se comporten de una manera distinta. Otros pueden ver. Necesitan saber por qué.

«Si uso una etiqueta por mi hijo, los demás tendrán prejuicio contra él o ella.»

A veces los padres se preocupan que el diagnóstico es una etiqueta que puede hacer daño al niño de alguna manera. Es verdad que otra gente puede tener ideas fijas relacionados a un diagnóstico en particular. Puede ser una buena idea enterarse de lo que piensa otra gente para corregir la información que no es correcta. La alternativa es dejar que los demás sigan creyendo cosas que no son la verdad.

La mamá de un chico con autismo dijo que nadie en la escuela se enteraba que el niño tenía TEA porque ella no les contó nada. Según su punto de vista, nadie podría tener prejucio contra él ni limitar lo que esperarían de él. Cuando se observó al niño en la clase de una manera objetiva, fué claro que los otros niños no iniciaban jugar con él ni estaban con él. Cuando el niño hizo algo fuera de lo esperado, las colegas se rieron de él cuando él no podía verles. A veces, cuando el chico hacía mucho ruido, los colegas parecían tener miedo y se alejaban de él. Como respondieron los niños a éste chico fue diferente de como respondieron a las otras colegas.

Puede ser no realista pensar que si los demás no saben por qué una persona es diferente que no saben que la persona es diferente. Los maestros y estudiantes en el entorno se dan cuenta de muchísimos tipos de diferencias en cada momento. Lo que pasa es que llegen a sus proprias concusiones para explicar las diferencias o por qué hace lo que hace. Si Ud. quiere que saquen las conclusiones correctas, tendrá que confirirles con información y explicarlo. Ninguna etiqueta cambia la identidad ni carácter de su niño. Un término formal sólo describe cómo funciona la persona y ayuda a los demás a tener un punto de vista más apropriado.

«Cuando se pone una etiqueta, nunca se puede quitar.»

Muchos maestros y personal de escuela se preocupan por esto. Temen que cuando un niño mejora mucho, una etiqueta puede dañar más de que lo puede ayudar. Es verdad que niños y adultos con TEA deben mejorar siempre y progresar. Pero TEA es un trastorno del desarollo que dura en alguna forma durante toda la vida y no va a desaparecer. Es raro quitar el diagnóstico, y cuando ésto occure, a veces tienen que volver a ponerlo o no fue el correcto desde el principio.

«Si uso una etiqueta, los servicos y apoyos para mi niño o adulto serán iguales para todas las personas que tienen el mismo diagnóstico.

Es una buena idea ser al tanto de que no se puede usar una etiqueta cómo la única base de decisiones para el programa, las intervenciones y especialmente para la colocación. Los profesionales más enterados saben que la mejor práctica y la ley educacional apoyan que las decisiones esten basadas en un análesis individualizado de las fuerzas y necesidades de la persona, los servicos que van a cumplir esas necesidades, y el sitio en dónde se puede mejor cumplirlas.

Hay un caso de Cory H. del tribunal del estado de Illinois en el cual se decidió por los tribunales que no se puede decidir la colocación ni los servicos de una persona con necesidades especiales sólo basandose en el tipo de discapacidad o la categoría de eligibilidad. Ésto quiere decir que una persona con autismo no puede ser colocado a un programa de «autismo» sólo basado en el diagnóstico.

Por todo este libro, el personal y los padres se animan a enfocar en cada individuo, no en un grupo. Si un niño o adulto tiene un diagnóstico de autismo, puede ser útil selecionar y usar estrategias específicas de enseñanza, apoyar la comunicación, y escoger un programa apropriado basado en las necesidades de la persona. El nombre del diagnóstico es sólo un punto para empezar.

«Si los maestros se enteran del diagnóstico, lo contarán a gente que yo ni conozco.»

Es requerido por la ley mantener la privacidad por el personal de la escuela, y sólo usar la información del diagnóstico para ayudar al estudiante. El personal que aporciona apoyos y servicios para adultos también tienen que seguir las mismás leyes de la confianza. Los padres van a querer mantener control de cómo está compartido la información y con quién. Los padres sí pueden elegir compartir información con cualquier persona como sea apropriado y no son restringidos por la ley de la confianza para sus niños menores de 18 años.

Una situación puede occurir en la escuela cuando los maestros o personal quisieran explicar algo sobre el estudiante. Tal vez los alumnos van a salir juntos de visita en la comunidad o están trabajando con los estudiantes de otra clase cómo «amigos.» Tal vez van a assistir a una reunión grande en la escuela dónde habrá mucha gente y ruido y será difícil para el estudiante con TEA tolerar el ambiente. ¿Es que su niño va a intentar escaparse de la reunión mientras todos le miran? ¿Sería importante para un padre que acompañe la clase cuando visita el parque zoológico saber que su niño tiene mucho miedo de un animal en particular o que se siente muy enfermo debido a ciertos olores?

Habrán situaciones cuando es muy importante que otros en el ambiente tengan información sobre la persona para entender sus necesidades. Dar permiso para compartir información con la gente que necesita saber no es igual a una licencia para chismear. Los padres pueden ser específicos en cuanto a quién debe saber, cómo van a informarles, que palabras usar en describir a la persona, y que todos respeten como confidencial la información compartida con ellos.

«Cómo es que una etiqueta sería de algún beneficio?»

Algunos expertos en el tema del autismo han concluido que una etiqueta diagnóstica puede servir a la persona que lo tiene. Por ejemplo, como se describe en la literatura de Church and Coplan, muchos niños con autismo progresaron hasta el punto de ser «delabelled,» es decir que la etiqueta diagnóstica se quitó. Otros estudiantes recibieron nuevas etiquetas que se enfocaron en áreas de necesidad como «trastorno de lengua» etc. Los investigadores descubrieron que los estudiantes se perdieron en una **«zona de malentendimiento»** porque los profesores atribuyeron los problemás y dificultades del estudiante a la personalidad o la voluntad, en vez de tener un entendimiento claro de cómo TEA afectó al estudiante en su comportamiento y trabajo.

Usar una etiqueta correcta para entender las necesidades del estudiante o adulto y compartirlo con el personal puede ser útil, eficáz, y puede evitar la perdida de tiempo y mal entendimiento.

Una Analogía de parte de Bárbara

Si yo jugaría un deporte, necesitaría saber el nombre del deporte que voy a jugar. Si fuera futbol, me vistiría de cierta manera, agarraría la materias y equipo para futbol, iría al parque de futbol, y jugaría según las reglas del deporte de futbol. Si no supiera el nombre del deporte, sería difícil prepararme para el juego. ¿Cómo sabría cúal equipo comprar o llevar? ¿Cómo sabría a dónde ir para jugar? Si no supiera el nombre del deporte, ¿Cómo aplicaría las reglas correctas? Usar las reglas de beisbol cuando el juego es futbol sería un desastre.

No estoy comparando nuestros seres queridos con TEA con un juego. Lo que estoy diciendo es que en un mundo complejo, maestros, niños y personal de agencias pueden tener una necesidad verdadera de saber qué tipo de trastorno tiene un individuo. Así pueden equiparse con communicacion y equipo apropriado para enseñar, y reconocer en cual campo están.

¿Quién Necesita Saber del Diagnóstico?

Los padres y el personal pueden educar e informar a la gente que se relaciona con el individuo con TEA. El propósito es ayudar a otros entender las características de TEA y aprender las mejores maneras de comunicar y relacionarse con él o ella. No deje que su niño o adulto viva en un mundo donde sólo una o dos personas le comprenden. Considere si sólo quiere describir los patrones de capacidad y discapacidad, o si también quiere decir que el patrón tiene un nombre y cómo se llama.

Sería preponderante «contarlo» a todos a la vez (¡aunque sería eficaz!) Es más realista decidir quién necesita saber, basándose en las actividades diarias y rutinas de la persona con TEA. Aquí hay sugerencias de algúnas personas que puedan necesitar recibir información sobre el individuo y sus necesidades.

- La misma persona.
- Padres, padrastros, padres de adopción y cualquier persona que tenga el papel de padre.
- Hermanos.
- Abuelos.
- Otros familiares.
- Maestros en clases diferentes.
- Personal de la escuela, como la enfermera o un maestro suplente.
- Personal de una agencia de cuidado.
- Cualquiera que vaya a proveer servicos de apoyo.
- Ayudantes o personal de instrucción.
- Colegas de la clase.
- Colegas de la escuela.
- Compañeros de cuarto o casa.
- Compañeros de trabajo.

- Vecinos.
- Amigos.
- La policía local, los bomberos y trabajadores de emergencía.
- Personal de seguridad del centro comercial y algunas tiendas.
- Los conductores de autobuses.
- Miembros de un equipo deportivo, u otros que participan en las actividades de horas libres del individuo.
- Líderes de actividades, como scouting u otras organizaciones de juventud.
- Líderes de equipos deportivos.
- Personas de la iglesia o actividades de la comunidad
- Doctores y dentistas.
- Empleados de la estética.

El modelo del «círculo de la amistad» puede ser útil en decidir quién necesita saber y cómo decirlo. (Veáse la Figura 9.1) El círculo de la amistad se parece círculos concentricos con la persona con TEA en el centro. En el círculo más próximo están los padres y familiares cercanos. Este círculo también puede incluir personas con quién la persona con TEA se relaciona cada día, como profesores o personal de una agencia. El próximo círculo incluye las personas que se relacionan frecuentamente, como otros familiares, amigos, vecinos, colegas, miembros de equipos o compañeros de trabajo. En los círculos exteriores hay gente que no se conoce muy bien, o que sólo se encuentran de vez en cuando. Afuera de los círculos está la gente desconocida, o «estranjeros.»

Hay razones diferentes por qué las varios grupos de personas necesitan tener información sobre los aspectos de TEA y cómo afectan al individuo. Algunas personas tienen relaciones substantivas y tienen que saber mucho. Algunas personas se encuentran de vez en cuando y otros sólo se encontraran en situaciones de emergencía-tal vez no necesitan saberlo todo. Como son distinctas las relaciones, se distingue la cantidad de información para compartir y cómo compartirlo.

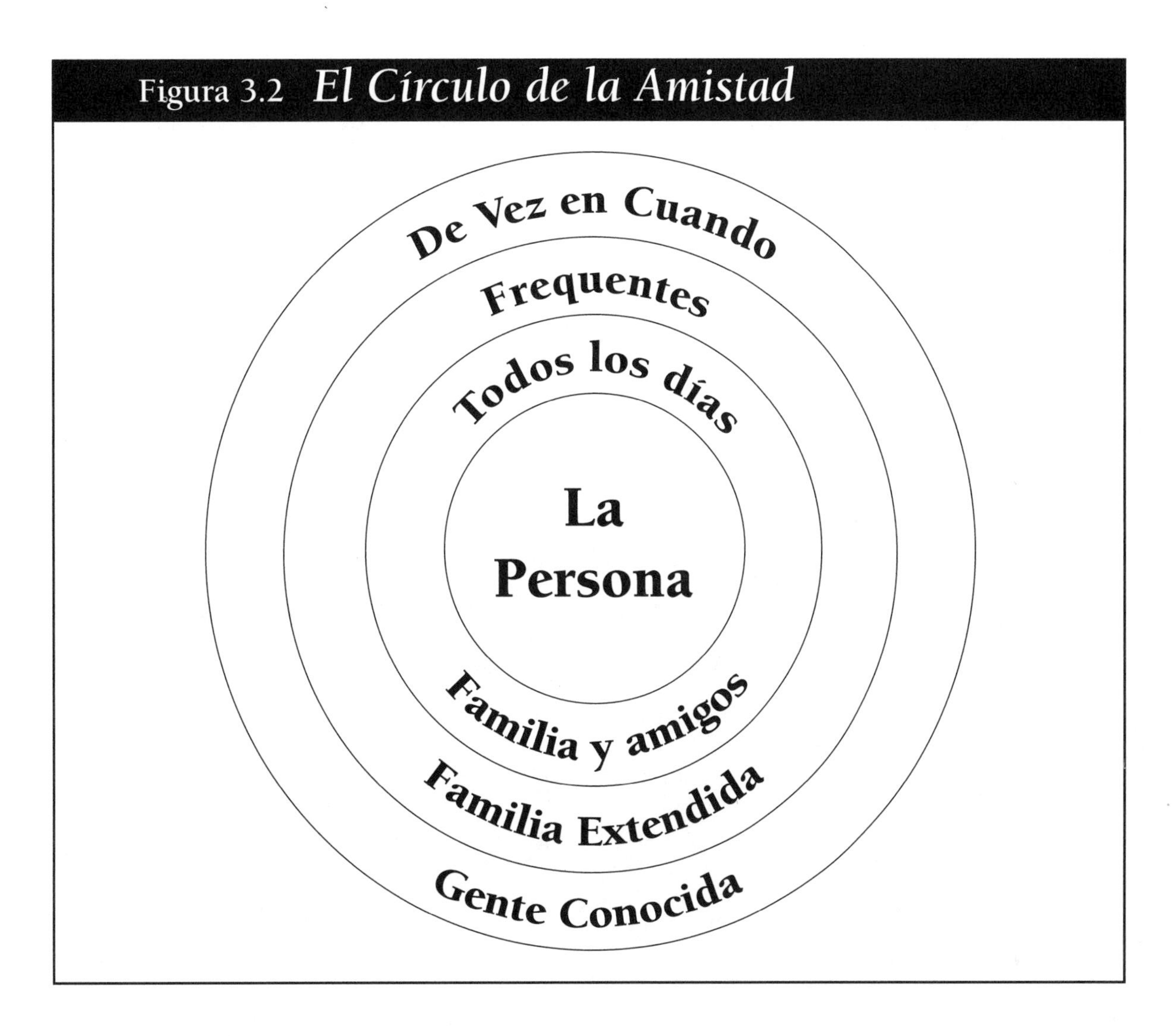

Es realista reconocer que no es posible educar a todas las personas que observan a la persona con TEA en sitios públicos. Sin embargo, lo que hacen y dicen los padres y el personal en la comunidad puede afectar y tener influencia positiva en la perspectiva de otros. Por modelar el entendimiento, la tolerancia y la aceptancía que quieren que los demás aprendan, los padres y el personal pueden mandar el mensaje, hasta a los estranjeros.

Cómo informar a los demás y qué decir

Puede ser útil responder a las preguntas siguientes para decidir qué decir: ¿En qué ayudaría que la persona comprenda? o ¿Qué es lo que una persona necesita saber? ¿Es que el conductor del autobus escolar necesita saber que el niño es sensible al calor y la luz? ¿Es que el líder de los scouts necesita reconocer los señales que indican que el joven está perdiendo control de sus emociones? ¿Es que el personal de apoyo en el trabajo necesita comprender la manera única o el estilo de comunicación de la persona? ¿Necesita saber un maestro suplente que el estudiante necesita más tiempo para pensar y responder, o que tiene permiso para caminar en el pasillo para regularse?

También es útil «crear sentido» de lo que ven los demás, en el contexto natural, para hablar de cómo el TEA afecta al individuo. La mayoría de niños y adultos son simpáticos y quieren ayudar. Ofrecer sugerencias a otros en cuanto a cómo responder y apoyar al niño o adulto con TEA puede ser muy eficaz.

Los padres, professionales y otro personal de agencias han usado varios métodos y materias para compartir información. Se puede proveer la información personalmente o pedir la ayuda de otro padre, un miembro de un grupo de apoyo, un professional, o personal de una agencia que tiene experiencia para guiarse. A continuación verá algúnas ideas de cómo compartir información:

- Un discurso informal, de-persona-a-persona.
- Un discurso acompañado por materia impreso para leer más tarde.
- Un grupo pequeño.
- Una reunión de familiares.
- Una reunión para ver y discutir un video, película u otro programa que trata del autismo, el TEA o trastornos relacionados.
- Una reunion particular con el líder de un equipo deportivo, el cual puede presentar la información a su grupo.
- Una reunión con otra familia, un grupo cívico, o miembros de su iglesia.
- Una reunión organizada y presentada por un profesional.
- Una presentación por la persona con TEA o por otra persona con TEA.
- Una carta de los padres o de la familia.
- Una carta (escrita por los padres) expresando el punto de vista del niño o adulto.
- Compartir materias publicadas como articulos de periodos o revistas que describen personas con TEA.

- Compartir un resumen que Ud. ha preparado que describe la persona.
- Libritos.
- Leer un libro a los alumnos de la clase y discutirlo después.
- Prestar or compartir libros para los adultos.
- Vídeos.
- El cibernet y otros sitios del internet (como el nuestro, www.ASDatoz.com, versión inglés y español)

Al final de este capítulo proveemos dos maneras de «Hablar a los niños típicos sobre el Espectro de Trastornos del Autismo (TEA).» Ud. puede o usar o adaptar esta información cómo desee. También presentamos ejemplos de cartas y otras materias que Ud. puede usar or adaptar, Figura 9.2 *Una Carta a las Colegas y sus Familias, Figura 9.3, Lo que me gustaría que sepas de mi hijo Jaime quien tiene TEA, Figura 9.4, Una carta de Angela (y su papá) y Figura 9.5 Una carta de Tímoteo.*

Un Ejemplo de Emily

Yo sabía que mi amiga Rene tenía problemas porque su hijo Miguel, un chico de 12 años en el séxtimo grado que tiene TEA tenía problemas con los alumnos de la escuela y los chicos del barrio. Pedimos la opinión de mi hijo Tomás (quién también tiene TEA y tenía 19 años.) Tom opinó que podría ser una buena idea compartir información con las familias que necesitan saber para influir en un cambio. Rene aceptó el consejo de Tom y decidió dirigirse a los padres de los alumnos en la clase de Miguel. Decidió explicar la situación y pedir su apoyo. Acordó con la maestra venir con su esposo durante la «Casa Abierta de Otoño.» Rene y su marido adaptaron la carta mostrada en éste libro (Figura 9.2, Carta a las colegas y sus familias). Una frase importante que añadieron a la carta fue que Miguel se enteró de su diagnóstico, pero no quería hablar del asunto. Eso guiaba a los otros padres a saber cómo animar sus hijos comprender y ser amable a Miguel, pero no insistir en hablar del diagnóstico.

Rene me llamó por teléfono para contarme que bien le fue, aunque fue muy emotivo para ella y su marido. Rene sintió alivio al compartir la información. Ahora, Miguel viene de la escula contando que los niños le habían invitado a jugar- algo nuevo y alegre para este niño y su familia.

Rene y yo hemos hablado del hecho de que el compartir información no va a resultar en que todo en la vida de Miguel sea perfecto. Pero la familia de Rene está de acuerdo que ha mejorado y cambiado mucho. Decidir compartir es algo valeroso, porque los padres pueden sentirse vulnerables y tienen que tener confianza en los otros padres que tal vez no se conocen muy bién. Fue gran alivio que mucho bueno había resultado de hacerlo, y no pasaba nada ni malo ni negativo.

Los padres tendrán que decidir qué es apropriado para sus circunstancias, cuándo esten listos para hacer algo, a quién van a dirigirse y qué van a decir. A veces se anima mucho hablar con otros padres o professionales quienes tienen experiencia y los padres pueden aprender de los éxitos y obstáculos que otros han superado al hablar de TEA.

Figura 9.2 *Una Carta a las Colegas y sus Familias*

Estimados Padres de la Clase 11, *septiembre 2005*

Nos hace mucha ilusión que nuestra hija, Ana, estará en la clase del Sr. Madrid. Esperamos todos los placeres del segundo grado para ella, que tenga amigos, que se divierta y que esté contenta: ésto es lo que quieren todos los padres para sus hijos. Pero para nosotros, es más como un sueño realizado. Siempre hemos querido que nuestra niña sea una chica como todas.

Pero ésta es la primera vez que Ana estará en una clase «regular.» Siempre ha estado en una clase de educación especial porque tiene su propria manera de aprender. Al verla, ni se reconoce este hecho. Apenas es posible distinguirla en un grupo de niños. Le gusta jugar, como a todos los niños. Pero mientras tiene la pinta típica, nació con una discapacidad del desarrollo que se distingue en algunas maneras.

Nuestra familia y el personal de la escuela hemos planeado cómo ayudar a Ana a tener éxito en la clase del Sr. Madrid. Ella se comporta bien y tendrá asistencia personal para ayudarla. Así que Ana no va a distraer a las colegas ni necesitará una cantidad desigual de la atención del maestro.

Nos importa mencionar estas cosas, no para distinguirla, sino para darle sentido a algúnas diferencias que se pueden observar. Sabemos que cuando los niños tienen la información que necesitan, pueden comprender, aceptar y ayudar a sus colegas. Esperamos que su hijo o hija sea amigo de Ana. Esto les darán gran beneficio a todos, porque cuando crecen juntos, aprenderán a respetar a los demás, y apreciarán que todos somos distintos e iguales a la vez.

Quisieramos pedir su apoyo para ayudar a su niño a comprender y conocer a Ana. Al dorso de esta hoja hay algunas de las preguntas que su niño puede hacerle. Ofrecemos varias respuestas y explicaciones que Uds. pueden usar para que todos esten a gusto y sin dudas con los hechos.

También les invitamos a hablar con nosotros personalmente, por teléfono, por carta, o por correo electrónico si tiene preguntas o comentarios. Apreciamos la oportunidad de contestarles y la oportunidad de conocerles mejor.

Los Padres de Ana

Respuestas a las Preguntas Que Su Niño Tuviera

1. **¿Qué pasa con Ana?** Despúes de que Ana nacío, los médicos descubrieron que su cerebro funciona de una manera un poco distincta a los demás. Tal vez necesitará más tiempo para aprender algunas cosas. Algunas cosas que tú haces fácilmente pueden ser difíciles para ella. Pero a la vez, tiene sus talentos y hace algunas cosas muy bién.

2. **¿Cuáles son algunas de las cosas que son difíciles para Ana?**

   – Saber cómo entrar en los juegos de los niños.

   – Saber cómo compartir y cuándo le toca a ella.

   – Saber cómo pedir ayuda.

   – Comprender el horario de la escuela y saber cuándo hacer varias actividades.

3. **¿Por qué habla Ana de una manera diferente?** Ana todavía está aprendiendo a hablar y a conversar, porque así funciona su cerebro. A veces no puede pronunicar claramente, pero sí se entiende lo que dice. A veces ella quiere communicar no con palabras, sino por gestos o señales. Tú puedes hacerlo igual. Sigue hablando con ella; no importa si ella no siempre te responde.

4. **¿Qué debo hacer si no entiendo lo que dice Ana?** Pide que lo repita.

5. **¿Qué debo hacer si Ana no me entiende a mí?**

   – Espera y dale tiempo para pensar.

   – Muéstrale lo que quieres decir.

   – Usa palabras diferentes para decir la misma cosa.

   – Cuenta hasta siete en silencio y despúes repite lo que dijiste antes.

Una Carta a las Colegas y sus Familias Cont

6. **¿Por qué molesta tanto a Ana cuando hay ruídos fuertes o mucha gente alrededor?** Ana es muy sensible. Todos sabemos cómo es cuando algo nos molesta mucho, como el alarma del los bomberos. Muchas cosas que no te molestan pueden agitarle mucho a ella. A ésto se le llama un problema sensorial o un problema de procesar.

7. **Ana no me mira a los ojos cuando hablamos. ¿Está enfadada conmigo?** No, Ana no está enfadada. Ella puede estar escuchando aunque parece que no te hace caso. Y ella quiere tener amigos, pero todavía esta aprendiendo cómo hacerlo. Tú puedes ayudarle por ser un buen amigo a ella: no importa si ella se da cuenta o no.

8. **¿Tiene Ana un retraso mental?** No, ella es lista. Puede aprender muchas cosas. Tal vez será más difícil para ella. Pero tendrá éxito y un futuro lleno de promesas, igual que tú.

9. **¿Es Ana la única persona que tiene este tipo de necesidades especiales?** Una persona en cada 166 personas tiene éste forma de crecer. También necesitan ayuda para comunicar, formar amistades y saber cómo comportarse. Ya hay un nombre para ésto; se llama tener autismo. El autismo sólo es una parte de Ana. Es muy buena chica y quiere tener amigos y hacer su parte. Cuando comprendemos que ella todavía está aprendiendo cómo hacer las cosas, podemos ser amables y ayudarle.

Figura 9.3 *Lo que me gustaría que sepas de mi hijo Jaime quien tiene TEA*

Lo que me gustaría que sepas de mi hijo Jaime quien tiene TEA.
Apuntes confidenciales para que le conozcas mejor

ACADEMICAMENTE

- Jaime es buen estudiante, cooperativo. Quiere hacerlo bien y le gusta seguir las reglas.
- Tiene mucha capacidad en algunos temas, especialmente en áreas concretas y factuales.
- Comprender lo escrito y el lenguage es difícil para el.
- Puede tener dificultad en comprender y seguir instrucciones.
- A veces estará confuso o abrumado, o tener una reacción fuerte con un cambio inesperado.
- Le es difícil organizar sus materiales y mantener enfoque en el trabajo.
- Éstos dificultades son debidos a los efectos de su discapacitad de desarrollo; no son debidos a una falta de cooperación ni falta de esfuerzo de su parte.

SOCIALMENTE

- Jaime es amable pero tiene buenas interacciones y más éxito en comunicar y socializar con los adultos. Es mucho más difícil para él tener amistades con los compañeros. Él se da cuenta de esta dificultad y se siente frustrado.
- Otros estudiantes le atormentan porque pueden percibir que él es diferente y que no sabe defenderse. Él necesita que los adultos sean vigilantes y que ofrezcan protección.
- A veces Jaime escoge maneras inapropriadas para obtener la atención o respeto de los otros alumnos, pero no sabe otra manera de hacerlo.

Lo que me gustaría que sepas de mi hijo Jaime quien tiene TEA Cont

EMOCIONALMENTE

- Jaime sabe que tiene el Síndrome de Asperger y lo que significa.
- Ésto le ayuda a comprenderse, sus dificultades y comportamiento.
- El siente alivio que los adultos en la escuela reconozcan sus dificultades y le apoyen. Jaime puede ser sensible, frágil o avergonzarse cuando se equivoca.

ESTRATEGIAS Para Ayudar- algunas ideas para probar.

- Use instrucciones que sean claras, cortas e específicas.
- Déle más tiempo porque necesita más tiempo para «procesar» y responder.
- Después de esperar, es mejor escoger otras palabras para aclarar lo que no entendió.
- Si hay una dificultad, Ud. puede ayudarle en resolverla por ofrecer instrucciones específicas cómo, «Ahora necesitas hacer...»
- No le pregunte «¿Qué debes estar haciendo?» Si supiera, lo haría. Dígale lo que debe hacer en vez de preguntarle.
- Déle más tiempo para completar la tarea cuando sea posible.
- Use sus capacidades y talentos y enfóquese en sus intereses para enseñar otras ideas académicas o sociales.
- Para trabajar juntos, escoga compañeros y equipos de estudiantes que van a apoyarle y ser empatéticos.
- Cuando sea posible, déjale «brillar» un poco en las áreas de capacidad para que vean los otros estudiantes que también tiene talentos y puede contribuir y para que tenga una buena opinión de sí mismo.
- Evite situaciones con presión de responder enseguida, porque puede causar vergüenza o humileación.

Favor de comunicarse conmigo en cuanto a su progreso y necesidades. Aprecio mucho el apoyo que Ud. nos ofrece y su interés.

La Madre de Jaime

Figura 9.4 *Una carta de Angela (y su papá)*

A los estudiantes y familias de la clase del Sr. Rubín,

Hola, Me llamo Angela. Tengo nueve años y voy a entrar en la clase del Sr. Rubin este año. Me encanta leer, pero no me gusta mucho las matemáticas. Me gusta jugar saltar a la cuerda en el patio. Cuando tu me conozcas, te vas a dar cuenta que yo no puedo hablar. Todavía estoy aprendiendo. Es muy difícil para mí. Uso dibujos y fotos para decir lo que quiero y para responder cuando la gente me habla. Comprendo mucho y presto atención, pero no puedo usar palabras para contestar porque para mi es muy difícil formar palabras.

El año pasado, todos mis amigos aprendieron a hablarme usando mi libro de dibujos y fotos. ¡Ellos piensan que es divertido! Tú puedes mirar mi libro y verás que podemos comunicar sin palabras. Me gusta muchísmo cuando mis compañeros de clase son buenos conmigo. También quiero ser buena amiga.

Bueno, me alegro mucho estar en la clase del Sr. Rubín y pasarlo bién allí contigo! Nos vemos! Tu amiga,

Angela

P.S. Mi papá dice si tú o tus padres tienen cualquier pregunta, el quiesiera contestar. Solo hay que telefonear o usar el correo electrónico.

Una carta de Tímoteo, un adulto que tiene autismo, escrito a sus compañeros de cuarto en la nueva casa de grupo dónde va a vivir. Los otros residentes no tienen autismo, sino otro tipo de trastorno de desarollo. Es posible que personal de la casa lea y hable de una carta cómo ésta antes de la llegada de la persona nueva.

Figura 9.5 *Una carta de Tímoteo*

¡Saludos a todos! Me llamo Tímoteo y yo voy a vivir en la misma casa que Uds. al partir del primero de septiembre. Anticipo que seremos amigos y lo pasaremos bién. Todos en la casa tenemos necesidades especiales, y quisiera contarles un poco de mi situación.

Yo tengo autismo. Debido a ésto, hay algunas cosas que son difíciles para mí. El personal que trabaja conmigo sigue ensenandome qué hacer. Me preocupo cuando no sé lo que va a pasar en el momento que viene. A veces pregunto la misma pregunta varias veces. No quiero molestar a nadie, pero tengo dificultad en recordar la respuesta. Si alguien lo escribe para mí, me ayuda recordar, y no pregunto tanto.

Soy muy curioso. Me interesa mucho saber lo que todos tienen en los cajones de sus escritorios o en el cajón de aparador. A veces se me olvide pedir permiso antes de mirar adentro. Solo quiero mirar. No voy a quitar nada. Si se me olvide pedir permiso, y Uds. no quieren que yo mire, sólo tienen que decir, «No, Tímoteo, no lo hagas.» Pueden llamar al personal para ayudarnos si sea necesario.

Me encanta la música de todos tipos. Espero que es algo que podemos disfrutar juntos. Me gusta bailar, solo o con otros. A veces necesito un descanso. Yo voy a mi cuarto y me asiento en mi mecedora. Cuando hago esto, no estoy enfadado con nadie. Es que necesito un descanso de todo el mundo. Después, salgo de mi cuarto y me encuentro muy bien.

A veces cuando me enfado, grito en voz alta. No tengan miedo. No voy a ser violente, ni causar ningún daño. A veces grito durante unos minutos, y no puedo parar. Me doy cuento que esto puede molestar a los demás, y estoy intentando usar palabras y calmarme en vez de gritar. Intento decir a otros lo que necesito para que me ayuden.

Tengo algunos temas predilectos para hablar. Me encanta hablar de trenes y la electricidad. Tal vez esto se aburrirá a Uds si lo hago demásiado. Uds. solo tienen que decirme, «Deja de hablar de trenes hasta luego» y luego decirme cuando puedo seguir hablando de trenes. Estoy aprendiendo hablar de nuevos temas, pero es difícil para mí.

No me gustan ni los besos ni los abrazos. Pero sí me gusta cuando me acaricia con la mano en la espalda, o podemos darnos un apretón de manos. Estoy seguro que vamos a pasarlo muy bien, pero mi cerebro no lo aguanta cuando alguien me abraza o me besa.

Yo prometo ser buen compañero. Me gusta tener todo muy limpio, y me gustar lavar los platos, guardar los comestibles, arreglar los vídeos en orden alfabético, y hacer todas las camas de la casa. Estoy seguro que podemos ser amigos y estar contentos de vivir juntos.

Su nuevo amigo,

Tímoteo

Planear Cuando Hablar del Asunto

Cuando ha escogido un método apropriado para compartir información con una persona particular o un grupo, ¿Cuándo lo hace? Aquí hay unas ideas para considerar:

1. Decide si la información debe ser compartido antes de que el grupo conozca al individuo, o después. Si exista cualquier tipo de comportamiento peligroso, los adultos tendrán que saber inmediatamente desde el principio. Por ejemplo, si el niño o adulto intenta escaparse del lugar, tienen que saber en seguida. En otros casos puede ser buena idea que primero la gente tenga la oportunidad de conocer la persona, y dentro de poco reunir para explicar las diferencia que ellos mismos han notado. Esperar un rato puede enfocar en las áreas de necesidad, lo que se puede hacer para remediarlas, y lo que es necesario aclarar.

2. Escoge un tiempo cuando el individuo que tiene autismo no va a estar presente. Puede agitarle mucho estar presente y escuchar a otras personas describiendo sus necesidades o problemas. También, la gente que está escuchando pueden sentirse menos libres de hacer preguntas si la persona con TEA está presente porque no quieren ofenderle. Si no hay muy buen razón que la persona esté presente, generalmente es mejor que no está presente.

3. Puede ser preferible tener un miting de la familia para hablar después de que los padres han tenido tiempo para entender el diagnóstico y empezar el proceso de ayudar al niño o adulto. Puede ser preferible que el personal de una agencia tengan tiempo para conocer bién a la persona para entenderle bién y tener en cuenta las características de TEA que la persona tiene.

4. Escoge un horario para reuinir cuando no hay ni presión ni conflicto de otras obligaciones. Por ejemplo, si un niño está en una clase de la educación general, no planea compartir con la maestra durante la

conferencia escolar o durante el IEP anual. Aunque esos si son tiempos privados con la maestra, habrá otra gente esperando. Es mejor pedir una cita particular sólo para compartir la información.

Un Ejemplo de Parte de Emily

En un caso, una mamá decidió compartir información sobre su hija, María, antes de que María se ingresó en las clases de bailar. La maestra de baile se puso muy nerviosa, y se preocupó que no podría manejar a la niña. Luego, cuando la conocía mucho mejor, la maestra pensó que María lo pasaba muy bien en la clase y fue un placer de conocerla. Durante los meses cuando María asistió a las clases, la maestra se enteró de las necesidades especiales de la niña y podía usar estratégias surgeridas por la mamá, especialmente para ayudar a las otras niñas de la clase formar amistades con María. La maestra podía utilizar su educación como maestra para ayudar a María con unos problemas motoras (de músculos y movimiento). Aunque al principio pareció que fue negativo compartir la información, al final, la maestra bien informada podía usar la información de una manera muy práctica.

En otro caso, una jovencita, Clara, entraba a una clase de drama. Ella asistió a algunos clases. Luego, su papá vino a la clase cuando ella no estaba. Les preguntó a los estudiantes si ellos habían notado algo diferente sobre Clara. Ellos contestaron que sí, y describieron varias características de TEA. El padre podía amplificar sus ideas para explicarles a los estudiantes lo que es TEA y pedir su apoyo y amistad para Clara.

Debido al deseo y obligación legal de educar a los alumnos con discapacidades con los colegas típicos lo más posible, los estudiantes de una escuela pueden haber tenido la oportunidad de conocer a estudiantes con discapacidades. Ésto puede ayudar a prepararles un poco a aceptar a una colega que es «diferente.» Pero a la vez, ellos necesitan aún más información y apoyo para aprovecharse del tiempo que pasan juntos. Compartir información al principio del año escolar, o al principio del colocamiento en un programa puede evitar que los colegas que entreactuan con un individuo con TEA saquen conclusiones equivocadas sobre su comportamiento o su estilo de comunicar. También, es una oportunidad para los estudiantes más sensibles y benévolos de responder de una manera positiva desde el principio.

No tarda demasiado en compartir información con la gente que hace actividades con el niño o el adulto. Lo más tiempo que espere, lo más posible sea que occuran cosas confusas o difíciles que son malinterpretados. Tener información provea sentido para que los demás entiendan lo que ven. También es útil, más temprano que tarde, sugerir estrategias prácticas para ayudar a la persona a tener éxito.

Nunca es demasiado tarde hablar del asunto. Puede ser mejor decir algo, aun años después de que la gente vive o trabaja junta, que dejar que la persona sea juzgado o malentendido.

Un Ejemplo de parte de Bárbara

Es cierto que los padres tienen el derecho de no revelar información acerca de su niño. Un padre me dijo a mí, «Si mi hija supo que sus compañeros de clase habían hablado de ella sin que ella supiera, ella estaría desolada.» Él simplemente se rechazó la idea, y aun hasta hoy no creo que los compañeros de la clase de su hija sepan nada acerca de sus necesidades ni sus talentos especiales. Fue el derecho del padre escoger no compartir información. Acepto que él tiene los razones para sus decisiones y respeto su derecho para escoger lo que él piensa es más apropriada para su hija. Él y yo hemos dejado el tema «abierto» a fin de que podríamos discutirlo de nuevo en el futuro. Intenté cuidadosamente de no dejar que llegue a ser un debate de «correcto o equivocado.» De esa manera, él podría hablarme más acerca de eso sin sentir que él había cedido nada o que perdió algun tipo de batalla.

De todos modos los padres y los empleados necesitarán pensar cuidadosamente de revelar información al niño o adulto, o no. Esta decisión se relaciona a cuánto el niño o el adulto ya sabe de su diagnóstico y lo que uno quiere decirle. Poco a poco se puede compartir información con el individuo y de ahí decidir lo que el individuo quiere decirles a otros. Es otra decisión que se puede discutirse cuidadosamente con el equipo entero hasta que un plan aceptable sea escogido.

Contándole al Niño o Adolescente Sobre TEA

Una de las decisiones más difíciles que un padre afronta es decidir explicarle el diagnóstico al niño o adolescente. Los padres se preocupan:

- Mi niña no sabe que es diferente. Ella sólo sabrá que es diferente si yo se lo digo.
- Si mi niño sabe que él tiene un trastorno, él tendrá la autoestima baja y temerá que yo pienso que hay algo trastornado con él.
- Si él se siente que él es diferente, él se sentirá aíslado o separado de los demás.
- Mi niño puede reaccionar de una manera dura y sentirse muy agitado.
- Mi niño podría quedarse pegado en esto y no podrá «moverse» de este pensamiento.
- Mi niño ha vivido hasta ahora sin saber, ¿Por qué decirle algo ahora?

Éstos sentimientos son todos legítimos y prudentes basados en cuanto los padres conocen y entienden al niño o adulto. Cuándo decirle y cómo decirle pueden efectuar una diferencia significante. El individuo necesitará tiempo para entender, creer y aceptar, como cualquier otro. Al continuar verá algunas sugerencias de cómo hablar con su hijo o hija usando «las charlas.» También se puede adaptar para adultos.

Saber cuándo hablar del asunto con el niño o el adolescente puede ser difícil. Los niños con TEA no suelen preguntar mucho para indicar que están listos para saber más. Usted tendrá que observar para ver los señales que el joven se está haciendo consciente. Por ejemplo, un niño puede preguntar, «¿Por qué es que mi hermana siempre recibe invitaciones a fiestas de cumpleaños y yo no?» Algunas veces una situación en particular, como ser victimizado o ligado en un problema serio, lo hace claro que la persona necesita saber y es el tiempo de comenzar a hablar. Si una crisis es el acontecimiento que le deja saber que el niño necesita información, espere hasta que todos se recuperen antes de hablar de TEA.

La Necesidad de la Conciencia de Sí Mismo y la Auto-abogacía

Hay dos otras buenas razones para comenzar a dar aclaraciones sobre TEA a la persona aun si él todavía es un niño. **La conciencia de sí mismo** es tener un sentido de identidad que incluye entender cómo una persona es afectada por su discapacidad. **La auto-abogacía** es la habilidad en la cual una persona es consciente de una necesidad, declara la necesidad y pide ayuda. Estas dos cosas son consideradas claves para el éxito y la independencia de adultos con dicapacidades y quizás para todos nosotros.

El objetivo mayor para personas con TEA es vivir la vida de la manera más independiente posible. Necesitan estar preparados a vivir exitosamente, tener buen trabajo, y tener amigos y cosas divertidas que hacer en la comunidad. Cuando los estudiantes salen de la escuela y empiezan a hacer una transición a la vida adulta, una meta como éste es usualmente incluída en el plan de transición: «El individuo podrá explicar su discapacidad a otros, identificar cuándo él necesita ayudar y pedir ayuda cuando él lo necesita.» ¡Éstas pueden ser las habilidades esenciales para una vida exitosa!

¿Es posible lograr las metas de conciencia de sí mismo y auto-abogacía si no sabemos nada de ellos? No podemos esperar que las metas sean logradas si no tratamos el tema de TEA o las discapacidades con la persona afectada. Es lógico que para lograr las metas de la conciencia de sí mismo y la auto-abogacía es necesario ayudar a la persona a entenderse y explicarse a los demás.

En vez de esperar hasta el día en que la meta finalmente aparezca en el plan de transición, la información puede ser compartida con el individuo durante días, meses o años. Las palabras escogidas para modelar y compartir información deberían de corresponder con la edad de la persona y la capacidad de entender. Es posible aumentar poco a poco la información esencial que una persona necesita saber y compartir. No pierda un momento: las metas de conciencia de sí mismo y auto-abogacía pueden estar escritas en el plan individuo a partir de hoy para una persona de cualquier edad.

Muchos estudiantes han estado en las clases de educación especial por muchos años, pero nadie les ha contado por qué. Algunos adultos viven en casas de grupos, pero nadie en toda su vida le ha explicado por qué. Esta información puede venir como una gran sorpreza de repente, imprevista. ¡Pero no tiene que ocurrir asi!

¿Debo Hablar al Niño o Adulto Con TEA Aún Si Ella No Parece Entender de Que Hablo?

Piense de todas las cosas que las personas con TEA han oído dicho de ellos mismos año tras año. Es algo que puede empezar muy temprano, usualmente cuando un padre o el médico discuten «el problema» delante de él o ella, durante un examen médico. Continua en la escuela cuando los maestros, estudiantes u otros mencionan diferencias que han observado. Algunas veces, desafortunadamente, las personas con TEA oyen que otros les designan «estúpido» o «un dilata» u otros términos menospreciativos.

En nuestra opinión, la suposición menos peligrosa es que todo esa información negativa entre en la mente de la persona y es guardado y recuperado de algún modo. El individuo con TEA puede llegar a pensar acerca de sí mismo como faltando, no exitoso, estúpido, malo, defectuoso o indigno. Cuando un individuo no puede hablar con nosotros acerca de lo que está pensando y sintiendo, la gente comienza a actuar como si el individuo **no está pensando o sintiendo.** No estamos de acuerdo con esa idea.

Nosotras sugerimos que unas explicaciones positivas sean escogidas cuidadosamente y provistas a cada persona con TEA aún si él o ella es juzgado incapaz de entender. Lo peor que podría ocurrir es que el individuo puede creer y sentir las cosas positivas que le hemos dicho a él o a ella.

Puede ser importante escoger temas como «las diferencias educativas especiales» y «eres buena persona» y «los demás te aprecian» y «yo sé que puede ser difícil para tí, pero tú papá y yo sabemos que tú haces un intento muy fuerte.» Estos temas pueden convertirse en una fuente de comodidad y fuerza para la persona con TEA. Es difícil imaginar que este tipo de conversación podría hacerle daño a cualquiera.

Una Manera de Hablar con el Niño, Adolecente o Adulto: Un Ejemplo de Emily

Cuando Tom fue diagnosticado, nuestra familia estaba en crisis. Tantas cosas difíciles estaban ocurriendo en la escuela que fue un alivio tener un diagnóstico que tenía sentido. Mi marido y yo pensamos que era importante que Tom supiera, pero estábamos muy preocupados de qué su reacción sería. Nos preocupamos que al escuchar esta información Tom tuviera mucha tensión o que tendría una percepción mala acerca de sí mismo. Él tenía 13 años de edad en ese tiempo.

Decidí hablar con Tom para darle la información inicial. Él tuvo dos respuestas. Primero, él bajó la cabeza y lloró, diciendo, «Mi cerebro está quebrado y no puede ser arreglado.» En la misma conversación, él dijo, «Tú sabes mamá, ésto explíca muchas cosas.»

Lentamente, durante meses, le añadimos en esa conversación, un pedacito de información a la vez. Bárbara también explicó algunas cosas a Tom. A veces él se puso negativo o molesto. Usualmente él se calmaba y pensaba acerca de lo que él escuchaba. Un día, le oímos decir a un hombre, «Usted sabe, Albert Einstein y Thomas Jefferson y yo todos tenemos problemas en situaciones sociales.» (Le habíamos dicho que los historiadores creen que ambos Einstein y Jefferson posiblemente fueron personas con TEA).

Tom ahora tiene 21 años. Recientemente, le preguntamos a Tom como él piensa que los padres deben decirle a su hijo que él o ella tiene TEA. Aquí es lo que él nos dijo:

- Escoja un tiempo tranquilo cuando no hay problemas particulares.
- Asegúrese de tener la atención de su hijo.
- Anímelo por decir cosas positivas.
- Recuérdele acerca de cosas del pasado que ocurrieron. Explíquele que esos sucedimientos tuvieron una forma reconocida.
- Dígale que los típos de dificultades tienen un nombre, y que él no es la única persona que los tiene.

Empezando con esos pensamientos, estas ideas evolucionaron en la idea de tener varias «charlas» con el niño, adolescente o adulto para ayudarle aprender acerca del trastorno. Como ya sabemos los que vivimos con niños especiales, es importante hacer pedazos de las cosas grandes. Compartir la información en pequeñas cantidades, poco a poco, puede ser eficaz porque aumenta el significado y evita el sobrecargo. Cuando cada pedazo es comprendido, podemos continuar con una poca más de información. Dar la información en una manera gradual puede ser efectivo porque tiene que ver con la manera en que muchos niños y adultos con TEA aprenden y entienden.

Hay varias ventajas en usar «las charlas.» En primer lugar, los padres o los empleados hablan de hechos y modelan la objetividad de una manera calma. Esto le ayuda al niño o adulto a entender que sus padres o los profesionales le aceptan y entienden. Le ayuda a la persona aceptarse y entenderse a sí mismo.

Si algo no es comprendido durante una charla, los padres o los empleados pueden aclararse y revisar, asegurándose de que la persona entienda antes de ir al siguiente paso. Las dificultades puedan incluir que el niño o adulto se queda pegado en una parte del mensaje y no puede seguir adelante por algún rato. Puede ser debido a las necesidades extraordinarios que las personas con TEA tienen para procesar información.

En segudo lugar, los padres y los empleados pueden modelar lenguage que el mismo niño o adulto puede usar en pensar y hablar, como «algunas cosas son difíciles para mí,» o «Tengo fuerzas verdaderas en algunas áreas pero otras cosas son más difíciles para mí.» Las palabras que los padres y los empleados usan son como una cinta grabada que el niño o adulto puede «escuchar» muchas veces. Si son palabras que demuestran la aceptación y que no juezgan, el niño o adulto puede sentirse bien de sí mismo e internalizar esas emociones positivas.

En tercer lugar, los padres y los empleados pueden comentar que un trastorno es como una «diferencia» y que una diferencia es sólo una parte de quién es la persona. Esto ayuda al individuo saber que de muchas maneras él es como todos los demás. Los padres pueden reconfortar al niño o adulto que las cosas saldrán bién. (La persona puede estar preocupada y temer que las cosas no van a salir bien, aun si no puede espresarlo).

Las «Charlas»

(Presentado aquí en forma de hablar con niños, pero puede ser adaptado para adolescentes o adultos). Consulte con su equipo u otras personas en los cuales usted confia para decidir si esto es un buen método para usar con la persona que le concierne. La información presentada aquí como un modelo puede ser apropiada para niños verbales o adultos o individuos que funcionan de un nivel alto. Las palabras y la información pueden ser adoptadas basado en la edad y el nivel de desarrollo del niño o adulto.

Si el niño es joven, o solo empezando ser consciente, se puede querer dar continuamente las charlas de 1 a 5 aún si el individuo no parece entender o escuchar. Cuando el nivel de comprensión aumenta, se puede introducir las charlas 6, 7 y 8.

Charla 1.

Eres una persona maravillosa. Tienes muchas capacidades que te favorecen. Muchas personas piensan que eres bueno y agradable. Te quiero y siempre puedes confiar en mí.

Charla 2.

Hay muchas cosas que haces muy bién (menciona algunas). ¿Cómo te hace sentir hacerlas bién? Se siente bién saber que uno poder hacer cosas. Es bueno tener tantos talentos que tienes.

Charla 3.

Algunas cosas son difíciles para tí, (menciona uno o dos). ¿Cómo te hace sentir eso? Todo el mundo pasa apuros con algunas cosas, pero de todas maneras es buena gente. Tener un problema o dificultad es simplemente una parte de quién es una persona; no es todo lo de quien es. Es buena idea obtener ayuda para las cosas que son difíciles de alguien que te aprecia.

Charla 4.

Hay ciertas cosas que haces muy bien y otras cosas que son difíciles para tí. No eres la única persona a que le pasa eso. Otros niños (o adultos) lo pasan igual que tú. Nadie tiene la culpa si una persona tiene dificultad con algo. Simplemente nació asi. Nadie está disgustado ni enfadado con ellos. Está bien. También estás bien.

Charla 5.

Tú necesitarás ayuda con las cosas que son difíciles para tí. Tu tendrás (menciona un apoyo o servicio como la logopédia o un grupo de habilidades sociales). Queremos que tú tengas esto para que las cosas difíciles serán más fáciles para tí. Las personas que te dan los servicios y te enseñan se preocupan por tí y quieren ayudarte.

Charla 6.

Otras personas encuentran algunas cosas fáciles y algunas cosas difíciles, igual que tú. Tú tienes una mente buena pero algunas veces funciona diferente. Hay un nombre para esta diferencia. ¿Quieres saber cómo se llama? Algunas personas famosas tienen esto. Se dice que Einstein tuvo eso. Tú vas a ser éxitoso y tener una buena vida también. (¡Tal vez no serás tan famoso como Einstein!)

Charla 7.

Tal vez demorarás en acostumbrarte a todas estas ideas. Estoy aquí para hablar de esto y contestar todas tus preguntas. Tenemos mucho tiempo.

Charla 8.

Cuando algo es difícil para tí, tú necesitas dejar que otras personas sepan. Tú puedes decirles la manera de cómo pueden ayudarte. Tú puedes decir, «Hay demasiado ruído para mí aquí,» o «Por favor hable más lentamente.» Está muy bien usar palabras para decir a las personas lo que tú te sientes y lo que tú necesitas. Si ellos entienden, querrán ayudarte.

Collaboración Entre los Padres y los Profesionales Para Compartir Información

Escoger qué decir y cómo decirlo puede ser difícil para los padres que se enfrentan con este tema por primera vez. Muchos maestros y profesionales en las escuelas o en el sistema de la entrega de servicios para adultos han conocido a muchos individuos con TEA durante sus años de experiencia. Muchos profesionales han tenido entrenamiento para trabajar con personas con TEA. Saben una variedad de maneras de compartir información. Tales profesionales pueden ser un recurso maravilloso para los padres. El personal puede tener sugerencias excelentes para ayudar a los padres en decidir cómo proceder.

También, el personal puede ayudar a los padres encontrarse con padres con más experiencia que han estado en la misma situación. Si usted es un profesional y conoce a un padre que está dispuesto a apoyar a otros padres, Ud. puede facilitar un encuentro de una manera tan fácil como preguntarle a un padre «nuevo,» «¿Quiere que yo le de su número de teléfono a la Señora Gonzalez y pedir a ella que le llame?»

De vez en cuando los empleados serán responsables de informar a un individuo que él tiene TEA. La información en esta sección del libro puede ser adaptada para esa situación. El personal debería siempre estar seguro de tener una forma de permiso firmada por el padre o el tutor legal cuando se disponen a informarle a un individuo acerca de cualquiera información diagnóstica.

Muchos distritos o áreas locales escolares tienen un «Inclusion Specialist» (especialista de la inclusión), una persona con entrenamiento en cómo apoyar a un estudiante con necesidades especiales tener éxito y estar incluida en la vida social escolar. Esto puede incluir ayudar a los compañeros de clase o a los maestros, empleados y personal entender y ser soportadores al individuo. La especialista puede encontrarse con la familia para crear un plan para compartir la información. El plan puede incluir cómo informarle a la persona misma con TEA para entenderse a sí misma y tener más éxito. La especialista de la inclusión puede hacer presentaciones a la clase o y los empleados. Compartir información sobre TEA, sin referir a un alumno específico, puede aumentar el nivel general de la comprensión de los estudiantes o entre los empleados.

Otros empleados de la escuela o del distrito también pueden ayudar educar a otros. Es lógico escoger a una persona con mucho conocimiento o experiencia con TEA. Otras veces sirve bien escoger a alguien que tiene menos experiencia, pero que tenga ganas de ser receptivo y efectivo en trabajar con la familia. Los profesionales que conocen bien al niño, como el maestro de la clase, el patólogo de idioma y discurso, el psicólogo de la escuela, un consejero, un terapista ocupaciónal, el maestro de la educación física adaptada o una especialista de conducta puede consultar con la familia para crear un plan para compartir información. También pueden hacer presentaciones a las colegas o a los profesionales y los empleados.

Otra cosa que los profesionales y los empleados pueden hacer es «dar las palabras» para usar en pensar y hablar de las características de TEA. Los empleados pueden modelar las palabras para el beneficio del individuo que puede usar las frases de día en día por la conciencia de sí mismo y la auto-abogacía, y para beneficiar a la familia, colegas y compañeros de la persona con TEA.

Aquí hay algunos ejemplos:

- Algunas veces el ruido aquí es demásiado para (mi)/(Jaime).
- Yo todavía estoy aprendiendo hacer ______________ .
- Por favor hable más lento así que (yo)/(María) pueda entender.
- Él está mejorando en aprender ______________ todos los días.
- Vale más mostrarme lo que quieres que yo haga que decirmelo.
- Pedro aprende mejor si usted prepara una lista para él.
- ¡Raquel lee de una manera fantastica! ¿Por qué no le pidas que ella te ayude?

Todos los empleados y profesionales, ambos en la escuela y los sitios donde proveen servicios para adultos con TEA, tienen la oportunidad de modelar. Si la discapacidad de una persona está clarificada o no, el comportamiento y la actitud de personal refuerzan para los demás cómo respetar e incluir a la persona. «Usted siempre está siendo observado» decimos a los padres y profesionales que atienden nuestras presentaciones. Recuerda que las acciones hablan más fuerte que palabras para muchos pares de ojos y oídos. Si es padre, maestro, otro profesional o personal, usted enseña a todos sin decir ni una palabra cada día.

Algunas veces los maestros, otros profesionales, y personas que cuidan a adultos con TEA no se sienten a gustos o están conflictados con el tema de hablar acerca de la discapacidad de una persona. A continuación verá varias situaciones que el personal puede encontrar difíciles:

- Los padres quieren compartir información y usted no está a gusto con esa idea.
- Los padres no quieren hablar con otros y usted ha visto que la falta de información o la información errónea está causando problemas.
- Usted no está seguro de cómo responder a preguntas intrusivas u otros comentarios que hacen otras personas.
- Usted no está seguro de los detalles de la confidencialidad.
- A usted le gustaría estar autorizado de compartir cierta información en situaciones específicos.

Estos asuntos pueden ser discutidos en privado con los padres o en una reunión del equipo de la persona, depende de las circunstancias. Puede ayudar a los padres cuando el personal puede describir situaciones específicas que demuestran la necesidad o razón para compartir la información, especialmente cuando los padres no se dan cuenta.

La Carta de Teresa

A continuación verá un extracto de una carta escrita por una mujer que se llama Teresa que fue mandado a Bárbara. Bárbara fue parte del equipo que apoya a Jorge, el hijo de Teresa, a partir del cuarto grado. Es un ejemplo excelente de la colaboración entre los profesionales y los padres. Esta historia de niños inspira y nos demuestra el poder de la información. (Teresa y Jorge están encantados de darnos permiso de usar sus nombres verdaderos, porque ¡están orgullosos de cómo ellos han trabajado y cuanto han logrado!)

Estimada Bárbara,

Puesto que es usted que me inspiró a compartir la información sobre TEA con los compañeros de clase de Jorge, quisiera informarle de cómo van las cosas. Tengo buenas noticias porque las cosas van mejor para Jorge este año que nunca. Usted sabe que desde el tercer grado, los niños trataron a Jorge como si él fuera de otra planeta. Él nunca fue parte del grupo. Realmente nadie tenía ninguna idea de cómo ayudarle a asimilarse. Cada día, Jorge caminaba solo por el perímetro del patio de recreo durante el descanso del almuerzo y recitaba historias a sí mismo. Era verdaderamente triste.

Usted me inspiró hacer algo cuando usted me recordó que hubo algunos niños quienes siempre serían de apoyo para Jorge sin instrucción. Pensé que los demás simplemente necesitarían saber qué hacer, pero no sabían pedir ayuda. Así es que trabajé con Ana, el patólogo de discurso y lenguaje a decidir «qué decir» a los compañeros de la clase.

Cuando Ana y yo entramos en la clase, fue difícil al principio. Los niños fueron honestos casi brutalmente después de los primeros pocos minutos, y aclarabamos muchas cosas para ellos. Definimos lo que es el autismo, y lo que significa. Sugerimos algunas ideas, y invitamos a los niños que nos ofrecieran ideas de cómo ayudar a Jorge, especialmente en las situaciones no estructuradas. En hablar con nosotras, la mayoría de los alumnos se dieron cuenta de que Jorge no podía evitar las cosas que él hacía y decía. También se sintieron bien de poder ayudarle. Les preguntamos si ellos pensaban que era una buena idea que nosotras habíamos venido para explicarles sobre Jorge y todos ellos dijeron «¡Que sí!»

Como usted sabe, Jorge necesita almorzar en un lugar tranquilo y él estaba solo usualmente. Les pedimos a los niños si querían almorzar con Jorge. Tantos de ellos querían hacerlo que ¡tuvimos que comenzar hacer reservaciones para ellos después de ese día, uno a la vez! Cuando uno de los niños invitó a Jorge a su fiesta de Halloween, él hizo la invitación de Jorge con un horario para que Jorge supeira lo que iba a ocurrir en la fiesta.

Ana y yo entramos a la clase cada año incluyendo este año en la escuela prepatoria. Los niños fueron realmente receptivos y muchos de ellos que habían visto a Jorge llorando en los primero días de la escuela nos contaron que se alegraron que vinimos, porque habían formados conclusiones erróneas acerca de Jorge. Les dije que necesitabamos sus consejos porque Jorge no pareció entender lo que hicieron y dijeron sus colegas. Les pedimos a los niños que nos dijeran de qué cosas pensaban y hablaban para enseñarle a Jorge las mismas cosas. Los niños estuvieron tan atentos y respetuosos, y fue una experiencia buenísma. Nos dieron buenas ideas acerca de vídeos nuevos que podríamos crear para ayudar a Jorge de ser más capaz de conversar sobre los temas que les interesan a las colegas como los deportes, el fútbol americano, el béisbol, etc.

¡María, la patóloga de discurso y lenguaje de este año es la mejor! María nos ayudó crear varios vídeos instructivos para Jorge y tiene planes de hacer muchos más. Incluso escribió el diálogo para cada escena que Jorge podría modelar. Los estudiantes participaron en crear los vídeos, y todo el mundo se divirtió haciendolos. Lo mejor es que Jorge aprendió tanto con los vídeos, y le gustó mucho que sus colegas también tuvieren papeles en los vídeos con él. Jorge les tiene cariño a sus colegas; son personas especiales para él. Algunos de lo mejores comentarios e ideas vinieron de los estudiantes, aún de los niños de que lo menos hubieramos esperado. Es un escenario ganador para todos los estudiantes. ¡Verdaderamente creo que ellos también lo creen!

Jorge termina cada año escolar con una fiesta de pizza para todos sus compañeros de clase. ¡Pido una cantidad de pizza suficiente para aproximadamente a 70 niños! Se dice que es el «acontecimiento social» del año. Jorge reparte las invitaciones, y se divierten mucho. Aún con todas esas personas en un sólo cuarto, Jorge lo aguanta muy bién. Los niños saben que es muy difícil para Jorge, y intentan no hacer mucho ruido, así que también le gusta a la maestra. También saben los niños que esta fiesta de fin de año es «las gracias» a ellos de parte de Jorge, y realmente lo aprecian. Jorge ha tenido una fiesta de cumpleaños cada año y ¡este año fue la mejor! Los niños completamente entienden que Jorge necesita sentarse aparte de ellos cuando él come, y no les molesta. Jorge también fue a la fiesta de otra chica y unas de las mismas colegas estaban allí. ¡Él era como un niño «regular!»

Los niños fueron fantásticos, y estoy tan orgullosa de todos ellos. ¡Qué buenas personas son! Trato de mencionar esto a sus padres, porque la mayoría de las veces, los padres no saben que especiales son sus hijos. Muchos de los niños, quien están así solidarios de Jorge, hacen lo que hacen y no piensan que es nada «especial.» Éstas son las personas que ayudarán a nuestros niños cuando sean adultos. ¡Debemos apoyarlas y reconocerlas! Con toda seguridad son personas especiales. Mi experiencia con la Escuela Franklin y los empleados allí me han ayudado tener mucha esperanza por el futuro de Jorge sabiendo que él tendrá éxito en su vida, y él estará bién. Eso, mi amiga, es algo que cada padre de un niño con TEA debe tener la fortuna de saber por experiencia.

Con cariño, Teresa

Ideas de Parte de Emily Para Hablar a Niños Típicos Acerca de Niños con TEA

A continuación verá una explicación de muestra para usar o adaptar para aumentar la conciencia de las colegas del grupo de la misma edad (niños de desarrollo típico o «normal»). Éste ejemplo es orientada hacia niños del cuarto grado o mayor.

El ejemplo incluye los puntos principales que me gusta aclarar en hablar de TEA. Usted puede usar esta información como una base de su diálogo con otros. También puede compartir la misma información con los hermanos, los primos, o los vecinos.

«Algunas veces hay mucha confusión acerca de las discapacidades. Las personas tienen ideas que pueden ser inciertos. ¿Piensas que las personas que no pueden ver pueden oír mejor que tú? Pues bien, esto es un ejemplo de un mito que no es cierto. Muchos conceptos equivocados son obstáculos para comprender a otras personas.

«Algunas veces es fácil de ver que una persona tiene una discapacidad. Tal vez notamos que una persona usa una silla de ruedas o tiene un perro de guía. Pero algunas discapacidades son invisibles. Eso quiere decir que la persona se parece a todas las demás, pero una diferencia invisible causa que las cosas diarias y las rutina sean más difíciles para ellos.

«Tal vez has escuchado la palabra «autismo.» Hay muchas ideas asociadas con autismo pero algunas de ellas no son ciertas. Es importante que nosotros entendamos lo que es el autismo y lo que no es. El autismo es una discapacidad del desarrollo. Es decir que una persona nace con autismo o lo tiene desde pequeño y durará durante la vida entera.

«Aquí hay algunas cosas que deben saber de autismo:

- Algunas personas llaman al autismo «un trastorno de espectro.» Esto quiere decir que no todas las personas que tienen autismo parecen lo mismo. Se usa el término «TEA» (para Trastorno del Espectro de Autismo) como una forma más fácil de aclarar que las personas con autismo pueden ser muy desemejantes del uno al otro.

- Algunas personas con TEA no hablan, mientras otras personas con autismo hablan muy bien.
- La mayoría de la gente con TEA lo encuentra fácil para aprender algunas cosas y muy difícil aprender otras cosas. Algunas personas con TEA aprenden rápidamente. Otras personas con TEA necesitan aprender de maneras especiales, repetidas varias veces. Las personas con TEA pueden ser «dotadas» en algunas áreas y ¡pueden saber más acerca de un tema que saben los adultos!
- La mayoría de la gente con TEA es muy simpática, pero puede tener dificultades aprendiendo cómo formar amistades. Puede ser duro para ellos aprender las reglas sociales. Los niños con autismo necesitan ayuda aprendiendo cómo jugar o tomar parte en un juego, o cómo hablar con sus amigos.

«Tal vez conoces la película «El Hombre de la Lluvia.» El carácter en la película tiene autismo. Él no puede funcionar de día a día, aunque él tiene algunas grandes habilidades. La mayoría de las personas piensa de eso cuando oyen la palabra «autismo.» Pero es sólo una forma de ser para una persona con autismo. Algunas personas con TEA son muy listas y pueden lograr cosas notables en las áreas que a ellos les gustan. Pueden concentrarse en cosas como las matemáticas, la ciencia, las computadoras o el arte.

«A la vez, pueden tener dificultades aprendiendo como ser buen amigo o como socializar. Pueden tener problemas cuando tratan de ser amables o tomar parte en un juego.

«Ellos pueden decir o pueden hacer cosas que son diferentes de la mayoría de niños. Eso te puede confundir hasta que entiendas más acerca de ellos.

«Pueden ser sensibles a los ruidos, la luz o ser tocado, aunque tales cosas no nos molesten a nosotros.

«Se dice que las personas que tienen autismo y que funcionan bastante bien tienen «el autismo de gran desempeño» o el Síndrome de Asperger. Algunas personas piensan que Albert Einstein y Thomás Jefferson podrían haber tenido el Síndrome de Asperger. Algunas personas piensan que muchos de los genios muy exitosos de las computadoras pueden tener ésta forma del autismo. Siempre hay esperanza que las personas con autismo tengan mucho éxito.

«¿Cómo piensas que se siente tener TEA? Algunas personas que lo tienen nos dice que las cosas ordinarias de cada día pueden ser muy confusas para ellos. Imagínate en una cena formal con las personas más importantes de un país extranjero. ¿Sabrías qué hacer y decir en el momento correcto? ¿Entenderías las señales y los mensajes que las personas trataban de enviarte? No hablar el mismo idioma, no entender la comunicación y no saber qué hacer te podría causar sentirte muy estresado. Podrías hacer algunos errores y sentirte avergonzado.

«Para muchas personas con TEA, la vida de todos los días puede ser confusa y llena de tensión análogo al estar en el extranjero. Por supuesto que nuestros amigos con TEA hablan nuestro idioma y son parte de nuestra cultura. Sin embargo, mucha de la comunicación social es díficil para ellos. Las diferencias en la manera que aprenden y procesan la información causa que las cosas que son fáciles para ti puedan ser muy difíciles para ellos. También pueden sentirse tristes y solos si son excluidos de la clase o del patio de recreo.

«Muchas cosas pueden ayudar a las personas que tienen el autismo. Por eso muchos niños con TEA participan en la educación especial. Los maestros de la educación especial saben como enseñar y ayudar a los niños y niñas con TEA entender las situaciones sociales mejor. Se dedican a la comunicación. Trabajan para formar amistades. Ayudan con los temas de la escuela que son difíciles para ellos.

«Una discapacidad como TEA es simplemente una parte de una persona. Con la excepción de su discapacidad, los niños con TEA tienen mucho en común contigo. Son más como tú que tú piensas. También a ellos les pueden gustar los videojuegos, los programas de televisión, las películas, las montañas rusas, o el monopatín igual que tú. Les gusta pasearse y divertirse. Pueden ser muy simpáticos y buenos amigos para tí.

«Es importante ayudar a los niños con TEA que sean incluidos en la clase y escuela y sentirse que ellos pertenecen. Hay cosas que puedes hacer para ayudarles. Una de las mejores cosas que puedes hacer es llegar a conocerles y ser amistoso con ellos. Tú puedes presentarles a tus otros amigos y incluirles en tus planes. Tú puedes pedir ayuda a los adultos para que las cosas vayan bien y que todos estén a gusto. Si tú ves a alguien que bromea, molesta, o intimida a una persona con TEA, digales que se detenga u obtenga ayuda de un adulto en seguida.

«Al ser un amigo a su compañero de clase con TEA, tú puedes mejorar la vida de otros. Tú aprenderás a entender y aceptar a las personas que son diferentes que tú. Tú mostrarás a otras personas, que podrían tener algunas ideas equivocadas, que los niños con TEA son simpáticos de conocer y pueden ser buenos amigos. Cuando tú haces actividades con tus amigos con TEA, tú demuestras que ellos pertenecen en la escuela y puedes ayudar a otras personas a conocerles. Tú puedes ser como un «puente» a facilitar más amigos y actividades sociales para los estudiantes con TEA, y te divertirás haciéndolo.

El Método de Bárbara de Hablar Con Niños Típicos Acerca de Niños con TEA

Cuando hablo con estudiantes, siempre pido que la facultad permanezca en el salón. Quiero que ellos sepan qué se dice, cómo se dice, y cómo describir el tema de una manera amigable. Empiezo por escribir tres columnas en la pizarra:

Cómo Es Designado	Lo Que Significa	Cómo Ayudamos

Generalmente empiezo por hablar de la ceguera. La ceguera es algo que la mayoría de la gente puede entender, ¡aún desde la edad de cinco años! Hablamos de las palabras que la ceguera podría ser designada (como el deterioro de la vista, la vista baja, etc.). Hablamos de las palabras que se suelen usar para describir a una persona que es ciega y decídimos como un grupo si nos gustan tales palabras (por ejemplo «más ciego que un topo»).

Hablamos de qué significa ser ciego. Depende de la edad del grupo, yo hablo de cosas que son importantes para ellos. Por ejemplo, para estudiantes más jóvenes hablo de cómo sería no poder ver las palabras en un libro o ver a los autos pasando por la calle. Para estudiantes mayores, les pregunto a ellos cómo se sentirían no poder mirar a una película o conducir un coche. En todo caso, hablamos de lo que signfica, aclaro cualquieres conceptos equivocados, disipo cualquier mito y modelo como usar palabras preferidas y apropriadas para describir la ceguera.

Luego hablamos de cómo podemos ayudar a un individuo que no puede ver. Los niños pequeños sugerirán leerles o sujetarles por la mano para cruzar la calle. (Siempre tomo esta oportunidad para modelar técnicas de guíar apropiadas, y ¡sugiero que todos las aprendan!) Los estudiantes mayores hablan de como el individuo ciego podría usar un perro de guía, un bastón o una computadora especial que podría «hablar» con él.

A todo lo largo del discurso les recuerdo a los estudiantes que ni los niños que son ciegos ni los padres hicieron nada malo para causar que la persona esté ciega. Hablo de cuanto las personas que son ciegas (como mi marido Ed) contribuyen a nuestro mundo con su bondad, sus habilidades de escuchar y pensar, su trabajo y su sentido del humor. Luego yo invito a los estudiantes de hablar de cualquiera en sus familias o gente conocida que es ciega o tiene deterioro visual. Mientras hablan, escojo puntos valiosos para enfocar su atención. Escribo cosas como «Ésta persona contribuye a los otros, es sensitiva, tiene sentimientos, le importa lo que los otros piensan de él, hace un intento muy fuerte para hacer un buen trabajo, disfruta lo que otras personas disfrutan y es más como nosotros que diferente.»

Si tengo tiempo, tenemos un discurso similar acera de la sordera: Cómo es Designado, Lo Que Significa, y Cómo Ayudamos. Luego escribo «diferencias especiales de aprendizaje» o «necesidades especiales de aprendizaje.» En la columna de «Cómo es designado» hablamos de las diferencias educativas. Hablamos de la dislexia y qué significa para un estudiante que quiere aprender a leer.

Después, hablo del tema de autismo o TEA. Describo autismo para los niños más jovenes como un buen niño que se esfuerza para tener amigos y que no sabe bien cómo jugar con otros niños. Hablo de las diferencias verbales y no verbales. Enfocamos en los comportamientos inusuales que los niños pudieron haber notado en sus compañeros de clase con autismo. Adentro de la columna «Lo Que Significa» describimos el impacto que el autismo tiene, por ejemplo que algunos niños con autismo no pueden hablar del todo, algunos hablan demásiado, y otros hablan de cosas que no entendemos.

Hablamos de autismo como una diferencia de cómo funciona el cerebro y de cómo el cerebro controla tanto de lo que hacemos. Pensamos de cómo sería si ciertas «partes» de nuestra mente no operarían así como las queramos. Intercambiamos opiniones sobre los asuntos de jugar con los niños menores y de relaciones sociales con los niños mayores. Les doy ejemplos de niños con autismo que saben mucho o pueden hacer las cosas «suaves» que están más allá de lo que los niños típicos pueden hacer.

Pregunto cómo sería si el niño quiera tener amigos, excepto no sabe cómo hacerlo. Hablamos de sentirse rechazado o aislado. Con estudiantes mayores, yo enseño la idea de «excluido de la sociedad» a fin de que pueden entender esto como un fenómeno social que ocurre con muchas personas o grupos considerados «diferentes.» Discutimos la intimidación y la victimización y cómo los niños con autismo tienen menos habilidades autodefensivas que otras personas, aunque sean capaces en otras áreas.

Hablamos del hecho de que todo el mundo puede aprender cosas nuevas, y que los niños con autismo también aprenderán comunicarse (tal vez en algunas formás especiales), ser buenos amigos, y jugar. Pueden tener una buena vida y ser un bien miembro de nuestra comunidad o dóndequiera que vayan.

Luego llegamos a mi parte favorita y hablamos de «Cómo Ayudamos.» Generalmente en esta parte del discurso los estudiantes son acelerados al máximo y piesan de muchas cosas creativas y amigables que pueden hacer. Un chico de cinco años de edad nos dijo, «Puedo ser bueno con una persona con autismo para que se sienta realmente feliz.» Un tercer nivelador dijo, «Pienso que una persona con autismo realmente lo apreciaría si yo jugase a la pelota con él en el patio de recreo.» Un primer nivelador dijo, «¡Nosotros todos podríamos almorzar juntos!»

Al final del discurso para ese día, dejo a los niños saber que es buena idea preguntarle a un adulto si tienen preguntas acerca de otro estudiante que es difícil de entender para tener una amistad con ese estudiante. Los dejo saber que está bien decir a los maestros si ven a cualquiera siendo cruel a una persona con una necesidad especial de aprendizaje.

Algunas veces, durante el discurso, los estudiantes reconocen a un alumno específico que les parece tener las características de TEA descritas en la columna «Lo Que Significa.» Intento estar lista para esto, hablando con padres y empleados anteriormente para decidir lo que voy a decir si el grupo identifica a un niño específico. Si es probable que un niño con autismo será identificado por la clase ese día, usualmente planeo tener la conversación cuando ese niño no está presente. Con el permiso parental conseguido anteriormente, puedo desviar la conversación de una más general para uno más específica y ayudar que los estudiantes entiendan y aprecien los regalos y talentos de su compañero de clase con TEA mientras comprenden sus necesidades especiales y cómo ellos pueden ayudar.

Si el niño con autismo no es identificado o mencionado por los niños, yo sugiero tener otra conversación otro día que trata específicamente de ese niño. Prefiero presentar un discurso general a todos los estudiantes en la escuela, clase por clase al principio del año escolar, y añadir discursos adicionales en las clases donde los estudiantes van a conocer a un niño con TEA.

Esperamos que estos dos ejemplos de métodos diferentes de hablar con los estudiantes le proveen algunas ideas que usted puede adaptar a los individuos con autismo y situaciones específicas en las escuelas y agencias por todas partes. ¡Así que se dedique a charlar!

RESUMEN CAPÍTULO 9

- Compartir la información acerca de TEA puede ser un tema sensitivo y un asunto de preferencía personal. Se han presentado ideas para ayudarles a decidir qué compartir con quién, y cómo.
- Las nociones preconcebidas y las generalizaciones sobre el autismo sobreviven, aún hoy. Compartir la información puede ayudar a aumentar comprensión y ayuda a quitar el prejuicio.
- La información puede tener un gran impacto para muchas personas, y las puede ayudar a pensar de una manera diferente, sentirse diferente y actuar diferente a través del entendimiento y la aceptación.
- Algunas veces la información puede causar una reación negativa. Algunas personas le evitarán a su familia porque no están listos para enfrentarse con la situación. Cuando el aislamiento ocurre, las familias necesitan llamar a los amigos y los familiares, invitarles a volver a la vida de la familia, y decirles que todos pueden aprender juntos sobre TEA.
- Depende de los padres, los tutores o el adulto con TEA decidir si, cuándo y cómo compartir la información diagnóstica con otras personas incluyendo el individuo mismo. Hemos sugerido usar lenguaje, palabras, términos o descripciones apropriados. El própositο es ayudar otros a entender y explicar **lo que el diagnóstico significa.**
- Puede ser poca realista pensar que porque nadie sabe la razón que el niño o el adulto es diferente, ¡que nadie sabe que él es diferente! Las personas (aun los niños jóvenes) notan las diferencias y forman sus proprios conclusiones. Si usted quiere que ellos formen las conclusiones correctas, les puede ayudar con información.
- Usar la «etiqueta» correcta para comenzar a entender las necesidades de una persona y compartir esta información puede ser útil, eficiente y puede impedir el mal entendimiento y el tiempo desaprovechado.
- Piense de quién necesita saber más sobre TEA basado en las rutinas y

actividades diarias. El modelo del «Círculo de Las Amistades» puede ayudar. Considera si usted tiene el deseo de sólo describir las formas de habilidad y necesidad o si quiere usar un término diagnóstico.

- Pregunta, «¿Qué le ayudará a la persona entender?» o, «¿Qué necesita saber la persona?» Hace sentido de lo que las personas ven y explica cómo TEA afecta a la persona.
- Los métodos, los materiales y las consideraciones para compartir la información son incluidos en este capítulo incluso presentaciones de modelo para niños típicos en la escuela.
- Una de las decisiones difíciles que enfrenta a los padres es decidir cuándo explicarle el diagnóstico al niño o adolescente. Hay que ser sensitivo a los signos que la persona joven sea consciente de sí mismo y necesita saber más. El individuo necesitará tiempo para entender, creer y aceptar, como cualquier otro. Dividir la información en «las charlas» tras tiempo puede ser una buena opción para la situación.
- La conciencia de sí mismo es tener un sentido de identidad que incluye la comprensión de cómo la persona es afectuada por su discapacidad. La auto-abogacía es la habilidad en la cual la persona se da cuenta de una necesidad, declara la necesidad y pide ayuda. Éstas son claves para el éxito y la independencia para adultos con discapacidades. Una persona con TEA necesitará tener información para ayudarse a sí mismo.
- Sugerimos que las explicaciones positivas sean provistas a todo el mundo con TEA tras tiempo, aún si son creídos «incapaces» de entender. Modela palabras apropiadas a usar en pensar y hablar de las características de TEA.
- Los profesionales y los empleados pueden tener sugerencias excelentes para ayudar a los padres decidirse cómo proceder. Pueden saber una variedad de maneras de compartir la información. Los padres con experiencia pueden estar dispuestos a ofrecerles consejo a padres con menos experiencia.

LAS REFERENCIAS

Church, Catherine Critz, Ph.D., CPNP, y Coplan, James, M.D. «The High Functioning Autistic Experience: Birth to Preteen Years.» («La Experiencia Autista de Gran Desempeño: De Nacimiento Hasta Los Años Pre-Adolescentes»). Journal of Pediatric Healthcare, Volúmen 9, Número 1, paginas 23-29.

LOS RECURSOS

En inglés menos si se nota que es disponible en español.

National Institute of Mental Health (Instituto Nacional de la Salud Mental) 5600 Fishers Lane, Room 7C-02, MSC8030 Bethesda, Maryland 20892-8030; Teléfono 301.443.4513 FAX 301.443.4279 http://www.nimh.nih.gov. Información en español http://www.nimh.nih.gov/publicat/SpanishPubs.cfm. Se puede pedir o copiar el nuevo librito «Autismo» en inglés gratis en http://www.nimh.nih.gov/publicat/autism.cfm NIH publication 04-5511.

Autism Society of America (La Sociedad de Autismo de América) folletos «Shaping our Futures» («Formando a nuestros Futuros» para educadores) y «Growing Up Together» («Creciendo Juntos» para estudiantes). Se vende a los miembros. Teléfono 1.800.3AUTISM, extensión 104, para encargar o http://www.autism-society.org/

Autism Society of America (La Sociedad de Autismo de América). «Public Awareness of Autism in the Schools Project.» (El Proyecto de Entendimiento del Autismo en las Escuelas.) Telefono 1.800.3AUTISM, ext. 104. http://www.autism-society.org/

Amenta, Charles A. III. (1992). Russell is Extra Special: *A Book About Autism for Children. (Russell es Muy Especial: Un Libro Sobre Autismo Para Niños.)* Magination.

Brown, Tricia, y Fran Ortiz (1995). *Someone Special, Just Like You. (Alguien Especial, Como Tú)*. Owlet Books. Para niños de 4 a 8 años se trata de niños con discapacidades.

Burnett, Rochelle. (1997). *Amigos En La Escuela.* Star Bright Books, versión española. Una cuenta bonita de niños con habilidades diferentes en la escuela. Demuestra el significado de «la inclusión» y que los niños pueden aceptarse cuando tienen la oportunidad.

Gagnon, Elisa. (1999). *Ésto es el Síndrome de Asperger (This is Asperger's Syndrome.)* Shawnee Mission, Kansas: Autism Asperger Publishing Company. Para niños de 6 a 12 años. Por presentar la perspectiva de un nino con SA, este libro en español explica los comportamientos del Sindrome de Asperger que pueden ser confusos.

Johnson, Sally and Eduardo Ruiz. (2004) Así Soy Yo. Remolino.

Lears, Laurie, Judith Matthews, Editor. (1998) *Ian's Walk: A Story About Autism. (El Camino de Ian: Un Cuento Sobre Autismo).* Albert Whitman Co. Para niños de 4-8 años.

Rogers, Fred y Jim Judkis. (2000). *Extraordinary Friends: Let's Talk About It. (Amigos Extraordinarios: Hablemos de Esto).* Penguin books. (Para niños de 4 a 8 años. Se trata de niños con discapacidades, en general.)

McGuire, Arlene y Sheila Bailey. (2000) *Special People, Special Ways. (Personas Especiales, Maneras Especiales).* Arlington, Texas: Future Horizons Publishers.

Miller, Nancy. (1999) *Nobody's Perfect, Everybody's Different. (Nadie es Perfecto, Somos Todos Diferentes).* Paul H. Brookes Co.

Schnurr, Rosina G., y Strachan. (1999) *Asperger's Huh? A Child's Perspective. (¿Aspergers Qué? Una Perspectiva de Niño).* Shawnee Mission, Kansas: Autism Asperger Publishing Company.

Shriver, Maria y Sandra Speidel *¿Qué le pasa a Timmy?* (En español). 2001 Little, Brown. Timmy le parece muy diferente a Katie. Por hablar con su mamá Katie aprende que Timmy es similar a ella de muchas formas y se hacen amigos.

Simmons, Karen L. (1997). *El Pequeño Rain Man: El Autismo a Través de los Ojos de un Niño.* (En español). (Little Rainman: Autism Through the Eyes of a Child.) Arlington, Texas: Future Horizons Publishers.

Tabor, Nancy Maria Grande. (1996) *Somos Un Arco Iris, We Are A Rainbow.* Scholastic. Libro bilingüe en inglés y español. Por describir varios costumbres culturales, el libro ayuda a los lectores jóvenes para entenderse.

Werlin, Nancy. (1994). *Are You Alone on Purpose? (¿Estás Solo a Propósito?)* Fawcett Books

Las VIDEOCINTAS

Todos en inglés menos si se nota que es disponible en español.

A continuación verá unas de las selecciones disponibles del Instituto de Indiana de Discapacidad y Comunidad. Teléfono 812.855.6508 o www.iidc.indiana.edu/~cedir/autism.html

- *Autism: Being Friends. (1991). (El autismo: Siendo Amigos)* Videograbación de 8 minutos, para niños jóvenes.
- *Autism: Learning to Live. (1990). (El Autismo: Aprendiendo A Vivir).* Enfoque en los niños y adultos jóvenes en la comunidad.
- *Out of the Darkness: The story of Jeff Matney. (Fuera de la Oscuridad: La Historia de Jeff Matney).* Videograbación de 12 minutos.
- *Finding Out What Works: Creating Environments Where All Can Learn. (Enterándose de Qué Sirve: Creando un Ambiente Donde Todos Pueden Aprender).* Estrategias para la inclusión y éxito en la escuela; para maestros y empleados; incluye lo que las colegas necesitan saber.

Selecciones del Attainment Company, 1.800.327.4269, o www.attainmentcompany.com

- Autism Spectrum Disorders. (Los Trastonos del Espectro de Autismo). Una visión global de autismo de los profesionales.
- Straight Talk About Autism. (Hablamos Directamente del Autismo). Entrevistas con niños con autismo y sus padres. 41 minutos.
- Asperger Syndrome. El vídeo para padres y empleados.

Videos de Otros Fuentes

Thank You For Trusting Me: A Three-Video Series about Accepting Differences and Including Everyone. (Gracias Por Confiar en Mí: Tres Videocintas de Aceptar las Diferencias e Incluir a Todos). UCLA Family Support Community Program. Para el uso en la casa y en la clase. Disponible del Special Needs Project 1.800.333.6867 o www.specialneeds.com. Incluye autismo y el Síndrome de Asperger.

El Círculo de los Amigos: Desarrollando las Amistades Para Niños Con Necesidades Especiales. Portage, WI: The Portage Project, CESA5. La videocinta de 18 minutos trata de un niño con autismo incluido en una clase de educación general. Vea www.coe.missouri.edu/~mocise/library/circle.htm.

CAPÍTULO 10

«Toda nuestra ciencia, medida en contraste con la realidad, es primitiva y juvenil; sin embargo es la cosa más preciosa que tenemos.»
Albert Einstein

LAS TEORÍAS ACERCA DE LAS CAUSAS DEL AUTISMO

Uno de nuestros propósitos al escribir este libro es presentar objetivamente la información esencial que los padres y los profesionales necesitan saber para estar bien informados. Somos dos personas «regulares» igual a la mayoría de la gente que tiene un niño con un Trastorno del Espectro de Autismo (TEA) o que enseña y trabaja con individuos con TEA y sus familias. Sabemos que el lenguaje y las teorías científicas pueden ser confusos y difíciles de entender. En este capítulo, discutimos los temas técnicos de manera que el lector pueda entender. Si quiere «simplemente los fundamentos,» lea los primeros párrafos de cada sección. Leer la sección entera proveerá los detalles para esas «mentes inquisitivas» que quieren saber más.

Este capítulo tratará de:

- Las teorías acerca de las causas de TEA.
- Las áreas científicas investigadas y estudiadas.
- Cómo el desarrollo y la función del cerebro se relacionan con el autismo.
- Preguntas acerca de recuperaciones y tratamientos propuestos.
- Cómo ayudar a promover la investigación y el progreso.

¿Qué Causa el Autismo?

«¿Cuáles son las teorías acerca de las causas del autismo y TEA?» es una pregunta más precisa. Se investigan activamente una variead de teorías importantes hoy en día. Hasta ahora, ninguna prueba científica ha probado una teoría ni conclusivamente ni exclusivamente. En el caso de la mayoría de individuos que tienen autismo, ninguna causa específica ha sido identificada. Es posible que pueda haber más de una causa o una combinación de causas. Stephen Edelson, Ph.D., del Centro Para el Estudio de Autismo, describe, «Aunque no se sabe una causa única de autismo, hay evidencia de que el autismo puede ser causado por una variedad de problemas».[13]

Sin embargo, hay acuerdo que TEA no es una enfermedad mental ni tiene una causa psicológica. También se sabe ahora que la creencia previa de los años 50 y 60 de que el autismo fuera debido a «La Mamá Refrigeradora» resultó no ser cierta. En algunas partes del mundo siguen echando la culpa a la mamá, pero no hay ninguna base científica que apoye esa idea.[14]

Considerar la Ciencia

La investigación del autismo es compleja. Mucho ha sido escrito sobre el tema, pero ¡seguramente no es fácil de leer! Al mismo tiempo, los padres y los profesionales quieren enterarse de los pensamientos y creencias actuales. Por esa razón, hemos resumido algunas de las teorías e investigaciones relacionadas con las causas (también llamado la «etiología»). Hemos usado lenguaje claro, cifras objectivas, opiniones de expertos y ejemplos concretos para ilustrar puntos importantes. Al simplificar el idioma o las explicaciones no intentamos minimizar la complejidad de los asuntos involucrados en la investigación del autismo. Consideramos que los lectores querrán «ir a la fuente» para adquirir más información o explicaciones. Las materias usadas para preparar este capítulo se listan como referencias al final del mismo. Para análisis más profundos, refiéranse a éstos y otras fuentes tal como:

- Artículos y estudios escritos por los investigadores.
- Críticas y análisis de la investigación por expertos y autoridades.

- Bibliografías de proyectos de investigación.
- Sitios de internet de interés.
- Organizaciones patronales de investigación.

A veces el léxico científico resulta complicado. Los científicos usan palabras precisas, pero esas palabras pueden sorprender o conmocionar a los lectores que no tienen una base científica. Esté preparado para ver frases como «insulto al cerebro», «el daño al sistema central nervioso», «el desarrollo anormal» y el autismo descrito como una enfermedad mental, frases que son parte de la jerga científica. Al mirar las células bajo el microscopio, o los componentes de la vida al más pequeño nivel, el idioma eficiente de la ciencia ¡Algunas veces no refleja que los científicos realmente están estudiando y describiendo a seres humanos!

La mayoría de los estudios hasta ahora han usado el diagnóstico o los criterios de «autismo» para seleccionar a los participantes o coleccionar muestras y datos. Este capítulo discute la investigación y las teorías acerca del «autismo» porque la mayoría de la investigación trata del «autismo». Los resultados de los estudios del autismo son científicamente válidos sólo acerca del autismo. Sin embargo, desde el punto de vista del sentido común, puede ser útil pensar que lo que se aprende acerca del autismo puede tener aplicación al Síndrome de Asperger, el Trastorno Generalizado del Desarrollo (TGD), y el Trastorno Generalizado del Desarrollo-No Especificado.

La información nueva puede ayudar a explicar cómo los desórdenes en el espectro de autismo se relacionan el uno con el otro, mientras las causas del autismo están siendo investigadas. Se espera descubrir ya si los Trastornos del Espectro de Autismo se encuentran de hecho separados con causas diferentes o si son parte de un desorden a lo largo de un espectro de diversa severidad e intensidad.

La investigación de las causas del autismo se puede comparar con el estudio de las causas del cáncer. Las observaciones, las cuentas personales y el análisis de datos inducen a los científicos a formar teorías acerca de lo que las causas pudieran ser. El estudio sistemático confirma algunas teorías en tanto en cuanto más información se va haciendo disponible. La investigación continuada descarta teorías que no son válidas.

El estudio del cáncer ha demostrado que hay varios tipos de cáncer, con causas diferentes. Algunas personas pueden correr más riesgo de cáncer que otras. El papel de la herencia familiar y la genética de cáncer se investigan todavía, igual que los riesgos externos que pueden causar cáncer.

Se usan métodos similares para considerar el autismo. El estudio científico y la investigación están en curso – tomando dirección de lo que ya es sabido o aprendido. Algunos descubrimientos son «aceptados generalmente» pero muchos no han sido probados de una forma conclusiva. El estudio del autismo continuará cambiando en tanto en cuanto nueva información va siendo considerada. Las teorías pueden ser expandidas, revisadas o descartadas conforme a lo que se vaya aprendiendo y compartiendo en muchas áreas de la ciencia.

Sea Un Lector Informado

Las personas con un niño, estudiante o cliente con TEA pueden encontrarse con el deseo o la necesidad inesperada de entender los hechos, la ciencia y la controversia acerca del autismo. Para la mayoría de los lectores, la biología y otras ciencias que no parecieron importantes en la vida diaria de repente pueden volverse pertinentes e interesantes. Los padres y los profesionales que quieren aumentar su comprensión acerca del autismo y mantenerse bien informados, necesitarán ser lectores «sabios» de los estudios sobre autismo. La lógica y el pensamiento crítico son importantes para analizar discusiones, reportes de hechos y puntos de vista conflictivos. Los lectores necesitarán «un escepticismo sano» y habilidades críticas de lectura para identificar el razonamiento falso o defectuoso presentado como un hecho probado o la verdad.

Tal vez recuerde la teoría antigua de «la generación espontánea».[15] Cuando se vieron los gusanos en la carne después de veinticuatro horas, que no habían estado allí poco antes, los científicos de hace siglos idearon la teoría de que la carne purulenta «genera espontáneamente» a los gusanos. A pesar del hecho de que esa idea estaba en contra de la lógica y la realidad, esa explicación fue suficiente y esta noción absurda fue creida durante siglos.

Francesco Redi puso en duda la teoría en 1668 por usar «controles» para probar su hipótesis de donde vinieron los gusanos. Él expuso alguna carne al aire libre, mientras otra ración de carne fue sellada en una jarra. Él probó la conexión entre la carne expuesta al aire libre y criaturitas que volaban por el aire y dejaron sus huevos en la carne, que nacieron en forma de gusanos. Eso fue comparado con la carne que no fue expuesta al aire libre y no tenía gusanos.

Muchas personas dudaron de las conclusions de Redi y pensaron que su trabajo fue incierto. La introducción del microscopio (tecnología nueva) confundió el asunto, porque aun se vieron más criaturas «espontáneas» en la carne. Finalmente, en 1859, Louis Pasteur diseñó un experimento excelente basado en las ideas de varios científicos que le precedieron, y desmentió, sin lugar a duda, la teoría de la generación espontánea.

Por mucho que queramos exigir respuestas acerca del autismo, debemos resistir «creer» cosas que desafian a la lógica. Se hacen avances tremendos constantemente en la ciencia y la tecnología, pero tenemos que ser pacientes mientras las creencias actuales, las ideas y las teorías son probadas, y hechos nuevos extraordinarios continúan presentándose.

Por supuesto, el lector normal no será suficientemente experto para saber si un estudio es defectuoso o si una conclusión carece de evidencia. Afortunadamente, en la investigación de campos científicos se aplican estándares objectivos y la crítica de otros científicos (la revisión por pares). Un proyecto, un estudio o una conclusión que no puede ser defendido ahora será desprestigiado más rápidamente que en el pasado porque la información es publicada y compartida más fácilmente que antes.

Los investigadores siguen protocolos y diseñan los estudios cuidadosamente para crear un proyecto defendible que produzca conclusiones válidas. Los investigadores se dan cuenta de las dificultades y las variables que pueden invalidar un estudio. Además, un sólo estudio generalmete no será suficiente para apoyar una conclusión y es necesario que haya estudios múltiples que produzcan el mismo resultado.

Muchos investigadores y científicos por todas partes del mundo están en marcha con sus proyectos, pero puede ser difícil compartir información y contestar preguntas complejas acerca del autismo, incluyendo la causa o las causas del trastorno. Un conocimiento de los obstáculos que enfrentan a los investigadores puede ayudar a los lectores a convertirse en consumidores de información más cuidadosos. Aquí hay una lista de las dificultades que los investigadores puedan afrontar en sus esfuerzos para llegar a una conclusión definitiva acerca de las causas del autismo:

- Un número pequeño de participantes o muestras en un estudio.
- Conflicto entre descubrimientos, por ejemplo, la masa aumentada en el cerebro de algunas personas con autismo, y la masa desaumentada del cerebro en otras.
- Los descubrimientos inconsistentes o una gran variedad de resultados dentro de un mismo estudio.
- Determinar si un descubrimiento es «incidental» o significativo.
- La dificultad de interpretar los datos.
- Las variaciones entre participantes: «Nada» parece verdad para «cada» participante de un estudio; «Algunos, pero no todos» se aplica a muchos trabajos sobre autismo.
- La dificultad de asociar un «descubrimiento» con una causa.
- Los problemas con la validez del método científico, incluso errores en el diseño del estudio.
- Los problemas correspondentes al grupo de «control»: la edad, género o el coeficiente intelectual, para hacer comparaciones precisas acerca de los descubrimientos en personas con autismo y otras sin autismo.
- Los problemas de prejuicios, el conflicto de intereses o dobles intereses.
- El «efecto del placebo» en el cual los participantes (o sus padres) reportan que mejoran; se refiere al hecho de que las personas que reciben un tratamiento esperan mejorar, aun si solo creen que han recibido un tratamiento, y en realidad no lo han recibido.
- La variación de identificar y escoger los participantes de un estudio según los diagnósticos que tengan.

- La dificultad de comparar un estudio con otro.
- La dificultad de «reproducir» descubrimientos: obtener los mismos resultados usando el mismo método en otro tiempo o lugar.
- La dificultad de compartir información entre investigadores.
- La falta de la financiación o recursos.

¿A Quién Se Estudia y Dónde?

En partes diferentes del mundo, y aun en partes diferentes del mismo país, las personas pueden usar los mismos términos, pero las mismas palabras pueden tener significados diferentes para ellos. La variación en el uso de términos y criterios diagnósticos en lugares diferentes puede ser un obstáculo en la colaboración entre investigadores. Puede influir en qué individuos son seleccionados para ser incluidos en un estudio y puede resultar en la dificultad de comparación de las conclusiones de un estudio con otro. Por ejemplo, un estudio puede ser diseñado para incluir a individuos con «HFA» (Autismo de Alta Funcionamiento o Gran Desempeño). El estudio puede incluir o puede excluir a las personas diagnosticadas con el Síndrome de Asperger según la creencia científica aceptada y la costumbre en ese lugar y tiempo. Los investigadores tienen que interpretar criterios y decidir qué criterios se aplican a las personas escogidas para participar en el estudio; los investigadores de otros lugares pueden disentir o los pueden aplicar diferentemente.

Otro ejemplo es que los investigadores que organizaron estudios hace diez años o más seleccionaron los participantes usando criterios del desorden autista del DSM-III (la tercera edición del Manual Diagnóstico y Estadístico). Los estudios más recientes generalmente seleccionan a los participantes usando los criterios del DSM-IV, (la cuarta edición de ese manual) que son diferentes. En tales casos, los investigadores se preguntan si pueden comparar los resultados de los estudios «viejos» y «nuevos». Cuando el DSM-V sea publicado, ¿Los criterios de TEA serán tan diferentes que afectarán la selección de participantes de estudios y la comparación de los resultados?

Los expertos sobresalientes alrededor del mundo están trabajando con personas con

TEA y estudiando el desorden. Ninguna persona u organización coordina todos los proyectos diversos. La falta de estandarización resultante, las creencias conflictivas y la duplicación inconsistente es una consecuencia desafortunada común a muchos campos de la ciencia. Muchos grupos nacionales e internacionales se están formando para alentar la colaboración en los proyectos de investigación. Un ejemplo es el Consorcio Internacional Para el Estudio de la Genética Molecular del Autismo que consta de científicos de muchas naciones.

Como respuesta a la necesidad de coordinar los esfuerzos y compartir información en los Estados Unidos, los Institutos Nacionales de la Salud (National Institutes of Health- NIH) establecieron un Programa Colaborativo de Excelencia en Autismo (Collaborative Project for Excellence in Autism-CPEA) que organiza proyectos y comparte información entre investigadores privados, investigadores universitarios, organizaciones gubernamentales, y el público. Los Institutos Nacionales de la Salud, la agencia primaria del gobierno federal para la investigación biomédica, en 2002 prometió gastar más de 50 millones de dólares en la investigación del autismo.[16] Se espera que habrá no sólo oportunidades de hacer progreso en encontrar la causa de autismo, sino también en identificar tratamientos e intervenciones eficaces.[17]

En 1997, el NIH formó su propio Comite de Coordinación de Autismo (NIH/Autism Coordinating Committee-ACC), y un programa para crear una red nacional de centros principales para la investigación sobre autismo. Tambien se han establecido centros de estudios en partes diversas de los Estados Unidos para promover la recerca y los tratamientos para autismo. Se llaman los Centros de STAART (Studies to Advance Autism Research and Treatment) y se intentan unir a los expertos con los recursos y compartir los resultados con el público.

Organizaciones particulares también han tomado la iniciativa para buscar más apoyo del gobierno y más financiación pública y privada para la investigación del autismo. Individuos y grupos han patrocinado la investigación, han establecido bancos de datos, y han ayudado a las familias que quieren estar involucradas en varias oportunidades de la investigación y del estudio. Una organización nueva formada en 2005 con este propósito es «Autismspeaks.org.»

La Incidencia del Autismo

Los estudios epidemiológicos examinan el número total de nacimientos en la población durante un año y el número de esos individuos diagnosticados con un desorden.

Los datos para el año 2000 sugieren que el autismo ocurre en 1 de cada 500 nacimientos. En 2005 piensan que el autismo ocurre en 1 de cada 166 nacimientos. Aproximadamente 4 de cada 5 de las personas afectadas son varones.[18] En 1998, los Centros para Controlar las Enfermedades (Centers for Disease Control-CDC) empezaron la «vigilancia» para medir el predominio de autismo, y enterarse de cuántas personas tienen autismo.[19]

Medir cambios en el número de casos reportados durante un determinado tiempo es otra forma de considerar la incidencia de TEA. El número de individuos diagnosticados y reportados con TEA aumenta a todo lo largo de los Estados Unidos, y en otros países. Por ejemplo, en California, el número de personas con autismo servidas por los «Centros Regionales» (Regional Centers) que sirven a personas con discapacitades del desarrollo ha más que redoblado durante el período de 1987 á 1998.[20] Reportes de números como los de California causan preocupación por varias razones. Una razón es que está claro para todos en los cincuenta estados que no hay un sistema nacional de contar y comparar el número de casos de autismo y TEA. Nueva legislación fue introducida en 2002 para establecer un sistema nacional para determinar y comparar cuántas personas en los Estados Unidos tienen TEA.

Los alzos dramáticos, como esos vistos en California, están siendo investigados para determinar si el autismo realmente alza. Hay que saber si hay más autismo o si otros factores ayudan a identificar a más individuos. Eso incluye examinar si el alzo en los casos reportados en California y en otros sitios se debe en parte a factores como los siguientes:

- **Cambios en los criterios diagnósticos**, como incluir a las personas con la inteligencia al promedio común o por encima que no fueron previamente consideradas para obtener el diagnóstico de autismo.

- **Mejor identificación y más referencias** por pediatras. Puede estar relacionado con la tendencia actual de diagnosticar a niños a una edad temprana.
- **Más conciencia pública** para ayudar a ambos padres y maestros a reconocer los señales o signos del desorden y buscar el diagnóstico y el tratamiento adecuados.
- **Los factores ambientales** en áreas geográficas específicas.[21]
- **«Misdiagnosis»**: Las personas que tuvieron un diagnóstico diferente, como el disturbio emocional (Emotional Disturbance, ED) obtienen un diagnóstico más preciso o dual y son «contadas» como personas con autismo; tambien existe la posibilidad de que un diagnóstico de autismo haya sido dado a personas que no lo tienen.

Muchos profesionales que estudian la incidencia de TEA dicen que esos factores ya mencionados no son suficientes para explicar completamente por qué los números de casos nuevos continuan alzando. El reporte de California hace el siguiente comentario, «El número de personas introducidas al sistema excede con mucho al número esperado determinado por las medidas tradicionales de incidencia».

El alzo en el número de casos de TEA es tan dramático que es designado por algunos como «una epidemia de autismo». Como el número de casos aumenta, así mismo la conciencia pública aumenta. Como resultado, hay más presión política para financiar más investigación y la determinación de obtener respuestas a las preguntas más exigentes.

Preguntas Importantes

Mucha de la investigación y los estudios hechos por organizaciones gubernamentales, las fundaciones privadas y públicas, y las universidades en los Estados Unidos y en otros países enfocan el autismo como un desorden neurológico. Esto puede ser definido como «las diferencias en el cerebro y el sistema central nervioso que causan que una persona tenga autismo». Las preguntas principales para explorar en proyectos actuales y futuros son:

- ¿Cuales son las diferencias específicas en la forma o la función del sistema central nervioso de las personas con autismo?
- ¿Qué causa las diferencias?
- ¿Qué aspectos del desarrollo son diferentes de lo típico que se espera?
- ¿Qué influencia o papel tienen la genética, la historia familiar y la enfermedad?
- ¿Qué elementos del ambiente pueden causar daño o perjuicio?
- ¿Tienen autismo personas diferentes por razones diferentes?

El Modelo Médico

Una opinión sostenida por muchos cientificos es que el autismo (y los TEA) vienen de daño al sistema nervioso central. Dra. B.J. Freeman, Ph.D., de la Universidad de California, Los Angeles describe el «modelo médico» de autismo: «El autismo es un síndrome heterogéneo con etiologías múltiples. Actualmente, se cree que algunos factores o combinaciones de factores actúan a través de uno o más mecanismos para producir una senda común que insulta al SNC (sistema nervioso central) y que resulta en el síndrome de autismo».[22]

En lenguaje más sencillo, eso quiere decir que el autismo puede ser causado de maneras diferentes en individuos diferentes. Las características del autismo se ven como resultado de algún daño al sistema nervioso central (que incluye el cerebro y la médula espinal). El daño al sistema nervioso central puede ocurrir de maneras diferentes o por razones diferentes. Las personas con autismo tienen similitudes y diferencias; el autismo es un desorden que puede aparecer «diferentemente». Las personas con autismo no tienen en común cada característica posible al mismo grado, pero todos tienen el mismo diagnóstico, autismo.

La mayoría de las personas puede entender tipos diversos de deterioro visual. Semejante a los trastornos del espectro de autismo, la pérdida de la vista puede involucrar un espectro de deterioro de suave a severo. Lo que sabemos del deterioro visual es una buena analogía para entender la causa o las causas del autismo. Una persona puede estar ciega o tener un impedimento visual porque ella:

- Nació sin vista o con poca visión.
- Tuvo una enfermedad de los ojos o una enfermedad de los nervios de los ojos.
- Tuvo un accidente involucrando al ojo o a los nervios de los ojos.
- Tuvo una lesión en el cerebro, o un golpe o un accidente de la cabeza.
- Tuvo una enfermedad que dió como resultado deterioro visual, como la diabetes.
- Perdió la vista debido al proceso de envejecimiento.
- Tuvo daño preducido por un producto químico, una toxina u otra sustancia extraña que hizo daño a los ojos o a los nervios ópticos.
- Es ciego por ninguna razón física, sino por una razón psicológica.

Se ve que personas diferentes tienen grados diferentes de deterioro visual por razones diferentes. Hay muchas explicaciones creíbles de cuándo, por qué y cómo el deterioro visual ocurre. Los científicos de varios campos han explorado los riesgos genéticos y los factores ambientales que hacen a una persona susceptible al deterioro visual. De una forma semejante, mucha investigación en el autismo enfoca la atención en el desarrollo del cerebro y el sistema nervioso central y «causas internas». También hay investigación de causas posibles del ambiente (factores externos). Parece mucho más difícil revelar las causas de un desorden del desarrollo como el autismo, que un desorden físico como el deterioro visual.

Los «mecanismos» o factores biológicos responsables de causar el desorden todavía no han sido identificados, pero una variedad de proyectos consideran las posibilidades. Investigadores diversos exploran varios puntos de vista, incluso que TEA:

- Esté presente desde el nacimiento y tenga un componente genético.
- Se deba a un trauma o enfermedad durante el embarazo, el nacimiento o la infancia temprana.
- Pueda ocurrir después del nacimiento, debido a factores ambientales como la enfermedad o las toxinas.

- Se desencadene por un factor ambiental en personas genéticamente predispuestas.[23]

En caso de los desórdenes del espectro del autismo, los científicos recogen datos e información, estudian las circunstancias individuales y familiares, y hacen pruebas para determinar cuando, por qué y cómo ocurre el autismo. Las secciones siguientes de este capítulo resumen la investigación en el autismo y las explicaciones diversas de:

- Lo que es conocido acerca del autismo de varios campos de la ciencia.
- Las teorías acerca de cuándo ocurren las «diferencias» durante el desarrollo.
- Las consideraciones de posibles «agentes dañinos».

El Componente Genético

Una teoría genética sugiere que el autismo ocurre en el niño por la «información» transmitida contenida en el ácido desoxirribonucleico (ADN) heredado de los padres. El ácido desoxirribonucleico es el material genético ancestral en forma de genes y cromosomas. Cada niño hereda la mitad de su información genética del padre y la otra mitad de la madre. El ácido desoxirribonucleico es la heliografía del individuo que determina los rasgos y las características de desarrollo de un individuo. El ácido desoxirribonucleico ancestral puede influenciar o determinar todo acerca de los aspetos físicos y mentales de una persona, desde el color de los ojos hasta la inteligencia.

Los estudios genéticos a menudo enfocan la atención en la incidencia del autismo en los gemelos porque se considera que los gemelos idénticos deben de tener la información genética idéntica.[24] Si el autismo fuera puramente genético, entonces es lógico predecir que en 100 % de gemelos idénticos si uno tiene autismo, el otro debería de tenerlo. Éso es designado como **«concordancia»**.

Algunos estudios de gemelos estiman que la concordancia de gemelos idénticos cuando ambos se diagnosticaron con «autismo» ocurre en un 60 %. El porcentaje se eleva a 92 % cuando la comparación de gemelos fue ensanchada para incluir que cada gemelo de la pareja tuviera autismo en alguna forma del espectro.[25] Otro estudio concluyó que con la vista mas amplia de incluir todo el espectro, la concordancia de los gemelos idénticos en que ambos tuvieron autismo en alguna forma incluso el «fenotipo» es 95.7%.[26, 27] La incidencia del autismo en gemelos idénticos es notablemente más alta que la incidencia en gemelos fraternales (no idénticos).[28]

Un estudio reciente incluyó a las familias con dos hermanos (o hermanas) con autismo. Se enrolaron 166 pares de hermanos. De los 166 pares, 30 fueron pares gemelos. Los investigadores consideran que es «un número notablemente alto, estadísticamente significativo».[29] Mientras las estadísticas de la población general los inducirían a esperar varios pares gemelos, los investigadores no esperaron encontrar tantos gemelos con autismo entre 166 familias.

El enlace entre la configuración genética y la incidencia del autismo en otros miembros familiares también se reconoce. Los datos sugieren, «En familias con un niño autista, el riesgo de tener un segundo niño con el desorden es aproximadamente cinco por ciento, o uno en 20, más que el riesgo para la población general».[30] El riesgo de tener un segundo niño con autismo en familias donde una persona tiene un diagnóstico de autismo también ha sido descrito como el 45-90 veces más que el riesgo para la población general.[31] Muchas más familias hoy tienen más que un niño diagnosticado en el espectro de autismo que en el pasado. Muchas familias que tienen más de un miembro familiar con autismo participan en estudios para averiguar si eso es debido a las causas genéticas, los factores ambientales, o ambos.

Otra situación que sugiere un enlace genético en familias se llama «ensombrecer». En algunas familias donde una persona es diagnosticada con autismo, se nota a menudo que otro miembro familiar, quien no sería diagnosticado con autismo, puede tener algunos rasgos o características que son parte del espectro del autismo. Esto se llama tener «las características ensombrecidas» (shadowing) o «tener el fenotipo» y puede señalar un enlace genético.

Los estudios detallados del ácido desoxirribonucleico y las variaciones cromosómicas están en proceso. Generalmente hay acuerdo que no hay ningún gen individual para el autismo; ningún gen individual ha sido identificado como causante del autismo. Se cree que el factor genético involucra una combinación o la interacción de genes múltiples. La forma en que los genes causan el autismo o pasan por familias directas es también compleja y tampoco se sabe todavía a ciencia cierta.[32]

Aquí hay un resumen conciso de algunas de las avenidas en los estudios genéticos. Los descubrimientos nuevos y resultados repetidos pueden ayudar en la búsqueda de las raíces genéticas del autismo. Los descubrimientos específicos proveen dirección a investigadores para formar teorías y usar métodos científicos para probar sus teorías. Los descubrimientos «pequeños» que son ciertos para individuos o algunos (pero no todos) de los participantes de un estudio deben ser probados para ver si son válidos para más personas.

- **Identificando genes específicos.**

  Cinco o seis genes han sido identificados que pueden afectar la herencia del autismo, ayudando a los científicos «a estrechar la búsqueda de genes específicos y las funciones que controlan».[33] Consideran «genes candidatos» que son identificados con nombres científicos como HOXA1, WNT2, y ATP10C. Estudios actuales intentan confirmar o descartar sus roles.[34] Los investigadores estiman que hasta 15 genes pueden estar invulcrados en la herencia del autismo.[35, 36]

- **Buscando genes «indicadores».**

  Es posible que algunas diferencias en los genes no causen autismo pero pueden señalar que una persona sea propensa a tener autismo. Los científicos buscan los genes indicadores que puedan indicar la susceptibilidad. Por ejemplo, se investigan la asociación del gen que se llama «reelin» con el autismo.

- **Considerando los cromosomas involucrados.**

  Algunos cromosomas han sido identificados que posiblemente tengan un papel en la susceptibilidad para el autismo. Los investigadores actualmente enfocan la atención en cinco cromosomas particulares: 2, 3, 7, 15 y X.[37]

- **Considerando las diferencias en los cromosomas.**

  Anormalidades específicas cromosómicas han sido identificadas en algunas personas con autismo. La investigación está en camino para averiguar si una irregularidad en el orden de la materia cromosómica, designada como **«la variancia de secuencia»** tiene relación con al desarrollo del autismo.

- **Identificando la materia genética «adicional».**

  Un cromosoma adicional, o un área de duplicación en la región del cromosoma llamado 15q11-q13, ha sido encontrado en aproximadamente 1 % de las personas con autismo estudiadas.[38] Siguen la investigación por descubrir si los **«polimorfismos»**, o patrones repetidos en los genes, pueden ser significativos.

- **Identificando la materia genética «perdida».**

  Los investigadores han identificado un cromosoma con «segmentos de ácido desoxirribonucleico suprimidos» en un niño con autismo. Hay 1,000 bloques constructivos de ácido desoxirribonucleico en el cromosoma; los cientificos hacen investigación para enterarse si falta el mismo material en otros con autismo. Si es así, los investigadores quieren saber cómo la falta de material afecta al desarrollo.[39, 40, 41]

- **Encontrando la conexión con los desórdenes genéticos existentes.**

  Los investigadores han encontrado evidencia de un enlace entre el autismo y algunos desórdenes causados por un gen específico. Los científicos saben que algunos de los desórdenes siguientes también pueden causar autismo en algunos individuos, quizá de 10% a 15 % de todas las personas afectadas por autismo.[42]Sin embargo, no se sabe la manera en que estas condiciones causan el desarrollo del autismo.[43] Los desórdenes genéticos que pueden causar el autismo incluyen:

  – El Síndrome Aarskog

  – El Síndrome Cornelia de Lange

  – El Síndrome Down

  – El Desorden de Rett

  – El Síndrome de X Frágil

  – Neurofibromatosis

– Fenilcetonuria (Phenylketonuria-PKU)

– La Esclerosis Tuberosa

– Hypomelanosis de Ito

– El Síndrome Joubert

– El Síndrome Lujan-Fryns

– El Síndrome Moebius

– El Síndrome Williams

– El Síndrome Sotos

– El Síndrome de Smith-Lemli-Opitz

– El Síndrome Tourette

En un artículo que desciribe la investigación genética, los cientificos Ghaziddin y Burmeister resumen la situación con el comentario, «La lista de cromosomas asociados con el autismo es larga; sin embargo, la manera en que cualesquiera de las anomalías específicas reportadas se relaciona con el autismo no es muy clara».[44] Varios estudios actuales intentan probar las hipótesis acerca de la interrelación entre genes y cromosomas específicos y cómo los factores genéticos afectan el desarrollo humano.

Los investigadores siguen estudiando los errores genéticos específicos, como duplicaciones, supresiones, o variaciones de secuencia, en algunas personas con autismo y comparando las observaciones con otras personas con autismo. También hacen comparaciones con personas que no tienen autismo. Los estudios y datos probarán si las teorías y asociaciones específicas son correctas.

Hay mucho ánimo en la investigación genética porque se cree que si una causa genética se identifica, habrá más oportunidades de encontrar una cura o remedio. Una mayor comprensión de los complicados componentes genéticos de TEA puede facilitar el desarrollo del asesoramiento genético para miembros familiares. Algunas personas esperan que un día el progreso en la genética pueda resultar en una prueba genética para el autismo, terapias del gen, y la prevención o aún una curación eventual.

La investigación genética es una prioridad de investigación «sumamente alta» del Instituto Nacional de la Salud Mental en los Estados Unidos.[45] Centros de investigación en varias universidades de los EEUU y en otros países, junto con agencias privadas y públicas, activamente buscan el enlace genético. El Proyecto de la Anatomía Molecular del Cerebro (Brain Molecular Anatomy Project, BMAP) está en marcha para compartir información acerca del desarrollo del cerebro y la activación de los genes. Comienzan por estudiar el cerebro de los ratones para entender a los seres humanos. Más información está disponible en Internet en http://www.resgen.com/products/BMAP.php3.

El Proyecto del Genoma Humano (Human Genome Project) es un proyecto público y privado que usa computadoras para crear un «mapa» de todo el ácido desoxirribonucleico en el cuerpo humano. Aunque parezca imposible o increible, en el año 2000, millones de los componentes del ácido desoxirribonucleico fueron identificados exitosamente, más rápidamente que el tiempo esperado. El progreso y éxito del proyecto puede proveer información importante a los investigadores que estudian el autismo en un futuro no tan distante.

Hay un proyecto autorizado por el gobierno de Islandia bajo la dirección de deCODE Genetics, una compañía privada (el nombre significa «descifra»). Gracias a un archivo enorme y antiguo de información sobre las familias que han existido en Islandia durante siglos, el proyecto estudia no solo la genética, sino también cómo se relaciona con la historia médica de miles de familias durante mucho tiempo. Han creado una base de datos extensa y controversial de información médica y genealógica que puede examinar la historia de enfermedades y el código genético a la vez. Este proyecto ya ha identificado un gen conectado con el Trastorno de Parkinson, una enfermedad degenerativa del sistema nervioso.[46] Existe la posibilidad y la esperanza de que el proyecto también obtendrá más descubrimientos incluso aún identificará el componente genético del autismo.

La Neurología: El Cerebro y El Sistema Nervioso Central

Algunos científicos que se especializan en el estudio del cerebro sugieren que el desarrollo del cerebro y el sistema nervioso central de una persona con TEA no se desarrolla típicamente, de la manera esperada. Resulta en diferencias en la estructura, y como consequencia, el funcionamiento de áreas diferentes del cerebro. Las diferencias en el cerebro y el sistema nervioso central pueden afectar la manera en que la persona piensa, aprende y procesa la información. Muchos neurólogos creen que las características y los comportamientos de TEA resultan de estas diferencias.

El Instituto Nacional de Salud Mental ofrece una explicación clara del crecimiento y desarrollo del cerebro típico:

- El cerebro de un feto se desarrolla a todo lo largo del embarazo. Comenzando con unas cuantas celdas, las celdas crecen y dividen hasta que el cerebro contiene billones de celdas especializadas que se llaman «neuronas.» Algunas celdas migran a un área específica del cerebro y adquieren funciones específicas.
- Una vez en su sitio, cada nodo en una red de nervios emite fibras largas que se relacionan con otros nodos de la red. De este modo, las líneas de comunicación son establecidas en áreas diversas del cerebro y entre el cerebro y el resto del cuerpo.
- Cada nodo en una red de nervios recibe una señal de los químicos naturales designados transmisores o neurotransmisores que pasan la señal al siguiente nodo en una red de nervios. En el momento del nacimiento, el cerebro ha evolucionado en un órgano complicado con varias regiones y subregiones distintas, cada una con funciones y responsabilidades precisas.
- El desarrollo del cerebro no se detiene al nacer. El cerebro continúa cambiando durante los primeros años de la vida cuando los transmisores nuevos se energizan y nuevas líneas de comunicación adicionales son establecidas. Se forman redes de nervios y crean una fundación para dearrollar el idioma, las emociones, y los pensamientos.xlvii Información nueva confirma que el cerebro continúa creciendo, o permanece «plástico» por lo menos hasta la adolescencia y aun hasta la mayoría de edad.[48]

Los cientificos exploran las razones y las formas con que el cerebro se desarrolla diferentemente en personas con TEA. El profesor Antonio Monaco del Consorcio de Autismo (Autism Consortium) comenta, «Actualmente no hay consenso entre investigadores acerca de exactamente qué es lo que occure en el cerebro cuándo se desarrolla autismo en un niño.»[49] Dr. Nancy Minshew, neuróloga pediátrica, resume una teoría popular de los enlaces causativos entre cada nivel del desarrollo asi:[50]

Figura 10.1 *El Autismo: Los Componentes de Causa*

Las Anormalidades en el Código Genético para el Desarollo del Cerebro

Mecanismos Anormales en el Desarollo del Cerebro

Estructura y Función Anormales del Cerebro

Anormalidades Cognoscitivos y Neurologicas

Síntomas y Síndrome de Autismo

Los neurólogos siguen estudiando el cerebro y el sistema nervioso central para averiguar las diferencias específicas de la forma y la función y las vías de desarrollo en el autismo. Asi se entiende e identifican mejor las diferencias o los deterioros de pensar, entender, procesar la información y comunicar que son parte de la experiencia de individuos con TEA.

La Anatomía del Cerebro

Los problemas que interfieren con el desarrollo normal del cerebro afectan la habilidad de coordinar la información sensorial, los pensamientos, los sentimientos y las acciones. Aún para personas que no son científicos, los síntomas asociados con el autismo parecen más lógicos cuando se ve como una consecuencia de la función del cerebro. Algunas regiones específicas del cerebro parecen estar afectadas por el autismo. La función y las cosas que esas regiones influyen o regulan se describen más abajo. Esta información es adaptada de materiales de los Institutos Nacionales de la Salud (National Institutes of Health).[51]

- **El sistema límbico:** Es el centro del cerebro para la emoción, el estado de ánimo, el dolor y el placer. Es responsable de la «respuesta» o reacción del cuerpo a la emoción y «los afectos» (o señales físicas) de la expresión de la emoción. Regula la autoconservación, el miedo y el enfado.
- **El hipocampo:** Se cree que esta parte del sistema límbico afecta la memoria en proceso y el conocimiento adquirido por análisis.
- **La amígdala:** Es la parte del cerebro que regula el comportamiento social y emocional, el estado de ánimo, el sentimiento y el instinto. Afecta las modalidades sensoriales y la capacidad de generalizar la información de un trasfondo a otro; funciona con el hipocampo para afectar el sentido del olfato (distinguir y responder a los olores).
- **El cerebro:** Importante para solucionar problemas complejos, planificar, entender el comportamiento de otros, y controlar los impulsos. Se piensa que los lóbulos frontales del cerebro son el asiento de la empatía, la simpatía, y «mentalizing», o el entendimiento de los procesos mentales de otros, todos esos son los elementos antecedentes de la socialization.[52]
- **El cerebelo:** La estructura del cerebro responsable de «los niveles más altos de la organización del comportamiento y la integración de los procesos complejos cognoscitivos.» También afecta a los movimientos voluntarios complicados como la coordinación temporal, la coordinación espacial, el equilibrio y la

propriocepción (saber dónde está el cuerpo relacionado con el espacio alrededor). Esta región también afecta a los músculos usados en el habla, demostrar afectos (como la expresión emocional en la cara) planificar el uso del idioma y discurso, la memoria, la capacidad de poner cosas o eventos en secuencia, predecir lo que va a pasar o una consequencia, solucionar problemas, el aprendizaje y la atención. Esta parte del cerebro interactúa con otras partes del cerebro en un sistema de «retroalimentación.» Está continuamente recibiendo y ofreciendo información a tres bandas entre la corteza cerebral, el núcleo del tronco cerebral y los receptores sensoriales.[53]

- **El Cuerpo Calloso:** El área que pasa información de un lado (hemisferio) del cerebro al otro.

Los investigadores han descubierto diferencias físicas en el tamaño, forma o función de varias partes del cerebro en algunas personas con autismo.[54, 55] Han hecho algunos descubrimientos por el método de la disección despues de la muerte (autopsía). La Imagimática Magnética Funcional de Resonancia (fMRI) es una tecnología que crea imágenes del cerebro de una persona viviente o en reposo, y los patrones de energía presentes mientras el cerebro «funciona.»

Hay estudios también en proceso para explicar cómo las diferentes regiones del cerebro interactúan, y la interacción entre el cerebro y el cuerpo en cuanto a como se procesa la energía de entrada sensorial. Estos estudios incluyen el uso de Tomografía de Emisiones Positronos (PET), una tecnología que permite la observación de la actividad química en el cerebro mientras se procesa la información. Las imágenes de PET se muestran como colores diferentes que corresponden a los cambios sutiles de temperatura que ocurren cuando el cerebro «piensa.» El SPECT (Single Photon Emission Computed Tomography) es otra tecnología sensitiva que puede medir la activación de regiones diversas del cerebro en respuesta a la estimulación.

La investigación sobre la forma y la función del cerebro parece tener promesa y se incrementa el número de estudios. Hoy en día, muchos de los resultados son preliminares y no son conclusivos todavía. Una de las dificultades en la investigación es tener un número suficiente de muestras, descubrimientos consistentes, la verificación independiente de los resultados, y la comparación controlada entre las personas que tienen autismo y las personas que no tienen autismo. Otras metas importantes incluyen establecer la relación entre la causa y el efecto para entender cómo los componentes genéticos pueden causar las diferencias en el cerebro.

La Bioquímica del Cerebro

Las diferencias del cerebro en las personas con autismo pueden ser debidas no sólo a las dimensiones o la forma de las regiones del cerebro. La química del cerebro también puede quedar afectada. Esto se describe como «las anormalidades en el sistema de circuitos neurales,» los aspectos físicos del proceso de mandar y recibir mensajes entre células del sistema nervioso del cerebro y el sistema nervioso central. Los problemas de la química del cerebro pueden afectar a la comunicación entre las diferentes regiones del cerebro, y en concreto, cómo el lado derecho del cerebro se comunica con el lado izquierdo.

Las personas con TEA a menudo tienen «problemas de transmisiones» que pueden estar relacionados con la química del cerebro. Se sospecha del enlace con un «sistema de circuitos eléctricos» del cerebro en el autismo por la incidencia de epilépsia que ocurre en un estimado 20 a 30 % de las personas con autismo.[56] También se detectan muchas personas con autismo con Electroencefalogramas (EEGs) anormales.[57] Los problemas del sistema de circuitos pueden afectar a las habilidades de pensar y entender, las interacciones sociales y las «señales» sociales.[58] La hipersensibilidad a la entrada sensorial también puede estar relacionada con los aspectos bioquímicos del cerebro. Un experto explica, «La investigación bioquímica nos muestra que las personas con autismo literalmente se sienten abrumadas por la energía de la entrada sensorial».[59]

Los «neurotransmisores» son los «mensajeros químicos» responsables de pasar los impulsos nerviosos por el cerebro y el sistema nervioso. Diferencias en los niveles de dos neurotransmisores, serotonin y dopamine, han sido encontradas en personas con autismo. Es posible que esta diferencia pueda estar relacionada con la distorsión de sensaciones que acompaña al autismo. Niveles alterados de los neurotransmisores epinfrine y norepinefrine también han sido encontrados en personas con autismo.[60]

Algunos estudios han descubierto una cantidad reducida de un neurotransmisor particular que se llama «La neurona de Purkinje» (the Purkinje Neuron). Esta neurona «se comunica» con los núcleos cerebelares y afecta a la atención, las señales físicas de la emoción (el afecto) el comportamiento motor intencional, el comportamiento emocional, y el sistema sensorial. La neurona de Purkinje también afecta la actividad de otros neurotransmisores. Las personas con autismo pueden tener de 60 a 90 % menos celdas Purkinje que personas que no tienen autismo.[61]

Aparte de las diferencias de la cantidad de neurotransmisores particulares, una diferencia en el tamaño y la densidad de nodos en las redes de nervios ha sido descubierta en la materia gris de algunas personas con TEA. Las diferencias físicas en las células del sistema nervioso incluyen las fibras nerviosas más pequeñas, menos «ramas» en los nervios y la densidad aumentada de las células.[62] Otra diferencia que han encontrado es que la vaina medular, es decir el recubrimiento protector en los nodos de la red de nervios, puede estar comprometida en individuos con autismo. Estos descubrimientos pueden explicar los problemas experimentados por muchas personas con TEA de «enviar información» por el cerebro.

Un estudio reciente que usa imagimática por computadora ha definido diferencias en el cerebro a nivel celular. El estudio miró a las «minicolumnas» en el cerebro que puede ser comparado a las rodajas de una computadora. «Las anormalidades minicolumnares» encontradas en los lóbulos frontales y temporales del cerebro mostraron que «las celdas fueron más numerosas, más pequeñas, menos compactas y tuvieron menos espacio neuropil en la periferia» cuando fueron comparados con los «controles», los participantes en el estudio que no tenían autismo.

El exceso de minicolumnas podría conducir a las personas con autismo a «recibir más señales» y «encontrarse abatidas por la cantidad de información que entra en el cerebro.» Descubrimientos como éstos son excitantes para los científicos y para quienes aun no siendo científicos esperan todos los días los grandes adelantos científicos. Al mismo tiempo, los nuevos descubrimientos sugieren preguntas nuevas y abren avenidas de investigación.[63]

Usando unos métodos y tecnologías variados, el Dr. Eric Courchesne y sus colegas han desarrollado una teoría que dice que el autismo está relacionado con patrones inusuales en el crecimiento del cerebro. Ellos llegan a la conclusión: «La regulación anormal del crecimiento del cerebro en el autismo resulta en un periodo temprano de crecimiento excesivo seguido por un crecimiento anormalmente desacelerado.»[64]

Hay evidencia de que la materia gris de personas con autismo tiene también demasiados nodos en la red de nervios, y que en la materia gris de personas con autismo no esaparecen los nervios no necesitados como hacen los otros. Como resultado de tener más nodos en la red de nervios, las personas con autismo pueden tener mayor masa cerebral que otras personas. Pueden tener las sendas neurales ineficientes o inusuales en el cerebro que afectan la habilidad de pensar y procesar la información. También afecta como las regiones diferentes del cerebro reaccionan e interactuan.[65]

La teoría de crecimiento excesivo del cerebro en el autismo puede ser soportada por el sorprendente descubrimiento de otro científico, Dr. Karin Nelson. Con colegas en un proyecto del Instituto Nacional de la Salud (National Institute of Health), el Programa de California de Estudio de los Transtornos de Nacimiento, (California Birth Defects Monitoring Program), y el Instituto M.I.N.D. (M.I.N.D. Institute), Nelson analizó las pruebas de sangre del cordón umbilical de los bebés nacidos en una parte específica de California en los años 1980's que fueron más tarde diagnosticados con autismo o con retraso mental. Los investigadores comprobaron las pruebas de sangre por la presencia de unas proteínas que afectan la conexión y el crecimiento en el cerebro. Dr. Nelson encontró «Unos niveles sorprendentemente más altos de cuatro sustancias cruciales en el desarrollo del sistema nervioso en niños con autismo.» Las proteínas no fueron sobreabundantes en el grupo de niños del «grupo de control,» es decir los niños que no desarrollaron ni autismo ni retraso mental.[66]

La presencia de proteínas en mayor nivel al nacer potencialmente puede ser un «indicador» para identificar si un niño está en peligro de desarrollar autismo o retraso mental. Los descubrimientos sugieren también que la biología del autismo puede ser similar a la del retraso mental en un modo en que no fue reconocido anteriormente. No quedó claro en la investigación si las proteínas sobreabundantes fueron la causa o el efecto del autismo.

Algunas personas interpretan estos descubrimientos diciendo que los niños que desarrollarán autismo pueden estar predispuestos a hacerlo desde el nacimiento. El enlace entre el exceso de ciertas proteínas de crecimiento en el cerebro y el crecimiento excesivo del cerebro son insinuados. Este tipo de estudio presenta muchas posibilidades y tendrá que ser expuesto a más pruebas de confirmación y más estudio. Quizás en el futuro pueda ser diseñada una prueba para los recién nacidos, usando los indicadores de proteínas.[67]

Un estudio reciente publicado por la Universidad Columbia, Colegio de Médicos y Cirujanos (enero 2005) ha encontrado que un gen defectuoso que se llama «neuroligin» hace daño a las conexiones entre las neuronas. Ya se sabía que algunas personas con autismo tenían este gen defectuoso, pero no sabían que efecto tenía. Al estudiar los ratones, han descubierto que el neuroligin defectuoso interrumpe a las neuronas, y que este problema pueda causar autismo en los seres humanos.[68]

Mientras las diferencias neuronales y bioquímicas en el cerebro están documentadas, una de las preguntas más apremiantes es ¿Qué causa las diferencias? Una pregunta relatada es saber si las diferencias neurológicas causan el trastorno de autismo o si el autismo da lugar a las diferencias neurológicas. Hay acuerdo general que el estudio continuado del cerebro y la genética son cruciales para entender la naturaleza y la causa de los TEA.

La Embriología y El Autismo

Los embriólogos son científicos que estudian el desarrollo humano antes del nacimiento. Unos de los descubrimientos recientes en este área pueden ayudar en los esfuerzos para identificar el momento preciso durante el desarrollo prenatal cuando ocurre un problema que pueda causar un cambio en el desarrollo típico y resultar en

TEA. Varios científicos tienen evidencia y teorías en cuanto al momento durante el embarazo cuando pueda occurir un problema del desarrollo.

La Dra. Patricia M. Rodier y sus colegas tienen evidencia que los induce a creer que en muchos casos (pero no todos) el problema en el desarrollo ocurre entre **los días 20 a 24** del embarazo cuando el cerebro y los sistemas nerviosos justamente comienzan a desarrollarse. Éste es un momento muy temprano en el embarazo, cuando la mayoría de mujeres ni se dan cuenta de que puedan estar embarazadas.

Se cree que un tipo de «daño» temprano puede afectar el desarrollo de unos nervios específicos en aquel entonces que tengan efectos secundarios más tarde en el desarrollo fetal. Es decir que el daño en los primeros días también puede afectar a la forma o el funcionamiento de partes diferentes del cerebro en etapas de desarrollo posteriores. Este equipo investigador cree, pero todavía no ha probado, que estos problemas pueden estar relacionados con variaciones en el gen que se llama el HOXA1.[69]

El Doctor Eric Courchesne y otros investigadores han documentado las diferencias en la anatomía de áreas diversas del cerebro de seres vivos. Courchesne teoriza que **la quinta semana** del embarazo puede ser una «ventana de vulnerabilidad para el autismo.» Cree que los nodos de las redes de nervios son generados en la quinta semana de gestación y que puedan tener relación con las áreas específicas afectadas del cerebro que son evidentes después de nacer.[70]

La investigación y el análisis conducidos por el Dr. Christopher Gilberg, de la Universidad de Goteburg, Suecia y Mary Coleman, de La Escuela de Medicina de la Universidad de Georgetown intentan precisar el momento cuando ocurre algun tipo de «insulto» al feto que explique la diferencia en la función del cerebro en las personas con autismo. Su teoría es que el primer trimestre (los primeros tres meses del embarazo) procede normalmente, cuando se forman las partes del cuerpo y la cara. El progreso normal de esta etapa del embarazo puede explicar por qué tantos niños con autismo son físicamente perfectos y atractivos.

Los estudios de Gilberg y Coleman les inducen a concluir que algo ocurre al feto en el **segundo trimestre** que causa el daño al sistema nervioso central. Gilberg y Coleman concluyen que las malformaciones de la corteza cerebral encontradas en algunas personas con autismo de gran desempeño y algunas personas con el Síndrome de Asperger son «debidos a errores, extravíos y fracasos de la migración neuronal» y que pueden ocurrir en el segundo trimestre del embarazo cuando el cerebro está creciendo y desarrollándose. El desarrollo normal puede resultar interferido por «diferentes agentes nocivos» como «los virus, el trauma, el fracaso metabólico provocado genéticamente, etc.» El agente dañino puede ser una enfermedad, algo ambiental o por causa genética. Sin embargo, no esta claro cómo el agente causa el daño.[71]

Tal vez en los descubrimientos de Rodier, Courchesne, Gilberg y Coleman no haya conflicto. La teoría de Rodier de daño temprano seguido por unos afectos posteriores puede ser consistente con los patrones del desarrollo en la quinta semana teorizados por Courchesne y en los cambios durante el segundo trimestre descritos por Gilberg y Coleman. El estudio continuado de las diferencias en el cerebro de las personas con autismo, y el enlace al desarrollo del embrión y el feto, puede resultar en una conclusión definitiva.

La Obstetricia: Los Factores De Riesgo Antes, Durante, y Después Del Nacimiento

Una relación ha sido identificada entre acontecimientos particulares en el embarazo y el momento del nacimiento que parece correr más riesgo de autismo. Unos ejemplos de las complicaciones son una infección en la madre, sangrar mucho en el parto o la falta de oxígeno al niño en el nacimiento.

Sin embargo, estos mismos acontecimientos ocurren a muchas otras personas y no causan autismo. ¿Por qué ocurre el autismo en algunos casos y no en los otros? Bryna Siegel, Ph.D., de la Universidad de California-San Francisco explíca:

«Una vista generalmente aceptada es que los riesgos del embarazo que ocurren de una cierta forma al feto vulnerable pueden combinarse para producir autismo. La vulnerabilidad puede ser algo como la presencia de un gen anormal o la falta de un antígeno particular para repeler un cierto tipo de infección a la cual el feto podría estar sujeto».[72]

El síndrome alcohólico fetal, el uso de medicamentos conocidos que dañan al feto, unas infecciones, como la rubéola, el herpes labial, HIV, y citomegalovirus han sido estudiados como los «agentes tóxicos o nocivos» posibles que pueden dar como resultado el autismo cuando existe también la predisposición genética del feto.[73, 74] Estas cosas pueden aumentar el riesgo de que ocurra el autismo, pero no queda establecido un enlace definido de causa. Tiene que ver en parte, por el hecho de que muchos niños han estado expuestos a los mismos factores de riesgo, pero no tienen autismo.

En un estudio de 287 embarazos que dieron como resultado el nacimiento de un niño con autismo, ningún solo factor pre-natal que ocurrió antes, durante o después del nacimiento fue descubierto como la causa. La Dra. Freeman concluye, «Está ahora bién reconocido que ningún factor prenatal, peri-natal, o neonatal puede ser la causa de todos los casos de autismo, y que cualquier acontecimiento que causa daño al SNC (sistema nervioso central) también puede producir autismo».[75]

La epidemiología: El Estudio de Las Enfermedades

Se sabe que la encefalitis, los espasmos infantiles, la toxoplasmosis y la enfermedad de inclusión citomegalica han ocurrido en algunos niños que más tarde fueron diagnosticados con autismo. La pregunta es saber si las enfermedades causaron autismo en las personas afectadas. Algunos científicos creen que tales enfermedades pueden causar autismo por causar daño al sistema nervioso central. Pero a la vez, semejante a las enfermedades del embarazo, no todas las personas que tienen encefalitis, espasmos infantiles, toxoplasmosis o la inclusión citomegalica desarrollan el autismo. Los científicos se preguntan si una predisposición genética está involucrada. Siguen buscando cualquier otra explicación de las diferencias entre individuos.

El estudio de enfermedades no directamente relacionadas con la causa del autismo también puede ser importante para progresar en la investigación del autismo. Lo que los científicos averiguan del cerebro y del cuerpo por estudiar una enfermedad puede resultar ser pertinente y revelador para el estudio de otros trastornos. Un ejemplo es el estudio de la esclerosis múltiple (EM). «**Mielina,**» el revestimiento de las fibras nerviosas del cerebro y de la columna vertebral, está afectado en las personas con EM. Se ha descubierto que las personas con EM carecen de una proteína específica que crea la mielina. Se espera que por la investigación de las celdas que se llaman «stem cells» o «celdas madres» algún día se pueda reparar o regenerar la mielina en las personas con EM.[76] Los estudios y el progreso hecho en ésta y otras áreas puedan resultar de mucha importancia en el estudio de los TEA.

Los Teorías Biomédicas y Ambientales

Muchos científicos sospechan que los problemas después del nacimiento puedan dar lugar al autismo. Debido al hecho de que el cerebro continúa creciendo y desarrollándose después del nacimiento, el infante o el niño pequeño puede ser vulnerable a los agentes nocivos, las toxinas o el trauma al sistema nervioso central que puede causar TEA. Las teorías biomédicas y ambientales incluyen las causas posibles de autismo después del nacimiento como la autoinmunidad, los tóxicos ambientales, el daño de las vacunas y las teorías nutritivas.

Las teorías biomédicas y ambientales deben formar parte de cualquier debate bien informado del tema de la causa de TEA. Estas teorías son dignas de consideración tanto por cualquier mérito científico y también debido a la gran variación encontrada entre las personas con autismo. Es razonable pensar que con todas las diferencias entre las personas con autismo, en el desarrollo personal, la biología y la manifestación del transtorno, puede haber más de una causa, o causas diferentes en diferentes personas.

Sin embargo, algunas de las teorías biomédicas y ambientales de causa son controvertidas. Mientras algunas personas pueden pensar que hay evidencia para soportar una teoría, otros encuentran la prueba poco convincente o incompleta. Consecuentemente, hay opiniones fuertes entre la comunidad científica en favor de y en contra de algunas teorías. ¡Los padres y otros individuos también tendrán opiniones definitivas acerca de estos temas!

Por el propósito informativo, una explicación breve de las teorías biomédicas y ambientales se presenta aquí con algunas sugerencias de otros recursos para comprenderlo todo más a fondo. Alentamos a los lectores a referirse a las fuentes originales y a las autoridades y los expertos médicos en la búsqueda de más información.

Un recurso informativo es *El Autismo: Un Resumen y Teorias de Causa,* un sitio de internet con temas que incluyen los enzimas, las hormonas, los aminoácidos, las vacunas, los problemas inmunológicos, las alergias, la nutrición y la absorción, los virus y más. (La sección tiene aproximadamente 47 páginas). También explica tratamientos como la chelación de los metales pesados, etcétera y los recursos para más información. Se halla en http://www.healingarts.org/children-overview.htm.

¿Por Qué Es Controversial Una Teoría?

Los resultados de muchos proyectos de investigación usualmente se muestran en publicaciones donde se mantiene el estándar de «la revisión por pares.» Esta práctica expone el trabajo que sea escudriñado por otros científicos. Resulta en un tipo de proceso de revisión de calidad. Algunas veces la crítica o el desacuerdo se levanta cuando una investigación es publicada. Como resultado de la revisión por los pares, algunas teorías acerca de la causa de TEA son discutidas o se consideran controversiales si:

- Los resultados de la investigación son inciertos o inconsistentes.
- Estudios diferentes que consideran al mismo sujeto tienen resultados conflictivos.
- Una asociación está propuesta, pero ningún enlace de causa y efecto puede ser probado.
- Los descubrimientos de un estudio no pueden ser reproducidos independientemente.
- El método científico usado en el estudio es cuestionado.
- Las reclamaciones relatadas sólo se basan en las experiencias de un grupo muy pequeño de personas.
- Un hecho de un rasgo es considerado en niños con autismo, pero no se compara con los niños típicos que pueden o no pueden tener el mismo rasgo.

- No hay información suficiente ni para probar ni para desmentir una teoría: Esto es designado una «**correlación inconcluyente**».
- Ha sido demostrado que una teoría tiene una validez científica limitada, pero hay personas que continuan creyendo que es cierto.
- Hay una pregunta de «plausibilidad biológica» si o cuando una teoría no es consistente con lo que es conocido acerca del funcionamiento del cuerpo humano.[77]
- Un investigador es parcial cuando él tiene un «doble interés» establecido en el resultado del estudio o trabaja para una compañía o una organización que lo tiene.

Cuando se confronta información incierta o contradictoria, puede ser muy arriesgado llegar a determinadas conclusiones. El problema con aceptar una teoría no comprobada es su potencial de causar daño. Puede ser peligroso actuar sobre una creencia que puede ser infundada. Es importante que padres y profesionales sean críticos y objetivos en evaluar la información acerca de las causas y las curas y separar lo que es conocido y probado de lo que es sospechado o supuesto.

Al mismo tiempo, hay riesgo en ignorar o descontar completamente las teorías controversiales hasta que se sepa más. Muchas veces en medicina y ciencia, las experiencias personales, las nociones populares y las observaciones públicas han dado una dirección a la comunidad científica. Un ejemplo sería sospechar y luego probar que las toxinas en el agua potable causaba la enfermedad en algunas comunidades.

Es apropiado considerar una amplitud de ideas, examinar los hechos, cuestionar objetivamente, explorar la relación entre causa y efecto y considerar todas las posibilidades. Es bueno presionar a la comunidad científica para probar si una teoría es válida o no.

Se han hecho muchos proyectos y más están en proceso. En la Universidad de California-Davis, científicos del Instituto de M.I.N.D (M.I.N.D. Institute) y el Instituto Nacional de la Ciencia de la Salud Ambiental (National Institute of Environmental Health Sciences) han empezado un proyecto de investigación de 9 millones de dólares para estudiar específicamente el papel del ambiente en el autismo. La meta es identificar cualesquiera sustancias ambientales dañinas para limitar la exposición e impedir el daño. Un estudio controlado con 2,000 niños será dirigido, junto con proyectos de investigación en el sistema nervioso y en el sistema inmune.[78]

La Autoinmunidad

La inmunidad explica cómo el cuerpo se opone a las enfermedades y otras sustancias extrañas que no deberían de estar en el cuerpo. La definición más simple de la autoinmunidad es el cuerpo «resistiéndose.» El rechazo de un órgano trasplantado es un ejemplo de una respuesta autoinmune. En caso de la autoinmunidad, el cuerpo daña a las celdas sanas que realmente pertenecen y como resultado causa disfunción y otros problemas. La forma de diabetes que se llama Tipo Uno, la esclerosis múltiple (EM) y el lupus sistémico son desórdenes autoinmunes que afectan a órganos individuales o al cuerpo entero.[79]

La situación con el autismo se puede resumir como sigue:

«Algunos investigadores consideran que el autismo es de hecho una reacción autoinmune a un virus o las vacunas que se ve en niños genéticamente predispuestos. Sin embargo, no ha habido estudios validados para probar esta teoría aunque ha habido conexiones documentadas...»[80]

Este tema complicado y cualquier enlace con el autismo están actualmente siendo investigados. V.K. Singh y sus colegas han encontrado en un estudio de 33 niños con autismo que 19 de los niños tuvieron en el cerebro autoanticuerpos a la proteína básica de mielina (MBP) y autoanticuerpos a la proteína antiácida de los filamentos de neuron-axon (NAFP). Eso quiere decir que los anticuerpos estuvieron presentes en el 58% de los niños estudiados que puedan causar que sus cuerpos «batallen» a las buenas proteínas del cerebro como si fueran una enfermedad. Los anticuerpos pueden entrabar el desarrollo de las fibras nerviosas en el cerebro específicamente la mielina que cubre los axons (o las ramas) de las neuronas cerebrales. Esto afectaría la función normal de la transmisión de los impulsos nerviosos.[81]

La relación entre los anticuerpos a las proteínas del cerebro y el autismo no está clara. Tampoco se entiende cómo o por qué los niños con autismo pueden desarrollar «reacciones inmunes inapropiadas» que hagan daño a las proteínas cerbrales.[82] ¿Podría ser una reacción a un exceso de las proteínas de crecimiento del cerebro al nacer?[83] La investigación continuará por la creencia de que la autoinmunidad pueda ser un factor crítico en la causa del autismo.

Los Virus y el Virus de Rubéola

Singh siguió ese estudio diseñando otro para determinar si un virus como el sarampión o el herpes podría causar el nivel intensificado de la autoinmunidad. El equipo de investigación sugiere que su estudio es el primero que soporta la hipótesis que «una reacción autoinmune inducida por un virus puede jugar un papel causal en autismo.»[84]

Una posición contraria es expresada por la Academia Americana Pediátrica que explica,

> *«Aun si el virus del sarampión fuera consistentemente demostrado que se encuentra presente en los especímenes intestinales de niños, eso no señalaría concluyentemente que el sarampión causa autismo. Es posible que el virus del sarampión persista en los intestinos de niños con autismo, i.e., el virus del sarampión en el intestino es un efecto secundario del autismo y no una causa. Además para implicar el virus del sarampión como una causa de autismo, sería importante demostrar que el virus del sarampión no está presente en el intestino de niños sanos de la misma edad que los niños autistas y en el mismo estatus de vacunación. De tal forma tampoco hay ninguna prueba científica que demuestre cómo la inflamación intestinal con virus del sarampión daría lugar a las dificultades crónicas neurológicas y conductistas vistas en el autismo.»*[85]

El papel de las inmunizaciones en causar la autoinmunidad en el autismo está siendo examinado. Hasta ahora han hecho unos pocos estudios y ningún estudio ha probado cualquier enlace. Una teoría explora la posibilidad de que la vacunación pueda causar una reacción autoinmune en algunos niños a través del mecanismo de «la mímica molecular.» La mímica molecular puede resultar en la estimulación de las reacciones inmunes dañinas a través de un «efecto del gatillo.»[86]

El Comité por la Seguridad de las Inmunizaciones (Immunization Safety Review Committee) ha revisado la relación entre la autoinmunidad y la vacunación con respecto al mecanismo biológico de la mímica molecular y la inmunización. El comité concluye que no existe ninguna prueba para soportar tal asociación y que los mecanismos deben ser considerados sólo teóricos. Su resumen ejecutivo explica:

> *«Por la falta de prueba experimental o evidencia humana en cuanto a la mímica molecular o la modificación inducida por el mercurio de cualquier componente de las vacunas para crear un epitope antigénico capaz de una reacción cruzada con auto-epitopes como un mecanismo por el cual las inmunizaciones múltiples bajo el horario de inmunización de los EEUU posiblemente podrían influir en el riesgo de autoinmunidad de un individuo, el comité concluye que estos mecanismos son sólo teóricos. El comité concluye que hay evidencia débil para la activación del transeúnte («bystander») aisladamente o en conjunto con los auto-epitopes, como un mecanismo por el cual las inmunizaciones múltiples bajo del horario de inmunización infantil de los EEUU posiblemente podría influenciar en el riesgo de autoinmunidad de un individuo.[87] (Para una explicación completa, refiérase al informe original.)*

Las Inmunizaciones Combinadas de las Paperas, el Sarampión y la Rubéola-La Triple Vírica (Mumps Measles, y Rubella- MMR)

Los padres y los profesionales se han enterado de la posibilidad de una relación de causa-y-efecto entre la inmunización combinada de las paperas, el sarampión y la rubéola (MMR- la triple vírica) y los síntomas o el diagnóstico de autismo en niños. Algunas personas creen que la inmunización MMR, o un componente de tal, el tiempo cuando se la da, o la presencia continuada de materia viral de las inmunizaciones es responsable de causar autismo en un niño. Ellas consideran que el autismo es un «daño inmunotoxicológico» a un niño sano y normal.

En una Hoja Informativa, el Departamento Estadounidense de La Salud y los Servicos Humanos (United States Department de Health and Human Services) explica:

> *«Recientemente ha habido atención enfocada en la teoría que los comportamientos autistas en los niños les parecieron ocurrir o empeorarse poco*

después de la vacunación. En el momento actual ningún dato es conclusivo para señalar que cualquier vacuna aumenta el riesgo de desarrollar autismo o cualquier otro trastorno del comportamiento. No obstante, dado el nivel de interés entre los padres y otros en las vacunas y el autismo, la CDC [Centro por Control de las Enfermedades, Center for Disease Control] se compromete a investigar este asunto en la extensión más completa posible usando los mejores métodos científicos disponibles.»[88]

La posibilidad de una conexión con la inmunización fue sugerida por el Dr. Andrew Wakefield y sus colegas. Basado en la incidencia de autismo en doce niños en Londres, se pensó en la hipótesis de que la vacunación MMR causara problemas en los intestinos. Se creyó que los problemas resultantes de la absorción de los nutrientes, a su vez, pudieran causar autismo.[89]

El Council de Investigación Médico (Medical Research Council-MRC) en el Reino Unido reunió un panel de expertos para evaluar los datos basados en unos centenares de casos que relacionaron a la inmunización MMR y un enlace con autismo. El grupo de expertos concluyó que no hubo ninguna prueba de que la vacuna MMR causara autismo. Ninguna causa de preocupación fue encontrada con la seguridad de la inmunización MMR.[90] El Profesor John Walker Smith, el autor mayor del papel de Wakefield, públicamente ha soportado la seguridad de la inmunización MMR.[91]

En los Estados Unidos, el Instituto de Medicina de La Academia Nacional de las Ciencias (National Academy of Sciences Institute of Medicine-IOM) formó La Comisión para Revisar la Seguridad de las Inmunizaciones (Immunization Safety Review Commission) al final del año 2000. Después de examinar los estudios científicos de la vacuna MMR, el comité reportó, «No hay ninguna base para implicar a la vacuna MMR como una causa potencial de los TEA.» El IOM recomendó más estudio para ver si el MMR podría ser un factor de riesgo en casos excepcionales.[92]

Un grupo de expertos de la Academia Pediátrica Americana (American Academy of Pediatrics-AAP) concluyó, «La evidencia disponible no soporta la hipótesis de que la vacuna MMR cause autismo o trastornos asociados ni La Enfermedad Inflamatoria de los Intestinos (Inflammatory Bowel Disease- IBD). La AAP recomienda que las inmunizaciones sean dadas según el horario sugerido.[93]

Algunos científicos creen que hay una «relación temporal» entre la vacuna MMR y el principio de los síntomas de TEA. Eso quiere decir que ocurren a un mismo tiempo. Debido al hecho de que ninguna relación de causa y efecto ha sido establecida en cualquiera de los estudios e investigaciones recientes, el tiempo de dar el MMR y el principio de los síntomas de autismo se consideran científicamente como una coincidencia.[94]

Muchas personas no aceptan esta explicación. Se sienten seguras de que las inmunizaciones han dañado a sus niños o a sus pacientes. En algunos lugares, hay una «reacción fuerte» en contra de la vacuna MMR. Mientras el gobierno y la mayoría de los científicos dicen que los beneficios y ventajas de las vacunaciones valen más que los riesgos, algunas personas rehúsan vacunar a sus niños con la vacuna MMR porque no confían que sea segura o temen que podría causar TEA.

Algunos expertos médicos tienen miedo de que las acciones de personas que escogen no inmunizar sus niños puedan causar riesgo a la salud pública. Unas de las razones son las siguientes:[95]

- Los niños que no reciben las vacunaciones corren el riesgo de contraer las paperas, el sarampión y la rubéola y los efectos secundarios potencialmente serios de las enfermedades. En el verano de 2000 se reportó en Irlanda la muerte debida a las enfermedades de paperas, el sarampión o la rubéola en niños que no habían recibido las vacunaciones. Antes de este tiempo, esas enfermedades ya no amenazaban las vidas de los niños debido al «éxito» de la vacuna.
- Las enfermedades como las paperas, el sarampión y la rubéola son a menudo «importadas» de lugares donde las tasas de inmunización son escasas. Mientras siempre ha ocurrido así, ello no amenazó a una población que estaba bien vacunada. Teniendo en cuenta el hecho de que las enfermedades son contagiosas, los niños no vacunados corren el riesgo de contraer y extender o diseminar las enfermedades.

- La exposición de mujeres embarazadas a los niños no vacunados enfermos con las paperas, el sarampión o la rubéola aumenta el riesgo de defectos de nacimiento en los bebés no nacidos. Es irónico que la exposición a la rubéola mientras el bebé esté en el vientre se crea que pueda ser una causa de autismo en algunos casos, pero al mismo tiempo la exposición de las mujeres embarazadas a la rubéola sea evitable con niveles seguros de inmunización.[96]

Es crucial no tomar conclusiones precipitadamente y crear pánico acerca de las inmunizaciones. Los padres que están preocupados deberían discutirlo con el pediatra de su niño u otros expertos médicos. Los padres pueden discutir la opción de dar las inoculaciones de las paperas, el sarampión y la rubéola separadamente, aunque hay discusiones en contra de esa opción. Los padres y los doctores pueden discutir la recomendación del Centro por el Control de las Enfermedades (Center for Disease Control- CDC) que, «los niños que se encuentran moderadamente o gravemente enfermos en el tiempo planeado de las vacunas usualmente deberían de esperar hasta que se recuperen antes de obtener la vacuna MMR.[97]

Nueva información puede ayudar a los padres y a los doctores a sentirse más cómodos en cuanto a la vacuna de las paperas, el sarampión y la rubéola. Un estudio extensivo fue hecho en Dinamarca, publicado en el Jornál de Médicina de Nueva Inglaterra (New England Journal of Medicine) de noviembre de 2002. Los científicos estudiaron la incidencia del autismo entre 440,655 niños que fueron inmunizados con la vacuna MMR y comparon ese número con la ocurrencia de autismo en aproximadamente 96,000 niños que no habían sido inmunizados. El resultado fue que la incidencia del autismo no fue superior en los niños que tuvieron la vacunación de MMR; de hecho, el número de niños con autismo fue un poco mayor en el grupo de los niños que no habían sido inmunizados. Su conclusión es, «Este estudio provee evidencia fuerte en contra de la hipótesis de que la vacunación de MMR cause autismo.»[98]

Si este estudio se demuestra válido científicamente, puede ayudar a terminar la controversia sobre el MMR. Será importante obtener resultados semejantes en otros estudios semejantes. Si este estudio se demuestra defectuoso, o si los estudios futuros no pueden soportar las conclusiones de este estudio, la incertidumbre continuará.

Los Metales Pesados

Hablando desde el punto de vista de los átomos, hay un grupo de metales naturales que se llaman los «metales pesados» por tener más peso atómico, es decir mas prótones que otros elementos. El mercurio es un ejemplo de un «metal pesado» que es venenoso para los seres humanos. En algunos estudios de los efectos del envenenamiento por mercurio una similitud con autismo ha sido documentada en los sístemas inmunes, sensoriales, neurológicos, motores y del comportamiento. Algunos científicos piensan que es posible que:

- Los síntomas de TEA puedan ser causados por, o realmente pueden ser, el envenenamiento por mercurio.
- Alguna exposición al mercurio viene del timérosol, un conservante usado en algunas vacunas para infantes y niños.
- Los efectos adversos de la exposición al mercurio ocurren sólo en algunos niños predispuestos por algunos factores genéticos y no genéticos que no son identificados.[99]

Un estudio hecho por El Instituto de la Investigación de la Salud (Health Research Institute) y El Centro de Tratamiento de Pfeiffer (Pfeiffer Treatment Center) de Naperville, Illinois, reportó en noviembre de 2001, haber encontrado «trastornos del metabolismo de metal de una severidad e incidencia extraordinaria.» En 499 de los 503 niños estudiados que tenían o TGD o autismo o el Síndrome de Asperger les faltaba una proteína designada «Metallothionein» o «MT.» MT es usada por el cuerpo para amarrar (bind to) a los metales tóxicos y lavarlos fuera del cuerpo. William Walsh, científico mayor del estudio, piensa que un niño al que le falta MT puede desarrollar un Trastorno del Espectro de Autismo antes de la edad de 3 años porque el niño no puede excretar los metales tóxicos como mercurio, y le causan daño al cerebro y los intestinos.[100]

Como cualquier estudio con descubrimientos significativos, la validez científica de este estudio tiene que estar intacta. Los resultados tendrían que ser duplicados, es decir, haber descubrimientos y resultados similares en otros estudios. Los niveles de MT en los niños con TEA tendrán que ser comparados con niños que no tienen TEA. Los resultados luego serían interpretados para encontrar el significado con relación a la causa y el tratamiento de TEA.

Una pregunta sugerida por este estudio es, «¿Cómo estarían expuestos los niños jóvenes al mercurio?» Algunos se preguntan si puede ser por comer el pescado que contiene niveles altos de «methylmercury,» ya sea consumido por las mujeres embarazadas, o por los niños pequeños. La posibilidad está siendo investigada.

Otra fuente potencial, designada «ethylmercury,» fue identificada en tímerasol, un conservante usado en la inmunización de Diptheria-Tetanus Pertussis (DPT), la inmunización de Hepatitis Típo B, y la vacuna Hib (Haemophilus Influenza Type B). Los críticos sostienen la opinión de que el nivel de tímerasol usado en las vacunas sería demasiado bajo para causar un problema. Otros creen que la cantidad de mercurio en el preservante es claramente intolerable. Como a menudo ocurre en el estudio de autismo, la pregunta de ¿Por qué es que algunos niños que están expuestos al mismo riesgo, como la misma cantidad de pescado o la misma cantidad de tímerasol, no desarrollan autismo, mientras otros si lo hacen? El Instituto de Medicina de las Academias Nacionales de Ciencia concluye, «La evidencia científica actual ni prueba ni desmiente un enlace entre el preservante tímerosol que contiene mercurio y los desórdenes neurodevelopmentales en niños».[101] Éste es un ejemplo de **«una correlación inclusiva»**: el caso no es probado y el caso no es desmentido.

Mientras tanto, hasta que la ciencia sea concluyente en uno u otro sentido, es prudente limitar la cantidad de algunos tipos de pescado comido por las mujeres embarazadas y los niños pequeños. Recientemente el gobierno de los EEUU publicó una advertencia acerca de ello. Es muy importante que los padres puedan pedir a los médicos que sólo las inmunizaciones que no contengan tímerosol sean dadas a sus niños (Thimerisol-Free). La Academia Nacional de Ciencia recomienda que no se deben usar las inmunizaciones que continen tímerosol si una alternativa está disponible.[102] Esta opción debería ser discutida con el profesional médico de la familia, usualmente el pediatra del niño. Las inmunizaciones producidas en los Estados Unidos en el futuro ya no van a contener el tímerasol por estas preocupaciones y por evitar cualquier tipo de daño potencial.

El Régimen, Los Nutrientes, y La Digestión

A través de la observación y la experiencia de los padres y los profesionales médicos alguna gente propone que TEA puede ser causado por problemas con el régimen, como la digestión y la absorción de nutrientes o la incapacidad de digestión de las proteínas que se encuentran en la comida. Más profesionales se interesan en esta posibilidad y la investigación está en marcha para buscar la evidencia científica y los datos para soportar dicha observación y dichas creencias. Al igual que con las teorías posibles de causa, no hay aún prueba científica suficiente para confirmar que TEA pueda ser causado por el régimen alimenticio o las causas digestivas. Los problemas dietéticos no podrían ser considerados ser la causa de autismo y trastornos relatados en todos los casos.

Algunos padres que usan regímenes alimenticios o suplementos especiales reportan mejoras en las características de TEA en sus niños. Mientras las mejoras en el comportamiento pueden resultar del cambio del régimen alimenticio, incluyendo la evitación de algunas comidas y suplementando con las vitaminas, los gliconutrientes o los ácidos grasos, los críticos afirman que no hay prueba de causa y efecto entre el régimen y el autismo. Creen que las modificaciones al régimen pueden ser una terapia útil en algunos casos, pero que no es una cura para el trastorno.

Los padres y los profesionales deben evaluar la información actual y hacer las decisiones informadas. Para una discusión detallada de la investigación y los estudios de estos temas, por favor refiéranse a la lectura sugerida al final del capítulo. Aquí hay unos resúmenes breves de algunos de los temas con relación al régimen, la nutrición y la digestión de que los padres y los profesionales pueden querer enterarse.

- **La digestión y la absorción.** Algunos profesionales médicos asocian los síntomas del autismo con una falta de nutrientes específicos, como vitaminas particulares o ciertos ácidos grasos. Otros piensan que la nutrición escasa se debe a la dificultad de absorber las vitaminas, los minerales y los nutrientes. Eso puede deberse a la deficiencia o la inhibición de los enzimas digetivos, los problemas con los intestinos, como la inflamación o problemas a nivel celular. Se piensa que el resultado en tales casos es el funcionamiento comprometido del cuerpo, desde el nivel celular, al sistema inmunológico, hasta el funcionamiento del sistema nervioso central y otros problemas de salud.[103]

- Los doctores que usan tratamientos nutritivos pueden ordenar pruebas de sangre del laboratorio para evaluar los niveles nutritivos actuales de una persona con autismo. Pueden prescribir un suplemento dietético específico para ser dado de una manera controlada. Pedirán reportes de los padres para informarles si hay mejora o agravamiento de los síntomas.104 Sin embargo, los métodos pueden disentir significativamente de un practicante a otro y hay pocos estudios formales de la efectividad de tales tratamientos.105
- La Levadura (yeast)/antibióticos. El empleo excesivo de los antibióticos cambia el balance natural de «la flora» en los intestinos. El desequilibrio, designado «el dysbiosis intestinale» permite que la flora intestinal domina y causa problemas incluyendo «el intestino perforado.»
- **«El intestino perforado» en el autismo.** La permeabilidad aumentada de la pared intestinal permite que los péptidos de las proteínas y/o los metabolites pasen a la corriente sanguínea y pasar por «la barrera entre el cerebro y la sangre.» Una vez en el cerebro, estas moléculas pueden causar problemas neurológicos interfiriendo con los neurotransmisores y el funcionamiento «químico y eléctrico» del cerebro.[106]
- **El Gluten y La Caseína.** El gluten es trigo y otras proteínas de las plantas; la caseína es es la proteína de la leche. Una teoría es que los niños con autismo no pueden digerir completamente estas proteínas en la comida. Como consecuencia, las proteínas se filtran indigestas por el intestino, y tienen forma de moléculas con propiedades opiáceas.[107] Eso causa un efecto tóxico, intensificando el papel neuroregulatorio de los péptidos naturales opiáceos y desestabilizando el funcionamiento normal del sístema nervioso central.[108] Se piensa que la percepción, la cognición, las emociones, el estado de ánimo y el comportamiento quedan afectados. Varios investigadores persiguen la teoría de los «opioides excesivos.»[109]

Otro típo de investigación intenta determinar cuál es la enzima digestiva que falta en los niños con autismo que contribuiría a la mala digestión de las proteínas de gluten y caseína. El beneficio de la adición de enzimas digestivas está a la espera de ser adecuadamente investigado.

Un régimen sin gluten y caseína (Gluten-free, casein-free diets) quitando todas las comidas que contengan esas proteínas para restablecer el funcionamiento óptimo del sistema nervioso central disminuiría los síntomas del autismo. No hay muchos estudios científicos conclusivos para soportar dicha efectividad. Sin embargo, muchos testimonios de los padres han sido positivos.[110]

Las Toxinas Ambientales y Los Contaminantes

Dos tendencias han inducido a las personas a sospechar un enlace entre los factores ambientales como pesticidas, toxinas y contaminantes y TEA. Una es el alzo reciente en el número reportado de casos de autismo. Es natural preguntar, «¿Qué hacemos diferentemente? » o «¿Qué ha cambiado recientemente en el ambiente que podría ser responsable para el alzo?»

La segunda tendencia es identificar los lugares particulares con una concentración de personas con TEA. Algunos patrones han emergido en ciertos pueblos y áreas geográficas con una incidencia mayor de autismo reportada que en otros lugares. Conjuntamente, estos dos temas surgen al preguntarse acerca de lo que pueda provocar las toxinas o las sustancias ambientales en esas áreas o causar más autismo.

En Brick Township, Nueva Jersey hubo un alzo dramático en el número de personas con autismo, medido en relación a la población entera. Se hicieron estudios e investigación para determinar si hubo un factor ambiental que causara autismo. Sin embargo ninguna toxina o ningún contaminante fue identificado como la causa del autismo. Otros estudios continúan para examinar la correlación entre el autismo y los factores ambientales.[111]

Las personas continúan preguntándose por qué un área tendría más casos de autismo reportados o más personas recibiendo servicios relacionados al autismo que otro lugar. Vale la pena seguir observando, comentando e investigando cualquier riesgo sustancial que amenaza a una comunidad particular.

Al investigar la cuestión, otras razones «coincidentales» por la concentración o el agrupamiento de personas con autismo necesitan ser consideradas y descartadas. Aquí hay algunas situaciones a tener en cuenta:

- **Una diferencia socioeconómica** puede causar que los padres estén más educados o proactivos en buscar la ayuda para sus niños.
- **Las familias se «aglomeran»** donde se sabe que los servicios son buenos cuando sus niños tienen TEA. Es decir que las familias vienen de lugares diferentes con sus niños, y no que el autismo ocurra más en un lugar específico.
- Los profesionales médicos y educativos en algunas localidades **reconocen y hacen el diagnóstico mejor** que profesionales en otros lugares. Puede significar que más personas son diagnosticadas donde hay profesionales con buen entrenamiento y entendimiento de TEA.
- Las personas que pueden estar genéticamente predispuestas a tener un niño con autismo pueden **aglutinarse en una cierta área geográfica** por su ocupación, como las computadoras o la ciencia aeronaútica. Un ejemplo mencionado a veces, aún por personas que viven allí, es el Valle Silicón en California.[112]

Al examinar el tema de toxinas y contaminantes, es importante recordar que los estudios ambientales han mostrado muchas formas en las que los productos químicos tóxicos afectan al agua, al aire y a la vida de animales y plantas. ¿Qué vida más frágil y vulnerable hay que un feto en vías de desarrollo o un niño pequeño? Sin embargo la conexión entre los productos químicos tóxicos usados en los Estados Unidos cada año, y los alzos en los desórdenes como autismo, no ha sido estudiada en una forma integral hasta hace poco.

Un proyecto de investigación multidisciplinario del Instituto M.I.N.D. de la Universidad de California-Davis, anunciada en octubre del 2001, estudia el posible papel que los contaminantes ambientales, como los pesticidas, bifenilos politratados con cloro (bcps) y los metales pesados juegan en el desarrollo del autismo. El estudio involucrará a 700 niños con autismo, haciendo buena pareja con los niños que no tienen autismo, «los controles» en el «primerísimo estudio epidemiológico controlado por caso.» La investigación explorará cómo la exposición ambiental a los contaminantes podrían afectar o alterar al desarrollo de un niño pequeño. Un estudio examinará los efectos de toxinas específicamente en la amígdala, la parte del cerebro que se cree afecta al comportamiento social. Otro estudio examinará la cantidad de toxinas en las corrientes sanguíneas de niños con autismo comparado con niños que no tienen autismo. Además de identificar a las sustancias que causan daño, otros resultados pueden incluir idenficar maneras de evitar la exposición tóxica y desarrollar tratamientos para las personas dañadas por la exposición. La financiación por este proyecto de U.C.- Davis y el Instituto M.I.N.D. será suplementado por una concesión del Instituto Nacional de Servicios de la Salud Ambiental. (National Institute of Environmental Health Services).[113]

¿Se Puede Curar a los TEA?

Hay una diversidad de opinión en cuanto a las curas posibles tan variable como las teorías acerca de la causa del autismo. Actualmente no hay una cura probada científicamente ampliamente aceptada para el autismo o TEA. Encontrar una cura está enlazado con y depende del entendimiento de las causas del trastorno.

Los científicos, los padres y los profesionales están ansiosos por encontrar una cura. Es a menudo la fuente de esperanza que mantiene a las familias. La idea de una cura para TEA puede ser emocionante. Tienta a seguir a la última tendencia que parece prometir una cura. Sin embargo, es importante considerar si cualquiera de las curas propuestas son seguras y apropiadas para una persona con TEA. El análisis cuidadoso de las opciones puede evitar la angustia de la esperanza falsa. Éstos son temas complicados, y padres y expertos médicos deberían de trabajar juntos para hacer elecciones informadas.

Hay reclamaciones de curas, basadas en las experiencias de algunos individuos y familias, soportados por testimonios personales. Los proponentes de algunos tratamientos reclaman que resultan en «la recuperación.» Sin embargo, la evidencia para soportar estas reclamaciones puede estar limitada, en particular cuando se basan de unos pocos participantes o personas «curadas.»

A veces algunas mejoras en los comportamientos de niños muy jóvenes son designadas como «una cura.» La reclamación de una cura puede ser prematura. La edad de 6 o 7 años puede ser prematura en el tiempo para reconocer o medir las dificultades que típicamente aparecen más tarde en el desarrollo o saber si serán presentes o no. Eso incluye los déficits cognoscitivos a un nivel superior de pensamiento y aprendizaje de habilidades sútiles de comunicarse e interactuar con pares.

Aunque actualmente no hay ninguna cura probada, se puede hacer mucho para apoyar a los individuos con TEA a mejorar, hacer progreso, funcionar mejor, y aprender. Tales opciones son consideradas tratamientos dirigidos a las características de TEA, en vez de curarlo. Es importante ser esperanzador y optimista, y hay buena razón para ser positivo. Los tratamientos pueden ser muy efectivos, especialmente cuando son individualizados a las necesidades específicas de la persona con TEA en todas las áreas de necesidad.

¡Igual a las curas propuestas, hay opiniones diversas acerca de los tratamientos! Algunos son aceptados ampliamente, algunos son nuevos, y otros son controvertidos. Hay que considerar los hechos cuidadosamente para escoger los tratamientos apropriados.

Evaluando Los Tratamientos y Curas Propuestos

Al evaluar la información que pueda ser confusa o conflictiva sobre los tratamientos o una «cura» propuesta hay que recibir respuestas claras y satisfactorias a las siguientes preguntas claves, y a cualesquiera otras preguntas específicas que usted tenga.

1. ¿Es el tratamiento seguro y/o sano para los efectos de corto plazo, los efectos de largo plazo y los efectos secundarios? ¿Hay estudios longitudinales (sobre

una larga temporada) que documentan los efectos a todo lo largo de la vida? ¿Han hecho estudios usando animales (en caso de una droga o un suplemento que será dado al individuo) que demuestra que esta sustancia o práctica no hará ningún daño?

2. ¿Hay prueba científica válida para soportar la efectividad del tratamiento? ¿Es la metodología de la investigación fuerte y coherente? ¿Han replicado los mismos resultados en estudios hechos por otros?
3. ¿Son «independientes» las personas que proponen el tratamiento? ¿Son parciales al método los investigadores? ¿Ganan dinero los proponentes en «vender» el tratamiento? ¿Obtienen un logro financiero al encontrar a personas para probar el tratamiento? ¿Es una compañía o agencia que se beneficiaría la que paga para la investigación que soporte el tratamiento?
4. ¿Hay discusiones válidas o pruebas científicas para disputar la seguridad o la efectividad del tratamiento?
5. ¿Qué dicen los adversarios del tratamiento o la cura? ¿Ha considerado usted cuidadosamente la información tanto en pro como en contra? ¿Pueden los proponentes del tratamiento ponerle en contacto con personas que han usado el método, unas que tuvieron éxito y otros que no?
6. ¿Está la persona que provee el tratamiento autorizada yo certificada? ¿Es legal el tratamiento?
7. ¿Produce el tratamiento resultados permanentes o transitorios?
8. ¿Es el resultado del tratamiento el alivio del desorden o una disminución de los síntomas? ¿Posiblemente puede empeorar algun síntoma? ¿Podría causar reacciones alérgicas?
9. ¿Es el curso del tratamiento tolerable para la persona? ¿Puede ser duro o difícil de aguantar, doloroso o lleno de tensión?
10. ¿Son los costos del tratamiento (en tiempo o dinero) tolerables para la familia? ¿Podría el tratamiento poner en peligro a la familia y completamente causar un desequilibrio en la vida familiar o un desastre financiero?

11. ¿Es el tratamiento consistente con las necesidades individuales de la persona? ¿Es conforme a lo que se espería de otros de la misma edad o etapa del desarrollo?

12. ¿Cuales serán los efectos, en el individuo y en la familia, si la cura/tratamiento no tiene éxito? ¿Cómo reaccionará la familia si el tratamiento falla y las esperanzas resultan infructuosas o el tiempo, dinero u otros recursos valiosos quedan perdidos?

El Apoderamiento Cooperativo

Cada lector puede aprender lo qué se puede hacer ahora para mantener a una persona con TEA si es su miembro familiar, una persona a su cuidado o usted. Los padres se dedican a menudo a hacer todo lo que pueden para ayudar al individuo con TEA, a ellos mismos y a toda la familia. Los profesionales pueden compartir esa determinación en hacer todo posible para ser cooperativos y solidarios con el individuo y la familia. Los adultos con autismo tienen una perspectiva personal para compartir y pueden proporcionar su voz y opinión en los asuntos importantes. Cada persona haciendo lo que él puede contribuirá al mejor resultado posible.

Es importante continuar teniendo esperanza en una cura probada en el futuro y apoyar a esas personas que trabajan hacia ese mismo fin. Aquí hay cuatro maneras importantes en las que todo el mundo puede contribuir al progreso para saber las causas en su totalidad y descubrir una cura para los Trastornos del Espectro de Autismo.

1. Suscríbase a una organización de abogacía que está en marcha para promover a la conciencia pública y la financiación para la investigación, como el La Sociedad de Autismo de América (Autism Society of America-ASA) o ¡Cure el Autismo Ahora! (Cure Autism Now-CAN). Estas organizaciones y otros publican boletines de prensa y tienen sitios cibernéticos para ayudarle a aprender más.

2. Contacte con sus representantes de gobierno y pídales que apoyen la legislación para crear y sostener la financiación de investigación de TEA y que continúen la financiación de «Los Centros de Excellencia» en Autismo

(Centers of Excellence). Aliente a otros a hacer lo mismo. Más apoyo es mejor para que los oficiales sepan que la necesidad de continuar la investigación es urgente. El «Consejo Político de Autismo» (Autism Caucus) se ha formado en el Congreso, y varios miembros del congreso que tienen miembros familiares con TEA que participan en el comité son una voz para el resto de nosotros. Comparta sus historias, las preocupaciones y sus necesidades con los oficiales elegidos.

3. Entérese de estudios de investigación que están en proceso. Muchas universidades e investigadores independientes buscan participantes, y usted puede considerar si cualquiera de ellos se halla en disposición para su familia. Un sitio cíbernetico de Los Institutos Nacionales de la Salud (National Institutes of Health) www.ClinicalTrials.gov, contiene listas de varios tipos de estudios que están buscando participantes. O, usted se puede interesar en un proyecto cooperativo de la organziación CAN que se llama el Intercambio de Recursos Genéticos de Autismo (Autism Genetic Resource Exchange-AGRE) que busca los datos genéticos de las familias que tienen más de un miembro familiar con autismo. La Sociedad Americana de Autismo (ASA) tiene un programa (Tissue Donation Program) que necesita recibir los cerebros donados después de la muerte de personas con TEA y sin TEA para comparar las diferencias del cerebro.

4. Infórmese continuamente acerca de información corriente, las tendencias y los resultados en autismo. Sea un lector bien ávido o pase tiempo con personas que son muy leídas. El cíbernet está lleno de información, y se puede ganar acceso gratis en una biblioteca pública si no tiene acceso en casa. Acuérdese de ser objetivo y ¡sea un pensador crítico!

RESUMEN CAPÍTULO 10

- Las teorías acerca de las causas del autismo y los Trastornos del Espectro de Autismo se investigan activamente. Hasta ahora, ninguna prueba concluyente ha probado cualquier teoría particular.
- Es probable que haya más de una causa o una combinación de causas.
- Los Trastornos del Espectro del Autismo no son una enfermedad mental y no tienen una causa psicológica. No se debe a una «mamá refrigeradora» ni a la crianza de los hijos.
- Hemos resumido algunas de las teorías y la investigación sobre la causa de TEA; los lectores querrán consultar las fuentes originales para explicaciones más de fondo u otra información.
- Los investigadores pueden descubrir si los Trastornos del Espectro del Autismo son trastornos separados con causas diferentes o si es un sólo trastorno a lo largo de un espectro de severidad.
- La variación en el uso de los términos y criterios diagnósticos en lugares diferentes puede ser un obstáculo en la colaboración entre investigadores.
- En el «modelo médico» el autismo es visto como un desorden neurológico- es decir que unas diferencias en el cerebro y el sistema nervioso central causan que la persona tenga autismo.
- Los «mecanismos,» o factores biológicos responsables de causar el autismo, no han sido identificados pero los estudios intentan determinar cuándo, por qué y cómo ocurre el autismo.
- Una teoría genética sugiere que el autismo ocurre en un niño por «la información» transmitida en los genes y los cromosomas (el ácido desoxirribonucleico) heredados de los padres. Los estudios examinan el envolvimiento de genes y cromosomas específicos, cómo los factores genéticos afectan al desarrollo y los errores genéticos específicos que podrían tener relación con el autismo.

- Los neurólogos continúan estudiando el cerebro y el sistema nervioso central para entender las diferencias en el desarrollo, la forma y la función en personas con TEA.

- Las diferencias en la química del cerebro en el autismo involucran al sistema de circuitos neurales y los aspectos físicos del proceso de enviar y recibir los mensajes entre las células del cerebro y el sistema nervioso central. «Los problemas procesadores» también pueden estar relacionados con la química del cerebro.

- Los embriólogos, que estudian el desarrollo humano antes del nacimiento, exploran cómo, cuándo y por qué el desarrollo típico puede volverse fuera del patrón correcto y resultar en TEA.

- Algunos acontecimientos particulares en el embarazo y el nacimiento pueden dar como resultado un riesgo superior de tener autismo, aunque muchos niños han estado expuestos a los mismos factores de riesgo y no tienen autismo.

- Los epidemiólogos andan buscando un efecto causal entre unas enfermedades ya identificadas y el autismo.

- Las teorías biomédicas y ambientales incluyen causas posibles de autismo después del nacimiento, como la autoinmunidad, los tóxicos envenenamientos, el daño de las vacunaciones y las teorías nutritivas.

- Hay tanta diversidad de opinión en cuanto a las curas posibles como teorías acerca de las causas. Actualmente no hay «una cura» ampliamente aceptada y científicamente probada para el autismo o TEA. Encontrar una cura está estrechamente enlazado con y depende de encontrar las causas del trastorno.

- Es importante continuar esperando y trabajando por una cura probada en el futuro. Todo el mundo puede ayudar a progresar uniéndose a alguna organización de abogacía y contactando con los representantes del congreso y estatales, pidiéndoles a ellos que apoyen la investigación y la financiación. Las familias pueden participar en los estudios de investigación, si les convienen. Todo el mundo querrá estar bien informado objetivamente.

Recursos Usados en Este Capítulo

Aqui notamos todos los recursos usados para preparar éste capitulo. Como todos están escritos en inglés, dejamos los títulos y nombres tal como se encuentran en las fuentes y recursos originales para que se reconozcan. Traducimos los títulos para que se enteren de lo que tratan. En una sección posterior hay recursos semejantes disponibles en español.

Ackerman, Lowell Ph.D. (1997). «Nutritional Intervention in Autism.» («La Intervención Nutritiva en Autismo»).

Adams, James, Ph.D. and McGinnis, Woody, M.D. «Vitamins, Minerals and Autism.» («Las Vitaminas, los Minerales y el Autismo»). The Advocate Volumen 34, No. 4, Quarta Edition, 2001.

American Academy of Pediatrics. «IOM Report on Vaccines Should Reassure Parents; Children Should be Vaccinated.» («El Reporte del IOM Debe Reasegurar a los Padres: Se Debe Vacunar a los Niños»). Anuncio de Prensa: 1 octubre de 2001.

American Academy of Pediatrics Media Resource Team. «Just the Facts: MMR Vaccine and Autism.» («Sólo los Hechos: La Vacuna de MMR y El Autismo»). 2002. http://www.aap.org/mrt/factsmv.htm

Autism Genetics Cooperative. (2001). «Genetics Overview.» («Resúmen de la Genética»). http://www.exploringautism.org/genetics/index.htm

Autism Genetics Cooperative. «What is Autism? Genetic Conditions Associated with Autistic Disorder.» («¿Qué Es Autismo? Las Condiciones Genéticas Asociadas Con el Trastorno Autista»). http://www.exploringautism.org/autism/evaluation.htm

Bailey A, LeCouteur A., et al. «Autism as a Strongly Genetic Disorder: Evidence from a British Twin Study.» («El Autismo Como Un Trastorno Fuertemente Genético: La Prueba De Un Estudio Británico de Gemelos»). Psychol Med, 1995 Jan; 25(1): 63-77.

Bauman, Margaret and Kemper, Thomas, Editors (1994). «Neuroanatomic Observations of the Brain in Autism.» («Observaciones Neuroanatómicas del

Cerebro en Autismo»). In, *The Neurobiology of Autism*. Baltimore: Johns Hopkins Press.

Bernard, S., Enayati A., et al. «Autism: A Novel Form of Mercury Poisoning» («El Autismo: Una Forma Novedosa del Envenenamiento por Mercurio»). *Medical Hypotheses*, 2001. April 56 (4): 462-71.

Blakeslee Sandra «New Theories Help Explain Mysteries of Autism» grafico por Steve Duenes. («Nuevas Teorías Ayudan a Explicar Los Misterios del Autismo»). *The New York Times*, 28 diciembre 1999. *Science Times*, páginas 1 y 4.

Blakeslee Sandra. «A Decade of Discovery Yields a Shock About the Brain.» («Diez Años de Descubrimientos con Un Resultado Soprendente Sobre el Cerebro»). *New York Times*, 4 enero de 2000.

Boyar, F. et al. University of Florida College of Medicine, Gainesville and Greenwood Genetic Center, Greenwood S.C., etc. (2001). «A family with grandmaternally derived interstitial duplication of proximal 15q.» («Una familia con la duplicación de 15q debido a la herencia de la abuela materna»).

California Health and Human Services Agency, Department of Developmental Services. «Changes in the Population of Persons with Autism and Pervasive Developmental Disorders in California's Developmental Services System, 1987 through 1998: A Report to the Legislature, March 1, 1999.» («Los Cambios en la Población de Personas con Autismo y Trastorno Generalizado de Desarrollo en el Sistema de Servicos De Desarollo de California, 1987-1998: Un Reporte al Cuerpo Legislativo, 1 marzo 1999.») Sacramento CA: Agencia de la Salud y Servicios Humanos.

Casanova MF, Buxhoeveden DP, et al. «Minicolumnar Pathology in Autism.» («La Patología de las «Mini-columnas» en Autismo»). Neurology 12 feb 2002; 58(3):428-32.

Centers for Disease Control and Prevention. «Autism Among Children.» («El Autismo En Los Niños»). 2000. http://www.cdc.gov/nceh/programs/cddh/dd/ddautism.htm.

Centers for Disease Control and Prevention «Inflammatory Bowel Disease (IBD) and Vaccines: Questions and Answers.» («El Trastorno Inflamatorio de los Intestinos y Las Vacunas: Preguntas y Respuestas»). Noviembre 2000. http://www.cdc.gov/nip/vacsafe/concerns/autism/ibd.htm.

Columbia University College of Medicine and Surgeons (2005). «Defect in neuroligin gene disrupts firing of neurons and may result in autism.» («Un defecto en el gen «neuroligin» interrumpe la comunicación de las neuronas y puede resultar en el autismo»). http://www.i-newswire.com

Cook, Edwin H. Jr. «Genetics of Autism.» («La Genética de Autismo»). *Mental Retardation and Developmental Disabilities Research Reviews,* Volumen 4, No. 2, 1998, Páginas 113-120. (Special Autism Issue-Edición Especiál de Autismo).

Courchesne, Eric. «Brainstem, Cerebellar and Limbic Neuroanatomical Abnormalities in Autism.» («Las Anormalidades Neuroanatómicas Cerebelares, Límbicos y del Tronco Cerebral en Autismo»). *Current Opinions in Neurobiology,* 1997. Abr; 7(2):269-78; Correciones agosto 1997; 7(4): 568

Courchesne, Eric et al. «Unusual Brain Growth Patterns in Early Life in Patients with Autistic Disorder: an MRI Study.» («Los Patrones Inusuales del Crecimiento Cerebral en la Vida Temprana de Pacientes con el Trastorno Autista: Un Estudio de MRI»). *Neurology,* 2001. Julio 24; 57(2): 245-54.

Courchesne, Eric. Presentación por La Socieded de Autismo de Los Angeles, Pasadena, CA, Abril de 2001.

DeMyer M.K., Pontius W, et al. «Parental practices and innate activity in normal, autistic, and brain-damaged infants.» («Las prácticas de los padres y la actividad innata en niños normales, autistas, y con daño cerebral.») *Journal of Childhood Schizophrenia* 1972; 2: 49-66.

Edelson Stephen M., Ph.D. «Overview of Autism.» («Resumen de Autismo»).Center for the Study of Autism, Salem Oregon. Sitio web: http://www.autism.org/overview.html.

Fombonne, Eric. «Ask the Editor.» («Pregunta Al Redactor»). Journal of Autism and Developmental Disorders, Volumen 29, Número 4, Agosto 1999, pp. 359-50.

Freeman, B.J. Ph.D. «The Syndrome of Autism: Update and guidelines for diagnosis.» («El Síndrome de Autismo: Resumen y Guia para un Diagnóstico»). Infants and Young Children, 1993: 6(2): 1-11.

Freeman B.J. «Autism and Pervasive Developmental Disorders.» («El Autismo y los Trastornos Generalizados del Desarrollo»). 20th Annual Review, American Academy of Child and Adolescent Psychiatry. Presentado en Beverly Hills, CA, junio 1995.

Ghaziuddin Mohammad and Burmeister Margit. «Deletion of chromosome 2 q37 and Autism: A Distinct Subtype?» («La Falta del Cromosoma q37 y el Autismo: ¿Un Tipo Distinto?») Journal of Autism and Developmental Disorders, junio 1999; Vol. 29, No. 3.

Gilberg Christopher, and Coleman Mary. (1992). ***The Biology of the Autistic Syndromes —2nd Edition. (La Biología de los Síndromes Autistas-Segunda Edición).*** Clinics in Developmental Medicine No. 126, MacKeith Press. NY: Cambridge University Press.

Greenberg DA, Hodge SE, Sowinski J., Nicoll D. «Excess of twins among affected sibling pairs with autism: implications for the etiology of autism.» («Excesivo número de parejas de gemelos entre pares de hermanos con autismo: implicaciones para la etilogía del autismo.») American Journal of Human Genetics, 2001 Nov; 69(5): 1062-7.

Halsey, Neal A, Hyman, Susan L, y el conjunto de conferencia. «Measles-Mumps-Rubella Vaccine and Autistic Spectrum Disorder: Report from the New Challenges in Childhood Immunizations.» («La Inmunización Combinada de las Paperas, el Sarampión y la Rubéola y los Trastornos del Espectro del Autismo: Reporte de los Obstáculos Nuevos en las Inmunizaciones Infantíles»). Conferencia convocado en Oakbrook, Illinois, 12-13 junio 2000. http://www.aap.org/mrt/mmrv.htm

Huff, Ron Ph. D. «California Reports an Increase in Children With Autism.» («California Reporta un Alzo en el Número de Niños con Autismo»). CA. Pediatrician, otoño 1999.

Immunization Safety Review Committee. (2002). «Multiple Immunizations and Immune Dysfunction: Executive Summary» («Las Inmunizaciones Múltiples y la Disfunción Inmune, Resumen Ejecutivo»).

Kallen, Ronald J. M.D. (1999). «What is Autism?» («¿Qué es el Autismo?»). http://www.autismbiomed.org/whatis.htm

Kelly, Marguerite. «Family Almanac.» («Almanaque Familiar»). Washington Post, November 1, 2001, www.postnet.com. 20 diciembre 2001.

Knights, Edwin M, M.D. «Mining Genealogy for Genomics.» («Buscando Los Genómicos en la Genealogía»). Family Chronicle, Vol. 6, No. 4, marzo 2002, pp. 25-26.

Lewis, Lisa S. (1997). «An Experimental Intervention for Autism: Understanding and Implementing a Gluten & Casein Free Diet.» («Una Intervención Experimental Para el Autismo: Entender y Usar un Régimen sin Gluten ni Caseina»). http://www.princeton.edu/~serge/11/gfoaj.html.

London, Eric M.D., Johnson, Catherine Ph.D., Editor. «Two Candidate Genes for Autism Identified in NAAR-Funded Research Projects.» («Dos Genes Candidatos Para Autismo Identificados en Investigación Patrocinada por el NAAR»). Narrative, Número 7, primavera 2001. http://www.naar.org/naarative7/candidategenes.htm

McGinnis, Woody, M.D. «Fatty Acids and Autism.» («Los Ácidos Grasos y el Autismo»). *The Advocate* Volumen 34, Número 4, Quarta Edición, 2001.

Mehl-Medrona, Lewis. «Effective Therapies for Autism and Other Developmental Disorders.» («Terapias Efectivas para el Autismo y Otros Trastornos del Desarrollo»). Revista *Autism/Asperger's Digest,* 2000.

Minshew Nancy J., M.D. «Autism as a Disorder of Complex Information Processing and Underdevelopment of Neocortical Systems.» («El Autismo Como un Trastorno de Procesamiento de la Información Compleja y Los Sistemas Sub-desarrollados Neurocorticales»). Syllabus, Tercer Conferencia Anual Internacional de Autismo y Trastornos de Relacionarse y Comunicarse. McLean, VA, noviembre 1999, página 79.

McKinney, Merritt. «Brain Abnormalities Identified in Autistic Brains.» («Anormalidades Identificadas en Cerebros Autistas»). Reuters Health, 11 feb 2002.

National Academies. «Link Between Neurodevelopmental Disorders and Thimerasol Remains Unclear.» («El Enlace Entre los Trastornos Neurológicos del Desarrollo y El Tímerosol No Queda Claro»). Anuncio de Prensa, 1 oct 2001.

National Academies. «Infant Immunizations Not Shown to be Harmful to Children's Immune Systems.» («No Queda Demostrado que Las Inmunizaciones Infantiles Sean Dañinas para el Sistema Inmunológico de los Niños»). Anuncio de Prensa, 20 feb 2002. http://www4.nationalacademies.org/news.nsf/isbn/030908381?OpenDocument

National Institute of Child Health and Human Development. «A missing piece of a chromosome could be tied to autism.» («Un trozo perdido de un cromosoma puede estar relacionado con el autismo»). Octubre de 2001. http://www.nichd.nih.gov/publications/pubs/autism/factsheets/sub4.htm

National Institutes of Health, «Blood Markers Associated with Autism and Mental Retardation.» («Indicadores Sanguíneos Asociados con el Autismo y el Retraso Mental»). Anuncio de Prensa, 25 abril 2001. http://www.nih.gov/news/pr/apr2001/ninds-25.htm

National Institutes of Health. «Reports From Special Environmental Health Issue Explore Links to Autoimmune Diseases- Diabetes, Mulitple Sclerosis and Arthritis.» («Reporte Especial de al Salud del Entorno Explora los Enlaces a Enfermendades Autoinumunes: Diabétes, Lupus, Esclerosis Múltiple y Artritis.») Septiembre de 1999. www.nih.gov/news/pr/sept99/hiehs-28.htm

Nelson, K.B.; Grether, J.K., et al. «Neuropeptides and Neurotropins in Neonatal Blood of Children with Autism or Mental Retardation.» («Neuropeptidos y Neurotropos en la Sangre Neonatal de Niños con Autismo y Retraso Mental»). Annals of Neurology, mayo de 2001: Vol 49 (5), 597-606.

National Institutes of Health, «NIH Funds $3.9 Million In New Grants For Autism Research.» («NIH Provee $3.9 Millones En Nuevas Becas para la Investigación del Autismo»). Anuncio de Prensa, octubre 2001.

National Institute of Mental Health. «Autism Research at the National Institute of Mental Health: Fact Sheet.» («La Investigación del Autismo en el Instituto Nacional de la Salud Mental: Hoja Informativa»). 2001. http://www.nimh.nih.gov/publicat/autismresfact.cfm.

National Institute of Mental Health, «Brain Gene Implicated in Autism.» («Gen Cerebral Implicado en Autismo»). Anuncio de Prensa, 17 mayo 2001.

National Institute of Neurological Disorders and Stroke, and the National Institutes of Health. «Autism Fact Sheet.» («Hoja Informativa de Autismo»). Mayo 1999. http:www.mhsource.com/hy/autism.html.

Neuwirth, Sharon M.Ed. Autism. (Autismo). National Institute Mental Health. NIH Publication Number 97-4023, sept 1997.

Pisani, David and Powell, Ellen. «Diagnostic Breakthrough in Autism and Mental Retardation Reported.» («Gran Progreso Diagnóstico en el Autismo y en el Retraso Mental»). March of Dimes. 3 mayo 2000. Sitio web: http://www.feat.org/scripts/wa.exe?A2=ind0005A&L=FEATNEWS&P=R1179

Prober, Charles G., M.D. «Evidence Shows Genetics, Not MMR Vaccine, Determines Autism.» («La Evidencia Demuestra Que El Genetico, No la Vacuna MMR, Determina el Autismo»). Noticias de la Academia Americana de Pediatrica, deciembre 1999. Autism Biomedical Information Network www.autism-biomed.org/aapnews.1.htm.

Recer, Paul. «Stem Cells May Restore Neurons.» (Células Madre Pueden Restaurar Neuronas). Associated Press, 8 junio 1999.

Richard, Gail J. Ph.D., CCC-SLP. «Educational Strategies Address Pragmatic and Behavior Deficits in Autism.» («Estratégias Educacionales Para Tratar Con Los Déficits Pragmáticos y de Conducta») por Sherry Fox, del Way/SAC News, otono 1994.

Ritvo, ER, Freeman, BJ, et al. «Concordance for the syndrome of autism in 40 pairs of afflicted twins.» («La concordancia del Síndrome de Autismo en 40 parejas de gemelos afectados»). *American Journal of Psychiatry,* 1985 jan; 142 (1) 74-7.

Rodier, Patricia M. «Early Origins of Autism: New Research into the Causes of this Baffling Disorder Focusing on Genes That Control the Development of the Brain.» («Los Orígenes Tempranos del Autismo: Nueva Investigación de las Causas del Misterioso Trastorno que se Enfoca en los Genes Que Controlan el Desarrollo del Cerebro»). *Scientific American,* febrero de 2000.

Shattock, Paul and Savery, Dawn. (1997). «Autism as A Metabolic Disorder.» («El Autismo como un Trastorno Metabólico»).

Satcher, David, Surgeon General of the U. S. «Mental Health, A Report From the Surgeon General.» («La Salud Mental: Reporte del Médico Mayor»). 13 diciembre 1999. http://www.surgeongeneral.gov/library/mentalhealth/chapter3/sec6.html#autism

Shoenfeld Y, and Aron-Maor A. «Vaccination and Autoimmunity- «Vaccinosis»- A Dangerous Liaison?» («La vacunación y la Autoinmunidad- «Vacinosis»- ¿Un Enlace Peligroso?»). *Journal of Autoimmunity,* 2000 feb; 14(1): 1-10.

Siegel, Bryna. *The World of the Autistic Child: Understanding and Treating Autistic Spectrum Disorders. (El Mundo del Niño Autista: Comprender y Tratar los Trastornos del Espectro del Autismo).* Oxford University Press, 1996.

Singh V.K., Warren R.P., et al. «Antibodies to myelin basic protein in children with autistic behavior.» («Los anticuerpos a la proteína básica mielina en niños con el comportamiento autista.») *Brain Behavior Immune,* 1993 mar; 7(1): 97-103.

Singh, VK, Lin SX, Yang VC. «Serological Association of Measles Virus and Human Herpesvirus-6 with Brain Autoantibodies in Autism.» («La Asociación Serelógica del Virus de Rubéola y de Herpesvirus-6 Humano en los Autoanticuerpos Cerebrales en Autismo»). *Clinical Immunology and Immunopathology,* 1998 oct; 89 (1): 105-8.

Smith M., Filipek P.A., et al. «Analysis of a 1-megabase deletion i9n 15q22-q23 in an autistic patient: Identification of candidate genes for autism and of homologous DNA segments in 15q22-q23 and 15q11-q13.» («El análisis de la falta de 1-megabase de i9n 15q22-q23 en un paciente autista: la identificación de los genes candidatos para el autismo y los segmentos homólogos de ADN en 15q22-q23 and 15q11-q13»). *American Journal of Medical Genetics* (Neuropsychiatric Genetics), 96:765-770, 2000.

Smith, Richard. «The Discomfort of Patient Power.» («La Incomodidad del Poder del Paciente»). British Medical Journal. Vol. 324, 2 marzo 2002. Editorial, pages 497-498.

Stuss, Donald, Gallup, Gordon G., Jr., et al. «Frontal Lobes are Necessary for «Theory of Mind?»» («La Parte Frontal del Cerebro: ¿Necesario Para la «Teoría de la Mente?»»). Brain [Journal] Vol 124, No. 2 279-286, febrero 2001.

Trottier G., Srivastava L., Walker C.D. «Etiology of Infantile Autism: A Review of Recent Advances in Genetic and Neurobiological Research.» («La Etiologia del Autimso Infantíl: Un Repaso de los Recientes Avances en la Investigación Genética y Neurobiológica»). Journal of Psychiatry and Neuroscience, 1999 mar; 24(2): 95-6.

United States Department of Health and Human Services. «HHS on the Forefront of Autism Research.» («HHS como Lider en la Investigación de Autismo»). HHS Hoja Informativa, 16 nov 2001. http://www.hhs.gov/news/press/2001pres/01fsautism.html.

University of California Davis. «New $9 million Center at UC Davis to Study Role of Environment on Autism.» («Centro Nuevo de $9 Millones en UC Davis para Estudiar el Papel del Medio Ambiente en el Autismo»). Sacramento CA: Anuncio de Prensa, 21 octubre 2001.

University of California Irvine. «Chromosome Deletions in Autistic Patient Point to Possible Genetic Links to Autism.» («Una Falta de Cromosoma en un Paciente Autista Indica un Enlace Posible Genético con Autismo»). Anuncio de Prensa, 1 dic 2000. http://www.newswise.com/articles/2000/12/AUTISM.UCI.html.

Columbia University College of Medicine and Surgeons. 2005. «Defect in neuroligin gene disrupts firing of neurons and may result in autism.» («Un defecto en el gen «neuroligin» interrumpe la comunicación de las neuronas y puede resultar en el autismo»). http://www.i-newswire.com

Walker-Smith, John. Letter in The Lancet. (Carta). Vol 359, No 9307, 23 feb 2002. http://www.thelancet.com/journal/vol359/iss9307/full/llan.359.9307.correspondence.20101.1.

Lecturas y Páginas de Internet

Presentamos aqui los títulos y direcciones en inglés de algunos recursos que usamos para que los reconozcan y en español también si los hay. Van seguidos de algunos recursos semejantes en español.

- El «Schafer Autism Report» (anteriormente FEAT Newsletter) que enseña a diario estudios sobre autismo y tópicos relacionados, incluyendo revistas de investigación. Provee conexiones y ofrece las referencias de los artículos originales al completo. También ofrece calendarios, avisos y archivos para investigar. Para darse de alta gratis esta en http://home.sprynet.com/~schafer (solo en inglés).

- Medline Plus: Partes de artículos de revistas científicas nacionales e internacionales. Gratis para ver las partes. El artículo completo se puede comprar. Información de la salud en español: http://www.nlm.nih.gov/medlineplus/spanish/ency/article/001526.htm

- National Center for Biotechnology Information-National Library of Medicine: Centro Nacional para la Información Biotécnica-Biblioteca Nacional de Medicina. http://www.ncbi.nlm.nih.gov/. (solo en inglés).

- Autism Society of America Online Newsletter. (La Socidedad Americana De Autismo: Noticias Diarias en inglés). Complete el cuestionario en www.autism-society.org (Sitio disponible en español).

Información sobre las Inmunizaciones

- Presentamos aqui los títulos y las direcciones en inglés para que las reconozcan. Hay mucha información disponible en español.

- U.S. Department of Health and Human Services Centers for Disease Control and Prevention. (Centros Para el Control y Prevención de Enfermedades - CDC). http://www.cdc.gov/spanish/default.htm.

- Un video: «Cómo Separar los Datos de los Temas» disponible a ver o pedir en el sitio http://vaccineinformation.org/video/chop1_sp.asp Más información en español: http://www.cdc.gov/spanish/inmunizacion.htm
- National Institutes of Child Health and Human Development (Los Intitutos Nacionales del Desarrollo Infantil y Humano). «El autismo y la vacuna.» http://www.nichd.nih.gov/publications/pubs/autism/espanol/mmr/index.htm Más información en español http://www.cdc.gov/ncbddd/Spanish/spautism.htm http://www.nichd.nih.gov/publications/pubs/autism/espanol/mmr/index.htm
- The National Network for Immunization Information (La Red Nacional de Información Sobre las Inmunizaciones-solo en inglés, muy extensa). http://www.immunizationinfo.org/parents/links.cfm
- Vaccine Adverse Event Reporting System (VAERS) 1-800-822-7967; The National Vaccine Injury Compensation Program 1-800-338-2382. Cómo preportar daño hecho por las inmunicaciones. http://www.hrsa.gov/osp/vicp/fact_sheet_sp.htm

El régimen nutritivo

La mayoría de la información viene en inglés. Presentamos aqui los títulos y direcciones en inglés para que las reconozcan, y dos en español.

- Asistencia al Celiaco de La Argentina. Información y datos utiles sobre la enfermedad celiaca. En el web, http://www.acela.org.ar/.
- Lewis, Lisa S. (1998). *Special Diets for Special Kids Understanding and Implementing a Gluten and Casein Free Diet to Aid in the Treatment of Autism and Related Developmental Disorders. (Los Dietas Especiales para los Niños Especiales: Entender y Usar una Dieta sin Gluteina y Caseina Para Tratar al Autismo y Trastornos Relacionados)*. Arlington, TX: Future Horizons.
- LINCA: Liga de Intervención Nutricional Contra Autismo e Hiperactividad Sitio del web, http://www.linca.org.
- Gluten Solution Foods, 1999. Sitio del web, www.glutensolutions.com.

Organizaciones y Contactos

Estos son algunos de los que los autores conocen, han contactado o pertenecen; puede que haya muchos más donde vive usted. ¡No es nuestra intención ofender a nadie al no ser mencionados! Si usted es parte de un grupo de investigación u organización de apoyo ¡Escríbanos y háganoslo saber para la próxima versión de este libro!

- Association for Science in Autism Treatment (ASAT), South Hills Medical Building, Suite 201, 575 Coal Valley Road Jefferson Hills, PA 15025 Teléfono: 412.469.7600 Website: http://autism-treatment.org (solo inglés).
- Autism Research Institute ARI, 4182 Adams Avenue San Diego CA 92116 FAX 619.563.6840 Website: http://www.autismresearchinstitute.com. (solo inglés).
- Autism Society of America 7910 Woodmont Avenue, Suite 650, Bethesda, MD 20814, Teléfono 800.328.8476, or 1.800.3AUTISM. Sitio del web: http://www.autism-society.org (disponible en español).
- Center for the Study of Autism, P.O. Box 4538 Salem OR 97005 Teléfono/FAX 503.363.9110 Website: http://www.autism.org. En español, http://www.autism.org/translations/spanish.html
- Cure Autism Now Foundation (CAN), 5225 Wilshire Blvd., Los Angeles, CA 90036, Teléfono 323.549.0500 1.888.8AUTISM sitio del web, http://www.canfoundation.org (solo inglés).
- The Doug Flutie, Jr. Foundation for Autism P.O. Box 767, 233 Cochituate Rd., 2nd floor, Framingham MA 01701 Teléfono 1.866.3AUTISM (linea gratis en los EEUU) o 508.270.8855; Fax 508.270.6868. Con WebED, incluye cursos educacionales para padres y profesionales en http://www.dougflutiejrfoundation.org/. (solo inglés).
- Explorando el Autismo: Sitio de información genética: http://www.exploringautism.org.
  En español http://www.exploringautism.org/spanish/.
- Families for Early Autism Treatment. (FEAT) http://www.feat.org (solo inglés).

- Fiesta Educativa, Inc. 839 Selig Place Los Angeles, CA 90031 Télefono 323.221.6696; Fax 323.221.6699. http://www.fiestaeducativa.org/
- FUERZA (Familias Unidas en Respuesta al Sídrome Down y otras Alteraciones). 1340 E. McWood St. West Covina, CA 91790 Télefono 800.200.4323 FAX 626.917.9881. Email: fuerza@fuerzainc.org. Sitio de web: www.fuerzainc.org
- MIND Institute: Medical Investigation of Neurodevelopmental Disorders en la Universidad de CA- Davis. http://www.ucdmc.ucdavis.edu/mindinstitute/. (solo inglés).
- National Alliance for Autism Research, 414 Wall Street, Research Park Princeton, NJ 08540 Teléfono 888.777.NAAR or 609.430.9160. http://www.naar.org (solo inglés).
- National Autism Hotline c/o Autism Services Center, P.O. Box 507, 605 Ninth Street, Huntington, West Virginia 25710-0507. Teléfono, 304.525.8014 (solo inglés).
- National Institute of Mental Health (Instituto Nacional de la Salud Mental) 5600 Fishers Lane, Room 7C-02, MSC8030 Bethesda, Maryland 20892-8030; Teléfono 301.443.4513 http://www.nimh.nih.gov. Se puede pedir o copiar el nuevo librito, «Autismo» en inglés gratis.
  http://www.nimh.nih.gov/publicat/autism.cfm NIH publication 04-5511. Información en español en http://www.nimh.nih.gov/publicat/SpanishPubs.cfm
- National Institute of Child Health and Human Development (Intituto Nacional del Desarrollo Infantíl y Humano) Building 31, Room 2A32, Bethesda, Maryland 20892-2350, Teléfono 301.496.5133.
  http://health.nih.gov/result.asp/62 En español los titulos disponibles son «Autismo», «Datos Sobre el Autismo», «El Autismo y la Vacuna Triple Vírica (MMR)», «El Autismo y los Genes», y «Preguntas y Respuestas Sobre el Autismo para Profesionales de la Salud». Otros recursos disponibles en español en: http://www.nichd.nih.gov/publications/pubs/autism/espanol/PR/index.htm
  http://www.nichcy.org/resources/spspdisabcond.asp#autism

- National Institute of Neurological Disorders and Stroke (NINDS) Instituto Nacional de Trastornos Neurológicos y Accidentes Cerebrovasculares: Office of Scientific and Health Reports, P.O. Box 5801, Bethesda, Maryland 20824 Teléfono 301.496.5751 or 800.352.9424. En español http://www.ninds.nih.gov/health_and_medical/pubs/autismo.htm
- «Reaching Potentials». Basado en Florida. http://www.reachingpotentials.org/variousdocs/nuestraorganizacion.htm

Recursos Disponibles en Español fuera de los Estados Unidos

Europa/Mundial
Autism Europe Rue Montoyer, 39 1000 Brussells, Belguim Teléfono 32(0)2.675.75.05 E-mail http://www.autismeurope.org/es/intro.asp

La Organización Mundial de Autismo (OMA). Web: www.worldautism.org/es

Gran lista de organizaciones por todas partes del mundo se halla en http://www.autismo.com/scripts/centro/lista.idc?

Gran lista de organizaciones en Sud America se halla en: http://www.autistic-people.com/southamerica.html

Argentina
Asociación VAY ¡Venzamos el Autismo Ya! Asociación de Padres y Amigos de Niños con Autismo y Trastornos Relacionados. Dirección: Necochea 77 - La Banda - CP. 4300 Santiago del Estero Argentina.

APNA (Fundación) Centro de rehabilitacion de jovenes autistas Mendoza E Independencia 1623 3972 Ing. Maschwitz Argentina Teléfono: (54) 0488.41/76101.832 EM: apna@deltanet.com.ar http://www.deltanet.com.ar/apna

Chile
Asociacion Chilena de Padres y Amigos de las Personas Autistas (ASPAUT) Gran Avenida Jose Miguel Carrera No. 2820 San Miguel Santiago Chile Teléfono: 56.2.55.5114 EM: aspaut@inacap.cl Web: http://www.aspaut.cl

Centro Leo Kanner- Santiago Rogelio Ugarte 1170 Santiago Centro Chile Teléfono 56 (2) 556.1865 EM: hahn.aguilera@entelchile.net Web: http://centroleokanner.8m.com/

Sito de Síndrome Asperger http://www.asperger.cl/

Colombia

E.S.C.O. (Encuentro Para Soluciones de Comportamientos) Centro Comercial Getsemaní, Local 139-1A - Cartagena de Indias - Colombia - Sud América www.autistas.com

España

Ascociación Asperger España Apartado nº 244 Madrid 28080 España Teléfono 639.363.000 EM: infor@asperger.es Web: http://www.asperger.es

Asociación de Padres de Personas con Autismo C/ Navaleno, 9 28033 - Madrid Teléfono: (34) 91 766 22 22 e-mail: apna@apna.es Web: http://www.apna.es/

Asociación Guipuzcoana de Autismo, GAUTENA C/ Francisco López Alen 4 20009 San Sebastian Teléfono: 943.215.344 Fax.: 943.215.239 Web: http://www.gautena.org/index.htm Director del centro: D. Ramón Barinaga Osinalde. E-mail: administrador@gautena.org

Centro Nuevo Horizonte Teléfono: 91 637 74 55 Web: www.autismo.com Av./ Comunidad de Madrid, 43 28230 Las Rozas de Madrid.

Federación Española de Padres de Autistas FESPAU C/ Navaleno, 9
28033 - Madrid Teléfono 91.766.00.18: e-mail autistas@fespau.es
Web http://www.fespau.es/webfespau.html

Ecuador

Fundacion Ecuatoriana para Autistas Av. De Las Palmeras 395 Quito Ecuador EM: autistas@inter-dec.com Web: http://www.inter-dec.com/autistas/

Panama

Asociación Panameña de Padres y Amigos de Autistas http://www.autismo.org/autismo.htm Elizabeth de Kan - Presidenta de APPAA: elizabeth@autismo.org

Mexico

Clínica Mexicana de Autismo y Alteraciones del Desarrollo Teléfono: 5611 - 85 - 41 Dirección: Van Dick No. 66. Col. Nonoalco (Mixcoac) Del. Benito Juárez. C.P. 03700. Ciudad de México, México. www.clima.org.mx

La Asociación de Padres de Niños Autistas de Guadalajara c/ Hermanos Ros Emperador, 20, 1° A 19002 Guadalajara. Tfno./ Fax: 949 218 326 Correo electrónico: prg@cnat.es o a_mateo@arrakis.es

Perú

Centro de Actividades Especiales Cenaea Calle Dean Saavedra 230 Urb. Maranga San Miguel Lima Perú Teléfono: 578.5816. Correo electrónico: cenaes@hotmail.com

Centro de Educación Especial «Ann Sullivan» Av.Petronilla Alvarez #180 Urb Pando Lima Perú Teléfono: 263.4880 Correo electrónico: annsull+@amauta.rcp.net.pe

Uruguay

Foundation for the Education of Autistic Children Lancasteriana 2349 Montevideo Uruguay Teléfono 598.2.601.3519 Correo electrónico: fstotz@latu.org.uy

Uruguay Parents Group C/o Fleischmann Uruguaya S.A. P.O. Box 236 Montevideo Uruguay

La Asociación Uruguaya de Padres de Niños Autistas The Uruguayan Autistic Children Parents Association Enrique Martinez 1195 Montevideo Uruguay

Venezuela

Fundación Autismo Venezuela Caracas, Venezuela Correo electrónico info@autismo.org.ve. Web: http://www.autismo.org.ve/

Sociedad Venezolana para Niños y Adultos Autistas (SOVENIA) Avenida Alfredo Jahn con Tercera Transversal Quinta EMAUS. Urbanización Las Chorros Caracas 1071 Caracas Venezuela Teléfono: 02.237.1051 o 02.234.2536 Correo electrónico: sov@mail.lat.net

NOTAS A PIE DE PÁGINA

[1] Rasking, M.H., Goldberg, R.J. et al., 2003.«La vida exitosa para niños con incapacidades educativas: Guía para padres». Pasadena, CA.

[2] Klin, Volkmar and Sparrow, *Asperger Syndrome (El Síndrome de Asperger)* 1999.

[3] Reproducido con permiso. DSM-IV-TR: Manual Diagnóstico y Estadístico de los Trastornos Mentales, Texto Revisado. ©Masson S.A., Barcelona 2

[4] ibid

[5] ibid

[6] Donnelly and Smith, 1996.

[7] Klin, Volkmar and Sparrow. *Asperger Syndrome (El Síndrome de Asperger).* 1999

[8] Asociación Nacional del Déficit de Atención, 2000. «Principios Básicos para el diagnóstico y Tratamiento del Tratorno por Déficit de Atención con Hiperactividad.»

[9] Reproducido con permiso. DSM-IV-TR: Manual Diagnóstico y Estadístico de los Trastornos Mentales, Texto Revisado. ©Masson S.A., Barcelona 2

[10] COPAA, La Junta de Padres Abogados. «Los requisitos del «Descubrimiento del Niño» Bajo la ley de IDEA.»

[11] El Codigo Legal de IDEA, Subpart B 300.125. Regulaciones del Registro Federal, «El Descubrimiento del Niño.»

[12] Waterman, Betsy. Centro de Información Nacional para Niños y Jóvenes con Discapacidades.

[13] «Resumen del Autismo.» Stephen M. Edelson, Ph.D., Centro para el Estudio del Autismo, Salem Oregon.

[14] DeMyer MK, Pontius W, et al. «Prácticas parentales y la actividad innata en niños neurotípicos, autistas, y con deficiencias cerebrales.» Journal of Childhood Schizophrenia 1972; 2: 49-66

[15] Russell Levine y Chris Evers «La Muerte Lenta de La Generación Espontánea (1668-1859).» Museo Nacional de la Salud, «Access Excellence»

http://www.accessexcellence.org/AB/BC/Spontaneous-Generation.html

[16] Institutos Nacionales de Salud. «NIH Da 3.9 Millones de Dólares Para La Investigación del Autismo.» Comunicado De Prensa, Octubre de 2001.

[17] Instituto Nacional De Salud Mental. «Investigación sobre Autismo en el Instituto Nacional De Salud Mental: Datos Primordiales.» Agosto de 2001.

[18] Centros para el Control y la Prevención de Enfermedades «El Autismo En Los Niños.» Marzo de 2000.

[19] Departamento de Salud y Servicios Humanos de Los Estados Unidos «El HHS como Líder en la Investigación de Autismo.»16 de noviembre de 2001.

[20] Ron Huff, Ph. D. «California ve un alzo en el número de niños con Autismo.» Pediatra California, otoño de 1999.

[21] Agencia de California de Salud y Servicios Humanos, Departamento de Servicos del Desarrollo, «Cambios en la Población de Autismo y Con Desórdenes del Desarrollo en el Sistema de Servicios del Desarrollo de California de 1987 a 1998: Informe de la Legislatura, el 1 de marzo, 1999.»

[22] B.J. Freeman «Autismo y el Trastorno Generalizado del Desarrollo.» Revisión Anual, Academia Americana de Psiquiatría del Niño y Adolescente. Beverly Hills, 22 Jun 1995.

[23] Trottier, G., Srivastava, L., Walker, C.D. «La Etiología del Autismo Infantil: Revisión de la Investigación de Avances Recientes en Genética y Neurobiología.» Publicación de *Psiquiatría y Neurociencia*. Marzo de 1999; 24(2): El 95-6.

[24] ¿Puede que los gemelos idénticos no tengan el ácido desoxirribonucleico exactamente igual? Los gemelos idénticos tienen los irises de los ojos y las huellas digitales diferentes; ¿Pueden estas diferencias ser explicadas como un tipo de diferencia genética?

[25] Bailey A, LeCouteur A, Gottesman I, et al. «El Autismo Como un Desorden Fuertemente Genético: Evidencia de un Estudio Británico de Gemelos. *Psicología Med* Enero 1995; 25 (1): El 63-77.

[26] Ritvo, ER, Freeman, BJ,et al. «Concordancia en el síndrome de autismo en 40 pares de gemelos afectados.» *Revista Americana de Psiquiatría,* Enero 1985; 142 (1) 74-7

[27] «Una mirada a la genética del autismo». http://www.dna.com. También, B.J. Freeman «Autismo y los Desórdenes Generalizados del Desarrollo.»

[28] Cook, Edwin H., Jr. «Revisiones a las Investigaciones Sobre La Genética del Autismo» en *La Revista de la Investigación del Retraso Mental e Discapacidades del Desarrollo,* Volumen 4, Número 2, 1998, Páginas 113-120. (Edición Especial de Autismo).

[29] Greenberg DA, Hodge SE, Sowinski J., Nicoll D. «El exceso de gemelos entre hermanos afectados con autismo: Las implicaciones para la etiología del autismo.» Revista Americana de Genética Humana. Noviembre 2001; 69 (5): páginas 1062-7.

[30] «Resumen de datos importantes de autismo.» Información provista por el Instituto Nacional de Desórdenes Neurológicos y Ataques de Apoplejía Repentinos, y del Instituto Nacional de Salud, Mayo de 1999.

[31] Cook, Edwin H., Jr. Op.cit.

[32] Kallen, Ronald J, M.D. «¿Qué es Autismo?» 1999. www.autismbiomed.org/whatis.htm

[33] Anthony Monaco, M.D. Consorcio Genética sobre Autismo. «Resúmen de la Genética». 2001. http://www.exploringautism.org/genetics/index.htm

[34] Instituto Nacional de Salud. Diciembre 2000, en Teratología. (NIMH, mayo de 2001 descrito en la Revista Americana de Genética Médica, mayo del 2001, Revista Americana de Genética Médica , 2002, etc.

[35] Instituto Nacional de la Salud Mental «Gen Cerebral Implicado en el Autismo.» Anuncio de prensa del 17 de Mayo de 2001.

[36] London, Eric M.D., Johnson, Catherine, Ph.D., editores. «Dos Genes Candidatos para el Autismo Han Sido Identificados en un Proyecto de Investigación Financiado por NAAR». Número 7, primavera 2001.

[37] Cooperativa Genética sobre Autismo. «Repaso de la Genética» 2001. http://www.exploringautism.org/genetics/index.htm

[38] Boyar, F. et al. Colegio de Medicina de la Universidad de Florida, Gainesville. «Una familia donde la abuela materna tiene duplicación del intersticial del gen proximal 15q.» 2001.

[39] Smith M., Filipek P.A., et al. «El análisis de la falta de 1-megabase de i9n 15q22-q23 en un paciente autista: la identificación de los genes candidatos para el autismo y los segmentos homólogos de ADN en 15q22-q23 and 15q11-q13»). Journal Americano de la Genética Médica (Neuropsychiatric Genetics), 96:765-770, 2000.

[40] Instituto Nacional de la Salud del Nino y Desarrollo Humano. «Un trozo perdido de un cromosoma puede estar relacionado con el autismo». Octubre de 2001.

[41] Universidad de California-Irvine. «Una Falta de Cromosoma en un Paciente Autista Indica un Enlace Posible Genético con Autismo». 1 diciembre de 2000.

[42] Gilberg and Coleman, *La Biología del Síndrome Autista.* Segunda Edición. Nueva York: Prensa de la Universidad de Cambridge, 1992.

[43] «Una Mirada a la Genética del Autismo.» op.cit.

[44] Mohammad Ghaziuddin y Margit Burmeister «La Supresión del Cromosoma 2 q37 y El Autismo: ¿Un Subtipo Diferenciado?» En la Revista de *Autismo y Desórdenes del Desarrollo,* Junio de 1999; Volumen 29, Número 3.

[45] Instituto Nacional de la Salud Mental, 1998.

[46] Knights, Edwin M. M.D. «Extrayendo Información de la Genealogía para el Genoma.» Crónica Familiar, Vol. 6, No. 4, marzo del 2002 PP 25-26. (Family Chronicle).

[47] Instituto Nacional de la Salud Mental, 1997. «Autismo.» NIH Publicación Número 97-4023, Sharon Neuwirth, Editor, pagina 23.

[48] Blakeslee Sandra. «Diez Años de Descubrimientos con Un Resultado Soprendente Sobre el Cerebro.» *New York Times,* 4 de Enero de 2000.

[49] Anthony Monaco, M.D., op cit.

[50] Nancy J. Minshew, M.D. «El autismo como un Desorden Complicado del Procesamiento de la Información y del Subdesarrollo de los Sistemas Neocorticales» Cuadernos de Neuropsicología, Volumen 6, publicado por Elsevier Health Sciences, Reimpresión Edición 1994.

[51] National Institute Mental Health. «Autismo.» Op cit.

[52] Stuss, Donald; Gallup, Gordon G. Jr.; Alexander, P. Michael. «Los Lóbulos Frontales Son Determinantes para la «Theoria de la Mente» [Comprensión del Punto de Vista del Otro]. Revista del *Cerebro* Vol 124, No. 2 279-286, Febrero del 2001.

[53] *La Neurobiología del Autismo,* editado por Margaret L. Bauman, M.D., y Thomas L. Kemper, M.D. Baltimore: Prensa de la Universidad de Johns Hopkins, 1996

[54] Courchesne, Eric. «Anormalidades en Autismo en la Neuroanatomía del Tronco Cerebral, el Cerebelo y el Sistema Límbico». *Opiniones en Neurobiología* 1997 otoño; 7(4): 269-78

[55] Por ejemplo, un estudio reciente ha documentado que unas ciertas sub-partes del cuerpo calloso son más pequeñas en veintidos individuos con autismo, comparados con otros veintidos individuos del grupo de control. La diferencia de tamaño es consistente con la disfunción frontal del lóbulo que se observa en el autismo. Octubre del 2000. Departamento de Psiquiatría, Escuela y Clínica de Medicina del Instituto Psiquiátrico Occidental, Universidad De Pittsburgh, Pittsburgh, Pensilvania

[56] Instituto Nacional Neurológico de Desórdenes y Ataques Repentinos y los Institutos Nationales de Salud. «Resumen de datos primordiales del Autismo». Mayo del 1999.

[57] Trottier G, Srivastava L, Walker. «La Etiología del Autismo Infantil: Revisión de Avances Recientes en Genética e Investigación Neurobiologica». En la Publicación de *Psiquiatría y Neurociencia* 1999 de Marzo; 24(2): El 95-6.

[58] Gail J. Richard, Ph.D., CCC-SLP adentro «Estrategias Educativas Encaminadas al Lenguaje Pragmático y Deficiencias del Comportamiento en el Autismo» por Sherry Fox, reimpreso por el Mando Estratégico de las Fuerzas Aéreas News, Otoño, 1994.

[59] Instituto Nacional de la Salud Mental. NIH Publicación 97-4023, op cit.

[60] Bauman, Margaret y Thomas Kemper, Editors. «Observaciones Neuroanatomícas del Cerebro en el Autismo.» *En Neurobiología del Autismo,* op cit.

[61] McKinney, Merritt. «Anormalidades Del Cerebro Identificadas en Cerebros Autistas. La Salud de Reuters, 11 Feb de 2002.

[62] «Nuevas Teorías Ayudan a Comprender Los Misterios del Autismo» por Sandra Blakeslee. Nueva York Times, martes 28 de Diciembre de 1999.

[63] Casanova MF, Buxhoeveden, Switala AE, Roy E. «La Patología Minicolumnar en el Autismo. Neurología 12 Feb 2002; 58(3): 428-32.

[64] Courchesne, Eric et al. «El crecimiento inusual del cerebro en la edad temprana de pacientes con desorden autista: Un estudio MRI.» *Neurología* 24 de Julio 2001; 57(2): 245-54.

[65] Courchesne, Eric. Presentación en la Sociedad de Autismo de Los Angeles. Pasadena, California, abril de 2001.

[66] Pisani, David y Powell, Ellen. «Estudio Sobre Avances en el Diagnóstico del Autismo y del Retraso Mental». March de Dimes. 3 de Mayo de 2000.

[67] Instituto Nacional De Salud «Marcadores Sanguineos Asociados con el Autismo y el Retraso Mental». Comunicado De Prensa, 25 de Abril, 2001. Artículo original de Nelson en *Anales de Neurología,* mayo 2001.

[68] La Universidad de Columbia Colegio de Medecina y Cirugia, 2005. «Un defecto en el gen «neuroligin» interrumpe la comunicación de las neuronas y puede resultar en el autismo.»

[69] Patricia M. Rodier. Orígenes Tempranos del Autismo: Nuevos Estudios sobre las Causas de Este Desconcertante Desorden. *Científico Americano,* Febrero del 2000; pp 56-63.

[70] Courchesne, Eric. «El Tronco Cerebral, el Cerebelo y la Neuroanatomía Límbica Anormalidades en el Autismo.» *Opiniones Recientes en Neurobiología.* Abril de 1997; 7(2): 269-78; Las Correcciones en Agosto 1997; 7(4): 568.

[71] Christopher Gilberg y Mary Coleman *La Biología del Síndrome Autista* - Segunda Edición por (las Clínicas en Developmental Medicine No. 126; La Prensa del Keith de Macintosh 1992. Nueva York, Cambridge University Press, pp 304-5.

[72] Siegel, Bryna. *El mundo del Niño Autista.* Prensa de la Universidad de Oxford, 1996. Página 93.

[73] David Satcher, inspector general de sanidad de los Estados Unidos. «Informe de Salud Mental del Inspector General de Sanidad». Diciembre de 1999.

[74] Christopher Gilberg y Mary Coleman, *Biología de los Síndromes Autistas,* p.219.

[75] Freeman, B.J. Ph.D. «El Síndrome de Autismo: La Actualización y las Líneas Directivas Para el Diagnóstico». *Infants and Young Children,* 1993: 6(2): El 1-11.

[76] Recer, Paul. «Las Celdas del Tallo Pueden Restaurar Nodos en Una Red de Nervios». Prensa Asociada, 8 de Junio 1999.

[77] Comité de Revisión de Seguridad en la Inmunización. «Inmunizaciones Múltiples y La Disfunción Inmune: Resumen Ejecutivo.» 2002.

[78] Universidad de California-Davis. «Un nuevo Centro de $9 millón de UC Davis Estudia el papel del Medio Ambiente en Autismo.» 21 de octubre de 2001.

[79] National Institutes of Health. «Reporte Especial de al Salud del Media Ambiente Explora los Enlaces a las Enfermendades Auto-inumunes: Diabétes, Lupus, Esclerosis Múltiple y Artritis.» Septiembre de 1999.

[80] Ackerman, Lowell Ph.D. «La Intervención Nutritiva en el Autismo.» 1997.

[81] Singh VK, Warren RP, et al. «Los anticuerpos para mielina y la proteína antiácida en niños con conducta autista». *El Comportamiento del Cerebro Inmune* 1993 Marzo; 7(1): El 97-103.

[82] Mehl-Madrona, Lewis M.D., Ph.D., «La Teoría Autoinmune.» Centro para la Medicina Complementaria.

[83] Iland, Emily. 9 de Marzo, 2002 La sintesis lógica de las opiniones expertas hecho por una persona no cientifica, la autora: ¿Crea anticuerpos para oponerse a la proteína, compensando una respuesta autoinmune, y dando como resultado elevados niveles de autoanticuerpos para la mielina y otras proteínas del cerebro? ¿No es ésto consistente con la teoría de Courchesne del crecimiento excesivo del cerebro en una primera fase dando lugar a que por demasiada proteína del cerebro, como una enfermedad se creen autoanticuerpos, y luego anormalmente desacelere el crecimento por un tiempo? Los autoanticuerpos se producen y el cuerpo «detiene» el crecimiento. ¿Sigue esa respuesta autoinmune y continúa el ataque degradando las proteínas y la mielina del cerebro?

[84] Singh, VK, Lin SX, Yang VC. «Asociacón Serológica del Virus del Sarampión y El Herpesvirus-6 Humano con los Autoanticuerpos en Cerebro Autista». La Inmunología e Immunopathología Clínica. Octubre de 1998; 89 (1): El 105-8.

[85] Equipo de Recursos de la Academia Americana de Pediatría. «Simplemente Los Hechos: MMR Vacunas y Autismo.»

[86] Shoenfeld Y y A Aron-Maor, B. Departmento de la Medecina Interna, Centro Medical Sheba, Tel Hashomer, Israel. «La vacunación y la Autoinmunidad- «Vacinosis»- ¿Un Enlace Peligroso?» *Journal of Autoimmunity*. Feb 2000;14(1):1-10.

[87] Comité de Revisión de la Seguridad de Inmunización. «Inmunizaciones Múltiples y La Disfunción Inmune: El Resumen Ejecutivo.» 2002.

[88] Departamento de los Estados Unidos de la Salud y los Servicios Humanos. «HHS como Líder en la Investigación de Autismo.» 16 noviembre de 2001.

[89] Eric Fombonne, Pregunta al Editor, *Revista de Autismo y Desórdenes del Desarrollo,* Volumen 29, Número 4, Agosto de 1999, pp 359-50.

[90] Prober, Charles G., M.D. «La Evidencia Demuestra Que El Genético, No la Vacuna MMR, Determina el Autismo.» Noticias de la Academia Americana de Pediatrica, Deciembre 1999.

[91] Walker-Smith, John. Carta a *The Lancet.* Vol. 359, No. 9307, 23 febrero de 2002.

[92] Comité de Revisión de la Seguridad de Inmunización, op. cit.

[94] Fombonne, 1999.

[95] Smith, Richard. «El Desconcertante Poder del Paciente». *BMJ* Editorial, marzo del 2002, Volumen 324: 2, paginas 497-498.

[96] A Halsey, Neal, Hyman, Susan L, y Comité de redacción de la conferencia. La Vacuna de la Tripe Vírica y el Espectro del Desorden de Autismo: Informe de la Conferencia sobre Nuevos Desafíos en Vacunas Infantiles reunido en Asamblea en Oakbrook, Illinois 12-13 de junio, 2000.

[97] «La Triple Vírica, Lo Que Usted Necesita Saber». Hoja informativa sobre la vacuna MMR, 16 Diciembre de 1998. Centros para El Control De Enfermedades, U.S. Departmento de Salud y Servicios Humanos.

[98] Meldgaard Madsen, Kreesten; Hviid, Anders et al. «Un Studio Basado En Poblaciones Sobre la Triple Vírica y el Autismo». *New England Journal de Medicina* 7 de noviembre, 2002. Volumen 347, Número 19, pp.1477-1482.

[99] Bernard, S., Enayati UN., Redwood L., Roger H., Binstock, T. «El Autismo: Una Forma Novedosa de Envenenamiento por Mercurio». *Las Hipótesis Médicas* 2001. 56 (4 Abrileño): pp. 462-71.

[100] Kelly, Marguerite. «El Almanaque Familiar». *El Correo de Washington,* 1 de Noviembre de 2001.

[101] Academias De Ciencias Nacionales. «El Enlace Entre Los Desórdenes Neurológicos y Timerosol Queda Poco Claro». Comunicado De Prensa, 1 de Octubre de 2001.

[102] Ibid.

[103] Adams, James, Ph. La D. y McGinnis, Woody, M.D. «Las Vitaminas, los Minerales y el Autismo». The Advocate (El Defensor) Volumen 34, No. 4, 2001.

[104] Bernard Rimland, Autism Research Institute, San Diego, CA.

[105] McGinnis, Woody, M.D. «Los ácidos Grasos y el Autismo». The Advocate (El Defensor) Volumen 34, No. 4, 2001.

[106] Wobus, J.M. «Archivo de Preguntas Frecuentes Sobre el Autismo: Teorías y Causas». http://web.syr.edu jmwobus/autism/autismfaq-theo.html

[107] Mehl-Medrona, Lewis. «Terapias Efectivas para el Autismo y Otros Trastornos del Desarrollo». *Autismo/Asperger Digest,* 2000.

[108] Lewis, Lisa S. Ph. D. «Exclusiva Sobre Productos Lácteos y Cereales» The Advocate (El Defensor) Volumen 34, No. 4, 2001.

[109] Shattock, Paul y Savery, Dawn, 1997. «El Autismo Como Un Desorden Metabólico.»

[110] Lewis, Lisa S., 1997. «Una Intervención Experimental para el Autismo: La Comprensión e Implementación de la Dieta Libre de Gluteina y Caseina.»

[111] Centros Para el Control y Prevención de Enfermedades. «La Prevalencia de autimo en Brick Township, Nueva Jersey, Reporte Comunitario.» abril de 2000.

[112] Silberman, Steve. «The «Geek» Syndrome » (Síndrome del «Geek»). Wired Magazine, Diciembre de 2001.

[113] Universidad de California Davis Sistema de la Salud. «Nueve Proyecto de 9 millones de Dóllares Estudia el Papel del Entorno en el Autismo». Octubre de 2001.

ÍNDICE

A

B

C

D

E

F

G

H

I – J

K – L

M

N

O – P

R

S

T

V

W – Z